高级经济地理学系列教材

金融地理学

Financial Geography

贺灿飞　李振发　著

商务印书馆
创于1897　The Commercial Press

图书在版编目（CIP）数据

金融地理学/贺灿飞，李振发著. --北京：商务印书馆，2025. --（高级经济地理学系列教材）.
ISBN 978-7-100-25446-5

Ⅰ. F831

中国国家版本馆 CIP 数据核字第 2025N1H991 号

高级经济地理学系列教材

金融地理学

贺灿飞　李振发　著

商务印书馆出版
（北京王府井大街 36 号邮政编码 100710）
商务印书馆发行
北京市十月印刷有限公司印刷
ISBN 978-7-100-25446-5

2025 年 9 月第 1 版　　开本 787×1092　1/16
2025 年 9 月北京第 1 次印刷　　印张 19¼

定价：86.00 元

高级经济地理学系列教材
丛　书　序

从 2004 年春季学期起，我一直在北京大学为硕士生和博士生开设“经济地理学进展”课程，旨在系统性地介绍经济地理学的发展历史与前沿进展。与大多数进展类课程教学方式不同，我负责独立讲授这门课，同时要求学生参与文献阅读和课堂讨论。这种参与式研究生课程在欧美大学非常普遍，需要教师和学生阅读大量经典文献，追踪最新进展，才能就理论问题和热点问题开展讨论与交流，做到真正的“教学相长”。

过去几十年，世界政治经济形势跌宕起伏，新自由主义兴起，信息技术革命爆发，新兴经济体崛起，经济全球化趋势显现；随后，全球金融危机、贸易保护主义、新冠疫情、俄乌冲突接踵而至，显著地重塑着世界经济地理格局。世界政治经济的剧烈变动为经济地理学创造了众多新议题，催生了诸多新的理论视角和研究范式。在此过程中，经济地理学不断经历思潮转向，从科学转向到政治经济学转向，从区域主义到新区域主义，从制度转向到文化转向、关系转向和演化转向。自改革开放以来，中国渐进式推动体制机制改革，积极融入经济全球化，建立社会主义市场经济模式，调动各级政府、社会力量和企业以经济建设为中心，推动城市化、工业化和信息化，促使社会经济快速发展，人民生活水平显著提升，直至全面建成小康社会。近年来，中国经济从快速增长模式转向高质量发展模式。改革开放培育了市场力量，引入了全球力量，激活了地方力量，多重力量共同重塑中国当代经济地理格局。中国经济地理学者发扬学科传统，投身如火如荼的社会经济建设，以“经世”而“致知”，推动学科不断发展，贡献了中国智慧，从而确立了经济地理学在中国地理学的独特地位。

经过十多年课程教学，我积累了大量经济地理学文献素材，了解学科发展历史脉络，熟悉学科的理论方法、范式演变。2017年初，我萌生了撰写一本供研究生阅读的经济地理学教材的想法，目的就是以系统的学科知识进步来展示当代经济地理学的发展演变，为人文地理学、城市和区域经济学、城市与区域管理学等学科的研究生及科研人员展示经济地理学科前沿，提供文献参考。随后，《高级经济地理学》于2021年4月在商务印书馆出版。该书在系统展示经济地理学的发展历程和方法论演变基础上，基于经典文献充分展示两种“新经济地理学”，即经济地理学的社会转向和经济学的新经济地理学，进而系统梳理当代经济地理学三个主要流派，即演化经济地理学、政治经济地理学与全球生产网络。随后基于国内外文献，按照经济地理学主要研究领域逐一展开，最后收束于中国经济地理学的讨论。

第一模块为第一至四章，系统梳理了经济地理学的总体演化脉络。

第二模块为第五至七章，综合分析了当代经济地理学的三个主要学术流派，即演化经济地理学、政治经济地理学与全球生产网络。

第三模块为第八至十四章，重点介绍了当代经济地理学的主要研究领域。

第四模块为第十五至十七章，重点介绍了全球化与跨国公司的最新研究进展。第十七章介绍了国际贸易理论及其最新进展，梳理了贸易与地理的关系以及贸易地理研究。

第五模块为第十八至二十章，重点介绍了区域经济发展与空间治理。

《高级经济地理学》是中国地理学界为数不多的研究生教材，特色鲜明，着意创新。

第一，学术前沿性。该书把握了当代经济地理学科发展的最新动向，系统梳理了近40年来经济地理学的最新理论与实证成果。经济地理学近40年来发展的核心前沿是经济地理学的制度、文化、关系与演化转向以及新经济地理学。该书不仅用前七章系统阐述了经济地理学在研究方法、研究范式和社会转向趋势上的最新发展，还在后文的主题介绍中将制度、文化与社会这些“软”的因素贯穿其中。与此同时，该书还结合时间和空间两个维度来探讨经济地理学的格局演变。在实证成果的综述中，采取博采古今、重在当代的处理方式，重点展示当代经济地理学实证研究成果。该书大量引用国内外经济地理学的前沿研究成果。全书共计引用中外文献 3 543 篇，平均每章约 180 篇，为读者提供了最新文献以供其扩展阅读。

第二，知识系统性。该书将投入与产出、微观与宏观、企业与区域、地方与全球、传统研究与新兴领域等内容充分贯穿于各章节中。例如在全球生产网络章节中，从跨国公司这一微观主体的地方视角出发，介绍其在全球范围内组织研发、设计、生产、贸易与销售的行为特征，从而形成了全球视角下宏观层面的全球生产网络组织模式。在关注产业集群等传统领域的同时，也关注到全球技术人才与精英阶层不断向全球顶级城市集中，一些国家与地区消费迅速增长，工业化和城市化快速推进，进而产生了大量资源与环境问题，随之引出环境经济地理学议题的新兴领域。

第三，内容广泛性。该书突出经济地理学发展历程与研究视角变化。全书共二十章，囊括了当代经济地理学主要研究领域，选题广泛。全书从西方经济地理学发展历程出发，介绍了经济地理学研究方法和理论转向。在此基础上，有针对性地选取了过去40年变化最为显著的经济领域，对其空间过程与特征进行深入剖析，详细介绍了在全球化上升期，金融、创新、产业、消费、劳动力、环境等领域的空间演变特征。最后，将重点上升到区域、国家和全球维度。

第四，学科交叉性。该书以经济地理学研究为导向，纳入经济学、管理学、商学、区域科学、社会学等相关学科文献，这种融会贯通一方面可以反映经济地理学学科的开放性和交叉性，另一方面，也可以从其他学科吸收营养，从而对经济地理现象进行全方位透视。例如，在介绍产业地理学时，基于主流经济学分析产业区位因素，引入管理学和社会学等分析产业集群与集聚现象；在分析金融地理现象时则引入主流经济学和政治经济学，强调制度与文化因素作用。这一尝试不仅拓展了经济地理学研究边界，也有助于对经济地理现象进行更深入系统的分析。

第五，中西一体性。介绍西方理论，讲好中国故事。在梳理西方经济地理学进展的同时，大部分章节都讨论了中国经济地理格局的影响机制、演化过程及其内在规律，基于中国视角审视西方理论，批判西方理论。最后一章更是聚焦中国经济地理研究现状，讨论了中国经济地理的研究特色并展望未来发展之路，进行了中西方经济地理学科的对话尝试。近年来中国经济发展转向投资驱动和创新驱动，经济结构不断调整与升级。随着中国经济发展进入新常态，转向高质量发展，经济发展机制更为多元，各类社会现象产生了复杂的社会经济环境效应。经济地理学科的综合性、交叉性、空间性以及重视非经济因素等特性，能够为理解中国经济高质量发展提供更为系统综合的分析框架和研究视角。

自《高级经济地理学》一书出版以来，同行朋友和学生反响热烈，不吝好评，远超预期，很多学校将该书选为人文地理学研究生教材或者必读书目，产生了良好的学术影响。该书被评为2024年北京大学优秀教材。虽然全书将近百万字，每一章涵盖经济地理学的一个重要领域，但是鉴于篇幅限制，针对每个领域的介绍其实并不系统和深入。实际上，经济地理学是个博大精深的交叉学科，涵盖广泛，大多数读者不需要精读全部章节，只需要深入系统地了解其中几个领域即可。同时，近年来，伴随金融危机、新冠疫情和俄乌冲突的发生，世界经济形势急剧变化，出现很多新的经济现象，经济地理学面临诸多新问题。对此，学者们开始不断调整研究视角，使得不同理论流派呈现融合趋势，以解释日趋复杂的经济地理现象。鉴于此，有必要充分展示经济地理学中每一个主要领域的知识进步，并追踪和更新最近研究进展。在与商务印书馆科技室李娟主任多次讨论后，我决定针对经济地理学主要领域开展深入系统的文献调研，将原书的主要章节分别拓展成15万字左右的高级读物，以高级经济地理学系列教材丛书出版。在丛书设计中，我将原书的第八章和第九章整合成产业地理，将第七章和第十五章整合成全球化地理，将第十八章和第十九章整合成区域经济发展。

丛书编写工作量巨大，我邀请了学术团队全员参与创作，成员包括朱晟君、毛熙彦、李伟、胡绪千、任卓然、李振发、张玮、李诗韵、盛涵天、邢祖哥、张培风、李文韬、徐青文、张一帆、罗业典、何德洁和张慧新等。本丛书试图展示经济地理学主要领域系统化、结构化的知识进步，但是限于作者水平，丛书内容的深度和广度有待进一步深化与拓展，不足之处还望广大读者与学界同人批评指正！

贺灿飞

2024年3月

目　　录

图 目 录

表 目 录

前　言

金融业在经济发展中扮演着重要角色。2008 年全球金融危机诠释了金融业失灵会对全球各国国民经济产生严重危害；危机后，各国政府并未舍弃金融业，而是进一步强调其稳定发展的重要性，证明金融业在未来很长一段时间内仍然会活跃在全球经济体系中心。金融业在学术领域也吸引了各学科学者的浓厚兴趣，其中就包括了经济地理学者。20 世纪 90 年代初期，著名英国经济地理学者安德鲁·莱申（Andrew Leyshon）呼吁经济学者乃至人文地理学者以地理视角关注货币和金融活动（Leyshon，1993，1995）。这份呼吁为当时以制造业为主要研究对象的经济地理学提供了新的研究方向。进入 21 世纪之后，金融业进一步飞速增长，金融在经济活动各领域占有愈发重要的地位。个人、家庭、企业乃至国家都成为国际金融系统的一部分。在此背景下，金融活动的时空间特征、不同金融主体的行为、主体间关系、金融活动引起的各类后果等，成为经济地理学及其他经济、政治、社会、管理乃至环境、文化、人类等学科学者的热点研究话题。

至此，作为一门交叉学科，金融地理学应运而生。简单来说，金融地理学关注金融活动的时空间特征，探究特征背后各主体的行为和相互关系，分析金融活动对区域发展的各类影响。部分学者认为金融地理学是经济地理学的一个分支学科，因为大部分研究都出于经济地理学者之手，但也有学者认为金融地理学与经济地理学应为并列关系，均属人文地理学下属分支学科，因为文化、政治、社会地理学者也研究了金融现象（Gibadullina，2021）。这些看法没有对错之分，正如前文所说，不同背景的学者都可能研究金融地理学问题。因此，本学科拥有极其多元化的研究范式，主要包括地理学、经济计量学、政治经济学、文化经济学、社会学、制度研究、科学技术研究、人类学、管理学等。同一种金融现象可以从不同视角进行研究，进而得到有不同侧重点的研究结论。这种百家争鸣的状态正反映了金融地理学的学科活力。自 2011 年开始，专注介绍人文地理学学科进展的著名期刊《人文地理学进展》（*Progress in Human Geography*）刊登了十余篇金融地理学研究进展报告。其中，最新的是由英国杜伦大学金融地理学者黎碧瑶（Karen Lai）撰写的进展报告，共计三篇，首篇（Lai，2023）已在 2023 年刊登，接下来两篇即将见刊，反映出金融地理学持续的学科活力。

在全球金融地理学研究朝气蓬勃的背景下，中国金融地理学也搭上了顺风车，呈现快速发展的特征。自 2000 年以来，大部分学者基于数据分析揭示了中国各类金融活动的时空间特征并探讨了影响因素。在国内外地理学以及其他学科的学术期刊上快速涌现出大批高质量中国金融地理学研究文献。有关中国金融地理学的研究和相关学者在学科内的影响力快速提升。

本书梳理了国内外金融地理学研究进展，共计九个章节。第一章梳理金融地理学发展脉络，以主流研究范式为依据将金融地理学划分为几个发展阶段。第二章介绍金融中心相关研究，主要聚焦于金融中心城市区位与发展、影响力来源、中心内各主体相互关系、中心城市相互关系、离岸金融中心等。第三章介绍各类金融主体，包括银行业、证券业、保险业、风险投资业、主权财富基金以及金融和商业服务业，聚焦各行业主体行为、相互关系和活动产生的影响。第四章介绍金融化，分不同空间与主体尺度介绍金融在社会经济各领域愈发重要的现象，包括个人与家庭、企业、城市与区域、政府。第五章介绍金融全球化，以地理视角审视跨国金融活动。第六章介绍金融排斥和普惠金融，金融排斥指部分群体被排除在金融服务体系之外的现象，而普惠金融则是指致力于降低金融排斥的政府、非政府组织或企业行为。第七章介绍金融生态与金融科技。金融生态是研究金融活动的一种理论视角，强调金融系统由多个互不相同的小生态组成。金融科技主要指保障金融系统运行的科学技术，侧重研究新一代的数字通信技术，如数字支付和区块链技术等。第八章介绍中国金融地理学进展。最后一章简要总结现有研究并对未来研究做出展望。

本书致力于多角度、全方位呈现金融地理学发展脉络、相关研究、最新进展和未来展望。一方面，本书希望能够让更多人了解本学科并愿意投入到相关研究中；另一方面，本书也希望能为相关学生和学者的研究提供参考。最后，本书同样存在局限与不足之处，还望广大读者与学界同人能够批评指正。

贺灿飞

2024年7月

第一章　金融地理学发展脉络

自 20 世纪上中叶至今，金融地理学的主流研究范式和研究领域经历了显著变化。金融地理学作为一门交叉学科，研究人员多以金融学或地理学为主要研究领域。但金融学者与地理学者的研究范式颇为不同。金融学者强调主流经济金融学理论与实证模型，多将空间视为影响金融发展众多变量中的一员，并于理论与实证两个层面探讨两者之间的因果关系。空间并不会被过多关注与解析，多以一些简单的变量衡量，如距离、地点、面积等。地理学者则强调空间的重要性，并深入空间“内部”探索基于空间的各类因素，如政策、环境、文化等方面对金融发展的影响。在地理学者的眼中，金融是基于空间而存在的。即使快速发展的科技可以让金融资本在全球范围内快速流动，金融仍无法彻底摆脱空间属性，不同国家、区域、城市乃至企业主体都会对金融流动产生不同的影响。与此同时，地理学者同样意识到金融对空间形态的影响。金融资本可以塑造或改变不同因素的空间构成，进而打造新的空间形态。典型的例子如金融资本在全球流动形成了以离岸与在岸金融中心为核心的全球金融网络。

金融地理学发展的早期，金融学者占据主导地位。金融地理学更像是区域、空间金融学不起眼的下属分支。当时，很少有学者愿意用“金融地理学”来界定自己的研究。少数经济地理学者同样关注到了金融，但当时经济地理学的主流研究方法与主流经济学类似，强调经济理论与实证模型。经济地理学者的研究结果与经济金融学者并无本质差别。

自 20 世纪中下叶开始，更多的经济地理学者将金融作为分析对象，金融地理学逐渐成为经济地理学下一个重要的研究方向。而当时经济地理学也正经历研究范式的转型，逐步强调地理空间的复杂性。因此，地理学的研究范式逐步主导了金融地理学的研究。

本章梳理金融地理学发展历程。依据不同时期研究范式与研究领域的差异，金融地理学的发展可划分为三个阶段：萌芽发展阶段，政治经济学主导阶段，经济地理学文化、制度、关系等转向影响阶段。

第一节　萌芽发展阶段

金融地理学的萌芽发展阶段大致在 20 世纪上中叶至 60 年代末。当时有两支研究占据主导地位。首先是经济金融学者。他们在提出经济金融理论时会纳入距离、地点、面积等因素，阐述这些因素如何影响经济金融现象。典型例子如德国经济学家奥古斯特・廖什（August Lösch）的《经济空间秩序》（*The Economics of Location*），该书于 1940 年出版并于 20 世纪 50 年代中期译为英文。书中探讨了美国国内消费产品价格、利率和信贷等金融主体或金融变量在空间分布上的差异及变化过程（Lösch，1954），这是可追寻到的最早分析金融元素区位特征的研究。瑞典经济与社会学家贡纳尔・缪尔达尔（Gunnar Myrdal）提出了循环积累因果理论，重点关注货币在区域内部和区域之间的流动对区域发展产生的影响，认为货币会从国家内部的欠发达区域流向发达区域，这种效应不利于发达地区外围的欠发达地区发展（Myrdal，1957）。

但是这些研究在当时主流经济金融学中只占很少的一部分，大多数学者更关心如何从机制层面提出普适性理论和模型，典型例子如当时流行的凯恩斯经济学理论（Coddington，1976），而不关心经济金融现象的空间分异。关注金融空间性的学者也不会将自己的研究称为金融地理学，而会使用“金融区位理论”等类似词汇。他们认为自己的研究仍属于经济金融学，而非地理学或某个新诞生的交叉学科。

少数经济地理学者也针对金融现象展开了研究，但十分有限。在阐述相关研究前，有必要先交代当时经济地理学的主流研究视角与方法。20 世纪 50 年代，经济地理学研究正历经“计量革命”（quantitative revolution）（Burton，1963），主流研究方法呈现“数学化”（mathematization）趋势，学者强调建立并用经验数据验证理论模型。“计量革命”首先出现在物理学和生物学中，随后社会科学也逐渐强调模型与数据，以经济学、社会学和心理学为代表。地理学向来有引入其他学科研究范式的传统（Burton，1963）。当时对经济地理学研究有广泛影响的理论包括博弈论、经济行为理论、经济控制论等。变量构建、相关分析、差异性分析等计量相关分析方式在经济地理学中越来越普遍。经济地理学者越来越倾向于提出普适性的理论或可以广泛应用在不同情境下的计量/定量模型来解释不同地点的经济现象。

美国华盛顿大学和艾奥瓦大学是引领经济地理学"计量革命"的前沿阵地。著名学者，如美国的威廉·加里森（William Garrison）、爱德华·厄尔曼（Edward Ullman）、哈罗德·麦卡蒂（Harold McCarty），英国的彼得·哈格特（Peter Haggett）、理查德·乔利（Richard Chorley），以及瑞典的托尔斯滕·哈格斯特朗（Torsten Hägerstrand）是当时经济乃至人文地理学应用定量方法研究不同问题的代表（Barnes，2001）。

"计量革命"出现在经济地理学的主要原因是当时学者倾向于让该学科更加"科学"，即可以用明确的模型和数据解释经济现象，而非用缺乏明确依据及说服力的定性方法分析经济行为。当然，作为社会学科，经济地理学内也存在反对"计量革命"的声音。反对者认为经济地理学中有很多现象是非常复杂的，并不能简单地量化。导致某种经济现象的因素很多，在变量设计、数据收集和模型构建等方面都存在诸多挑战。在这种情况下，数据与模型的方式并不如定性方式有效，但反对的声音终究不能抵挡"计量革命"的浪潮席卷经济地理学。

伊恩·伯顿（Ian Burton）认为"计量革命"对于经济地理来说更像是舶来品（Burton，1963），特雷佛·巴恩斯（Trevor Barnes）则持相反意见，他认为在 20 世纪 50 年代之前，经济地理学就已呈现出明显的以计量方法为主导的特征（Barnes，2001）。英国皇家地理学会（Royal Geographical Society，RGS）成立于 1830 年，是主导英国地理学研究的著名机构。其在成立后多年一直被认为是"计算中心"（center of calculation）（Latour，1987），崇尚计量方法。相类似的，美国地理学会（American Geographical Society，AGS）在 19 世纪后半叶也同样推崇以模型和数据为主的定量研究方法（Hartshorne，1959）。因此，"计量革命"中的"革命"（revolution）一词并不准确。对经济地理学来说，计量方法可追踪到所谓"计量革命"出现的百余年前。因此，其并非"革命"，而是"传承并演变"（evolution）（Chisholm，1975）。

少数关注金融现象的经济地理学者受"计量革命"影响，倾向于用定量的方式研究金融问题。唐纳德·克尔（Donald Kerr）通过构建一些标准来评价当时的金融中心城市，点明了不同的金融中心在自身特征与在资本主义世界中发挥的作用等方面存在明显差异（Kerr，1965）。这是极少数从地理学视角针对金融领域的实证研究之一。当时经济地理学集中关注制造业的发展和集聚（Martin，1999），从地理视角研究金融领域并没有引起过多关注。

关于金融地理学迟迟无法得到地理学者们关注的原因，哈利·理查森（Harry Richardson）认为这是由于经济地理学在20世纪50—60年代过于依赖经济建模的研究方法，埋没了货币金融的地理特性（Richardson，1972）。模型往往设定劳动力与资本可以在区域内和区域间自由流动，信息能自由传播，不存在任何成本和不对称性，因此，货币在这些理论中无法充当针对结果产生影响的自变量。与此同时，囿于时代发展的局限性，金融的重要性被严重低估。其被认为是实体经济的辅助产业，并无过多的研究价值（Gibadullina，2021）。

第二节　政治经济学主导阶段

自20世纪70年代开始，经济学者注意到了金融主体与金融变量的空间差异性。区域经济学中出现了区域金融学以及城市金融学等研究分支，强调城市化和区域化进程对不同尺度金融系统形成与发展的影响（Rockoff，1977）、区域内各金融行业的空间分布与运营模式（O'Huallachain，1994）、区域的利率差别（Hutchinson and McKillop，1990）、区域间的货币流动（Moore and Hill，1982）等方面。此外，一些学者也关注了国家的货币政策对区域发展的影响（Beare，1976）。货币金融逐渐变成一个值得研究的结果变量，但是经济学仍主要依靠理论模型来研究货币金融，对空间的强调仍多局限于变量设置或在构建模型时将其纳入考虑，导致针对空间的研究视角和研究范围十分有限。

同一时期，经济地理学者开始应用政治经济学视角和方法研究不同问题，这标志着经济地理学主流研究范式的一次转变。简要来说，自20世纪70年代起，在资本主义世界去工业化、经济增速放缓的大背景下，经济地理学者越来越多地关注在当时有广泛影响且反映社会主要矛盾的经济现象，如区域发展不均、贫困、失业、经济危机等（Slater，1976；Scott，2004）。他们较少运用数据和计量模型，而主要运用马克思主义政治经济学（Marxist Political Economy）来研究这些问题（Scott，2000）。他们关注精英阶层（elites，政治或商业精英，商业以跨国企业为主）和政府/政体/国家（state）如何运用不同的方式来管理大众，以及不同主体之间复杂的关系。

作为一名地理学者，大卫·哈维（David Harvey）对于马克思政治经济学的一系列解读，以《资本的限度》（*The Limits to Capital*）为代表（Harvey，1982），为经济地理学者广泛应用政治经济学方法奠定了基础。贝内特·哈里森（Bennett Harrison）、多琳·马西（Doreen Massey）、艾伦·斯科特（Allen Scott）、迈克尔·斯托伯（Micheal Storper）、约翰·阿格纽（John Agnew）、埃里克·谢泼德（Eric Sheppard）等是具有代表性的早期运用政治经济学方法的经济地理学者（Harrison，1992；Massey and Meegan，2014；Scott，1999；Storper，1997；Agnew，2014；Sheppard，2000）。随着学科的发展，经济乃至人文地理学越来越多地将学科特征与马克思政治经济学以及其他流派的政治经济学相结合，以米歇尔·福柯（Michel Foucault）的“治理”（governmentality）为代表（Foucault，1991），发展出了具有浓郁地理学特色的研究范式，如“地理政治经济学”（geographical political economy）（Sheppard，2011）。

在此背景下，金融现象和相关研究问题得到了经济地理学者的更多关注。2021年阿宾娜·吉巴杜丽娜（Albina Gibadullina）于知名地理学期刊《地理论坛》（*Geoforum*）上发表了一篇关于金融地理学发展历程的综述性文章（Gibadullina，2021）。她认为可以从两个方面来理解经济地理学者如何用政治经济学方法研究金融问题。一方面，从更贴合当时社会实践发展的角度出发，相关研究可以认为是起源于20世纪80年代的英国。当时英国处于产业转型期，由工业经济转向服务业经济。金融是服务业中主要带动经济发展的产业。安德鲁·莱申和耐杰尔·思里夫特（Nigel Thrift）研究了伦敦作为金融业枢纽如何促进了全球金融业的崛起和去工业化（Leyshon and Thrift，2005）。

另一方面，从更偏向学术研究的角度出发，大卫·哈维（Harvey，1973，1982，1985a，1985b）基于政治经济学视角开创性地探讨了货币在资本主义经济世界中的性质和地位、金融服务空间分配不均衡性、金融制度的空间差异、金融流动、金融中心的建立与发展等方面，为金融地理学的研究奠定了基础。安德鲁·莱申（Leyshon，1995）以大卫·哈维的研究为基础，将以政治经济学为主导视角的金融相关研究总结为三个方面：地缘政治、地缘经济和金融排斥（financial exclusion）。

一、地缘政治

地缘政治研究关注国家之间、国家和市场之间权力关系的地理与结构性转变（Corbridge and Agnew，1991）。对地缘政治研究有重要影响的是美国经济学家查尔斯·金德尔伯格（Charles Kindleberger）提出的霸权稳定理论（Kindleberger，1973）。该理论认为经济实力强大的国家会倾向于对国际金融系统施加影响，为全球资本的积累过程提供平台。基于地缘政治视角的金融研究包括三个方面：其一，布雷顿森林体系（Bretton Woods）的瓦解让企业和国家面临一个更加不稳定的全球金融市场，相关研究重点关注欧洲国家为了维持市场稳定而采取的监管手段（Leyshon，1992；Clark，1993）；其二，新兴经济体（如日本等东亚国家和地区）是否会对已有霸权形成挑战以及新兴经济体是否会形成新的金融霸权（Helleiner，1993）；其三，逐渐显现的后霸权时代，具体表现为政府淡化对金融市场的监管（Agnew，1994；Thrift and Leyshon，1994），金融权力转移到了掌握着全球资本的跨国利益团体和社会精英手中（Underhill，1991）。这些方面的研究都反映出经济地理学研究的“去领土化”（de-territorialization）（Walker，1993），即其较少强调特定地理环境下的金融活动，而是更多地关注金融资本的全球流动性（Thrift and Johnston，1993）。

二、地缘经济

地缘经济研究强调金融存在明显的空间差异性。20 世纪 90 年代早期，货币全球化和国际金融资本流动引起了“金融空间均质化”的趋势，理查德·奥布莱恩（Richard O’Brien）提出了著名的“地理已死”（End of Geography）的论调，认为地理距离等空间因素在金融研究中已不再重要（O’Brien，1991）。但是地理学者从诸多方面反驳了这一观点，包括金融投资方式仍然具有显著的国别特征（Agnew，1994）；即使在信用和债务已经实现全球流动的背景下，支付方式的地理边界特性仍十分明显（Strange，1988）；货币金融的全球化进程是全球和地方共同作用的结果（Amin and Thrift，1994）；等等。地缘经济研究主要探讨金融结构、工业组织和国家监管之间的关系（Cox，1986），认为金融具有显著的空间差异且与其所处的社会、经济、制度环境紧密相关（Storper，1993）。

著名政治（地理）学者马修·斯帕克（Matthew Sparke）针对地缘经济发表了一系列的经典研究，其中一篇被广泛引用的文章分析了欧洲一体化进程中各国如何针对不同的经济活动展开跨境合作，如实行欧元区等（Sparke，1998）。他强调为了实现跨境合作，各国需要针对自身情况做出相应调整，为合作提供保障。但与此同时，调整并不会抹去地方特性，具体的合作形式在不同国家和地方会有不同的体现，受到当地环境的显著影响。这种影响正体现出“领土性”（territoriality）和“区域化”（regionalisation）（Sparke，1998）。

也有部分学者强调了地缘政治和地缘经济的区别。如米兰·巴比克（Milan Babic）以外国政府投资为例解释了地缘政治和地缘经济视角的不同（表 1–1）（Babic，2023）。地缘政治以国家为核心研究对象，而地缘经济以企业为核心研究对象。但需要注意的是，以地缘经济为视角研究的企业大多数情况下是国有企业或有深刻的政府背景，私有企业的跨境经济金融行为多以金融全球化等视角研究，本书后续章节会涉及。

表 1–1　欧洲各国跨境区域合作

方法	投资动机	关注主体	政治经济形式	国际竞争/冲突/合作领域
地缘政治	国家力量和目的：利用经济手段达成政治目的	国家	全球国家间关系	国家与国家之间直接对话
地缘经济	跨国企业开发全球市场以提升企业能力	产业、企业和市场	全球企业和生产网络	国家通过企业间接对话

资料来源：米兰·巴比克（Babic，2023）。

三、金融排斥

金融排斥研究源于 20 世纪 80 年代中期的英国（Leyshon and Thrift，1995），可以理解为金融服务的空间分配不均，部分客户主体被排除在服务范围之外的现象（Leyshon，1995）。具体来说，当时为购房者提供住房贷款是英国金融企业获利的重要渠道之一。民众主要从两类金融机构获取住房贷款：以银行为代表的市场金融主体与建房互助会（building society，一种会员制、集体所有的金融机构，为会员提供住房相关金融服务）。在当时监管政策较为宽松的背景下，银行等金融主体通过发放低息住房贷款与建房互助会进行竞争，吸引民众使用自己的金融服务。当时竞争有愈演愈烈之势，为避免出现恶性竞争，政府颁布了一系列的管制措施来稳定金融市场，导致20世纪80年代末期英国国内利率迅猛上升（Marshall *et al.*，1992）。面对高利率，很多购房者无法按时偿还住房贷款，不良贷款率猛增，银行和建房互助会只能大量回收住房，导致房价快速下跌，英国住房市场几近崩溃（Corbridge，1994）。进一步地，英国金融业陷入大幅衰退（Leyshon，1993）。

在此背景下，20世纪90年代西方资本主义世界爆发了金融危机，企业债务、个人负债都达到极高的水平（Ball，1994）。金融危机驱使金融机构开始撤出在高风险区域的固定与可变资本投资，进而激起了学者对金融排斥的地理研究。欧洲和美国的大部分银行只保留了最富裕的客户群，关闭了大量的分支机构。很多民众被排除在了金融服务范围之外（Leyshon and Tickell，1994），尤其是少数族裔移民，进一步加剧了城市内部的发展不均和种族隔离现象（Davis，1993）。

四、政治经济学视角的传承

相比于“计量革命”，政治经济学视角更注重空间分异，即经济活动在不同情景（context）下的不同表现。这种情景是多尺度的，可以是国家，也可以是区域、城市乃至更微观的尺度（区县、乡镇）。受马克思政治经济学影响，该时期（20世纪70—90年代）主要关注“政治”（political，即商业精英和政治主体，不仅是政治主体）。对其他视角，如社会、文化、性别、环境等因素关注较少。这并非缺点，而是学术研究的普遍规律。研究早期，学者们往往关注最明显、最引人注目、影响力最大的方面，随着研究的不断发展，更多的方面才会逐渐引起学者的注意。20 世纪后半叶的主旋律即政治与商业精英不断尝试不同的发展模式，而他们的行为也对普通大众产生了或好或坏的影响，从而平复或激发了社会矛盾。

政治经济学视角的广泛应用可以当作是现代金融地理学真正的开端。尽管后续经济地理学历经了多个转向，如文化、制度、关系、演化等，各类视角先后登场，百家争鸣，对经济地理学者研究金融问题都有显著影响，但政治经济学视角仍然是主流方法之一。尤其是在历经 2008 年全球金融危机、2019 年新冠疫情等全球重大事件后，各国政府都在促进、稳定和调节金融发展的过程中扮演了重要角色，凸显了政治经济学视角划时代的重要性。

值得一提的是，在该阶段，以安德鲁·莱申（Leyshon，1995）为代表的经济地理学者称呼金融相关研究为“货币与金融地理”（geography of money and finance）。直到 2010 年代，部分深受安德鲁·莱申研究影响且自身具有影响力的英国和欧洲地理学者仍沿用这个称呼，如莎拉·霍尔（Sarah Hall）、布雷特·克里斯托弗斯（Brett Christophers）（Hall，2013；Christophers，2016）。对这种称呼的含义，我们可以理解为在当时（21 世纪前乃至 2010 年代前）对这一派学者来说，对金融现象的研究或许不足以作为一门经济地理学下属的分支学科存在，其研究内容仍不够丰富，研究方法仍较为单一，无法与经济地理学者对其他领域的关注相提并论，典型例子如产业区位（产业地理学，industrial geography）、区域发展（发展地理学，development geography）等。这种看法在更多经济地理学者以更丰富的视角研究金融问题后受到了批评与挑战。

第三节 经济地理学文化、制度、关系等转向影响阶段

政治经济学视角与方法在 20 世纪 70—90 年代主导了经济地理学者对金融相关问题的研究，但是过度强调“（政治）经济原理”而忽略了其他影响因素是其最明显的局限性（Thrift，2003）。自 20 世纪 90 年代开始，经济地理学引入

更多经济学之外学科的研究思想与范式，促成了研究方法的一系列转向。这些转向中，大部分都对金融研究影响显著。因此，本小节先对不同的转向进行简要介绍。

经济地理学研究范式所经历的多次转向是复杂交错的，某一个转向会涵盖很多方面，而其命名只是经济地理学者为了区分各个转向而总结出的侧重点。这也就决定了，在某种程度上，各个转向其实是相互重复的。被提及最多的是文化转向（cultural turn），主张经济现象受到其所在的社会（social）和文化（cultural）环境影响（Crang，1997），因此，经济现象存在时间和空间上的分异。社会研究（social studies）和文化研究（cultural studies）的诸多概念被广泛应用在经济地理学研究中，如社会学家马克·格兰诺维特（Mark Granovetter）提出的社会文化“嵌入性”（embeddedness），即事物带有明显的周围环境所给予的特性，如中国人习惯存钱，西方人习惯借钱（Granovetter，1985；Mitchell，1995）；哲学家朱迪斯·巴特勒（Judith Butler）在从事文学语言研究时提出的“施事”（performativity），即社会现实（social reality）并不是事先存在而我们去单纯叙述的，相反，我们的叙述和认知是可以构建及改变社会现实的（Butler，2015）；哲学家路易斯·阿尔都塞（Louis Althusser）在研究社会学问题时提出的“多元决定论”（over-determination），即某一个现象是由多种因素所决定的（Althusser，1967）；另外的例子还有经济社会学家托斯坦·凡勃伦（Thorstein Veblen）提出的“炫耀性消费”（conspicuous consumption）、社会学家皮埃尔·布迪厄（Pierre Bourdieu）提出的“经济、社会和文化资本”（economic, social, and cultural capital），以及其他广为人知的概念，来解决经济地理学问题（Barnes, 2001）。

制度转向（institutionalist turn）是另一种被较多提及的转向（Amin，2001；Cumbers *et al.*，2003），主要表示经济地理学者借用制度研究（institutionalism studies）的思想和范式来研究不同的经济问题。典型的例子如理查德·斯科特（Richard Scott）的“制度理论”（Institutional Theory）（Scott，2008），认为经济现象受到周围风俗习惯（custom, rules, routines, habits, conventions, social norms）的显著影响（Thrift，1997；McDowell，2003）。这句简单的概括已经表明制度转向与前面提到的政治经济学视角和文化转向相互重叠。首先，虽然制度主要由风俗习惯所体现，但国家政策、法律、规章制度等也是制度的重要表现（Amin，2001），即制度转向同样强调政治因素的重要性。其次，风俗习惯与社会文化本就密不可分，许多研究对象，如风俗、宗教、信仰等，既属于制度，也属于文化，因此，一个问题是运用社会文化研究方法还是制度研究方法，更多地取决于研究者的学术背景及其对该问题的认知。

随后是关系转向（relational turn），主要表明不同主体间的关系网络对经济活动有重要影响（Yeung，2005；Sunley，2008）。如果说空间分异或情景的独特性是经济地理学乃至整个地理学研究范式的核心，那么，关系，包括不同地点、时间和主体之间的联系，与空间分异几乎同等重要。部分学者甚至认为关系才是经济地理学研究范式的核心，因为从广义来说，空间分异是关系的一种体现。与空间分异相对应的是空间的相似性或相互影响。从古至今，几乎所有的经济地理研究都会直接或间接地分析主体间的相互关系，而关系转向将这种分析放到了大众眼前，有力地强调了其重要性。关系自带的时空间属性孕育了很多具有广泛影响力的理论框架，以杨伟聪（Henry Wai-Chung Yeung）、尼尔·科（Neil Coe）等参与提出的全球生产网络（Global Production Network，GPN）为典型代表（Henderson *et al.*，2002；Coe and Yeung，2015）。跨国公司与各国政府的关系、跨国公司内部各部分的关系、上下游产业的关系、公司与当地制度的关系等都会影响生产过程和产品在全球范围内流动。

经济地理学还经历了其他转向，如演化转向（evolutionary turn）等，就目前来说，这些转向对经济地理学者研究金融问题的影响较小（但演化视角逐渐崭露头角，具体见第八章）。限于篇幅，本书不再介绍这些转向。

埃里克·谢泼德（Sheppard，2006）总结了经济地理学中复杂多样研究范式的哲学基础（图 1–1）。以解释论（Hermeneutics）、逻辑经验主义（Logical Empiricism）和结构主义（Structuralism）为根本，经济地理学研究范式的哲学流派以后结构主义（Post-structuralism）、政治经济学、马克思主义、女性主义（Feminism）、现实主义（Realism）和区位理论/地缘经济（Location Theory/Geoeconomics，LT/GE）等为典型代表。这些流派正是上述各类转向乃至前一阶段政治经济学研究方法的指导思想，其在更宏观的理论层面展示了经济地理学科的发展特征。

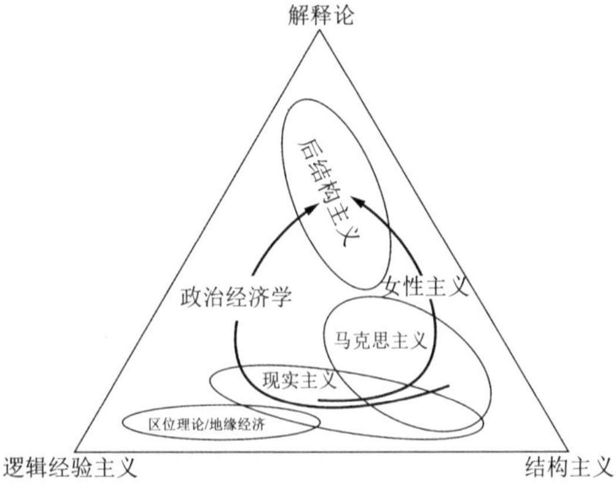

图 1-1　经济地理学研究方法的哲学流派

资料来源：埃里克·谢泼德（Sheppard，2006）。

本小节接下来简要总结经济地理学者研究金融问题的主要视角，展示上述经济地理学转向如何具体应用于研究金融问题。下面的总结，一是基于作者广泛的文献阅读，二是基于具有代表性的经济地理学者在著名地理学期刊《人文地理学进展》上发表的针对金融地理学研究的进展报告（progress reports），包括安德鲁·莱申、莎拉·霍尔、布雷特·克里斯托弗斯、曼努埃尔·阿尔伯斯（Manuel Aalbers）、达雷什·沃奇克（Dariusz Wójcik）和黎碧瑶（Leyshon，1998；Hall，2013；Christophers，2016；Aalbers，2020；Wójcik，2022；Lai，2023）。

一、社会与文化视角

在金融地理学领域中，部分学者一直担心针对金融的研究会“脱离现实”，过度关注金融科技、原理、机制、产品，而忽略了其所处的环境。这些环境恰恰是经济地理学关注的重点，尤其是在学科历经文化、制度、关系等转向后。莎拉·霍尔（Hall，2013）认为，国际金融系统的迅速发展让学者们更加关注高端复杂的金融及其相互作用，反而忽略了最基本的日常经济行为。直到频繁的金融危机，尤其是2008年爆发的全球金融危机才让金融地理学者们意识到必须将金融网络和系统内部流动的金融资本放到所处的社会经济环境中去。

据此，一些学者开始应用社会文化视角研究金融相关问题。该视角主要强调社会与文化环境对金融活动的影响。“社会”（social 或 society）是非常广泛的概念，相关研究覆盖面很广。只要研究涉及金融活动的社会属性以及金融活动能否创造社会价值均可应用该视角。典型例子包括，通过金融活动缩小贫富差距或帮助弱势群体以助力社会公平（Rosenman，2019），种族和性别相关的金融问题（Ranganathan，2020；Reid-Musson *et al.*，2020），防范自然灾害的相关金融行为（Paudel *et al.*，2020；McElvain，2023）等。

与此同时，“嵌入性”是十分重要的视角。金融活动因为受到周围社会环境的影响而“嵌入”该环境中，具有特异性。其在不同的时空间会有显著的差异性、相似性或相关性，因此，情景十分重要。任何有关金融活动的分析均需考虑到所处的情景（Clark and Wójcik，2003；Dixon，2011）。布雷特·克里斯托弗斯（Christophers，2019）特意提出了“金融情景”（financial context），表明金融活动受到所处情景和环境的显著影响。

文化方面，首先，经济地理学者突出了“金融文化”，即不同主体，包括政府、企业、个人与家庭倾向于投资，能够接受风险，愿意用已有的资产通过投资获得更多的资产。“金融文化”是多种多样的，不同金融工具往往形成不同的金融文化，因为它们的盈利模式等方面大不相同（Tickell，2003；Langley，2008，2016，2020；Hall and Appleyard，2009；Clark，2005；Martin and Pollard，2017；Langley *et al.*，2020）。其次，金融工具（货币、金融产品等）往往承载并反映了当地文化，其并非单纯的交易载体或工具（Lee，1996；Agnes，2000；Lee *et al.*，2004）。再次，金融盈利的方式从较为简单的借款贷款模式转向更为复杂的由多个部分组成的金融工具和投资组合模式。这种金融内部盈利模式的变化改变了金融活动的时空间形态以及各主体之间的相互关系（MacKenzie，2007；Lai，2020）。最后，不同类型的文化形成了不同的金融模式，某些盈利模式可能被禁止，而某些盈利模式可能被推崇，典型的如伊斯兰金融（Maurer，2005；Pollard and Samers，2007；Bassens *et al.*，2013；Dodds and Pollard，2020；Liu and Lai，2021）。

伊斯兰金融在金融地理学中获得关注，值得本书花更多的笔墨来介绍这一新兴的金融主体。它是将主流的金融模式与伊斯兰教规所坚持的核心价值观相结合的产物，是对以英美为代表的西方主流金融网络的一个很好的补充，丰富了金融地理学的研究对象。伊斯兰金融具有两个显著的特点：首先，伊斯兰金融由于受到伊斯兰教规和伊斯兰传统文化价值理念的限制，无法进行一些特定的金融活动，如金融业务不能获取利润，各类伊斯兰金融主体不准进行任何种类的投机活动等，但是伊斯兰金融也创造出了具有自身特色的金融业务，如共享利润或共享风险模式的银行储蓄业务等。其次，伊斯兰教规的学术权威在伊斯兰金融中具有重要的地位，他们的观点和思想对伊斯兰金融的发展方向具有决定性的影响。这些学术权威具有如此重要的地位，并不是因为他们为伊斯兰金融创造了多少收益，而是他们所占据的宗教话语权。在分析伊斯兰金融特征的时候，绝不能忽视这些学术权威可能起到的重要作用。

社会与文化常常同时影响经济活动，典型例子就是货币的应用。薇薇安娜•泽利泽（Viviana Zelizer）从人类学的视角研究了货币（或者说，钱，money）与社会文化的紧密相关性，强调货币具有社会属性（social meaning of money）（Zelizer，1994）。尽管货币是均质性的交换工具，但是对货币的看法和使用方式却反映了使用者的社会属性（关系、角色、情感等）。如被抢来的钱财多被认为是不义之财，大多数人不会想要通过抢劫等方式获取钱财。相类似的，耐杰尔•多德（Nigel Dodd）提出“货币的社会学”（sociology of money），致力于将货币的一般性和特殊性相结合，认为货币具有差异化的社会文化属性，但也是均质化的交易工具（Dodd，1995）。

与此同时，并非只有社会文化因素单向对金融施加影响，金融也会反过来影响社会文化。金融有自身的文化，如高风险、高杠杆、均质化、追求短期收益等。这种可能会对原有的社会、文化、制度环境造成冲击，引起一系列的负面影响，如投资风气变得浮躁，盲目追求利润而忽略其他方面等。伊斯兰金融的发展就是一个典型例子。莉娜•雷特尔（Lena Rethel）分析了伊斯兰金融的“合法性”与其在主流金融环境下的发展前景（Rethel，2011)。“合法性”即伊斯兰金融自身特征与西方金融主流价值观的契合程度。她认为仅仅分析伊斯兰金融的“合法性”是不够的，还需要关注其在全球化的金融网络中可能的演化方向。伊斯兰金融的确能够成为对西方主流金融体系的一个补充，但是它极有可能被日益同化，展现出越来越多与西方主流金融价值观相似的特征。当伊斯兰金融遇到金融危机的时候是否还能坚持自身共担风险、共享利润的原则，抑或像其他主流金融机构一样土崩瓦解，还需要进一步观察与讨论。简•波拉德

（Jane Pollard）研究了英国和美国伊斯兰金融的发展特征及影响因素（Pollard，2013）。她首先定义了“区域合法性”的概念，即区域内部能够影响金融实践的社会、经济、文化和制度等各方面因素。伊斯兰金融在英美两个国家的运行即受到了这种区域合法性的影响：一方面，英美的主流金融主体为与伊斯兰金融开展合作，开辟了新的金融业务和金融渠道，例如汇丰银行开设了“伊斯兰窗口”，专门进行伊斯兰金融业务；另一方面，英美也通过政策等手段强制境内的伊斯兰金融做出一定程度的改变，以适应主流的金融体系，例如通过修改税收法案来强制境内的伊斯兰金融取消双倍的印花税等。

二、科学技术视角

现代金融的飞速发展离不开科学技术的进步。经济地理学者同样关注金融技术的发展。首先，经济地理学者关注如高频交易（high-frequency trading）等技术手段如何改变金融活动的时空特征及主体关系（Borch *et al.*，2015；Grindsted，2016；Zook and Grote，2017）。其次，其余技术，如信用评级、证券化、市场化定价等如何促进各类金融产品和市场的诞生，进而将不同主体和地方市场纳入金融体系中（Wainwright，2009；Langley，2020；Berndt and Boeckler，2023）。

特别值得注意的是，从“科学技术研究”（science and technology studies，STS）衍生出的概念“行动者网络”（actor-network theory，ANT）对于研究经济活动中各主体之间、主体与情景之间、主体与其所用的技术和物品之间的关系有显著影响（Law，1992；Latour，2005）。经济地理学中的“全球生产网络”即大量借鉴了“行动者网络”的思想。而将金融元素并入“全球生产网络”后诞生的“全球金融网络”（Global Financial Network，GFN）同样反映出浓厚的“行动者网络”特征（Coe *et al.*，2014；Lai，2018；Wójcik，2018；Wójcik *et al.*，2022）。“行动者网络”强调主体间的互动定义了主体的角色和行为，是一种后结构主义的视角，反对任何对于主体的先验性认知。这种思想主导了部分金融地理学研究（Corpataux and Crevoisier，2016）。

在 2010 年代后期，部分学者用“FinTech”概括不同的金融科技，以新兴的电子交易平台经济（众筹、端对端交易）、数字支付与交易等为代表，也囊括前文所提到的高频交易、交易所交易等较早出现的技术。该术语的出现使得金融技术成为一支研究，其重要性和受关注程度都比之前有了较大提升。针对这一支研究，经济地理学者关注新兴技术或早先技术的进一步完善如何改变金融活动的时空间特征和主体间的相互关系（Töpfer，2018；Langley and Leyshon，2021；Ioannou and Wójcik，2022；Migozzi *et al.*，2023）。

三、管理/治理视角

经济地理学者参照管理（management）/治理（governance）研究的范式及思想来分析金融现象，主要用于解释政府和企业的金融行为。政府是金融地理学持续关注的重点对象。相比于之前政治经济学方法主导的时期，经济地理学的各种转向，尤其是关系转向，为如何研究政府行为提供了新的视角。典型的例子即政府（state）是一个复杂的集合体，包括各级政府（multi-level governments）、公共机构（public institutions）、国有企业（state-owned enterprises）等。每一个部分都有自己的利益和行为方式，相互之间又有千丝万缕的联系（Jessop，2016）。因此，各部分的金融行为不尽相同但也联系紧密（Pacione，2001；Mawdsley，2018）。与此同时，政府的目的是多样的，涉及政治、经济、文化、社会、环境等方面，他们需要通过促进或抑制金融发展来达到相应的目的。经济地理学者也热衷于研究不同时空间情景下政府如何能达到这些目的（Tickell，1998；van Hulten，2012；Bassens and van Meeteren，2015；Hall，2018）。

对于企业，经济地理学者主要关注金融和非金融两种企业。金融企业设计不同的金融工具和产品创造利润，许多原来只有使用价值的物品，如能源、土地、房屋、基础设施、水、木材等都通过一系列的金融技术变成了金融产品（Kaika and Ruggiero，2016；Ouma，2016；Kay，2018；O'Brien *et al.*，2019；Bridge *et al.*，2020；Grafe，2020），养老、保险、自然灾害救助等生活中必须或可能用到的服务同样有利可图，金融公司设计出针对性的金融产品吸引大众投资（Corpataux *et al.*，2009；Theurillat *et al.*，2010；Wainwright and Kibler，2014；Booth，2021）。而非金融企业越来越倾向于通过金融手段创造利润，如上市、并购、投资金融产品等，其本职业务则变得越来越不重要。经济地理学者同样关注到了这类现象（Pike and Pollard，2010；Klinge *et al.*，2021）。

四、跨尺度视角

经济地理学归根结底是一门地理科学，不同时空间尺度之间的差异和相互作用往往是提出并解决相关问题的基础。乡镇、区县、城市、区域、国家和国际这几个广泛引用的地理尺度（geographical scales）覆盖了几乎所有经济地理学者研究金融问题时所处的情景。早期的研究多聚焦在某一尺度，主要是城市或国家。近期的研究逐渐开始探讨不同尺度之间主体的相互作用，如一个金融工具的运行可能涉及来自不同地区的各类投资者，由某一个地区的企业运营，受到当地和（或）中央政府监管。该工具承载的资本在全国乃至世界范围内自由流动，并作为投资资金用于任何一个可能的地方，在当地产生一系列的关系和影响。想要讲清楚整个过程可能需要一本书的体量，因此，期刊文章多探讨其中某一两个环节。但即便如此，仍有很多处在不同尺度的主体参与其中。经济地理学者关注不同主体的行为和相互关系（Büdenbender and Aalbers，2019；Socoloff，2020；Zhang，2020；Belotti and Arbaci，2021；Lima，2023）。

五、研究范式的多样化

自 20 世纪 90 年代起的各种研究范式转向凸显了经济地理学是一门交叉学科。社会科学中很多学科的研究范式都可以在强调时空间特性、情景、关系等方面后用于解决经济地理学问题。研究话题和范式的多样化及复杂化也让经济地理学的学科边界进一步模糊，很多人文地理学者、经济学者、社会学者、城市学者或其他领域的学者，可能并不认同自己是经济地理学者，但是他们很有可能或多或少地提出并分析过经济地理学问题。与此同时，在进一步认清研究问题的复杂性后，经济地理学者往往运用多种范式解决某一个研究问题，如同时应用政治经济学视角和关系视角分析多层级政府在推动金融发展过程中扮演的角色。

在某些经济地理学者的眼中，研究范式的复杂化乃至碎片化弊大于利，因为不利于创建学科代表性理论，直接损害学者对于本学科的认同感。但也有学者认为这是一件好事，可以进一步丰富学科内涵，吸引更多其他领域的学者用不同的方法解决经济地理学问题。学科本就应朝着多样化、丰富化发展，而不应故步自封、墨守成规（Barnes and Sheppard，2010；Rosenman *et al.*，2020；Chu *et al.*，2023）。探讨哪一种观点更利于经济地理学发展并不是本书的目的，提及这两派观点是为了重申同一个研究问题可以使用不同的范式去解释和分析，也可能需要多种范式相互配合以得到有意义的结果。在能够自圆其说的前提下，范式的应用并无对错之分，只能说得出的结果突出了某一种视角/方法的特色。

在历经了几轮研究范式转向后，更多的经济地理学者用“金融地理学”（financial geography）来指称金融相关研究，部分学者也更愿意称自己为“金融地理学者”，如曼努埃尔·阿尔伯斯、达雷什·沃奇克和黎碧瑶。当经济地理学者应用复杂多样的范式研究金融问题的时候，金融就不再仅仅是简单的研究对象，而是经济地理学者“看待问题的方式”，是一门经济地理学的分支学科。任何经济现象都可能会和金融有关，都可能通过金融技术创造利润和价值。达雷什·沃奇克则更激进地认为金融地理学不应该仅仅是经济地理学的一门分支学科。两者的确有大量相互重叠的研究话题和范式，但是相类似的重叠也发生在金融地理学和社会、政治、文化及其他地理学之间（引自阿宾娜·吉巴杜丽娜对达雷什·沃奇克的访谈）（Gibadullina，2021）。经济地理学与金融地理学都是交叉学科，两者只是重叠关系，并非从属关系。

本书同样不对上述看法做出评论，但同意“金融地理学”已经可以作为一门交叉学科独立存在。从社会实践的角度出发，金融业/金融工具不再只为服务实体经济而存在，而是成为诸多国家的支柱型产业[如“伦敦城”（City of London）之于英国、华尔街（Wall Street）之于美国]，对于当今世界经济、政治、文化等方面的发展与稳定具有重要意义。以时空间和关系视角研究金融业发展势在必行。从学术研究的角度出发，以不同范式研究金融现象可以更好地解释诸如政府、企业、个人、家庭等主体的行为和相互关系，从理论视角拓展现有观点，从而丰富理论发展。学科定位并不影响有兴趣的学生或学者投身于金融地理研究。本书即致力于让更多的人对金融地理学感兴趣，愿意将其作为学习和研究的方向。

第四节　“新经济地理学”研究阶段

在经济地理学历经多次研究范式转向的同一时期，一些经济学者在区域经济学和区域金融学的影响下开始关注地理因素对经济发展的影响。20 世纪 90 年代以来以保罗·克鲁格曼（Paul Krugman）为代表的经济学家将其所研究的“经济地理学”称为“新经济地理学”（New Economic Geography）。他们将收益递增、垄断竞争、“冰山成本”和规模经济等作为理论基础，运用核心-边缘模型等主流经济学模型，重点关注经济活动的集聚性与区域经济增长的影响因素及驱动力（Krugman，1997，1998，2009，2011）。

基于上述“新经济地理学”的研究方法，一些经济学家开始研究金融体系的空间分布和组织结构、金融机构的发展演化和影响因素（Dow，1990；Porteous，1995）。相比处于“计量革命”与政治经济学方法主导阶段的区域金融学者，应用“新经济地理学”的学者以更加新颖和复杂的方式将空间因素纳入经济/金融模型之中。但即便如此，他们大多也只是将空间和地方定义为抽象的点或区域，强调区位与地理距离等因素对经济原理的影响，而忽视了区域内部或区域之间的社会、文化、制度等因素。

以地理学视角来看，“新经济地理学”的研究视角和方法存在明显不足，但不可否认这种方法的优势：逻辑严谨、定量模型结果说服力较强等。在金融地理学的研究中，地理学视角和经济/金融学视角并非完全对立，也不能简单地进行转化，但却可以优势互补。在经济/金融学原理的基础上，配合特定的社会、文化、制度和人类因素，通过定性与定量模型相结合的研究方法，最终解决金融地理学问题，才是日后金融地理学的发展方向。

小　　结

历经半个多世纪，金融地理学的研究范式与内容可以总结为图 1–2。简要来说，以地理学视角研究金融问题可应用的方法越来越多样化，加强了金融地理学作为一门交叉学科的学科活力。在未来的发展中，本学科很可能会进一步借鉴更多的研究方法和内容，形成更加丰富的研究体系。

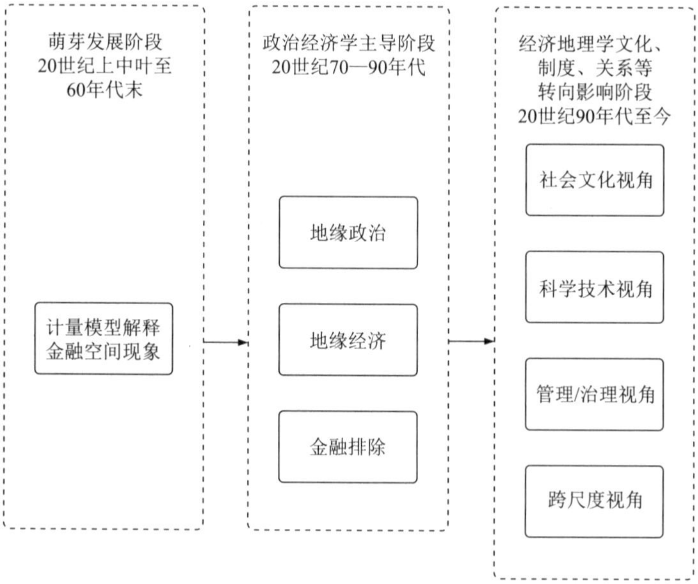

图 1–2　金融地理学发展脉络

需要再次强调的是，尽管金融地理学的研究范式历经多次转向，但各个转向并非相互替代、不可兼容的关系。多次转向后，金融地理学的研究范式愈发成熟，学者可以选择最合适的视角对特定事物与现象进行研究。与此同时，大多情况下学者需要结合不同视角设计研究方法，如政治经济学视角和社会视角共同引领的研究方法。两种视角各有优势，可以解释某一现象的某一方面，两种视角结合后即可得出最贴近事实的解释，从而达到最优的研究效果。

参考文献

[1] Aalbers, M. B., 2020. Financial GeographyⅢ: The Financialization of the City. *Progress in Human Geography*, Vol. 44, No. 3, pp. 595-607.

[2] Agnes, P., 2000. The "End of Geography" in Financial Services? Local Embeddedness and Territorialization in the Interest Rate Swaps Industry. *Economic Geography*, Vol. 76, No. 4, pp. 347-366.

[3] Agnew, J. A., 1994. The Territorial Trap: The Geographical Assumptions of International Relations Theory. *Review of International Political Economy*, Vol. 1, No. 1, pp. 53-80.

[4] Agnew, J. A., 2014. *Place and Politics: The Geographical Mediation of State and Society*. New York, NY: Routledge.

[5] Althusser, L., 1967. Contradiction and Over-determination. *New Left Review*, Vol. 1, No. 41, pp. 15-35.

[6] Amin, A., 2001. Moving on: Institutionalism in Economic Geography. *Environment and Planning A: Economy and Space*, Vol. 33, No. 7, pp. 1237-1241.

[7] Amin, A., N. Thrift, 1994. *Living in the Global*. Oxford: Oxford University Press.

[8] Babic, M., 2023. State Capital in a Geoeconomic World: Mapping State-led Foreign Investment in the Global Political Economy. *Review of International Political Economy*, Vol. 30, No. 1, pp. 201-228.

[9] Ball, M., 1994. The 1980s Property Boom. *Environment and Planning A: Economy and Space*, Vol. 26, No. 5, pp. 671-695.

[10] Barnes, T. J., 2001 Retheorizing Economic Geography: From the Quantitative Revolution to the "Cultural Turn". *Annals of the Association of American Geographers*, Vol. 91, No. 3, pp. 546-565.

[11] Barnes, T. J., E. Sheppard, 2010. "Nothing Includes Everything": Towards Engaged Pluralism in Anglophone Economic Geography. *Progress in Human Geography*, Vol. 34, No. 2, pp. 193-214.

[12] Bassens, D. *et al*., 2013. Securitization Across Borders: Organizational Mimicry in Islamic Finance. *Journal of Economic Geography*, Vol. 13, No. 1, pp. 85-106.

[13] Bassens, D., M. van Meeteren, 2015. World Cities under Conditions of Financialized Globalization: Towards an Augmented World City Hypothesis. *Progress in Human Geography*, Vol. 39, No. 6, pp. 752-775.

[14] Beare, J. B., 1976. A Monetarist Model of Regional Business Cycles. *Journal of Regional Science*, Vol. 16, No. 1, pp. 57-64.

[15] Belotti, E., S. Arbaci, 2021. From Right to Good, and to Asset: The State-led Financialisation of the Social Rented Housing in Italy. *Environment and Planning C: Politics and Space*, Vol. 39, No. 2, pp. 414-433.

[16] Berndt, C., M. Boeckler, 2023. Geographies of Marketization: Studying Markets in Postneoliberal Times. *Progress in Human Geography*, Vol. 47, No. 1, pp. 124-140.

[17] Borch, C., K. B. Hansen, A. C. Lange, 2015. Markets, Bodies, and Rhythms: A Rhythmanalysis of Financial Markets from Open-outcry Trading to High-frequency Trading. *Environment and Planning D: Society and Space*, Vol. 33, No. 6, pp. 1080-1097.

[18] Booth, K., 2021. Critical Insurance Studies: Some Geographic Directions. *Progress in Human Geography*, Vol. 45, No. 5, pp. 1295-1310.

[19] Bridge, G. *et al*., 2020. Pluralizing and Problematizing Carbon Finance. *Progress in Human*

Geography, Vol. 44, No. 4, pp. 724-742.
[20] Burton, I., 1963. The Quantitative Revolution and Theoretical Geography 1. *Canadian Geographer/Le Géographe Canadien*, Vol. 7, No. 4, pp. 151-162.
[21] Butler, J., 2015. Performative Agency. In F. Cochoy, M. Giraudeau, L. McFall, *The Limits of Performativity*. London: Routledge, pp. 10-24.
[22] Büdenbender, M., M. B. Aalbers, 2019. How Subordinate Financialization Shapes Urban Development: The Rise and Fall of Warsaw's Służewiec Business District. *International Journal of Urban and Regional Research*, Vol. 43, No. 4, pp. 666-684.
[23] Chisholm, M., 1975. *Human Geography: Evolution or Revolution?* Harmondsworth: Penguin.
[24] Christophers, B., 2016. Geographies of Finance Ⅲ: Regulation and "After-Crisis" Financial Futures. *Progress in Human Geography*, Vol. 40, No. 1, pp. 138-148.
[25] Christophers, B., 2019. Putting Financialisation in Its Financial Context: Transformations in Local Government-led Urban Development in Post-financial Crisis England. *Transactions of the Institute of British Geographers*, Vol. 44, No. 3, pp. 571-586.
[26] Chu, H., R. Hassink, Ş. Yılmaz, 2023. Fragmented or Engaged Pluralism in Economic Geography? *Progress in Human Geography*, Vol. 48, No. 3, pp. 247-274.
[27] Clark, G. L., 1993. Global Interdependence and Regional Development: Business Linkages and Corporate Governance in a World of Financial Risk. *Transactions of the Institute of British Geographers*, Vol. 18, No. 3, pp. 309-325.
[28] Clark, G. L., 2005. Money Flows Like Mercury: The Geography of Global Finance. *Geografiska Annaler: Series B, Human Geography*, Vol. 87, No. 2, pp. 99-112.
[29] Clark, G. L., D. Wójcik, 2003. An Economic Geography of Global Finance: Ownership Concentration and Stock-Price Volatility in German Firms and Regions. *Annals of the Association of American Geographers*, Vol. 93, No. 4, pp. 909-924.
[30] Coddington, A., 1976. Keynesian Economics: The Search for First Principles. *Journal of Economic Literature*, Vol. 14, No. 4, pp. 1258-1273.
[31] Coe, N. M., K. P. Lai, D. Wójcik, 2014. Integrating Finance into Global Production Networks. *Regional Studies*, Vol. 48, No. 5, pp. 761-777.
[32] Coe, N. M., H. W. C. Yeung, 2015. *Global Production Networks: Theorizing Economic Development in an Interconnected World*. Oxford: Oxford University Press.
[33] Corbridge, S., 1994. *Plausible Worlds: Friedman, Keynes and the Geography of Inflation*. Oxford: Blackwell.
[34] Corbridge, S., J. Agnew, 1991. The US Trade and Budget Deficits in Global Perspective: An Essay in Geopolitical-Economy. *Environment and Planning D: Society and Space*, Vol. 9, No. 1, pp. 71-90.
[35] Corpataux, J., O. Crevoisier, 2016. Lost in Space: A Critical Approach to ANT and the Social Studies of Finance. *Progress in Human Geography*, Vol. 40, No. 5, pp. 610-628.

[36] Cox, A. W., 1986. *State, Finance and Industry: A Comparative Analysis of Post-war Trends in Six Advanced Industrial Economies.* Harvester: Wheatsheaf.

[37] Crang, P., 1997. Cultural Turns and the (Re)constitution of Economic Geography: Introduction to Section One. In R. Lee, J. Wills, *Geographies of Economies.* London: Arnold, pp. 3-15.

[38] Cumbers, A., D. MacKinnon, R. McMaster, 2003. Institutions, Power and Space: Assessing the Limits to Institutionalism in Economic Geography. *European Urban and Regional Studies*, Vol. 10, No. 4, pp. 325-342.

[39] Davis, M., 1993. Who Killed LA? A Political Autopsy. *New Left Review*, Vol. 197, pp. 3-28.

[40] Dixon, A. D., 2011. Variegated Capitalism and the Geography of Finance: Towards a Common Agenda. *Progress in Human Geography*, Vol. 35, No. 2, pp. 193-210.

[41] Dodd, N., 1995. *The Sociology of Money: Questions of Risk and Trust. Sociology and the Limits of Economics Conference.* Liverpool: University of Liverpool.

[42] Dodds, G. B., J. Pollard, 2020. Islamic Finance: Diversity within Difference. In J. K. Gibson-Graham, K. Dombroski, *The Handbook of Diverse Economies.* Edward Elgar Publishing, pp. 346-353.

[43] Dow, S. C., 1990. *Financial Markets and Regional Economic Development: The Canadian Experience.* Avebury: Aldershot, Hants.

[44] Foucault, M., 1991. Governmentality. In G. Burchell, C. Gordon, P. Miller, *The Foucault Effect: Studies in Governmentality.* Chicago, IL: University of Chicago Press, pp. 87-104.

[45] Gibadullina, A., 2021. The Birth and Development of Anglophone Financial Geography: A Historical Analysis of Geographical Studies of Money and Finance. *Geoforum*, Vol. 125, pp. 150-167.

[46] Grafe, F. J., 2020. Finance, Water Infrastructure, and the City: Comparing Impacts of Financialization in London and Mumbai. *Regional Studies, Regional Science*, Vol. 7, No. 1, pp. 214-231.

[47] Granovetter, M., 1985. Economic Action and Social Structure: The Problem of Embeddednes. *American Journal of Sociology*, Vol. 91, No. 3, pp. 481-510.

[48] Grindsted, T. S., 2016. Geographies of High Frequency Trading—Algorithmic Capitalism and Its Contradictory Elements. *Geoforum*, Vol. 68, pp. 25-28.

[49] Hall, S., 2013. Geographies of Money and Finance Ⅲ: Financial Circuits and the "Real Economy". *Progress in Human Geography*, Vol. 37, No. 2, pp. 285-292.

[50] Hall, S., 2018. Placing the State within Geofinance. *Dialogues in Human Geography*, Vol. 8, No. 3, pp. 281-284.

[51] Hall, S., L. Appleyard, 2009. "City of London, City of Learning"? Placing Business Education within the Geographies of Finance. *Journal of Economic Geography*, Vol. 9, No. 5, pp. 597-617.

[52] Harrison, B., 1992. Industrial Districts: Old Wine in New Bottles? *Regional Studies*, Vol. 26,

No. 5, pp. 469-483.

[53] Hartshorne, R., 1959. *Perspective on the Nature of Geography.* Chicago, IL: Rand & McNally.

[54] Harvey, D., 1973. *Social Justice and the City.* London: Edward Arnold.

[55] Harvey, D., 1982. *The Limits to Capital.* Oxford: Blackwell.

[56] Harvey, D., 1985a. *The Geopolitics of Capitalism.* Springer.

[57] Harvey, D., 1985b. *The Urbanization of Capital: Studies in the History and Theory of Capitalist Urbanization.* Baltimore, MD: Johns Hopkins University Press.

[58] Helleiner, E., 1993. The Challenge from the East: Japan's Financial Rise and the Changing Global Order. In P. Cerny, *Finance and the World Politics: Markets, Regimes and States in a Post-hegemonic Era.* Aldershot: Edward Elgar, pp. 207-227.

[59] Henderson, J. *et al.*, 2002. Global Production Networks and the Analysis of Economic Development. *Review of International Political Economy*, Vol. 9, No. 3, pp. 436-464.

[60] Hutchinson, R. W., D. G. McKillop, 1990. Regional Financial Sector Models: An Application to the Northern Ireland Financial Sector. *Regional Studies*, Vol. 24, No. 5, pp. 421-431.

[61] Ioannou, S., D. Wójcik, 2022. The Limits to FinTech Unveiled by the Financial Geography of Latin America. *Geoforum*, Vol. 128, pp. 57-67.

[62] Jessop, B., 2016. *The State Past, Present, Future*. Cambridge, UK: Polity.

[63] Kaika, M., L. Ruggiero, 2016. Land Financialization as a "lived" Process: The Transformation of Milan's Bicocca by Pirelli. *European Urban and Regional Studies*, Vol. 23, No. 1, pp. 3-22.

[64] Kay, K., 2018. A Hostile Takeover of Nature? Placing Value in Conservation Finance. *Antipode*, Vol. 50, No. 1, pp. 164-183.

[65] Kerr, D., 1965. Some Aspects of the Geography of Finance in Canada. *The Canadian Geographer*, Vol. 9, No. 4, pp. 175-192.

[66] Kindleberger, C. P., 1973. *The World in Depression, 1929-1939.* Harmondsworth: Penguin Books.

[67] Klinge, T. J., R. Fernandez, M. B. Aalbers, 2021. Whither Corporate Financialization? A Literature Review. *Geography Compass*, Vol. 15, No. 9, e12588.

[68] Krugman, P. R., 1997. *Development, Geography, and Economic Theory*. Cambridge, MA: MIT Press.

[69] Krugman, P. R., 1998. What's New about the New Economic Geography? *Oxford Review of Economic Policy*, Vol. 14, No. 2, pp. 7-17.

[70] Krugman, P. R., 2009. The Increasing Returns Revolution in Trade and Geography. *American Economic Review*, Vol. 99, No. 3, pp. 561-571.

[71] Krugman, P. R., 2011. The New Economic Geography, Now Middle-Aged. *Regional Studies*, Vol. 45, No. 1, pp. 1-7.

[72] Lai, K. P., 2018. Agency, Power, and State-Firm Relations in Global Financial Networks. *Dialogues in Human Geography*, Vol. 8, No. 3, pp. 285-288.

[73] Lai, K. P., 2020. FinTech: The Dis/Re-intermediation of Finance. In J. Knox-Hayes, D. Wójcik, *The Routledge Handbook of Financial Geography.* London: Routledge, pp. 440-458.

[74] Lai, K. P., 2023., Financial Geography Ⅰ: The State-Finance Nexus. *Progress in Human Geography*, Vol. 47, No. 4, pp. 591-603.

[75] Langley, P., 2008. *The Everyday Life of Global Finance: Saving and Borrowing in Anglo-America.* Oxford: Oxford University Press.

[76] Langley, P., 2020. The Folds of Social Finance: Making Markets, Remaking the Social. *Environment and Planning A: Economy and Space*, Vol. 52, No. 1, pp. 130-147.

[77] Langley, P., A. Leyshon, 2021. The Platform Political Economy of FinTech: Reintermediation, Consolidation and Capitalisation. *New Political Economy*, Vol. 26, No. 3, pp. 376-388.

[78] Langley, P. *et al.*, 2020. Crowdfunding Cities: Social Entrepreneurship, Speculation and Solidarity in Berlin. *Geoforum*, Vol. 115, pp. 11-20.

[79] Latour, B., 1987. *Science in Action: How to Follow Scientists and Engineers through Society.* Cambridge, MA: Harvard University Press.

[80] Latour, B., 2005. *Reassembling the Social: An Introduction to Actor-Network-Theory.* Oxford: Oxford University Press.

[81] Law, J., 1992. Notes on the Theory of the Actor-Network: Ordering, Strategy, and Heterogeneity. *Systems Practice*, Vol. 5, pp. 379-393.

[82] Lee, R., 1996. Moral Money? LETS and the Social Construction of Local Economic Geographies in Southeast England. *Environment and Planning A: Economy and Space*, Vol. 29, No. 8, pp. 1377-1394.

[83] Lee, R. *et al.*, 2004. Making Geographies and Histories? Constructing Local Circuits of Value. *Environment and Planning D: Society and Space*, Vol. 22, No. 4, pp. 595-617.

[84] Leyshon, A., 1992. The Transformation of Regulatory Order: Regulating the Global Economy and Environment. *Geoforum*, Vol. 3, No. 3, pp. 249-267.

[85] Leyshon, A., 1993. Crawling from the Wreckage: Speculating on the Future of the European Exchange Rate Mechanism. *Environment and Planning A: Economy and Space*, Vol. 25, No. 11, pp. 1553-1557.

[86] Leyshon, A., 1995. Geographies of Money and Finance Ⅰ. *Progress in Human Geography*, Vol. 19, No. 4, pp. 531-543.

[87] Leyshon, A., 1998. Geographies of Money and Finance Ⅲ. *Progress in Human Geography*, Vol. 22, No. 3, pp. 433-446.

[88] Leyshon, A., A. Tickell, 1994. Money Order? The Discursive Construction of Bretton Woods and the Making and Breaking of Regulatory Space. *Environment and Planning A: Economy*

and Space, Vol. 26, No. 12, pp. 1861-1890.

[89] Leyshon, A., N. Thrift, 1995. Geographies of Financial Exclusion: Financial Abandonment in Britain and the United States. *Transactions of the Institute of British Geographers*, Vol. 20, No. 3, pp. 312-341.

[90] Leyshon, A., N. Thrift, 2005. *Money/Space: Geographies of Monetary Transformation*. London: Routledge.

[91] Lima, R., 2023. Subordinate Housing Financialization: Tracing Global Institutional Investment into Lisbon's Urban Development. *Urban Geography*, Vol. 45, No. 6, pp. 1072-1094.

[92] Liu, F. H., K. P. Lai, 2021. Ecologies of Green Finance: Green Sukuk and Development of Green Islamic Finance in Malaysia. *Environment and Planning A: Economy and Space*, Vol. 53, No. 8, pp. 1896-1914.

[93] Lösch, A., 1954. *The Economics of Location*. New Haven, CT: Yale University Press.

[94] MacKenzie, D. A., 2007. The Material Production of Virtuality: Innovation, Cultural Geography and Facticity in Derivatives Markets. *Economy and Society*, Vol. 36, No. 3, pp. 355-376.

[95] Marshall, J. N. *et al*., 1992. Regulatory Change, Corporate Restructuring and the Spatial Development of the British Financial Sector. *Regional Studies*, Vol. 26, No. 5, pp. 453-467.

[96] Martin, R., 1999. The New Economic Geography of Money. In R. Martin, *Money and the Space Economy*. John Wiley & Sons, pp. 3-27.

[97] Martin, R., J. Pollard, 2017. The Geography of Money and Finance. In R. Martin, J. Pollard, *Handbook on the Geographies of Money and Finance*. Cheltenham: Edward Elgar, pp. 1-28.

[98] Massey, D., R. Meegan, 2014. *The Anatomy of Job Loss (Routledge Revivals): The How, Why and Where of Employment Decline*. London: Methuen.

[99] Maurer, B., 2005. *Mutual Life, Limited: Islamic Banking, Alternative Currencies, Lateral Reason*. Princeton, NJ: Princeton University Press.

[100] Mawdsley, E., 2018. Development Geography Ⅱ: Financialization. *Progress in Human Geography*, Vol. 42, No. 2, pp. 264-274.

[101] McDowell, L., 2003. *Feminists Rethink the Economic: The Economics of Gender/The Gender of Economics*. Oxford, UK: Oxford University Press.

[102] McElvain, B., 2023. "Fixing" Finance? The Dialectical Publics of Resilient Disaster Governance in Mexico City. *Urban Geography*, Vol. 45, No. 5, pp. 776-797.

[103] Migozzi, J., M. Urban, D. Wójcik, 2023. "You Should Do What India Does": FinTech Ecosystems in India Reshaping the Geography of Finance. *Geoforum*, Vol. 151, 103720.

[104] Moore, C. L., J. M. Hill, 1982. Interregional Arbitrage and the Supply of Loanable Funds. *Journal of Regional Science*, Vol. 22, No. 4, pp. 499-512.

[105] Myrdal, G., 1957. *Economic Theory and Underdeveloped Regions*. London: Duckworth.

[106] Ouma, S., 2016. From Financialization to Operations of Capital: Historicizing and

Disentangling the Finance-Farmland-Nexus. *Geoforum*, Vol. 72, pp. 82-93.

[107] O'Brien, P., P. O'Neill, A. Pike, 2019. Funding, Financing and Governing Urban Infrastructures. *Urban Studies*, Vol. 56, No. 7, pp. 1291-1303.

[108] O'Brien, R., 1991. *Global Financial Integration: The End of Geography.* London: Pinter.

[109] O'Huallachain, B., 1994. Foreign Banking in the American Urban System of Financial Organization. *Economic Geography*, Vol. 70, No. 3, pp. 206-228.

[110] Pacione, M., 2001. Geography and Public Finance: Planning for Fiscal Equity in a Metropolitan Region. *Progress in Planning*, Vol. 56, No. 1, pp. 1-59.

[111] Paudel, D., K. Rankin, P. Le Billon, 2020. Lucrative Disaster: Financialization, Accumulation and Postearthquake Reconstruction in Nepal. *Economic Geography*, Vol. 96, No. 2, pp. 137-160.

[112] Pike, A., J. Pollard, 2010. Economic Geographies of Financialization. *Economic Geography*, Vol. 86, No. 1, pp. 29-51.

[113] Pollard, J. S., 2013. Gendering Capital: Financial Crisis, Financialization and (an Agenda for) Economic Geography. *Progress in Human Geography*, Vol. 37, No. 3, pp. 403-423.

[114] Pollard, J., M. Samers, 2007. Islamic Banking and Finance: Postcolonial Political Economy and the Decentring of Economic Geography. *Transactions of the Institute of British Geographers*, Vol. 32, No. 3, pp. 313-330.

[115] Porteous, D. J., 1995. *The Geography of Finance: Spatial Dimensions of Intermediary Behaviour.* Beatty, NV: Avebury.

[116] Ranganathan, M., 2020. Empire's Infrastructures: Racial Finance Capitalism and Liberal Necropolitics. *Urban Geography*, Vol. 41, No. 4, pp. 492-496.

[117] Reid-Musson, E. *et al.*, 2020. Feminist Economic Geography and the Future of Work. *Environment and Planning A: Economy and Space*, Vol. 52, No. 7, pp. 1457-1468.

[118] Rethel, L., 2011. Whose Legitimacy? Islamic Finance and the Global Financial Order. *Review of International Political Economy*, Vol. 18, No. 1, pp. 75-98.

[119] Richardson, H. W., 1972. *Regional Economics. Location Theory, Urban Structure and Regional Change.* London: World University.

[120] Rockoff, H., 1977. Regional Interest Rates and Bank Failures, 1870-1914. *Explorations in Economic History*, Vol. 14, No. 1, pp. 90-95.

[121] Rosenman, E., 2019. The Geographies of Social Finance: Poverty Regulation through the "Invisible Heart" of Markets. *Progress in Human Geography*, Vol. 43, No. 1, pp. 141-162.

[122] Rosenman, E., J. Loomis, K. Kay, 2020. Diversity, Representation, and the Limits of Engaged Pluralism in (Economic) Geography. *Progress in Human Geography*, Vol. 44, No. 3, pp. 510-533.

[123] Scott, A. J., 1999. *Regions and the World Economy: The Coming Shape of Global Production, Competition, and Political Order*. Oxford, UK: Oxford University Press.

[124] Scott, A. J., 2000. Economic Geography: The Great Half-Century. *Cambridge Journal of*

Economics, Vol. 24, No. 4, pp. 483-504.
[125] Scott, A. J., 2004. A Perspective of Economic Geography. *Journal of Economic Geography*, Vol. 4, No. 5, pp. 479-499.
[126] Scott, W. R., 2008. *Institutions and Organizations: Ideas and Interests*. Sage Publications.
[127] Sheppard, E., 2000. *Geography or Economics? Conceptions of Space, Time, Interdependence, and Agency*. Oxford: Oxford University Press.
[128] Sheppard, E., 2006. The Economic Geography Project. In Bagchi-Sen, S., Smith, H. L. (eds.), *Economic Geography: Past, Present and Future*. Routledge, pp. 11-23.
[129] Sheppard, E., 2011. Geographical Political Economy. *Journal of Economic Geography*, Vol. 11, No. 2, pp. 319-331.
[130] Slater, D., 1976. Anglo-Saxon Geography and the Study of Underdevelopment. *Antipode*, Vol. 8, No. 3, pp. 88-93.
[131] Socoloff, I., 2020. Subordinate Financialization and Housing Finance: The Case of Indexed Mortgage Loans' Coalition in Argentina. *Housing Policy Debate*, Vol. 30, No. 4, pp. 585-605.
[132] Sparke, M., 1998. From Geopolitics to Geoeconomics: Transnational State Effects in the Borderlands. *Geopolitics*, Vol. 3, No. 2, pp. 62-98.
[133] Storper, M., 1993. Regional "Worlds" of Production: Learning and Innovation in the Technology Districts of France, Italy and the USA. *Regional Studies*, Vol. 27, No. 5, pp. 433-455.
[134] Storper, M., 1997. *The Regional World: Territorial Development in a Global Economy*. New York: Guilford press.
[135] Strange, S., 1988. *States and Markets*. London: Pinter.
[136] Sunley, P., 2008. Relational Economic Geography: A Partial Understanding or a New Paradigm? *Economic Geography*, Vol. 84, No. 1, pp. 1-26.
[137] Theurillat, T., J. Corpataux, O. Crevoisier, 2010. Property Sector Financialization: The Case of Swiss Pension Funds (1992-2005). *European Planning Studies*, Vol. 18, No. 2, pp. 189-212.
[138] Thrift, N., 1997. The Rise of Soft Capitalism. *Journal for Cultural Research*, Vol. 1, No.1, pp. 29-57.
[139] Thrift, N., 2003. *Pandora's Box? Cultural Geographies of Economies*. Oxford: Oxford University Press.
[140] Thrift, N., A. Leyshon, 1994. A Phantom State? The De-traditionalization of Money, the International Financial System and International Financial Centres. *Political Geography*, Vol. 13, No. 4, pp. 299-327.
[141] Thrift, N., R. J. Johnston, 1993. *The Futures of Environment and Planning A: Economy and Space. Environment and Planning A: Economy and Space Anniversary Issue*, Vol. 25, No. 1, pp. 83-102.

[142] Tickell, A., 1998. Creative Finance and the Local State: The Hammersmith and Fulham Swaps Affair. *Political Geography*, Vol. 17, No. 6, pp. 865-881.

[143] Tickell, A., 2003. Cultures of Money. In K. Anderson, S. Pile, N. Thrift, *The Handbook of Cultural Geography*. London: Sage Publications, pp. 116-130.

[144] Töpfer, L. M., 2018. Inside Global Financial Networks: The State, Lead Firms, and the Rise of Fintech. *Dialogues in Human Geography*, Vol. 8, No. 3, pp. 294-299.

[145] Underhill, G. R., 1991. Markets beyond Politics? The State and the Internationalisation of Financial Markets. *European Journal of Political Research*, Vol. 19, No. 2-3, pp. 197-225.

[146] Van Hulten, A., 2012. Remapping the Fiscal State after the Global Financial Crisis. *Economic Geography*, Vol. 88, No. 3, pp. 231-253.

[147] Wainwright, T., 2009. Laying the Foundations for a Crisis: Mapping the Historico-Geographical Construction of Residential Mortgage Backed Securitization in the UK. *International Journal of Urban and Regional Research*, Vol. 33, No. 2, pp. 372-388.

[148] Wainwright, T., E. Kibler, 2014. Beyond Financialization: Older Entrepreneurship and Retirement Planning. *Journal of Economic Geography*, Vol. 14, No. 4, pp. 849-864.

[149] Walker, R. B., 1993. *Inside/Outside: International Relations as Political Theory*. Cambridge, UK: Cambridge University Press.

[150] Wójcik, D., 2018. Rethinking Global Financial Networks: China, Politics, and Complexity. *Dialogues in Human Geography*, Vol. 8, No. 3, pp. 272-275.

[151] Wójcik, D., 2022. Financial Geography Ⅲ: Research Strategies, Designs, Methods and Data. *Progress in Human Geography*, Vol. 46, No. 1, pp. 245-254.

[152] Wójcik, D. *et al*., 2022. The Changing Landscape of International Financial Centers in the Twenty-First Century: Cross-Border Mergers and Acquisitions in the Global Financial Network. *Economic Geography*, Vol. 98, No. 2, pp. 97-118.

[153] Yeung, H. W. C., 2005. Rethinking Relational Economic Geography. *Transactions of the Institute of British Geographers*, Vol. 30, No. 1, pp. 37-51.

[154] Zelizer, V., 1994. *The Social Meaning of Money: Pin Money, Paychecks, Poor Relief and Other Currencies*. New York, NY: Basic Books.

[155] Zhang, B., 2020. Social Policies, Financial Markets and the Multi-Scalar Governance of Affordable Housing in Toronto. *Urban Studies*, Vol. 57, No. 13, pp. 2628-2645.

[156] Zook, M. A., M. H. Grote, 2017. The Microgeographies of Global Finance: High-Frequency Trading and the Construction of Information Inequality. *Environment and Planning A: Economy and Space*, Vol. 49, No.1, pp. 121-140.

第二章　金融中心

金融中心是金融地理学最早出现并持续占据重要地位的研究领域之一。金融地理学研究中的金融中心主要指金融中心城市，而非某个国家或地区。不同学者在不同时期对金融中心的认知也存在差异。一部分学者着重于金融主体的地理集聚：查尔斯·金德尔伯格（Kindleberger，1974）认为，金融中心内部集中分布有银行和证券企业，其投资、中介等服务可以延伸到周围区域；大卫·波特尤斯（David Porteous）认为，金融中心是高端金融服务业的集聚地，承担着区域、国家乃至国际尺度的高端金融服务功能（Porteous，1995）；托马斯·格里克（Thomas Gehrig）将金融中心定义为以银行业为主的金融中介的分支机构或衍生机构集中的区域（Gehrig，1998）。另一部分学者着重于信息视角：耐杰尔·思里夫特（Thrift，1994）提出金融中心就是金融信息产生、具象化并传递的源头；戈登·克拉克（Gordon Clark）认为，货币金融在飞速流动的同时也会在某些地点集聚起来，这些地点就是金融中心，内部的金融机构和金融家可以通过共享知识与信息来打造集聚经济和规模经济（Clark，2005）；大卫·迈耶（David Meyer）认为，金融中心就是大量金融家和企业以网络的形式进行信息交换的集聚地（Meyer，2016）。总结来说，学者们都强调了金融中心在金融主体集聚和信息交流方面的优势。

不同时期全球金融中心城市的分布可以帮助读者更直观地理解这一概念。自 2007 年开始，全球知名智库 Z/Yen（伦敦）先后和“伦敦城”、中国综合开发研究院（深圳）及其他机构联合推出“全球金融中心指数”（Global Financial Centres Index，GFCI）。[①]该指数每年发布两次，旨在通过一系列指标体系衡量

---

① 该指数发布于 Z/Yen 官网，https://www.longfinance.net/programmes/financial-centre-futures/global-financial-centres-index/gfci-publications/。

一个城市能否被称为金融中心及其表现强弱。简要来说，指标体系涵盖五个方面，包括营商环境、人力资本、基础设施、金融行业发展和城市形象。每个方面又有四个二级分类，共计 20 个具体指标。指数计算的数据主要来自团队向目标城市相关人员发放的在线问卷和权威机构发布的相关数据，包括世界银行（World Bank）、经济合作与发展组织（Organization for Economic Co-operation and Development，OECD）、经济学人智库（Economist Intelligence Unit）等。表 2–1 展示了 2023 年 9 月发布的第 34 期指数中排名前 20 位的城市。表 2–2 展示了自 2007 年开始排名前 15 位的城市。

表 2–1　2023 年 9 月第 34 期全球金融中心指数排名前 20 位城市

排名	城市	排名	城市
1	纽约	11	首尔
2	伦敦	12	深圳
3	新加坡	13	北京
4	香港	14	法兰克福
5	旧金山	15	巴黎
6	洛杉矶	16	卢森堡
7	上海	17	波士顿
8	华盛顿	18	苏黎世
9	芝加哥	19	阿姆斯特丹
10	日内瓦	20	东京

资料来源：基于 Z/Yen 官网发布的报告进行整理，https://www.longfinance.net/programmes/financial-centre-futures/global-financial-centres-index/gfci-publications/。

从表 2–2 可知，尽管存在浮动，前 15 位金融中心城市的排名在过去近 20 年的时间内保持相对稳定。纽约、伦敦、香港和新加坡持续占据最高排名，而中国内地代表性城市，如上海、深圳和北京在最近几年排名持续升高。前 15 位被东亚、北美和西欧的典型城市牢牢占据。

“全球金融中心指数”认为，营商环境、人力资本、基础设施、金融行业发展和城市形象会影响一个城市能否成为金融中心。从学术的角度出发，社会学者和经济地理学者对“世界城市”（world cities 或 global cities）的研究经常涉

表 2–2　2007—2023 年全球金融中心指数排名前 15 位城市

排名	2007/1	2007/2	2008/1	2008/2	2009/1	2009/2	2010/1	2010/2	2011/1	2011/2	2012/1
1	伦敦	伦敦	伦敦	伦敦	伦敦	伦敦	伦敦	伦敦	伦敦	伦敦	伦敦
2	纽约	纽约	纽约	纽约	纽约	纽约	纽约	纽约	纽约	纽约	纽约
3	香港	香港	香港	新加坡	新加坡	香港	香港	香港	香港	香港	香港
4	新加坡	新加坡	新加坡	香港	香港	新加坡	新加坡	新加坡	新加坡	新加坡	新加坡
5	苏黎世	苏黎世	苏黎世	苏黎世	苏黎世	深圳	东京	东京	上海	上海	东京
6	法兰克福	法兰克福	法兰克福	日内瓦	日内瓦	苏黎世	芝加哥	上海	东京	东京	苏黎世
7	悉尼	日内瓦	日内瓦	东京	芝加哥	东京	苏黎世	芝加哥	芝加哥	芝加哥	芝加哥
8	芝加哥	芝加哥	芝加哥	芝加哥	法兰克福	芝加哥	日内瓦	苏黎世	苏黎世	苏黎世	上海
9	东京	悉尼	东京	法兰克福	波士顿	日内瓦	深圳	日内瓦	日内瓦	旧金山	首尔
10	日内瓦	东京	悉尼	悉尼	都柏林	上海	悉尼	悉尼	悉尼	多伦多	多伦多
11	巴黎	巴黎	波士顿	波士顿	多伦多	悉尼	上海	法兰克福	多伦多	首尔	波士顿
12	多伦多	波士顿	旧金山	多伦多	根西岛	法兰克福	多伦多	多伦多	波士顿	波士顿	旧金山
13	旧金山	多伦多	都柏林	都柏林	泽西岛	多伦多	法兰克福	波士顿	旧金山	日内瓦	法兰克福
14	波士顿	旧金山	巴黎	泽西岛	卢森堡	泽西岛	波士顿	深圳	法兰克福	华盛顿	日内瓦
15	爱丁堡	都柏林	东京	卢森堡	东京	根西岛	北京	旧金山	深圳	悉尼	华盛顿

续表

排名	2012/2	2013/1	2013/2	2014/1	2014/2	2015/1	2015/2	2016/1	2016/2	2017/1	2017/2
1	伦敦	伦敦	伦敦	纽约	纽约	纽约	伦敦	伦敦	伦敦	伦敦	伦敦
2	纽约	纽约	纽约	伦敦	伦敦	伦敦	纽约	纽约	纽约	纽约	纽约
3	香港	香港	香港	香港	香港	香港	香港	新加坡	新加坡	新加坡	香港
4	新加坡	新加坡	新加坡	新加坡	新加坡	新加坡	新加坡	香港	香港	香港	新加坡
5	苏黎世	苏黎世	东京	苏黎世	旧金山	东京	东京	东京	东京	东京	东京
6	首尔	东京	苏黎世	东京	东京	苏黎世	首尔	苏黎世	旧金山	旧金山	上海
7	东京	日内瓦	波士顿	首尔	苏黎世	首尔	苏黎世	华盛顿	波士顿	芝加哥	多伦多
8	芝加哥	波士顿	日内瓦	波士顿	首尔	旧金山	多伦多	旧金山	芝加哥	悉尼	悉尼
9	日内瓦	首尔	法兰克福	日内瓦	波士顿	芝加哥	旧金山	波士顿	苏黎世	波士顿	苏黎世
10	多伦多	法兰克福	首尔	旧金山	华盛顿	波士顿	华盛顿	多伦多	华盛顿	多伦多	北京
11	波士顿	芝加哥	多伦多	法兰克福	多伦多	多伦多	芝加哥	芝加哥	悉尼	苏黎世	法兰克福
12	旧金山	多伦多	旧金山	卢森堡	芝加哥	华盛顿	波士顿	首尔	卢森堡	华盛顿	蒙特利尔
13	法兰克福	旧金山	卢森堡	华盛顿	日内瓦	日内瓦	日内瓦	迪拜	多伦多	上海	墨尔本
14	华盛顿	华盛顿	芝加哥	多伦多	温哥华	利雅得	法兰克福	卢森堡	首尔	蒙特利尔	卢森堡
15	悉尼	温哥华	悉尼	芝加哥	卢森堡	温哥华	悉尼	日内瓦	蒙特利尔	大阪	日内瓦

续表

排名	2018/1	2018/2	2019/1	2019/2	2020/1	2020/2	2021/1	2021/2	2022/1	2022/2	2023/1
1	伦敦	纽约	纽约	纽约	纽约	纽约	纽约	纽约	纽约	纽约	纽约
2	纽约	伦敦	伦敦	伦敦	伦敦	伦敦	伦敦	伦敦	伦敦	伦敦	伦敦
3	香港	香港	香港	香港	东京	上海	上海	香港	香港	新加坡	新加坡
4	新加坡	新加坡	新加坡	新加坡	上海	东京	香港	新加坡	上海	香港	香港
5	东京	上海	上海	上海	新加坡	香港	新加坡	旧金山	洛杉矶	旧金山	旧金山
6	上海	东京	东京	东京	香港	新加坡	北京	上海	新加坡	上海	洛杉矶
7	多伦多	悉尼	多伦多	北京	北京	北京	东京	洛杉矶	旧金山	洛杉矶	上海
8	旧金山	北京	苏黎世	迪拜	旧金山	旧金山	深圳	北京	北京	北京	芝加哥
9	悉尼	苏黎世	北京	深圳	日内瓦	深圳	法兰克福	东京	东京	深圳	波士顿
10	波士顿	法兰克福	法兰克福	悉尼	洛杉矶	苏黎世	苏黎世	巴黎	深圳	巴黎	首尔
11	北京	多伦多	悉尼	多伦多	深圳	洛杉矶	温哥华	芝加哥	巴黎	首尔	华盛顿
12	墨尔本	深圳	迪拜	旧金山	迪拜	卢森堡	旧金山	波士顿	首尔	芝加哥	深圳
13	蒙特利尔	波士顿	波士顿	洛杉矶	法兰克福	爱丁堡	洛杉矶	首尔	芝加哥	悉尼	北京
14	芝加哥	旧金山	深圳	苏黎世	苏黎世	日内瓦	华盛顿	法兰克福	波士顿	波士顿	巴黎
15	温哥华	迪拜	墨尔本	法兰克福	巴黎	波士顿	芝加哥	华盛顿	华盛顿	华盛顿	悉尼

资料来源：基于 Z/Yen 官网发布的报告进行整理，https://www.longfinance.net/programmes/financial-centre-futures/global-financial-centres-index/gfci-publications/。

及金融维度。始于约翰·弗里德曼（John Friedmann）的“世界城市假设”（Friedmann，1986），学者们认为全球资本流动于由大量城市组成的城市网络之中，网络中具有较高流量的节点即可称之为“世界城市”。全球资本主义是依托于“世界城市组成的群岛”（an archipelago of world cities）而存在的（Knox and Taylor，1995）。“世界城市”研究强调流动与网络视角（Sassen，1991，2016）。世界城市中集聚的各类功能性企业，如总部、咨询、法律、管理、宣传等使得其可以控制资本流动特征（Harvey，1987；Engelen *et al.*，2010；Bassens and van Meeteren，2015）。政府在打造世界城市中扮演了重要角色，其通过调配资源和出台优惠政策等手段吸引投资与功能性企业入驻（Brenner，1998；Keil，1998；Olds and Yeung，2004；Taylor and Derudder，2015）。世界城市之间联系紧密，既有同质化的竞争关系，也有优势互补、专业分工的协作关系，进而出现影响力和话语权的差异（Beaverstock *et al.*，2000；Taylor，2001；Taylor *et al.*，2002；McFarlane，2010；Derudder and Taylor，2020）。

基于上述“世界城市”的研究，金融中心的研究可以归纳为以下四个方面。

第一节　金融中心区位与发展

金融中心的区位特征是学者们一直以来的关注对象。“全球金融中心指数”只能展示近 20 年的金融中心城市，时间跨度过短，不能很好地了解金融中心城市区位变化。经济历史学者尤瑟夫·卡西斯（Youssef Cassis）的著作《资本之都》（*Capitals of Capital*）梳理了 1780—2009 年国际金融中心城市的更迭（Cassis，2010）。19 世纪的国际金融中心主要是伦敦，巴黎稍逊，随后是阿姆斯特丹、布鲁塞尔、法兰克福、汉堡和日内瓦。这些城市组成了不同级别的国际金融中心，呈现出“等级制”的特征。决定当时金融中心格局的主要因素是商业金融机构，主要是银行、保险等行业的发展程度。在国际贸易为主要经济发展动力的背景下，金融中心的主要功能是为贸易提供资金，而该资金绝大部分来自金融机构。阿姆斯特丹是 17—18 世纪的国际金融中心，其衰落主要是由于伦敦和巴黎成立了大量的商业金融机构，在国际贸易中的重要性超越了前者。

19 世纪后期至 20 世纪初，殖民扩张和战争加速了全球化进程。英国和法国通过战争获取了大量殖民地，而殖民地的贸易进一步巩固了英法在世界范围内的霸主地位，也保证了伦敦和巴黎继续作为国际金融中心。两座城市的优势体现在对国际金融标准的话语权（以伦敦证券交易所为代表）、在全球范围内开展业务的商业银行、庞大的国际贸易体系、多样的投资手段（以保险业投资、专项投资基金等为主）和金融专业服务（各类金融中介服务等）。与此同时，全球化同样孕育出了更多的金融中心，如柏林和纽约。而原有的次一级金融中心，如法兰克福等，也借助全球化进一步增强了自身实力。即便如此，基于英法强盛的国力和庞大的贸易需求，伦敦和巴黎的地位无可撼动。新晋的纽约、柏林、法兰克福等城市与其相比仍稍显逊色。

两次世界大战改变了维持百余年的格局。英国和法国在战争中受到重创，国力衰退。相应地，伦敦和巴黎作为国际金融中心的地位也受到其他城市的挑战。一方面，美国受到战争影响较小，经济快速发展，促进了纽约成为能够取代伦敦的国际金融中心；另一方面，原先次一级的金融中心，以苏黎世和阿姆斯特丹为代表，缩小了与先头部队的差距，获取了更多的资本流量。

伦敦和巴黎的衰退主要体现在各类金融业务严重受挫，包括股票价格下跌，股票交易所关闭，银行等机构无法收回借款或投资，资本流向以纽约（乃至美国其他城市）为代表的其他城市和市场，客户使用位于其他地区的金融专业服务等。由于国际金融系统的剧烈变化，如放弃金本位等，伦敦与巴黎也不再完全掌握国际金融市场的话语权。美元逐渐代替英镑成为国际流通货币。

纽约的崛起得益于其快速发展的金融机构，以华尔街的各类（国际）金融机构为代表，它们涵盖了各类金融领域，提供各种金融服务，业务遍及全世界各个角落。得益于金融科技的发展，它们的表现甚至优于鼎盛时期的“伦敦城”。

在战后的几十年中，国际政治形势逐渐稳定。美国取代英法成为世界综合国力最为强盛的国家。相应地，纽约对国际金融业务的影响与控制进一步深化，成为全球最重要的国际金融中心。以美国为核心的各种国际金融组织（如国际货币基金组织，International Monetary Fund，IMF）和国际秩序（布雷顿森林体系）是纽约掌握话语权的基础。伦敦的底蕴深厚，即便英国在战争中受到重创，国力下滑明显，但伦敦仍然保有对国际金融活动的显著影响。其在 20 世纪后半叶仍是处于金字塔顶尖的国际金融中心，与纽约一同稳定占据国际金融中心的前两位。巴黎的影响力逐渐下降，退出顶尖行列。欧洲其余金融中心城市虽有小范围更迭，如柏林被法兰克福替代等，但整体表现较为稳定。

值得特别注意的是亚洲市场的兴起，以战后快速发展的日本以及韩国、新加坡、中国台湾、中国香港为典型代表。东京、首尔、新加坡、香港等成为新兴的国际金融中心。本阶段，各国（地区）均采用积极的财政金融政策工具刺激经济发展，相应地，金融业也实现了快速增长。

进入 21 世纪，全球化进一步加深，各国政府通过不同的政策工具进一步促进本国资本融入全球资本流动。金融技术进一步发展，以各类金融工具和产品为代表，将原本只有使用价值的资产，如土地等，变成金融资产以创造利润。金融业在经济发展中扮演着更加重要的角色。与此同时，几次全球性金融危机，包括 20 世纪 80 年代欧洲债务危机、1997 年亚洲金融危机和 2008 年全球金融危机，体现了金融发展本身容易引起危机的特质。金融工具的确可以促进经济快速发展，但很容易过度，如过度借债、过高的杠杆率、过度复杂的金融产品和金融市场等，都容易让经济结构变得脆弱，抵御冲击的能力下降，无法可持续发展。

在上述背景下，已有的金融中心层级结构并未发生显著性变化，但也体现出了时代变迁。纽约、伦敦毫无争议地继续保持领先国际金融中心的位置。纽约证券交易所和伦敦证券交易所是全球金融资本流动的节点，两座城市拥有的跨国金融企业总部和提供的各类金融服务等优势，令其保持对全球金融活动的巨大影响力。香港、新加坡后来居上，长期占据第三、第四位，成为次一级国际金融中心的代表。借助东亚在上一时期的快速发展，两座城市承载了数量巨大的金融活动。紧跟其后的欧洲各金融中心城市，以法兰克福、苏黎世为代表。美国的各城市，如洛杉矶、波士顿、华盛顿等也起到越来越大的作用。金融中心城市在应对金融危机中作用显著，表现在对金融资源的调配能力、获取信息的时效性、复杂的关系网络等，可以最大限度减小危机带来的负面结果。

在尤瑟夫·卡西斯眼中，金融中心的兴衰与本国经济发展和综合国力紧密相关。城市中蕴含的巨型跨国金融企业、提供的各类金融服务、基于金融创新对全球金融活动的掌控等要素是国际金融中心影响力的主要来源。与此同时，政府的政策支持同样扮演着重要角色。作为经济历史学家，尤瑟夫·卡西斯虽然总结出了上述关系金融中心影响力的要素，但解释为何上述要素能够产生影响并不是经济历史学家的目的，而是金融地理学的研究方向。

部分地理学者探讨了典型金融中心的发展历程。如詹姆斯·福康布里奇（James Faulconbridge）等以阿姆斯特丹为例，研究了欧洲金融中心的格局变化（Faulconbridge *et al.*，2007）。他们从金融产品的互补性、金融中心内部民众的认知性和制度环境三个方面，阐述了阿姆斯特丹金融综合竞争力下降的原因。艾沃德·恩格伦（Ewald Engelen）和迈克尔·格罗特（Michael Grote）以法兰克福与阿姆斯特丹为例，运用新经济地理学和比较政治经济学两种视角来解释金融交易虚拟化，尤其是股票交易的虚拟化给两座城市发展带来的负面影响（Engelen and Grote，2009）。金融交易虚拟化使得金融资本更加向伦敦等高级金融中心集聚，导致法兰克福与阿姆斯特丹的金融中心地位不断下降。伊日·布拉泽克（Jiří Blažek）和特蕾莎·海诺娃（Tereza Hejnová）不关注伦敦、法兰克福等大体量金融中心，而是将目光放在了欧洲其余的小规模金融/银行业中心（Blažek and Hejnová，2020）。他们发现进入21世纪后，南欧的金融中心数量迅速减少，其余地区则没有类似现象发生。主要原因是这些国家自身经济的衰退及其他政治和社会问题的出现，他们加入了欧洲经济与货币同盟（European Economic and Monetary Union），受到更多来自大型金融中心的影响。

更多的地理学者倾向于从不同角度解释影响力的形成机制，随后配以具体的例子来佐证该机制，具体参看下一小节。

第二节　金融中心的影响力来源

针对金融中心的影响力，学者们的解读可以归纳为经济原理视角和社会文化（地理）视角。如此分类只是为了便于读者理解，并非说两者完全对立，互不相容。两者完全可以相互结合以解释影响力，下文会举例展示。

针对经济原理视角，学者们认为金融中心之所以能够集聚大量金融主体，源于其具有能够影响金融主体选址决策的比较优势。这种比较优势体现在金融产业集聚所带来的外部性。产业集聚和规模效应为金融中心带来的优势表现在企业可以通过共享基础设施与劳动力市场等方式显著降低运营成本，从而获得更多利益。大卫·波特尤斯（Porteous，1995）基于马歇尔外部性效应（Henderson，1997），认为金融中心内部的产业集聚可以显著降低金融企业的运营成本，这是金融中心吸引金融主体的一种“向心力”。朴润植和穆萨·埃萨亚德（Park and Essayyad，1989）认为金融中心内部金融主体集聚主要表现为银行等金融机构的相互协作、基础设施共享及相互交流等，这些也是金融中心的“向心力”。这种优势会形成正向马太效应，进一步巩固金融中心的地位。以集聚效应为基础的“向心力”研究还有很多（如 Cook *et al.*，2007；Dixon and Monk，2014；Lysandrou *et al.*，2017）。布莱恩·阿瑟（Brian Arthur）基于路径依赖模型，结合金融中心存在规模经济和外部效应的事实，认为在某方面具有相对优势的金融中心会吸引更多的金融机构，且会按照这种模式循环往复，形成递增的规模效应（Arthur，1994）。达雷什·沃奇克等（Wójcik *et al.*，2018）基于2000—2014年全球投资银行数据，认为能够成为国际金融中心的城市首先要已经是国家级金融中心，拥有国内大量金融资源，其次要有规模大、灵活性高和对外开放的劳动力市场，最后要有广阔的非金融市场以供金融资本投资获利。

除降低成本外，产业集聚的另一好处是信息优势（Gordon and McCann，2005；Mariotti *et al.*，2010）。例如，大卫·波特尤斯（Porteous，1995）和托马斯·格里克（Gehrig，1998）的研究均说明金融中心的“向心因子”同样包括信息溢出效应。金融主体之间信息和知识更加快捷与低成本的流动促进了新型金融服务和金融主体的产生。信息不对称性也是金融中心的信息优势，金融中心内部的金融主体相互交流的信息往往是非标准信息，金融中心以外的金融机构或金融家很难触及这些信息，进而巩固了金融中心的控制力。

值得注意的是，信息的源头并不局限在金融中心城市。基于跨国金融企业的决策架构，信息的产生和传递是在总部领衔下的跨国网络中形成的。地方机构的决策者同样是信息源头，其将地方特异性信息经总部传递到其他机构，形成对整个企业有益的利益创收机制。这种模式并不会削弱金融中心的优势地位，而是进一步丰富对其具有信息优势的理解（Jones，2002）。

针对社会文化（地理）视角，学者们主要探讨金融中心内部社会和文化环境给金融中心带来的优势有哪些。他们认为优势主要体现在完善的制度和充足的资源两个方面。制度主要指大量的优惠政策和法规，为金融活动创造了便利、公平和安全的环境（Sassen，1999；Cargill *et al.*，2001；Woo，2015）。耐杰尔·思里夫特（Thrift，1994）研究了国际金融中心在金融网络中的重要地位。金融中心的重要性主要来源于自身的制度和文化等方面的优势，还会影响金融网络、系统的构成以及金融资本在其内部的流动方式，保证金融中心的领导地位。值得注意的是，政府在制度营造中扮演了重要的角色。即使在很多情况下，政府都秉持“不干预、少干预”的原则，但这并不代表政府不重要。首先，是政府创造了“政府少干预”这种政策环境。换言之，是政府允许并促进发展金融业务。其次，也有政府扮演领导角色的金融中心存在，如新加坡。政府会积极引领金融业务的发展方向。这种现象更容易在东亚出现，如日本（东京）、韩国（首尔）、新加坡等（Gad，1985；Beaverstock and Boardwell，2000；Child Hill and Kim，2000；Keenan and Wójcik，2022）。另一支有关“发展型政府”（developmental state）的研究可以用来（部分）解释这一现象。与西方发达资本主义国家采取的“小政府”或“自由放任”的发展模式不同，东亚国家的政府往往通过直接投资和国有企业积极引领经济发展。这些国家的发展方向和模式很大程度上反映了政府意愿（Johnson，1999；Woo-Cumings，1999；Saito，2003；Wong，2004；Yeung，2007，2017）。

资源则涵盖基础设施、社会网络和人才储备等方面，为金融活动提供了“硬件”与“软件”保障。金融中心的综合优势使得其在金融交易虚拟化的背景下仍能够吸引大量金融主体（Amin and Thrift，1992；Thrift，1994，1996）。金融中心内部完善的法规制度以及个体之间的相互信任对全球范围内金融活动的空间分布，尤其是金融中心的形成和稳定性十分重要（Hudson，1998）。金融人才的知识与经验积累、相互之间的社会网络带来的知识溢出是金融中心特有的社会优势（Beaverstock and Bostock，2000；Beaverstock，2002）。宏观经济条件以及特定金融中心内部的基础设施条件和人力资本集聚等，都是刺激金融创新在特定地点产生的因素（Engelen *et al.*，2010）。例如，雄厚的经济基础、强大的资源调配与重建能力以及合理地运用量化宽松政策，让伦敦在2007—2009年全球金融危机过后能够迅速恢复（Gordon，2016）。

上文引用的达雷什·沃奇克等（Wójcik *et al.*，2018）撰写的一篇文章提出了一套他们认为会影响一个城市能否发展成为国际金融中心城市的因素（表2–3），这套因素包含诸多方面，基本可以反映出现有文献尝试从哪些方面来探究金融中心的特征和影响力。具体来说，这套因素强调八个大类，包括政治和法律制度（political and legal institutions）、劳动力市场（labour market）、基础设施（infrastructure）、非金融产业发展程度（non-financial sector development）、金融产业发展程度（financial sector development）、税收（taxation）、宏观经济条件（macroeconomic conditions）和其他条件（other conditions）。每个大类又细分成不同的具体评价指标，共 35 个具体指标。

表 2–3 发展国际金融中心城市的影响因素

指标		尺度：城市	尺度：国家
政治和法律制度	政治稳定性		√
	对腐败的控制程度		√
	产权保护制度		√
	法治程度		√
	监管质量		√
	合同履行程度		√
	借款人利益保护完善程度		√
	股东利益保护完善程度		√
	法律系统完善程度		√
	政治资本	√	
劳动力市场	劳动力市场规模	√	
	受教育程度	√	√
	灵活度		√
	开放度		√
	英语掌握程度		√
基础设施	信息	√	
	交通	√	
非金融产业发展程度	是否有大型非金融企业	√	√
	大型非金融企业国际化程度	√	√
	国内经济对外开放程度		√
	海港数量	√	
金融产业发展程度	国内金融活动	√	
	是否有证券交易所	√	
	证券交易所发达程度		√
	金融市场估值		√

续表

指标		尺度	
		城市	国家
金融产业发展程度	是否有大型机构投资者	√	√
	金融产业竞争程度	√	
	政府负债程度		√
税收	个人税务		√
	企业税务		√
	金融交易税务		√
宏观经济条件	实际利率		√
	通货膨胀程度		√
其他条件	与世界标准时时差	√	
	生活质量	√	

资料来源：达雷什・沃奇克等（Wójcik *et al.*，2018）。

第三节　金融中心的等级、分类与相互关系

另一支研究主要着眼于不同的金融中心城市，涉及各自的等级（处于何种层级）、分类（功能）和相互关系（竞争与分工）。

部分学者认为金融中心存在等级体系，可以根据一定的标准对金融中心进行等级划分（Godfrey and Zhou，1999；Beaverstock *et al.*，2000；Poon，2003）。金融中心等级评价体系主要是根据经济指标来实现的，如经济总量、金融业从业人员等。霍华德・雷德（Howard Reed）基于1900—1980年不同城市的数据并提取相关变量，根据评价结果定义了全球范围内金融中心的等级并分析了不同级别金融中心的演变过程（Reed，1981）。也有学者更注意某一方面的指标。杰西・潘（Jassie Poon）等基于股票交易所规模针对45个金融中心城市进行等级划分，认为伦敦、纽约和东京处于领先地位，但受益于金融科技发展和全球

化进程，各个等级之间差距并不明显（Poon *et al.*，2004）。英国“脱欧”[①]对欧洲金融中心格局产生了明显影响，尽管伦敦的地位并未受到威胁，但欧洲的金融资本更多地流向了巴黎、法兰克福等次一级金融中心，缩小了其他金融中心与伦敦的差距（Cassis and Wójcik，2018；Heneghan and Hall，2021；Panitz and Glückler，2022）。迈克尔·戈德堡（Michael Goldberg）等检验了不同等级的金融中心内部金融活动规模的影响因素，结果表明，经济基础、国际贸易水平、金融中介机构的规模和监管法规的完善程度是主要影响因素（Goldberg *et al.*，1998）。

与此同时，金融中心的层级和排名并非固定不变。从“全球金融中心指数”和尤瑟夫·卡西斯的著作都可以看出，金融中心城市可能会因为各种原因崛起或衰落。金融中心的区位和发展已经解释了相应原因，但视角往往是“单向”的，即只关注兴起或衰落。还有一些学者会关注某一个金融中心城市的复兴。莱杰·亨德克里斯（Reijer Hendrikse）等的研究表明，以数字平台金融交易为代表的金融科技的发展，促进了阿姆斯特丹作为金融中心的复兴（Hendrikse *et al.*，2024）。

不同层级的金融中心承担着不同的职能，国际金融中心扮演着全球金融网络指挥官的角色，是最大的资本流入地和输出地；不同尺度的区域性金融中心则多根据地方特征和实际情况承担区域特定功能。学者对不同等级的金融中心做了针对性研究。真正意义上的全球级金融中心主要是纽约和伦敦（Faulconbridge，2004；Hall，2007；Sarre，2007；Knox-Hayes，2009；Wójcik，2013）。区域级金融中心，以欧洲的阿姆斯特丹、法兰克福等，亚洲的新加坡、香港、东京等为典型代表（Beaverstock，2002；Faulconbridge *et al.*，2007；Grote，2009；Zademach and Musil，2014；Hashimoto，2021）。这些城市不仅是其所属国家[新加坡本身就是国家，是“城市国家”（city-state）]金融资本的聚集地，也是所属大洲乃至洲际层面资本流动的节点。在国家级金融中心方面，体量较大的国家会孕育不同的国家级金融中心，如美国的洛杉矶、华盛顿、芝加哥、旧金山等（Harper，1987；Odell and Weiman，1998；Wójcik，2012）。国家级金融中心和（国家内部）区域级金融中心其实是无法分割开来的。国家级金融中心虽

① 英国于 2020 年正式脱离欧盟组织，不再是欧盟成员国。但自 2016 年英国脱欧公投通过后，“脱欧”效应便已在各方面逐步体现。

然可以吸引全国的金融资本，但往往都有侧重区域。例如，达拉斯和亚特兰大是美国南部金融中心，而洛杉矶和旧金山则可以看作是美国西海岸金融中心（Soja *et al.*，1983；Walker，1996；Odell and Weiman，1998；Schafran，2013）。

相关研究也探讨了金融中心之间的关系。不同等级金融中心之间的相互联系主要体现在功能分工上。区域性金融中心的功能往往比国际金融中心具有更强的特定性，差异则体现在金融规模与活动方式上。例如，有研究对1980—1998年全球范围内的43个金融中心城市进行等级划分，发现随着时间推移，各金融中心之间的垂直联系与分工协作不断增强，金融中心等级由1980年的3个增加到1998年的7个（Poon，2003）。

相同级别的金融中心之间的关系主要体现为竞争、联系以及各自在更高层次的全球经济网络中所扮演角色的竞争性与互补性（Lee and Schmidt-Marwede，1993；Lavery *et al.*，2018）。对于竞争关系，不同金融中心之间的金融隐性知识造就了各自不同的比较优势，而金融知识通过金融中心之间的网络实现流通时则可以影响金融中心的相互关系（Lai，2006）。金融中心往往会尽量给出“弱干涉”的监管体制作为竞争手段，从而吸引更多的金融主体和流动的金融资本（French and Kneale，2009）。戈登·克拉克和达雷什·沃奇克（Clark and Wójcik，2001）研究了伦敦与华尔街两个金融中心之间的关系，认为在1997年的亚洲金融危机中，华尔街体现出来的金融活力已经超过了伦敦，并极有可能在今后的发展中逐步替代伦敦而成为级别最高的国际金融中心。目前来看，这篇文章的预测既可以说是已然成真，也可以说是并未实现，取决于从哪些方面来衡量。

针对角色互补来说，法比奥·孔特尔（Fabio Contel）和达雷什·沃奇克（Contel and Wójcik，2019）研究了巴西国家内部的金融中心，发现各金融中心城市之间存在分工协作。巴西利亚是国有银行金融业务的集中地，而里约热内卢则是保险业务的节点。不同金融中心承担不同职责，共同促进了巴西金融业的快速发展。伊恩·马斯霍特（Ian Musschoot）等研究了欧洲区域金融中心之间的分工，投资银行业主要集中在伦敦，而证券业主要集中在卢森堡和泽西岛（Musschoot *et al.*，2023）。依据分工而形成的金融中心网络是欧洲金融业繁荣稳定的基础。

也有研究以经验数据展示了各等级金融中心形成的网络。弗拉基米尔·帕兹特卡（Vladimír Pažitka）等基于1993—2016年超过170万条全球投资银行业务数据分析了全球各等级金融中心城市形成的网络，发现影响网络格局的主要因素还是集聚分布带来的规模效应和信息溢出（Pažitka *et al.*，2021）。他们的研究贡献在于探讨了城市层面乃至城市内部尺度的网络格局。城市之间的集聚效应促进了金融中心城市的经济增长，但是城市内部尺度的集聚对该城市增长并无显著作用。

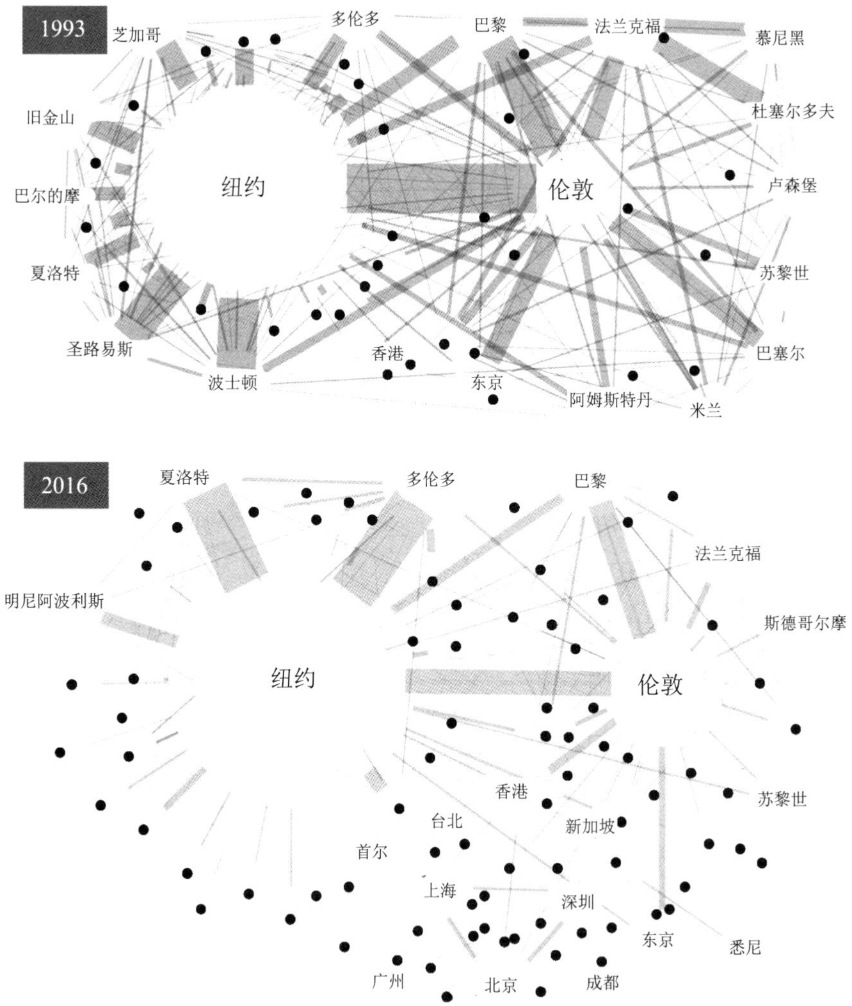

图 2–1　全球尺度投资银行网络视角下的金融中心网络

注：圆圈代表金融中心城市。圆圈大小取决于城市投资银行业务收入。圆圈间连线代表城市之间投资银行的业务联系。连线的粗细反映联系强弱程度，取决于两个城市之间交易额与各自总交易额的比值。

资料来源：弗拉基米尔·帕兹特卡等（Pažitka *et al.*，2021）。

图 2–1 是弗拉基米尔・帕兹特卡等（Pažitka *et al.*，2021）绘制的金融中心网络图，更直观地展示了他们的研究结论。该图展现了纽约和伦敦持续的影响力，是全球金融中心城市网络的核心节点。随着时间的推移，次一级的金融中心城市，以中国典型城市为代表，发展出了更多的次一级城市级别合作网络。这一现象反映出全球金融活动的多极化发展趋势。

第四节　离岸金融中心研究

在金融循环流动愈发频繁、金融交易日益虚拟化的背景下，离岸金融中心成为金融中心研究的重要关注点。离岸金融中心是“一个可以为非本地的且与其本地金融规模和服务不相称的企业提供一定程度的金融服务的国家或区域”（Zoromé，2007）。其多为小型经济体，如开曼群岛（Cayman Islands）、英属维尔京群岛（British Virgin Islands）、泽西岛（Jersey）、巴林岛（Bahrain）、巴拿马（Panama）、中国香港和新加坡等。丹尼尔・哈贝里和达雷什・沃奇克（Haberly and Wójcik，2015）检验了外商直接投资的离岸金融中心网络。基于外商通过直接投资所持股份的数据，他们总结出全球范围内多尺度外商直接投资离岸金融中心网络，最高层包括英属维尔京群岛、卢森堡、开曼群岛、荷兰、瑞士和英国；第二层包括东欧集团和英美联盟。罗德里戈・费尔南德斯（Rodrigo Fernandez）和莱杰・亨德克里斯依据 2014 年及 2016 年由世界银行、国际货币基金组织、国际清算银行（Bank for International Settlements，BIS）等权威机构公布的全球金融资本流动数据，以金融资本流动体量和离岸金融中心自身经济体量为基准，计算了世界离岸金融中心排名（表 2–4）（Fernandez and Hendrikse，2020）。

部分学者研究了哪些地方可以成为离岸金融中心，主要的视角是政策优势。部分离岸金融中心会为企业提供较低的税率甚至零税率、对金融披露的要求低、设置企业的门槛低等诸如此类的政策优惠（Warf，2002；Maurer，2008；Cobb，2009；Dörry，2015，2016；Haberly and Wójcik，2017）。许多在其他地方被视为违规或违法的金融行为，在离岸金融中心都是合法合规的（Shaxson，2011）。各个离岸金融中心为了吸引更多资本，通过出台更加优惠的政策以相互竞争

表 2–4　全球离岸金融中心排名

排名	离岸金融中心	排名	离岸金融中心
1	开曼群岛	17	马恩岛
2	卢森堡	18	马耳他
3	百慕大群岛	18	巴拿马
4	中国香港	20	英属维尔京群岛
5	爱尔兰	21	泽西岛
5	荷兰	22	马来西亚
7	巴哈马群岛	23	中国澳门
8	新加坡	24	列支敦士登
9	比利时	25	巴林岛
10	瑞士	26	以色列
11	库拉索群岛	27	直布罗陀
12	塞浦路斯	28	科威特
13	奥地利	29	黎巴嫩
14	巴巴多斯	30	阿鲁巴岛
15	毛里求斯	31	摩纳哥
16	根西岛	32	马尔代夫

资料来源：罗德里戈·费尔南德斯和莱杰·亨德克里斯（Fernandez and Hendrikse，2020）。

（Woodward，2006；Rixen，2013；Bruner，2016）。据此，许多跨国金融企业都在离岸金融中心设有分支机构（以空壳公司为主，这样企业便不用真的搬到离岸金融中心）。如资产规模庞大的跨国银行、保险、各类基金、资产管理公司等，均在各离岸金融中心等地设有分支机构（Palan *et al.*，2010；Vlcek，2014；Fichtner，2014，2016）。

离岸金融中心还具有其他的优势，如莎伦·科布（Sharon Cobb）认为，一些相对规模较小的离岸金融中心连接到全球经济中的方式包括建立完善的监管制度、丰富的金融知识与经验以及多层的金融网络（Cobb，1998）。离岸金融中心也为跨国企业乃至各国政府使用各类金融工具提供了便利。有些金融工具会因为风险过高或者文化和政治因素无法在某些国家和地区使用，但却可以在离岸金融中心使用，进而促进资本的集聚和流动（Strange，1994；Clark *et al.*，2015；Fernandez and Wigger，2016）。在这种宽松的环境下，离岸金融中心自身也孕育了许多创新性的金融工具（Bryan *et al.*，2017）。

除离岸金融中心自身特性之外，学者们探讨了外界因素如何影响离岸金融中心。苏珊·罗伯茨（Susan Roberts）分析了开曼群岛拥有的庞大金融资本，并探讨了当时国际金融系统的变迁，包括新出现的市场、金融工具和变化的金融风险等（Roberts，1995）。她认为离岸金融中心的形成与持续运转极度依赖国际金融体系和具有话语权的国家（以美国为代表）的行为（Haberly，2020）。如果美国主导的国际金融体系将某一个地方列入黑名单，这个地方就会在一夜之间失去离岸金融中心的地位（Sharman，2009）。阿兰·哈德森（Alan Hudson）基于地缘经济视角考察了主权国家与离岸金融中心的关系（Hudson，2000）。基于对巴哈马群岛和开曼群岛两个离岸金融中心的分析，他认为这些中心是全球化背景下主权国家重新划分金融势力范围的产物，是理解当时国际金融政治格局的风向标。与此同时，离岸金融中心的形成不仅仅是政府、国家行为的结果，跨国商业精英，以“高级商业服务业”（Advanced Business Services，ABS）为代表，同样通过其掌握的资源来影响离岸金融中心的区位（Zucman，2014；Jones *et al.*，2018；Poon *et al.*，2019）。

最后，随着研究的深入，部分学者强调需要更全面透彻地了解离岸金融中心的特质。戈登·克拉克等（Clark *et al.*，2015）在总结离岸金融中心的研究成果时，对离岸金融的定义并不满意。制度优势只是离岸金融中心所具备优势的一个方面，“避税天堂”（Tax Heaven）并不能准确全面地解释离岸金融中心。他们表示，企业想要摆脱本地政策约束是其在离岸金融中心开设机构的核心因素，并且强调从提供金融债权的角度来分析离岸金融中心功能。离岸金融中心只是大量金融债券快速“穿越”的区域，它们在此过程中获得监管、制度等方面的利益，但并不在这里产生任何的投资或服务。亚历克斯·科巴姆（Alex Cobham）等强调离岸金融中心业务不透明、披露程度低的特性（Cobham *et al.*，2015）。他们设计出了“金融隐秘性指数”（Financial Secrecy Index，FSI），主要通过综合一个区域金融活动的透明度及其在全球经济活动中的地位来衡量离岸金融活动的隐秘性。金融活动的透明度主要与区域内企业信息的披露情况、税收制度的效率、资产拥有者的专业知识和该区域遵循国际金融准则的程度有关。瑞士、卢森堡和中国香港是隐秘性指数值最高的三个区域（表 2–5，数据范围为 2001—2011 年）。“金融隐秘性指数”得出的结果推翻了一些传统的认知，指明一些经济大国/地区同样具有“保密性”极高的金融活动，并且再次指明离岸金融中心是远比“避税天堂”复杂的概念，涵盖更多的区域或国家。另外，离岸金融行为和离岸金融中心还可以从全球金融网络的角度来理解（Coe *et al.*，2014），突出金融中介将离岸金融中心与全球经济体系紧密相连（Wainwright，2011）。相关内容将在第五章详细介绍。

表 2–5 金融隐秘性指数全球排名前 10 位国家/地区

排名	国家/地区	排名	国家/地区
1	瑞典	6	美国
2	卢森堡	7	黎巴嫩
3	中国香港	8	德国
4	开曼群岛	9	泽西岛
5	新加坡	10	日本

资料来源：亚历克斯·科巴姆等（Cobham *et al.*，2015）。

小　结

金融中心研究作为金融地理学最早出现且具有持续活力的研究领域，随着时间的推移，这个领域有了更多的研究话题和研究方法。上文提到的离岸金融中心和“金融隐秘性指数”就是最好的例子。全世界各个国家乃至国家内部的各个区域都想打造属于自己的金融中心，因此，金融中心的内涵是多种多样的，在不同情景下会有截然不同的反应，也决定了金融中心会深受政治因素的影响。即便如此，金融中心研究也并非只应用政治经济学视角，在突出了政府等各类政治主体的作用后，社会文化视角、治理视角、跨尺度视角等均可用于解决时空间特征明显的地理问题。总而言之，随着全球政治经济格局的进一步发展，尤其是在新冠疫情、中美贸易争端、欧洲动荡局面等大事件频繁发生的背景下，金融中心体系和中心城市的特征仍有可能发生重大改变，相关研究也具有持续的研究价值，值得学者们进一步关注。

参考文献

[1] Amin, A., N. Thrift, 1992. Neo-Marshallian Nodes in Global Networks. *International Journal of Urban and Regional Research*, Vol. 16, No. 4, pp. 571-587.

[2] Arthur, W. B., 1994. *Increasing Returns and Path Dependence in the Economy*. Ann Arbor, MI: University of Michigan Press.

[3] Bassens, D., M. van Meeteren, 2015. World Cities under Conditions of Financialized Globalization: Towards an Augmented World City Hypothesis. *Progress in Human Geography*, Vol. 39, No. 6, pp. 752-775.

[4] Beaverstock, J. V., 2002. Transnational Elites in Global Cities: British Expatriates in Singapore's Financial District. *Geoforum*, Vol. 33, No. 4, pp. 525-538.

[5] Beaverstock, J. V., J. T. Boardwell, 2000. Negotiating Globalization, Transnational Corporations and Global City Financial Centres in Transient Migration Studies. *Applied Geography*, Vol. 20, No. 3, pp. 277-304.

[6] Beaverstock, J. V., R. Bostock, 2000. Expatriate Communities in Asia-Pacific Financial Centres: The Case of Singapore. *GaWC Research Bulletin*, No. 27.

[7] Beaverstock, J. V., R. G. Smith, P. J. Taylor, 2000. World-city Network: A New Metageography? *Annals of the Association of American Geographers*, Vol. 90, No. 1, pp. 123-134.

[8] Blažek, J., T. Hejnová, 2020. Geography, Ownership and Uneven Trends in the Economic Performance of Small Banking Centres in Europe during the Financial Crisis. *European Urban and Regional Studies*, Vol. 27, No. 4, pp. 359-378.

[9] Brenner, N., 1998. Global Cities, Glocal States: Global City Formation and State Territorial Restructuring in Contemporary Europe. *Review of International Political Economy*, Vol. 5, No. 1, pp. 1-37.

[10] Bruner, C. M., 2016. *Re-imagining Offshore Finance: Market-Dominant Small Jurisdictions in a Globalizing Financial World*. Oxford: Oxford University Press.

[11] Bryan, D., M. Rafferty, D. Wigan, 2017. Capital Unchained: Finance, Intangible Assets and the Double Life of Capital in the Offshore World. *Review of International Political Economy*, Vol. 24, No. 1, pp. 56-86.

[12] Cargill, T. F., M. M. Hutchison, T. Ito, 2001. *Financial Policy and Central Banking in Japan*. Cambridge, MA: MIT Press.

[13] Cassis, Y., 2010. *Capitals of Capital: The Rise and Fall of International Financial Centres 1780-2009*. Cambridge, UK: Cambridge University Press.

[14] Cassis, Y., D. Wójcik, 2018. *International Financial Centres after the Global Financial Crisis and Brexit*. Oxford, UK: Oxford University Press.

[15] Clark, G. L., 2005. Money Flows Like Mercury: The Geography of Global Finance. *Geografiska Annaler: Series B, Human Geography*, Vol. 87, No. 2, pp. 99-112.

[16] Clark, G. L., K. P. Lai, D. Wójcik, 2015. Editorial Introduction to the Special Section: Deconstructing Offshore Finance. *Economic Geography*, Vol. 91, No. 3, pp. 237-249.

[17] Clark, G. L., D. Wojcik, 2001. The City of London in the Asian Crisis. *Journal of Economic Geography*, Vol. 1, No. 1, pp. 107-130.

[18] Cobb, S. C., 1998. Global Finance and the Growth of Offshore Financial Centers: The Manx Experience. *Geoforum*, Vol. 29, No. 1, pp. 7-21.

[19] Cobb, S. C., 2009. Redefining "Offshore" in Latin America. *Growth and Change*, Vol. 40, No. 2, pp. 332-356.

[20] Cobham, A., P. Janský, M. Meinzer, 2015. The Financial Secrecy Index: Shedding New Light on the Geography of Secrecy. *Economic Geography*, Vol. 91, No. 3, pp. 281-303.

[21] Coe, N. M., K. P. Lai, D. Wójcik, 2014. Integrating Finance into Global Production Networks. *Regional Studies*, Vol. 48, No. 5, pp. 761-777.

[22] Contel, F. B., D. Wójcik, 2019. Brazil's Financial Centers in the Twenty-first Century: Hierarchy, Specialization, and Concentration. *The Professional Geographer*, Vol. 71, No. 4, pp. 681-691.

[23] Cook, G. A. *et al.*, 2007. The Role of Location in Knowledge Creation and Diffusion: Evidence of Centripetal and Centrifugal Forces in the City of London Financial Services Agglomeration. *Environment and Planning A: Economy and Space*, Vol. 39, No. 6, pp. 1325-1345.

[24] Derudder, B., P. J. Taylor, 2020. Three Globalizations Shaping the Twenty-first Century: Understanding the New World Geography through Its Cities. *Annals of the American Association of Geographers*, Vol. 110, No. 6, pp. 1831-1854.

[25] Dixon, A. D., A. H. Monk, 2014. Frontier Finance. *Annals of the Association of American Geographers*, Vol. 104, No. 4, pp. 852-868.

[26] Dörry, S., 2015. Strategic Nodes in Investment Fund Global Production Networks: The Example of the Financial Centre Luxembourg. *Journal of Economic Geography*, Vol. 15, No. 4, pp. 797-814.

[27] Dörry, S., 2016. The Role of Elites in the Co-evolution of International Financial Markets and Financial Centres: The Case of Luxembourg. *Competition & Change*, Vol. 20, No. 1, pp. 21-36.

[28] Engelen, E. *et al.*, 2010. Reconceptualizing Financial Innovation: Frame, Conjuncture and Bricolage. *Economy and Society*, Vol. 39, No. 1, pp. 33-63.

[29] Engelen, E., M. H. Grote, 2009. Stock Exchange Virtualisation and the Decline of Second-tier Financial Centres — The Cases of Amsterdam and Frankfurt. *Journal of Economic Geography*, Vol. 9, No. 5, pp. 679-696.

[30] Faulconbridge, J. R., 2004. London and Frankfurt in Europe's Evolving Financial Centre Network. *Area*, Vol. 36, No. 3, pp. 235-244.

[31] Faulconbridge, J. R. *et al.*, 2007. Analysing the Changing Landscape of European Financial

Centres: The Role of Financial Products and the Case of Amsterdam. *Growth and Change*, Vol. 38, No. 2, pp. 279-303.

[32] Fernandez, R., A. Wigger, 2016. Lehman Brothers in the Dutch Offshore Financial Centre: The Role of Shadow Banking in Increasing Leverage and Facilitating Debt. *Economy and Society*, Vol. 45, No. 3-4, pp. 407-430.

[33] Fernandez, R., R. Hendrikse, 2020. Offshore Finance. In P. Mader, D. Mertens, N. van der Zwan, *The Routledge International Handbook of Financialization*. London: Routledge, pp. 224-237.

[34] Fichtner, J., 2014. Privateers of the Caribbean: The Hedge Funds-US-UK-Offshore Nexus. *Competition & Change*, Vol. 18, No. 1, pp. 37-53.

[35] Fichtner, J., 2016. The Anatomy of the Cayman Islands Offshore Financial Center: Anglo-America, Japan, and the Role of Hedge Funds. *Review of International Political Economy*, Vol. 23, No. 6, pp. 1034-1063.

[36] French, S., J. Kneale, 2009. Excessive Financialisation: Insuring Lifestyles, Enlivening Subjects, and Everyday Spaces of Biosocial Excess. *Environment and Planning D: Society and Space*, Vol. 27, No. 6, pp. 1030-1053.

[37] Friedmann, J., 1986. The World City Hypothesis. *Development and Change*, Vol. 17, No. 1, pp. 69-83.

[38] Gad, G., 1985. Office Location Dynamics in Toronto: Suburbanization and Central District Specialization. *Urban Geography*, Vol. 6, No. 4, pp. 331-351.

[39] Gehrig, T., 1998. *Cities and the Geography of Financial Centres*. Centre for Economic Policy Research Discussion Paper No. 1894. London: CEPR Press.

[40] Godfrey, B. J., Y. Zhou, 1999. Ranking World Cities: Multinational Corporations and the Global Urban Hierarchy. *Urban Geography*, Vol. 20, No. 3, pp. 268-281.

[41] Goldberg, M. A., R. W. Helsley, M. D. Levi, 1988. On the Development of International Financial Centers. *The Annals of Regional Science*, Vol. 22, No. 1, pp. 81-94.

[42] Gordon, I. R., 2016. Quantitative Easing of an International Financial Centre: How Central London Came So Well Out of the Post-2007 Crisis. *Cambridge Journal of Regions, Economy and Society*, Vol. 9, No. 2, pp. 335-353.

[43] Gordon, I. R., P. McCann, 2005. Innovation, Agglomeration, and Regional Development. *Journal of Economic Geography*, Vol. 5, No. 5, pp. 523-543.

[44] Grote, M. H., 2009. Financial Centers between Centralization and Virtualization. In A. Zazzaro, M. Fratiann, P. Alessandrini, *The Changing Geography of Banking and Finance*. Springer, pp. 277-294.

[45] Haberly, D., 2020. Offshore and the Political and Legal Geography of Finance: 1066-2020 AD. In J. Knox-Hayes, D. Wójcik, *The Routledge Handbook of Financial Geography*. London: Routledge, pp. 552-583.

[46] Haberly, D., D. Wójcik, 2015. Regional Blocks and Imperial Legacies: Mapping the Global

Offshore FDI Network. *Economic Geography*, Vol. 91, No. 3, pp. 251-280.

[47] Haberly, D., D. Wójcik, 2017. Culprits or Bystanders? Offshore Jurisdictions and the Global Financial Crisis. *Journal of Financial Regulation*, Vol. 3, No. 2, pp. 233-261.

[48] Hall, S., 2007. Knowledge Makes the Money Go Round: Conflicts of Interest and Corporate Finance in London's Financial District. *Geoforum*, Vol. 38, No. 4, pp. 710-719.

[49] Harper, R. A., 1987. A Functional Classification of Management Centers of the United States. *Urban Geography*, Vol. 8, No. 6, pp. 540-549.

[50] Harvey, D., 1987. Class-Monopoly Rent, Finance Capital and the Urban Revolution. In R. Lake, *Readings in Urban Analysis*. New York, NY: Routledge, pp. 250-277.

[51] Hashimoto, T., 2021. The Agency of Reformers in New European Financial Centres: A Historically Informed Financial Geography. *Finance and Society*, Vol. 7, No. 1, pp. 57-75.

[52] Henderson, J. V., 1997. Externalities and Industrial Development. *Journal of Urban Economics*, Vol. 42, No. 3, pp. 449-470.

[53] Hendrikse, R., D. Bassens, A. Rossiter, 2024. Rebooting Amsterdam for the Age of Big Tech: Platform Capitalism, Reintermediation, and Financial-Center Change. *Geoforum*, Vol. 148, 103894.

[54] Heneghan, M., S. Hall, 2021. The Emerging Geography of European Financial Centres: Fragmentation in the European Union and Concentration in the UK? *European Urban and Regional Studies*, Vol. 28, No. 1, pp. 40-46.

[55] Hill, R. C., J. W. Kim, 2000. Global Cities and Developmental States: New York, Tokyo and Seoul. *Urban Studies*, Vol. 37, No. 12, pp. 2167-2195.

[56] Hudson, A. C., 1998. Placing Trust, Trusting Place: On the Social Construction of Offshore Financial Centres. *Political Geography*, Vol. 17, No. 8, pp. 915-937.

[57] Hudson, A. C., 2000. Offshoreness, Globalization and Sovereignty: A Postmodern Geo-Political Economy? *Transactions of the Institute of British Geographers*, Vol. 25, No. 3, pp. 269-283.

[58] Johnson, C., 1999. The Developmental State: Odyssey of a Concept. In M. Woo-Cumings, *The Developmental State*. Ithaca, NY: Cornell University Press, pp. 32-60.

[59] Jones, A., 2002. The Global City Misconceived: The Myth of Global Management in Transnational Service Firms. *Geoforum*, Vol. 33, No. 3, pp. 335-350.

[60] Jones, C., Y. Temouri, A. Cobham, 2018. Tax Haven Networks and the Role of the Big 4 Accountancy Firms. *Journal of World Business*, Vol. 53, No. 2, pp. 177-193.

[61] Keenan, L., D. Wójcik, 2022. Tokyo's Booms and Busts: Placing Japan in the Global Financial Networks. *Finance and Society*, Vol. 8, No. 2, pp. 149-168.

[62] Keil, R., 1998. Globalization Makes States: Perspectives of Local Governance in the Age of the World City. *Review of International Political Economy*, Vol. 5, No. 4, pp. 616-646.

[63] Kindleberger, C. P., 1974. The Formation of Financial Centers: A Study in Comparative Economic History. *Princeton Studies in International Finance*, Vol. 36, pp. 1-78.

[64] Knox, P. L., P. J. Taylor, 1995. *World Cities in a World-System*. Cambridge, UK: Cambridge University Press.

[65] Knox-Hayes, J., 2009. The Developing Carbon Financial Service Industry: Expertise, Adaptation and Complementarity in London and New York. *Journal of Economic Geography*, Vol. 9, No. 6, pp. 749-777.

[66] Lai, K. P., 2006. "Imagineering" Asian Emerging Markets: Financial Knowledge Networks in the Fund Management Industry. *Geoforum*, Vol. 37, No. 4, pp. 627-642.

[67] Lavery, S., S. McDaniel, D. Schmid, 2018. New Geographies of European Financial Competition? Frankfurt, Paris and the Political Economy of Brexit. *Geoforum*, Vol. 94, pp. 72-81.

[68] Lee, R., U. Schmidt-Marwede, 1993. Interurban Competition? Financial Centres and the Geography of Financial Production. *International Journal of Urban and Regional Research*, Vol. 17, No. 4, pp. 492-515.

[69] Lysandrou, P., A. Nesvetailova, R. Palan, 2017. The Best of Both Worlds: Scale Economies and Discriminatory Policies in London's Global Financial Centre. *Economy and Society*, Vol. 46, No. 2, pp. 159-184.

[70] Mariotti, S., L. Piscitello, S. Elia, 2010. Spatial Agglomeration of Multinational Enterprises: The Role of Information Externalities and Knowledge Spillovers. *Journal of Economic Geography*, Vol. 10, No. 4, pp. 519-538.

[71] Maurer, B., 2008. Re-regulating Offshore Finance? *Geography Compass*, Vol. 2, No. 1, pp. 155-175.

[72] McFarlane, C., 2010. The Comparative City: Knowledge, Learning, Urbanism. *International Journal of Urban and Regional Research*, Vol. 34, No. 4, pp. 725-742.

[73] Meyer, D. R., 2016. Shenzhen in China's Financial Center Networks. *Growth and Change*, Vol. 47, No. 4, pp. 572-595.

[74] Musschoot, J., B. Derudder, S. Dörry, 2023. Hierarchical Tendencies, Functional Specializations, and (in) Stability across European Banking Centers. *European Urban and Regional Studies*, Vol. 30, No. 4, pp. 446-464.

[75] Odell, K. A., D. F. Weiman, 1998. Metropolitan Development, Regional Financial Centers, and the Founding of the Fed in the Lower South. *The Journal of Economic History*, Vol. 58, No. 1, pp. 103-125.

[76] Olds, K., H. Yeung, 2004. Pathways to Global City Formation: A View from the Developmental City-State of Singapore. *Review of International Political Economy*, Vol. 11, No. 3, pp. 489-521.

[77] Palan, R., R. Murphy, C. Chavagneux, 2010. *Tax Havens: How Globalization Really Works*. Ithaca, NY: Cornell University Press.

[78] Panitz, R., J. Glückler, 2022. Relocation Decisions in Uncertain Times: Brexit and Financial Services. *Economic Geography*, Vol. 98, No. 2, pp. 119-144.

[79] Park, Y. S., M. Essayyad, 1989. *International Banking and Financial Centers*. Springer Science & Business Media.

[80] Pažitka, V., M. Urban, D. Wójcik, 2021. Connectivity and Growth: Financial Centres in Investment Banking Networks. *Environment and Planning A: Economy and Space*, Vol. 53, No. 7, pp. 1789-1809.

[81] Poon, J. P., 2003. Hierarchical Tendencies of Capital Markets among International Financial Centers. *Growth and Change*, Vol. 34, No. 2, pp. 135-156.

[82] Poon, J. P., B. Eldredge, D. Yeung, 2004. Rank Size Distribution of International Financial Centers. *International Regional Science Review*, Vol. 27, No. 4, pp. 411-430.

[83] Poon, J. P., G. K. S. Tan, T. Hamilton, 2019. Social Power, Offshore Financial Intermediaries and a Network Regulatory Imaginary. *Political Geography*, Vol. 68, pp. 55-65.

[84] Porteous, D. J., 1995. *The Geography of Finance: Spatial Dimensions of Intermediary Behaviour.* Beatty, NV: Avebury.

[85] Reed, H. C., 1981. *The Preeminence of International Financial Centers.* New York, NJ: Praeger Publishers.

[86] Rixen, T., 2013. Why Reregulation after the Crisis is Feeble: Shadow Banking, Offshore Financial Centers, and Jurisdictional Competition. *Regulation & Governance*, Vol. 7, No. 4, pp. 435-459.

[87] Roberts, S. M., 1995. Small Place, Big Money: The Cayman Islands and the International Financial System. *Economic Geography*, Vol. 71, No. 3, pp. 237-256.

[88] Sarre, P., 2007. Understanding the Geography of International Finance. *Geography Compass*, Vol. 1, No. 5, pp. 1076-1096.

[89] Sassen, S., 1991. The Global City. In Nugent, D., Vincent, J. (eds.), *A Companion to the Anthropology of Politics*. Wiley-Blackwell, pp. 168-178.

[90] Sassen, S., 1999. Global Financial Centers. *Foreign Affairs*, Vol. 78, No. 1, pp. 75-87.

[91] Sassen, S., 2016. *Global Networks, Linked Cities*. New York, NJ: Routledge.

[92] Saito, A., 2003. Global City Formation in a Capitalist Developmental State: Tokyo and the Waterfront Sub-centre Project. *Urban Studies*, Vol. 40, No. 2, pp. 283-308.

[93] Schafran, A., 2013. Origins of an Urban Crisis: The Restructuring of the San Francisco Bay Area and the Geography of Foreclosure. *International Journal of Urban and Regional Research*, Vol. 37, No. 2, pp. 663-688.

[94] Sharman, J. C., 2009. The Bark is the Bite: International Organizations and Blacklisting. *Review of International Political Economy*, Vol. 16, No. 4, pp. 573-596.

[95] Shaxson, N., 2011. *Treasure Islands: Tax Havens and the Men Who Stole the World.* London: Vintage.

[96] Soja, E., R. Morales, G. Wolff, 1983. Urban Restructuring: An Analysis of Social and Spatial Change in Los Angeles. *Economic Geography*, Vol. 59, No. 2, pp. 195-230.

[97] Strange, S., 1994. From Bretton Woods to the Casino Economy. In R. Martin, N. Thrift, S.

Corbridge, *Money, Power and Space*. Oxford: Blackwell, pp. 49-62.

[98] Taylor, P. J., 2001. Specification of the World City Network. *Geographical Analysis*, Vol. 33, No. 2, pp. 181-194.

[99] Taylor, P. J., B. Derudder, 2015. *World City Network: A Global Urban Analysis*. London: Routledge.

[100] Taylor, P. J. *et al.*, 2002. Diversity and Power in the World City Network. *Cities*, Vol. 19, No. 4, pp. 231-241.

[101] Thrift, N., 1994. *On the Social and Cultural Determinants of International Financial Centers: The Case of the City of London*. Oxford, UK: Basil Blackwell.

[102] Thrift, N., 1996. *Spatial Formations*. London: Sage.

[103] Vlcek, W., 2014. From Road Town to Shanghai: Situating the Caribbean in Global Capital Flows to China. *The British Journal of Politics and International Relations*, Vol. 16, No. 3, pp. 534-553.

[104] Wainwright, T., 2011. Tax Doesn't Have to be Taxing: London's "Onshore" Finance Industry and the Fiscal Spaces of a Global Crisis. *Environment and Planning A: Economy and Space*, Vol. 43, No. 6, pp. 1287-1304.

[105] Walker, R. B., 1996. Another Round of Globalization in San Francisco. *Urban Geography*, Vol. 17, No. 1, pp. 60-94.

[106] Warf, B., 2002. Tailored for Panama: Offshore Banking at the Crossroads of the Americas. *Geografiska Annaler: Series B, Human Geography*, Vol. 84, No. 1, pp. 33-47.

[107] Wong, J., 2004. The Adaptive Developmental State in East Asia. *Journal of East Asian Studies*, Vol. 4, No. 3, pp. 345-362.

[108] Woo, J. J., 2015. Beyond the Neoliberal Orthodoxy: Alternative Financial Policy Regimes in Asia's Financial Centers. *Critical Policy Studies*, Vol. 9, No. 3, pp. 297-316.

[109] Woo-Cumings, M., 1999. *The Developmental State*. Ithaca, NY: Cornell University Press.

[110] Woodward, R., 2006. Offshore Strategies in Global Political Economy: Small Islands and the Case of the EU and OECD Harmful Tax Competition Initiatives. *Cambridge Review of International Affairs*, Vol. 19, No. 4, pp. 685-699.

[111] Wójcik, D., 2012. The End of Investment Bank Capitalism? An Economic Geography of Financial Jobs and Power. *Economic Geography*, Vol. 88, No. 4, pp. 345-368.

[112] Wójcik, D., 2013. The Dark Side of NY-LON: Financial Centres and the Global Financial Crisis. *Urban Studies*, Vol. 50, No. 13, pp. 2736-2752.

[113] Wójcik, D., E. Knight, V. Pažitka, 2018. What Turns Cities into International Financial Centres? Analysis of Cross-border Investment Banking 2000-2014. *Journal of Economic Geography*, Vol. 18, No. 1, pp. 1-33.

[114] Yeung, H. W. C., 2007. Remaking Economic Geography: Insights from East Asia. *Economic Geography*, Vol. 83, No. 4, pp. 339-348.

[115] Yeung, H. W. C., 2017. Rethinking the East Asian Developmental State in Its Historical

Context: Finance, Geopolitics and Bureaucracy. *Area Development and Policy*, Vol. 2, No. 1, pp. 1-23.

[116] Zademach, H. M., R. Musil, 2014. Global Integration along Historic Pathways: Vienna and Munich in the Changing Financial Geography of Europe. *European Urban and Regional Studies*, Vol. 21, No. 4, pp. 463-483.

[117] Zoromé, A., 2007. *Concept of Offshore Financial Centers: In Search of an Operational Definition*. Washington, DC: International Monetary Fund.

[118] Zucman, G., 2014. Taxing across Borders: Tracking Personal Wealth and Corporate Profits. *Journal of Economic Perspectives*, Vol. 28, No. 4, pp. 121-148.

第三章　金融主体地理过程与空间格局

各类金融主体是金融业发展的基石，也是金融地理学关注的主要对象。随着行业发展，金融主体的种类越来越多。在不同阶段主导金融业发展的主体也不尽相同。在政治经济学研究方法主导时期，主导金融业发展的金融主体种类较为单一，主要以银行为主。直到20世纪末期，金融主体的种类逐渐丰富，相关研究也逐渐兴起。因此，研究金融主体的主要视角更多地受到经济地理学研究范式的各类转向影响，以社会文化、制度、关系等视角为代表。与此同时，政治经济学方法仍然有广泛应用，且不局限于马克思主义政治经济学，而是引用了更多流派的观点，如“新福柯”式（Neo-Foucauldian）的视角（Langley，2008b）等。金融服务不再是政府提供的福利。银行、证券、保险和新兴的风险投资、主权财富基金等企业掌握着绝大多数的金融资本。金融中介是另一种金融主体，可以将其简单地理解为提供专业金融服务以维持金融业务运转的企业。一方面，很多金融主体同时也是金融中介，如保险，以养老金为代表，会将客户的投保资金用于不同投资以获取利润。另一方面，也存在专门提供服务的金融中介，如金融咨询公司、会计师事务所、信用评级机构等。他们不经手金融资本，主要依靠提供服务赚取佣金。达雷什・沃奇克（Wójcik，2020）将这些中介称为“金融和商业服务业”。

本章介绍主要的金融业主体，包括银行业、证券业、保险业、风险投资业、主权财富基金以及“金融和商业服务业”。基于第一章金融地理学研究范式的发展历程，本章介绍这些主体时会突出地理学视角，关注时空间动态布局和跨尺度关系网络等方面。具体来说，本章从主体的区位与发展历程、主体间相互关系以及主体活动带来的不同影响三个方面对现有研究进行梳理总结。

第一节　银行业

银行（banks）是最早出现的、最传统的金融主体，现在仍然占据金融业重要位置。银行最主要的业务是储蓄与信贷，并通过两者的利息差赚取利润。随着行业发展，银行也推出了更多复杂的金融业务和产品以应对其余主体的冲击。这也使得“银行业”（banking）这个词汇的含义随着时代的发展更加丰富。传统的银行业主要指（私有）商业银行，以借贷业务为主，利润主要来自吸收存款和发放贷款之间的利率差异。现在的银行业更加复杂，如新兴的投资银行，专门提供投资咨询、金融服务、设计与运营多类金融创新产品和投资组合。与此同时，商业银行也会涉及类似的服务，拓宽自身业务边界。如大型跨国商业银行都会有自己的投资银行部以开展相应业务。

本小节主要介绍以传统借贷业务为主的商业银行，商业银行的其余业务和投资银行等新兴的银行业主体则在后文证券业、金融全球化等对应章节介绍。

一、区位发展

银行机构空间分布基本以盈利最大化为原则，综合考虑自身特性和不同地区的政治、社会、经济、文化和制度背景，对未来的发展进行评估，从而做出最终决策。首先，不同规模的银行会有不同的考虑因素。如大型银行会在全国各区域和城市设立代表处以尽力减少业务真空区域，保持其影响力，因此，在具体选址时，会以街区可达性为主要指标并针对不同居民群体开展特定业务（Alessandrini，2009；French *et al.*，2013；Marshall *et al.*，2019）。小型银行或外资银行等通常只会开设有限数量的分支机构，则更容易受区域本身的特质影响，在具体选址时更加审慎。布伦丹·奥哈拉汉（Breandan O’Huallachain）在综合考虑了资产结构、规模、类型以及不同区域环境因素等方面后，发现外资银行在美国主要集中于纽约、芝加哥、洛杉矶、旧金山、亚特兰大和迈阿密六个节点性城市（O’Huallachain，1994）。

其次，针对不同因素，各类研究的侧重点不同。限于篇幅，本书选择性地展示一些代表性的实证研究。作为企业，银行的选址主要基于收益方面的考虑。政策对收益有显著影响。呼应前文金融中心相关研究，优惠政策可以吸引银行开设机构，如低税率等（Brealey and Kaplanis，1996）。在岸和离岸金融中心城市往往聚集有大量银行。迈克尔·格罗特（Michael Grote）分析了20世纪后半叶德国外资银行的区位变化，发现德国政府在法兰克福设立德国中央银行的行为使得该城市吸引了大量的外资银行入驻，促使法兰克福成为欧洲乃至国际级金融中心，但由于伦敦对金融资本的吸引力持续增强，外资银行逐渐撤离法兰克福乃至德国（Grote，2008）。安德鲁·莱申和简·波拉德（Leyshon and Pollard，2000）研究了美国与英国零售银行业企业分布的变化，认为国家政策变化和不同地区的经济发展是重要的影响因素。他们强调动态变化的视角，即银行企业的选址决策有很强的时效性，会随着周围环境的变化发生改变。

地区经济水平，包括企业和居民的经济活动等对收益有直接影响。安德鲁·莱申等（Leyshon *et al.*，2008）研究了1995—2003年英国银行开设和关闭分支机构的区位特征，发现地区的经济发展十分重要，银行倾向于关闭贫穷地区的分支机构以节约成本。斯科特·赫格蒂（Scott Hegerty）研究了美国“铁锈地带”密尔沃基与水牛城内部传统银行网点的密度，发现这两个内陆城市的银行网点密度很低，且与人均收入、就业情况或其他经济变量呈现强相关性（Hegerty，2016）。地理邻近性对于获取信息非常重要，因此银行业倾向于开设在地方小型企业密集之处，以方便获取这些企业的信息，降低针对这些企业开展金融业务的风险（Klagge and Martin，2005；Alessandrini *et al.*，2010）。上述地理邻近性在不同国家有不同的表现。如在21世纪第一个十年，学者们认为美国境内银行机构与借款者最佳地理距离的中位数是4.83千米（Brevoort and Wolken，2009），而这一距离在日本大约为1.93千米（Ono *et al.*，2013）。

收益同样可以被社会文化因素左右。社会文化色彩强烈的伊斯兰金融是典型例子。伊斯兰银行企业主要开设在伊斯兰国家，但随着全球化加深，各国均出现不同规模的穆斯林移民，或者有的国民开始信仰伊斯兰教，以发达资本主义地区（北美和西欧各国）为代表。随之而来的是伊斯兰银行企业在这些国家或地区开设机构以创收盈利（Ewers *et al.*，2018；Hanieh，2020）。

最后，金融科技的发展，如数字支付、手机银行、网页银行等技术的出现对银行开设和关闭实体机构存在显著影响。“地理已死”的论断就是来自科技的快速发展使得客户可以（足不出户）接触到全世界任何地方的金融服务（O’Brien，1991）。全盘否定地理的重要性肯定是片面的，但不可否认，科技进步的确对银行业分布影响深远。银行不再需要在交通不便、消费水平低、治安条件差的地方开设实体机构。手机银行、网络银行等可在这些地方远程开展金融服务（French and Leyshon，2004；De Blasio，2008）。

本段用文献中的具体实例反映上述因素所产生的影响。前文所引的肖恩·弗伦奇（Shaun French）等所著的一篇文章列举了英国 1995—2012 年大型银行和建房互助会在英国分支机构的布局变化（表 3–1）（French *et al.*，2013）。在历经 20 世纪 70 年代资本主义经济增长缓慢乃至停滞的危机后，英国银行业开始调整分支机构布局以提升效率和适应当时的政治经济格局变化。表 3–1 显示，尽管不同类型的区域大多面临银行分支机构关闭的情景，机构关闭的速度和数量却是不尽相同的，反映出时空差异。在英国将传统制造业外包给以亚洲各国（地区）为代表的新兴经济体后，相应区域的经济发展速度下降，居民大量外迁导致消费水平下降，金融市场活力降低，业务量下降，从而导致银行机构关闭比例较高。而随着越来越多的人，尤其是中产及以上阶层的富足人群逐步搬到城市边缘乃至乡村生活，相对应地区的消费水平上升，金融业务数量增多，银行机构关闭比例较低，其中，“可达性高的乡村地区”在各类地区中呈现出唯一的机构数量上升的情景。这个例子很好地反映了银行依据利益最大化原则进行的布局调整。

受政策影响，银行有时不得不做出不利于创收的选址决策。除创造经济利益外，政府仍需考虑社会公平等其他对维护稳定至关重要的因素。因此，政府会出台一系列政策影响银行的区位分布，以促进金融服务覆盖的广度和深度。金融排斥和普惠金融（金融包容）是衍生出的相关研究，本书会在第六章进行介绍。

与此同时，政策对银行的影响也体现在所有制和银行类型上。国有商业银行和政策性银行（中央银行、国际层面的政策性银行，如亚洲发展银行、世界银行等）不会单纯追逐创收盈利，而是会贯彻政府（或国际组织）的政策目标。相关讨论会在第四章分析政府金融化时展示。

表 3–1　1995—2012 年英国国内区域层面主要银行和建房互助会分支机构网络布局变化

分组	1995 年机构数（个）	2003 年机构数（个）	2012 年机构数（个）	1995—2003 年变化数（个）	1995—2003 年变化率（%）	2003—2012 年变化数（个）	2003—2012 年变化率（%）	1995—2012 年变化率（%）	1995 年机构数占比（%）	2012 年机构数占比（%）
工业腹地	1 873	1 524	1 431	−349	−18.63	−93	−6.10	−23.60	12.62	13.83
传统制造业区域	1 677	1 303	1 022	−374	−22.30	−281	−21.57	−39.06	11.30	9.88
建成区	1 832	1 424	1 117	−408	−22.27	−307	−21.56	−39.03	12.35	10.79
繁荣的都市区	1 431	1 111	892	−320	−22.36	−219	−19.71	−37.67	9.64	8.62
学生社区	1 829	1 442	1 183	−387	−21.16	−259	−17.96	−35.32	12.33	11.43
多种族文化都市区	1 040	795	678	−245	−23.56	−117	−14.72	−34.81	7.01	6.55
郊区和小镇	2 651	2 209	2 073	−442	−16.67	−136	−6.16	−21.80	17.87	20.03
沿海和乡村	2 341	1 942	1 793	−399	−17.04	−149	−7.67	−23.41	15.78	17.33
可达性高的乡村地区	164	128	159	−36	−21.95	31	24.22	−3.05	1.10	1.54
总计	14 838	11 878	10 348	−2 960	−19.95	−1 530	−12.88	−30.26	100.00	100.00

资料来源：肖恩 • 弗伦奇等（French *et al.*，2013）。

需要强调的是，所有的研究都具有空间特异性。同一种因素在不同地点，如不同国家乃至不同城市，都可能会有不同的作用。因素如何发挥作用和其所处的情景紧密相关，因此，某一个因素在不同地点有不同作用很正常。如两个国家可能都通过低税率等优惠政策促进银行业发展，但其中一个国家意在打造唯一一个银行业中心城市，因此只在某一个城市实行优惠政策；另一个国家则想打造多个银行业中心，以免金融资本过度集中从而引发风险，那么这个国家可能会在多个城市实行优惠政策。

二、银行业企业间关系

学者们往往从竞争与合作的角度探讨银行业企业间关系。一方面，大型银行的总部倾向于集聚分布在大型城市，具体的原因包括信息溢出、规模效应、高质量劳动力、基础设施等方面（Storper and Venables，2004；Grote，2009）。但银行业务同质化现象较重，选址较近必然导致相互竞争。客户很容易就能找到替代，因此各个银行不容易找到长期客户，并且需要用各种方式吸引客户，从而可能会影响创收盈利（Bellucci *et al.*，2013）。但总体来说，集聚分布带来的好处大于危害。丹尼斯·罗德（Dennis Lord）和大卫·莱特（David Wright）研究了美国夏洛特市在 1978 年的银行区位，发现大型银行倾向于集聚分布在交通便利的商业中心，尽管相互之间存在竞争，但这些银行更看重这些地区蕴含的庞大客户资源，而小型地方银行则倾向于远离这些集聚区以降低竞争程度（Lord and Wright，1998）。从另一个角度来讲，大型银行并不如小型地方银行善于获取有关地方中小型企业的信息（Berger *et al.*，2005）；因此，大型银行更倾向于通过集聚分布产生的知识溢出来弥补这方面的不足。

银行竞争的方式也包括通过各种渠道积极和客户建立关系。任何联系都可能为银行扩大客户群体，典型的例子包括通过现有客户介绍招纳新客户，事成后给予现有客户一定奖励。“关系银行业务”（relational banking）是对传统价格竞争的补充，也是地方小型银行可以在大型跨国企业的巨大压力下持续生存甚至表现优异的主要原因（MacDonald *et al.*，2016）。

金融科技的发展同样促进了银行业企业间竞争。涉及多个地方（时区）、投资者、金融中间品等复杂的投资组合，可以在极短时间内生成并流动，因此，时效性与信息获取能力成为银行争夺金融业务和客户最重要的方面（O'Brien and Keith，2009；Jakšič and Marinč，2019）。

银行业企业间竞争的另一种代表性模式为收购和兼并。丹尼斯 • 罗德（Lord，1992）研究了 20 世纪 80—90 年代美国商业银行之间的收购行为，尤其是跨州收购，发现在 80 年代初期只有2%的商业银行跨州收购了其他银行，这一比例在 90 年代初上升到 15%，促进了国家级金融中心的形成，包括纽约、旧金山、洛杉矶等。影响上述行为的因素包括美国政府的政策支持，收购地的经济水平和相关法律制度的完备性，银行自身的发展战略，收购者所在地和被收购地的距离等。克劳迪亚 •布赫（Claudia Buch）和盖尔 •德隆（Gayle DeLong）研究了 1985—2001 年的 3 000 余起跨国银行并购案例，发现信息成本和制度差异是最显著的两个影响因素（Buch and DeLong，2004）。并购或其他竞争模式通常导致金融资源进一步集中在少数几个强大的跨国企业手上，出现多数文献提到的“金融服务集中化”（financial centralization）现象（Papi *et al.*，2017）。

银行业企业间的合作关系有几种体现，最主要的即银行间借贷业务。银行会对不同客户群发放贷款，其他银行是主要客户群之一。这种现象普遍存在于发达国家（或国家内部发达区域）商业银行对欠发达国家和地区（或国家内部欠发达区域）发放贷款，并形成不同尺度的银行业企业合作网络。在此过程中，贷款方往往处于优势地位，可以设计有利于自己的条款和将风险转移给借贷方（Caballero *et al.*，2018）。据此，银行业乃至更广泛的金融系统的风险和稳定是这类文献关注的重点。学者们讨论了网络中某一个节点故障（如某一个银行无法还贷）可能带来的风险（Nier *et al.*，2007；Berardi and Tedeschi，2017）。

除了借贷之外，银行业企业间也会通过其他形式合作，例如相互提供金融服务、参与由多种（阶段）金融产品和服务组成的投资组合等。这些会在下文证券业和金融全球化部分介绍。

三、银行业活动产生的影响

银行业对区域发展十分重要。区域（国际尺度、国家尺度、国家内地区尺度）发展一直是经济地理最重要的研究课题之一（Henderson *et al.*，2001；Rodríguez-Pose，2013；Pike *et al.*，2016）。自金融地理学逐渐崭露头角，金融对区域发展的影响就一直是热点话题。针对银行业来说，银行对区域发展的影响往往体现在通过有效的存储和信贷业务，提升各行各业企业的活力和人民的生活水平，从而增强地区经济发展综合实力（Carbó-Valverde *et al.*，2007）。金杰·特纳（Ginger Turner）基于120个国家27个行业1985—2000年的数据，发现银行提供的贷款对出口贸易有显著影响（Turner，2011）。约翰·布格施塔勒（Johann Burgstaller）研究了奥地利地区的市场结构和银行行为，发现市场内较高的银行机构密度与激烈的竞争和低利润率有关，表明市场是高效率的（Burgstaller，2013）。市场竞争的激烈程度可以反映一个区域的增长态势，而促进银行业合理地扩张和竞争是政府推行的重要区域发展政策之一。

但银行业对区域经济增长并非只有积极作用。胡安·费尔南德斯·德·格瓦拉（Juan Fernández de Guevara）和华金·莫多斯（Joaquín Maudos）研究了西班牙各省银行业对于企业增长的作用（De Guevara and Maudos，2009）。他们发现两者呈现倒U形关系，银行业增长、竞争程度和所提供的金融服务对企业增长存在一个阈值。在未达到阈值时，两者呈现正相关；超过阈值后，两者负相关，即银行业过度竞争，提供过度金融服务反而会对企业增长产生负面影响。

过度借债而导致的高债务率是恶化经济脆弱程度、导致金融危机的主要原因。很多研究都指出债务会导致个人（家庭）、企业、政府更加脆弱（vulnerable），抵御外部冲击的能力降低[即“韧性”（resilience）降低]，进而导致灾难性的后果（家庭破碎、企业政府破产、社会动荡等）（Harvey，2011；Lee *et al.*，2009；Walks，2013；Montgomerie and Tepe-Belfrage，2019）。值得注意的是，过度债务有一部分是传统借债引起的，也有一部分是通过复杂的金融创新引起的，如2008年全球金融危机即是由基于房地产的按揭贷款产生的“次贷危机”引发的。这方面的研究会在下文介绍证券业时阐述。

银行业行为也会引起区域发展不均（Green，1987）。银行会针对客户进行评估后发放贷款，客户本身的特性和所处区域都会影响银行的决策。大型（跨区域）客户自身能力较强，银行对其所处区域考虑相对较少。但对中小型客户，如中小型企业（samll amd medium enterprises，SMEs），银行不仅考虑其自身还款能力，也会考虑企业所处地区和企业业务所在地区。这些企业的还款能力很大程度取决于其所处区域的市场和经济活力，因此，银行针对处于欠发达地区的中小型企业发放贷款有更严格的要求，进而可能会限制这些企业的发展，引起区域发展不均（Fuentes，1998；Sokol，2007）。马尔科·科洛克（Marco Crocco）等研究了 1999—2008 年巴西国内银行发放贷款的空间格局，发现银行对欠发达地区的客户要求更严格，并且和金融市场周期相关，在经济下行的时候要求更加严格（Crocco *et al.*，2014）。这也导致欠发达地区客户借贷有很强的不确定性。发达的巴西东南部获得银行放贷的数量占比远远高于其他地区，该地区拥有最多的金融机构总部和复杂多样的产业主体，反映出最强的金融业务活力。相比之下，北部和东北部地区以农业和其他技术含量较低的夕阳产业为主，银行放贷较为谨慎。

第二节　证券业

证券（securities）是多种经济权益凭证的统一称谓，通过特定形式票券来表示持有人具有某种特定的经济权益。证券主要产品可以分为：产权市场产品，如股票；债券市场产品，如债券；衍生市场产品，如股票期货、利率期货和期权；将不同产品组合在一起的投资组合，如各类理财产品（基金）；等等。证券业即从事证券发行与交易的金融行业。

证券业主要由买方、卖方和交易中间商构成。从某种角度来说，他们全部都是金融中介。卖方主要是专业的资产管理公司或具有相关能力的大型金融机构，如前文提到的功能日渐多样化的大型跨国商业银行，一般都有“投资银行部”。资产管理（asset management）涉及诸多不同方面，如经授权后经销/承销（underwrite）金融产品，基于客户资金设计复杂金融产品为客户创造收益等。资产管理公司和证券发行方在合适的时候进行沟通，如当企业发行债券和股票、各级政府发行债券、银行贷款转化为证券等时候。买方与卖方的组成几乎相同。所有的金融机构和资产管理公司既是卖方，也是买方。大型金融机构可以依托内部设置的部门自行购买。中小型机构可以雇佣资产管理公司开展投资业务。某些学者和业界人士将资产管理与投资银行业务（investment banking）区分开来，认为两者业务有不同的侧重点：资产管理主要负责管理，是买方业务，需要更好地管理客户的金融资产并创收盈利，合理地投资不同金融产品是创收盈利的主要方式；投资银行业务主要负责提供金融建议，涵盖买方与卖方业务，如投资建议和设计金融产品、实施并购等。但两者均可以归为广义的资产管理（Morrison and Wilhelm，2007）。交易中间商主要负责联系卖方与买方，保证证券交易顺利进行，主要包括股票交易所和清算公司等（Wójcik，2012）。

证券业的发展基于将各类有形和无形的物品转换为可以在金融市场内流动的金融产品，即创造出多种“资产类别”（asset class）。典型的例子包括自然资源（有形）和主体信用（无形）。例如，一个电力公司意欲发行企业债券以在金融市场吸引投资，这些债券需要增信措施，让投资者认为他们可以收回本金并获得利润。增信措施常常包括实体抵押资产和企业信用，这个电力公司可以将用来发电的设施和资源（煤炭等）作为实体抵押资产（Ouma，2020）。而企业信用是由专业信用评级机构评定的企业能够履行自身义务（交易条款）的可能性，由几个不同的等级组成。等级越高，企业能力越强，信用越高（White，2002）。发电设施和资源原本并不具备金融价值，企业信用原本也并不存在，是金融技术的发展孕育了这些多样的获利方式。实体资产通过金融技术转换成为金融资产的情形可以称为金融化，将在第四章介绍。

进一步地，证券业还可以加工金融产品使其在二级金融市场上流动。例如，银行发放给购房者的按揭贷款被金融中介进一步包装（通常是将多个按揭贷款组合或将按揭贷款与其他金融产品组合）成为投资品（Mishkin，2007；Dymski，2012）。这类产品多称为金融衍生物（LiPuma and Lee，2005；Pollard *et al.*，2008）。

证券业是除银行外的金融机构和各类非金融机构及个人通过金融投资盈利的主要途径。各类证券产品的利率往往高于储蓄，但相对应地，投资失败的风险，包括无法获得利息甚至收回本金等，也明显高于储蓄。风险不仅仅局限在个体投资者层面，当大量投资者都经历投资失败时，整个金融系统乃至经济、政治、社会的稳定都会遭受严重威胁。如前文所述，2008 年全球金融危机即是由于大量贷款者无法按期偿还（住房）按揭贷款，导致住房资产跳水式贬值，大量金融机构，包括传统商业银行和金融中介破产倒闭（Helleiner，2011；Erkens *et al.*，2012）。

据达雷什・沃奇克（Wójcik，2011a）的研究，1980—2007 年，美国证券业实现了快速发展，股本证券与私人债务证券占金融资产总额的比例由 37%上升到 57%，而私募证券占比则从 45%上升到 62%。这种证券业迅速增长的现象被称为证券化（securitization）（Aalbers *et al.*，2011；Aalbers and Engelen，2015）。

证券化进程给传统金融中介，尤其是银行，带来了很大的冲击。银行储蓄和贷款业务与将资本直接投入到市场中的证券业务相比，时效性与收益性都存在一定的差距。

一、区位发展

证券业的区位发展涉及两个方面：证券业公司自身的分布和证券产品的分布。与银行业类似，两种分布都是以创收盈利为主要原则。由于“证券”是针对多种金融产品的概括，因此下文包含各类产品的总体研究和某一种产品的针对性研究。

首先，针对证券公司自身的分布，相关研究同样从经济视角和地理视角进行了解释（Beaverstock，2007）。克劳德·杜普伊（Claude Dupuy）等分析了全球大型股权投资机构的分布，认为这些机构注重金融市场制度的完善程度和自由程度——如何能够以最短时间获取最多利润（Dupuy *et al.*，2010）。美国是最理想的选择。针对其余国家和地区，这些机构会分析它们与美国的差距，做出相应调整后开展业务。达雷什·沃奇克（Wójcik，2011a）认为证券化具备三个特点：①证券化令金融资产所有权在制度与地理空间方面呈现分散趋势；②证券行业能够通过集聚分布获取规模经济效益；③证券企业往往与企业总部分布在一起以便及时获取各类信息，这一特征不会因时间推移而发生改变。表 3–2 反映了这种集聚分布及其变化特征，包括波士顿、芝加哥、洛杉矶、纽约、费城和旧金山在内的六大都市区是美国证券业分布最为集中的区域。

表 3–2 1998—2007 年美国六大都市区证券业就业人数和总部数量

		波士顿	芝加哥	洛杉矶	纽约	费城	旧金山
2007 年	证券人数（人）	62 307	58 888	39 892	235 091	42 266	31 686
	信贷和保险人数（人）	122 681	217 406	256 788	398 489	163 245	99 767
	总部数量（个）	988	1 506	1 735	3 250	961	713
1998—2007 年变化	证券人数（人）	4 086	15 645	12 152	17 844	18 473	3 452
	信贷和保险人数（人）	2 083	–6 927	28 924	–15 108	8 641	–8 312
	总部数量（个）	161	267	409	678	185	122
区位商	1998 年证券	1.49	0.61	0.32	1.72	0.56	0.87
	2007 年证券	1.36	0.73	0.38	1.56	0.84	0.84

续表

		波士顿	芝加哥	洛杉矶	纽约	费城	旧金山
区位商	1998 年信贷和保险	0.98	1.01	0.83	1.05	1.17	1.06
	2007 年信贷和保险	1.00	1.00	0.92	0.99	1.21	0.99
	1998 年总部	1.15	0.95	0.82	1.11	1.00	0.99
	2007 年总部	1.11	0.95	0.85	1.11	0.98	0.97
就业人数占比	1998 年证券（%）	2.6	1.1	0.6	3.0	1.0	1.5
	2007 年证券（%）	2.7	1.4	0.7	3.1	1.7	1.6
	1998 年信贷和保险(%)	5.4	5.6	4.6	5.8	6.5	5.8
	2007 年信贷和保险(%)	5.2	5.3	4.8	5.2	6.4	5.2

资料来源：达雷什·沃奇克（Wójcik，2011a）。

还有很多其他研究提到信息创造和分享的重要性（Teo，2009；Heinemann，2014）。戈登·克拉克和菲利普·奥尼尔（Phillip O'Neill）研究了澳大利亚国内养老基金机构的分布，发现大多数大型机构的总部分布在墨尔本，而非经济实力更强的悉尼（Clark and O'Neill，2023）。原因主要包括两个方面：一是大型工会和企业家联盟都在墨尔本，更有利于机构及时获取信息；二是地方政府的扶持政策也有很大作用，促进了多宗大型并购，让墨尔本养老基金机构的规模逐步超过了悉尼。

其次，针对证券产品的分布，相比于银行业的储蓄和信贷业务，证券产品往往与买方、卖方和中间商相距很远，因此，证券业务和产品自身的时空间特征同样是研究热点。但需要说明的是，并非证券业务完全不在乎地理距离，即证券公司任意选择全球各地开展业务，恰恰相反，部分学者认为地理距离仍然是影响证券业务开展的重要因素之一。如理查德·波特斯（Richard Portes）等基于 1989—1996 年 14 个国家的企业股票、企业债券和政府债券三种不同金融资产流动数据，通过引力模型探讨了不同类别金融资产跨国流动的影响因素，结果表明，地理距离和流动强度呈现显著的负相关关系（Portes *et al.*，2001）。企业股票和债券的流动对距离的敏感性显著强于政府债券，原因是企业金融资产对信息的需求量更大，敏感度更高，因此，在地理距离增加而导致信息传输不畅或成本上升时，其流动强度会迅速下降。进一步地，理查德·波特斯和海琳·雷伊（Helene Rey）分析了跨境股票流动的影响因素，结果显示，流动总量与两国的市场规模和交易成本有直接关系，而交易成本主要与信息的不对称性和传输效率有关（Portes and Rey，2005）。因此，信息的空间分布成为跨国股票交易的主要决定因素。但不可否认，通信和金融科技的进步极大地降低了地理距离带来的阻碍，这在依赖长链条、复杂化的金融产品和高频交易的证券业中体现得尤其明显。安德鲁·琼斯（Andrew Jones）和保罗·瑟奇（Paul Search）的研究表明，各类邻近性，包括地理、文化、通信、组织架构等，都会影响私募股权企业的投资行为（Jones and Search，2009）。

回到证券业务和产品的时空间特征，证券产品往往基于实体资产，如房地产。金融中介往往会选择“优质资产”，即可以产生稳定收益进而维持证券产品稳定运行的资产。典型例子是，大型资产管理公司往往选择处于经济发达或具有发展潜能区域的住房作为资产设计证券产品。这些住房往往保值可能性高、升值空间大，更可能吸引资本（Fields，2015；Aalbers，2017）。与此同时，某些资产本身就有很强的地理特性，尤其是与自然相关。例如，“灾害债券”（catastrophe bonds）是应对地震、火山爆发、海啸等极端自然灾害设计的证券产品。保险公司发行上述债券向投资者筹集资金，定期支付利息，按时返还本金。只有在灾害发生时，投资者的资金会被用于赈灾，即投资者面临无法收取利息或取回本金的情况。由于自然灾害会根据地理特征存在多发地区，因此，“灾害债券”也会呈现相对应的地理特征（Johnson，2013a，2014；Booth and Harwood，2016）。

除去金融机构自身的主观能动性，周围的政治、经济、文化、社会环境同样对证券业务和产品的区位有很大影响。凯文·哥谭（Kevin Gotham）认为美国证券化的发展是政策和法律的产物，在不同时代和不同地点有差异化的体现（Gotham，2009）。托马斯·温莱特（Thomas Wainwright）分析了20世纪90年代基于设计住房按揭贷款证券产品的证券化进程的时空间特征，强调证券化进程从美国传到英国和其他国家后，会针对当地政治、经济、文化、社会环境做出反应，调整运行模式，以保持最佳创收能力（Wainwright，2009）。达雷什·沃奇克（Wójcik，2009）针对全球股票市场的区位演变进行了研究，结果发现，股票市场的演进是政治、科技、经济、文化交互错杂的过程，无法单纯地用经济模型解释。例如，投资者更可能持有文化相近、政治关系友好国家的企业发行的股票。皮埃尔·阿格尼丝（Pierre Agnes）分析了澳大利亚的利率互换（一种金融工具）行业，发现地方尺度的“嵌入性”能够很好地解释金融信息的传递和金融业务的展开，金融工作者之间以及金融业和其他产业之间形成的关系网络让利率互换反映出明显的澳大利亚本土特征（Agnes，2000）。

最后，也有研究探讨了世界范围内股票交易所的区位。伦敦、纽约、东京、香港等知名国际金融中心都设有股票交易所，供世界各地企业上市并发行股票。因此，股票交易所的区位和金融中心区位紧密相关（Wójcik，2007；Engelen and Grote，2009）。不同地区的股票交易所受到当地政策影响较大，因此会吸引不同类型的企业上市。例如，某些股票交易所受到的管制更少，金融资本流动畅通无阻（如美国）；某些交易所有更完善的金融法律制度，可以更好地保护投资者利益（如欧洲各国）；某些交易所则与政府紧密相连，容易吸引有政府背景的企业上市以贯彻不同的政策目标，如环境保护、社会公平等（如部分中东欧国家和亚洲国家或地区）（Wójcik，2011b；Liu *et al.*，2019）。达雷什·沃奇克和恰巴·伯格（Csaba Burger）研究了截至2008年的金砖国家（巴西、俄罗斯、中国和印度）企业海外上市目的地，认为国家之间的贸易关系和处于国际分工中的位置会影响企业对股票交易所的选择（Wójcik and Burger，2010）。金砖国家也更倾向于选择彼此的股票交易所。除此之外，政治因素的作用也非常明显，企业较少选择位于政治关系紧张国家的股票交易所上市。

二、证券业企业间关系

证券业企业间关系同样以竞争和协作为主（Anand and Galetovic，2006）。达雷什·沃奇克等（Wójcik *et al.*，2018）研究了2008年全球金融危机后世界投资银行业务的分布变化，发现金融危机后投资银行业务整体规模迅速减小。美国各大跨国投资银行仍然处于霸主地位，但其所占业务比例相比于危机前减小。亚洲各投资银行凭借本国内部的活跃交易扮演着越来越重要的角色。该行业全球权利格局正在发生变化。库尔图鲁斯·盖米奇（Kurtuluş Gemici）和黎碧瑶在国内区域尺度的研究反映了相类似的结果（Gemici and Lai，2020）。基于社会网络视角，他们认为欧美大型投资银行的主导地位正遭受来自亚洲城市同行的挑战，以香港、东京和新加坡为典型代表。莎拉·霍尔（Hall，2007）研究了2000年以来伦敦投资银行业的变化，发现小型投资银行（职员数在25

人以下）扮演越来越重要的角色，而大型跨国投资银行及其分支机构业务量和边际收益都显著下降。员工规模针对大型机构来说从优势变成了劣势，人员冗余成为这些机构沉重的负担（表 3–3）。

表 3–3　2003 年依据收入排名前 20 位小型伦敦金融投资咨询服务公司

咨询公司名称	息税前利润（千美元，2003）	职员数量（人）
莱克西康合伙公司（The Lexicon Partnership）	16 231	25
三角合伙公司（Tricorn Partners）	7 503	—
洛布・阿隆有限公司（Loeb Aron & Company Ltd.）	1 323	5
雅萌合伙有限公司（Arma Partners Ltd.）	723	6
考文企业财务有限公司（Corven Corporate Finance Ltd.）	698	6
EC 汉布罗・拉本与合伙有限公司（EC Hambro Rabben & Partners Ltd.）	548	6
紫水晶企业财务公司（Amethyst Corporate Finance）	508	1
RKR 企业财务有限公司（RKR Corporate Finance Ltd.）	444	3
DC 德韦克企业财务有限公司（DC Dwek Corporate Finance Ltd.）	371	3
兰斯当资本有限公司（Lansdowne Capital Ltd.）	288	1
科贝特・基林有限公司（Corbett Keeling Ltd.）	274	6
科伯特企业财务有限公司（Cobalt Corporate Finance Ltd.）	264	—
博蒙特・科尼什有限公司（Beaumont Cornish Ltd.）	168	2
羚羊企业财务有限公司（Gazelle Corporate Finance Ltd.）	136	8
威尔明顿资本有限公司（Wilmington Capital Ltd.）	102	4
BR 企业财务有限公司（BR Corporate Finance Ltd.）	88	5
接入媒体咨询有限公司（Access Media Advisory Ltd.）	79	2
比奇克罗夫特助理有限公司（Beechcroft Associates Ltd.）	73	—
透彻资本合伙有限公司（Clarity Capital Partners Ltd.）	53	—
勃兰登堡证券有限公司（Brandenburg Securities Ltd.）	39	4

资料来源：莎拉・霍尔（Hall，2007）。

外界因素会影响企业间的竞争关系。戈登・克拉克和保罗・贝内特（Paul Bennett）的研究发现，荷兰政府基于一定的政策目的推广了“补充养老金”（supplementary pension fund），并针对该类金融机构设定了一系列的优惠政策，包括不允许选择这些业务的客户同时选择其他类似业务（Clark and Bennett，2001）。这些政策让该类金融机构在竞争中处于优势地位。

证券业企业间相互合作的典型例子即一个投资产品组合包含来自不同证券企业的金融产品，但这种合作大多数是间接的。例如，一个投资产品组合由商业银行的理财产品、上市企业发行的股票或债券、政府债券、信托企业发行的信托产品等组成，每种产品可能会占据相等或不等的比例。这些企业很少直接合作来设计投资组合产品，会有专业的金融中介为投资者挑选产品并设计投资组合，以最大化收益和降低风险。这种企业间间接的合作网络基于每一个企业在各自所处的情景中正常运转并稳定盈利（Guerin，2006；Francis and Kim，2013）。保罗·兰利（Paul Langley）研究了美国按揭贷款的证券化过程，发现整个转换过程就是在庞大的抵押贷款网络和资本市场的多重网络综合作用下形成的（Langley，2006a）。美国国内的金融市场和全球金融体系紧密相连，这体现在美国国内的金融资产乃至负债都是在全球资本市场中流动的金融产品的一部分。在这种情况下，美国国内各个城市乃至全球各个城市都相互关联。一些金融力量较弱、较为落后的地区被“纳入”伦敦和纽约这样的国际金融中心城市的势力范围之内。对于这些城市来说，这既带来了发展机遇，也带来了明显的金融风险。

另外，企业会为了某种目的相互合作，这些目的往往和保证收益直接相关。例如，保罗·贝内特（Bennett，2000）研究了欧洲专做大型海洋业务保险的部分企业。欧盟规定保险企业只能对符合一定污染排放标准的企业开展业务，但由于企业间存在竞争，部分企业可能会暗中违背这一规定。为了避免这种情况的出现，上述大型企业形成了一个联盟，彼此分享业务并协调好相互关系，不投入恶性竞争。

三、证券业活动产生的影响

证券业对区域发展存在正面或负面的影响，并且影响程度很深。

首先，证券业发展可以促进区域经济发展。各类证券产品可以利用绝大多数有形和无形资产创造金融收益。相比于传统银行业务，证券业更有效地促进了经济快速发展（Wójcik，2009）。安德鲁·林肯（Andrew Lincoln）认为加拿大基于职工工资设立的投资基金不仅给投资者带来了可观的收益，还带动了各地区的就业增长，促进了地区经济发展（Lincoln，2000）。

但学者们更关注的是证券化对经济发展的一系列负面影响。依托于证券化而快速发展的金融业挤占了其余实体经济的发展空间，这让整体经济结构失衡，经济韧性下降，抵御危机的能力变差（Dymski，2005；Hall，2013）。典型的例子即新冠疫情对英国经济造成的冲击。凭借伦敦作为全球第一国际金融中心，金融业是英国的支柱产业之一。历经去工业化，英国将绝大部分制造业外包给以中国为首的发展中国家。在新冠疫情出现之前，部分学者就指出并批评了英国过于依赖金融业发展（Christensen *et al.*，2016；Lavery，2018；Hofman and Aalbers，2019）。面对新冠疫情的冲击，结构过于单一的英国经济遭受严重打击，其 2020 年 GDP 增长率为–11%（Sawyer，2021）。其他过于依赖金融发展的国家，如美国和其余西欧各国也遭受了类似的打击（Sharif *et al.*，2020；McCann *et al.*，2022）。

其次，证券化乃至金融本身本质上是依靠高杠杆率、高流动性发展的，因此是高风险的，十分容易导致金融危机。各类企业都倾向于借钱发展。债务并非一种负担，而是合理利用资本的体现；不能一味追求降低风险，高风险也意味着高回报（Von Thadden *et al.*，2010；Bali and Zhou，2016）。这两点都是正确的，前提是企业能够将债务和风险控制在合理范围内。与此同时，在企业控制范围之外的金融市场要能够保持平稳运行（Crockett，2002）。但对于企业来说，如何定义“合理”并没有统一标准，而金融投资的高效回报永远诱使企业做超出自己能力范围的事情（Bianchi and Mendoza，2010；Cripps *et al.*，2011）。

2008 年全球金融危机与房产贬值直接相关，这与前文提到的 20 世纪 90 年代英国住房市场崩溃而引发的西方金融危机十分相似，但证券化将全球市场联系得更紧密而导致这次危机影响更为恶劣、波及面更广。美国民众多以银行提供的住房按揭贷款购买房产（Barth，2009）。在早期，按揭贷款对申请人的财力审核较为严格，因此银行可以稳定获得还款。但随着金融技术的发展，按揭贷款被进一步包装和组合成为金融衍生物在二级金融市场流通（Loutskina and Strahan，2009）。这种衍生物可以为投资者创造比普通按揭贷款更高的利润，因此，金融中介希望能够有更多的按揭贷款产品。银行开始放宽按揭贷款申请的审核要求，将贷款发给收入较低的人群并将此类贷款称为“次级按揭贷款”

（subprime mortgage）。这类贷款风险较高，但同样地，基于此类贷款的衍生物的收益也更高。金融中介和投资者受高收益的诱惑，大量推出次级按揭贷款和相应衍生物[如“债务抵押债券”（collateralized debt obligation，CDOs）]（Goodman *et al.*，2008）。但进入 21 世纪后，受到经济、政治、社会等问题的影响，美国大量低收入群体无法按时还款，只能将房屋抵押给银行。银行收到大量房屋，引发房价快速下跌，基于房屋价值的按揭贷款及其衍生物价值腰斩。银行既无法收回贷款，也无法通过出售房屋止损，因此很多美国大中小型银行破产倒闭（Acharya and Richardson，2009；Claessens and Kose，2013）。长链条、复杂化的金融衍生物将整个（国际）金融市场紧密相连，绝大多数金融机构都受到了不同程度的负面影响，因而引发整个金融系统的动荡，即引发了全球金融危机（Nissanke，2012）。达米安・普伊（Damien Puy）强调了一种“感染效应”（contagion）（Puy，2016）。他研究了 2001—2011 年全球与区域尺度下国际互惠基金发行的股票和债券的流动特征，发现几乎所有国家都在互惠基金的投资覆盖范围之内，而当发达的金融市场发生条件或结构性转变时，新兴金融市场也会受到显著的影响。

再者，证券化会加剧区域发展不均。上述提到的证券业企业会选择特定地段的优质资产以创造金融产品，这便导致部分地区的发展会优于其他地区（Lin，2017）。荣・马丁（Ron Martin）和理查德・明斯（Richard Minns）研究了英国养老基金的金融投资行为（Martin and Minns，1995），认为这些金融机构吸收了英国各个地区职工的养老金和储蓄，将其集中在这些机构总部所在地——英格兰东南部。机构将吸收的资本通过证券产品进行投资，而这些投资行为促进了该地区经济快速增长，但加剧了英国国内地区发展的不均（表 3–4）。凯文・哥谭（Gotham，2009）认为基于房地产的金融投机行为加剧了美国国内都市区发展的不均。

表 3–4　1992 年英国养老基金金融资产分布

地区	数量（个）	数量占比（%）	资产（十亿英镑）	资产占比（%）
伦敦	18	40.0	82.77	55.9
英格兰东南	10	22.2	27.52	18.6

续表

地区	数量（个）	数量占比（%）	资产（十亿英镑）	资产占比（%）
东安格利亚	2	0.0	0.00	0.0
米德兰	5	11.0	9.26	6.3
英格兰西南	5	11.0	12.34	8.3
英格兰东北	2	4.0	3.17	2.1
英格兰西北	4	8.0	10.54	7.1
威尔士	0	0.0	0.00	0.0
苏格兰和北爱尔兰	1	2.0	2.47	1.7
英国总计	45	100.0	148.10	100.0

资料来源：荣・马丁和理查德・明斯（Martin and Minns，1995）。

最后，证券化同样会造成收入不均，进而深化阶级矛盾，威胁社会稳定。尽管所有的经济活动都会拉大不同群体的收入差距，金融所造成的影响尤其显著。长链条、复杂化的证券产品令处于金字塔顶端的金融精英获得相比于底层投资者数倍乃至数十倍的收益（Adkins *et al.*，2021）。达雷什・沃奇克（Wójcik，2012）从投资银行与证券业相互关系的角度分析了投资银行对美国金融结构的影响。他根据 1978—2008 年美国金融业就业数据发现，证券业，尤其是证券业内的投资银行，迅速成为人均工资最高的金融行业，是造成工资分配空间与行业不均的主要因素之一。

此外，金融业务涉及面非常广泛，例如，成千上万的个人（家庭）投资者通过股票交易所购买一家上市企业发行的股票，股市动荡造成的负面影响也就非常广泛，可能造成大量投资者损失钱财。股市动荡可能并非企业运营出现问题，而是商业精英借助证券市场的不透明和复杂性在背后进行暗箱操作（Aggarwal and Wu，2006；Arnoldi，2016）。在此情景下，社会矛盾会进一步深化，造成严重后果。

第三节　保险业

保险（insurance）可总结为投保人在向保险公司支付保险费以后，保险公司在双方约定范围内，在投保人发生人身财产损失的情况下承担赔偿约定数额保险金的行为（Pearson，2015；Zelizer，2017）。保险能在近年来成为金融地理学重点关注的金融主体，原因是投保人所支付的保险费被保险公司投放到资本市场中用以获取利润。依托金融工具投资是获利的主要方式之一。相应地，这笔庞大的保险费往往能对不同尺度的金融市场和金融体系产生重大的影响。

保险成为金融产品，源于“福利型政府”削减对社会福利的支出（welfare state retreat）。20 世纪 70 年代，西方资本主义国家经济增速放缓，国家财政压力陡增，多国政府开始推行市场化，奉行“企业家精神”（entrepreneurialism）（Harvey，1989；Phelps and Miao，2020），鼓励私有化基础设施和其余国有资产，让私有企业和市场来承担原本由政府负责的福利，如养老和失业保险等。政府也可以通过“政府和社会资本合作”（public-private partnerships，PPPs）进行上述活动（Langley，2006b；Christophers，2019）。一方面，政府的支出压力减轻；另一方面，私有企业更遵循市场化原则，效率更高，进而更好地促进经济增长。因此，商业保险机构（私有或具有政府背景）应运而生。相比于政府主导的保险计划，他们会向投保人收取较高额度的保费，并许诺更高额度的赔付金额。这些机构将保费用于投资，以保持资本流动性和创造高额利润。这些利润也是吸引大型投资者投资，从而进一步获得更多利润的基础（Booth，2021）。

总的来说，保险主要分成两类：财产保险（property insurance）和人身保险（life insurance）。每一类又可以根据具体保险对象或方面细分成很多小类。下文有选择地介绍部分受到广泛关注的种类。需要说明的是，本章接下来的小节，包括保险业、风险投资业、主权财富基金以及“金融和商业服务业”都可以算作广义的银行业和证券业内部从属行业，针对每一种行业的研究也不如前面银行业和证券业的丰富，因此，不一定特意从区位发展、企业间关系和行业产生的影响三个方面进行阐述，而是根据已有研究的特征进行针对性安排并将上述三个方面贯穿于行文始终。

一、财产保险

针对财产保险，各类财产，如汽车、不动产、生活资料、农业财产、船舶等，都有相对应的保险产品（Esho *et al.*，2004）。金融地理学者们主要关注农产品相关保险产品。利·约翰逊（Leigh Johnson）分析了指数保险（index insurance）（Johnson，2013b）。这种产品将农产品遇到极端天气而影响产量的可能性量化，从而降低农民收入受损的风险。这种产品增强了农村经济韧性，但与此同时，有了保险产品后，农民也倾向于从事风险系数更高的农业活动，给农村经济带来了不确定性。相类似的，利·约翰逊（Johnson，2014）随后的文章也指出指数保险让“特定地点的脆弱性”（place-based vulnerability）成为可供金融资本投机剥削的一种资产。瑞安·艾萨克森（Ryan Isakson）同样研究了指数保险，认为该产品反映了金融中介想尽办法要将各种资产变成可以创造金融价值的金融产品，并且各产品的诞生不仅是金融中介单独努力的结果，而是由多方参与共同创造的，包括世界银行、联合国、格莱珉基金会（Grameen Foundation，创立于美国的帮扶贫困群体的国际非营利组织）和牛津饥荒救助委员会（Oxford Committee for Famine Relief，创立于英国牛津的国际慈善组织）（Isakson，2015）。

和前文提到的灾害债券相类似，指数保险也是气候衍生物（weather derivatives）中的一种（Pryke，2007；Pollard *et al.*，2008）。风险评估和管理是这类金融产品的核心。金融中介需要根据气候数据进行复杂计算后为产品定价，以最大限度保证投资者能够收回本金并稳定获得较高利润（Benth and Saltyte-Benth，2012；Bracking，2019）。迈克尔·普莱克（Michael Pryke）梳理了气候衍生物主要的运行模式和参与方（图 3–1）（Pryke，2007）。由图 3–1 可知，主要的参与方包括投保方、投资者和多种多样的金融中介。每个中介负责复杂链条中的不同部分，应用不同的金融技术，互有分工。值得注意的是，金融基础设施（financial infrastructure），可简要理解为保障金融工具正常运行的硬件和软件设备，扮演了重要角色。在本例中，芝加哥商品交易所（Chicago Mercantile Exchange）和美国国家气象数据中心（US National Climate Data Center）及其应用的各种计算设备是金融基础设施的典型代表。

由于极端气候出现频率和地理位置紧密相关，并且气候衍生物多基于自然作物（资产），如农作物等，简·波拉德等（Pollard *et al.*，2008）认为这种金融产品是自然地理学和人文地理学沟通的桥梁，能够将两个地理学分支学科的研究范式相结合，为新的研究方法和研究话题提供思路。

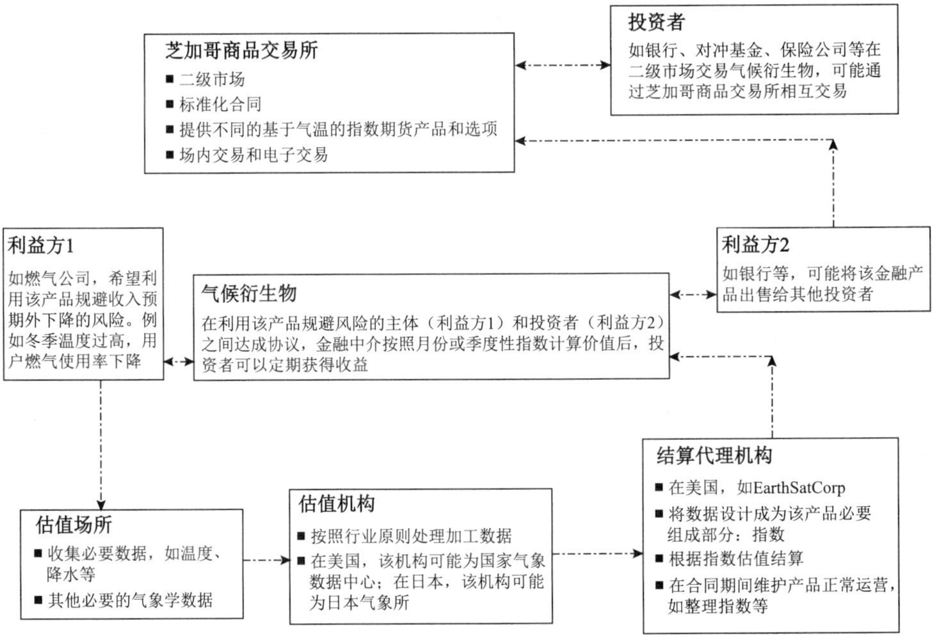

图 3–1 气候衍生物主要运行模式和参与方

资料来源：迈克尔·普莱克（Pryke，2007）。

但保险产品的定价并不是完全依靠可量化数据（McFall，2015）。理查德·埃里克森（Richard Ericson）和亚伦·道尔（Aaron Doyle）认为，保险产品的定价还基于“不能够单纯以科学解释（non-scientific）的直觉、情感、审美、道德和投机等方面的信息”（Ericson and Doyle，2004）。这些例子包括爱情、亲情、工具、宗教、喜好等可能影响到评估的方面（Zelizer，2017）。例如，尽管对农作物生长最大的危险是无法估计的极端天气，但农民自身的种植方法，包括使用的农药、化肥、农具、耕作模式等都会影响收成。同时，农民自身的态度，如对农作物自身品质的要求等，也会有显著影响。

房产保险（或房屋保险）是另一个关注点，这类产品主要是为了防范房屋在设计、建造、销售、入住后服务和维护等环节可能遇到的风险。学者们关注它们是因为其与房地产（住房、商业地产等）紧密相关。房地产是目前金融市场上炙手可热的金融产品，其自身或基于房地产的衍生物是各类投资者和中介的重点关注对象。相应地，为了防范房地产遇到各类风险后贬值的情况发生，房产保险也是市场关注的热点之一（Bin *et al.*，2008）。在某些情况下，房产保险也具备显著的地理特性，与极端天气对房屋可能造成的破坏紧密相关（Sheldon and Zhan，2019）。扎克·泰勒（Zac Taylor）研究了美国佛罗里达州房产保险产品（Taylor，2020）。这些产品是当地政府设计的，将当地房产转换成为金融产品。能够设计这些产品的原因是该州部分地区常年有飓风发生，造成房屋毁坏。这些产品吸引了来自欧洲和美国其他地区投资者的投资，不仅给当地政府创造了收入，也为上述投资者提供了相对稳定的收入。

在投保过程中，投保人和保险公司往往处于不平等的地位。在某些情况下，投保人处于优势地位。激烈的市场竞争促使保险公司提供更优惠的条件以吸引并保住客户群。除此之外，保险公司也可能处于优势地位。首先，保险公司在市场中处于垄断地位，如某些大型跨国公司或者某一家地方性公司垄断了地方市场。他们不缺客源，因此可能不会特别顾及所有顾客的需求。其次，投保人缴纳保费后便很少参与到保险公司的投资过程中。他们并不清楚自己缴纳的保费会被如何投资，不清楚所涉及的风险，因此处于相对弱势地位（Lobo-Guerrero，2011；Tranter and Booth，2019）。再者，保险公司会基于金融技术和政治、经济、文化等情景不断设计新产品以吸引顾客。顾客面对眼花缭乱的产品类型、复杂的产品描述和热情的产品销售往往处于被动地位，很难在做出决定前真正了解某一种产品。这种信息差可以让保险公司有所保留，在发生纠纷时占据有利地位（O'Malley and Roberts，2014）。最后，保险公司为最小化风险，会对具有某些特征的资产和客户群，如社会住房、保障性住房、中低收入群体等设置严苛的准入要求或不提供服务（Hood *et al.*，2009；Paganini，2019）。

二、人身保险

人身保险是针对人的寿命和身体健康设置的保险产品，包括人寿保险、意外伤害险、疾病健康保险等。金融地理学者主要关注人寿保险，即养老保险（基金）（pension fund）。一般来说，职工从正式工作第一年便会按照工资的一定比例定期缴纳养老保险，直至退休。相比于其他类型的保险产品，养老保险的资金量最为庞大，最适合投资于金融市场谋求短周期的高收益（Gerber，2013）。与此同时，养老保险是用来保障民众退休后生活的专项基金，由于其公益性质，受到国家立法的保护并享受诸多优惠条件。例如，将养老保险保费进行投资后获得的收益常常能够享受税收优惠（Clark，2000；Clark *et al.*，2009；Hepfer *et al.*，2020）。

养老保险公司广泛地参与到了证券、信贷、债券等交易过程中（Erturk *et al.*，2008；Langley，2008a，2008b；Bonizzi *et al.*，2023）。他们往往聘请专业的资产管理公司设计投资方式，而房地产往往是热点投资领域。蒂埃里·特乌里拉（Thierry Theurillat）等研究了瑞士养老保险公司的投资方式，总结出两种方式：第一是直接买下并管理一系列房产，并设计基于这些房产的金融工具以投资获益；第二是买下瑞士本土投资企业的股份（Theurillat *et al.*，2010）。在第一种情况下，保险公司既是投资者也是金融中介，而对第二种情况来说，保险公司只是投资者以获取分红。图 3–2 反映了这种投资的空间分布。养老保险公司将中小型城市投保人缴纳的资金用于投资领先城市的房产市场，如苏黎世、巴塞尔、日内瓦、洛桑和伯尔尼等。投资这些地方的不动产市场更容易获益。

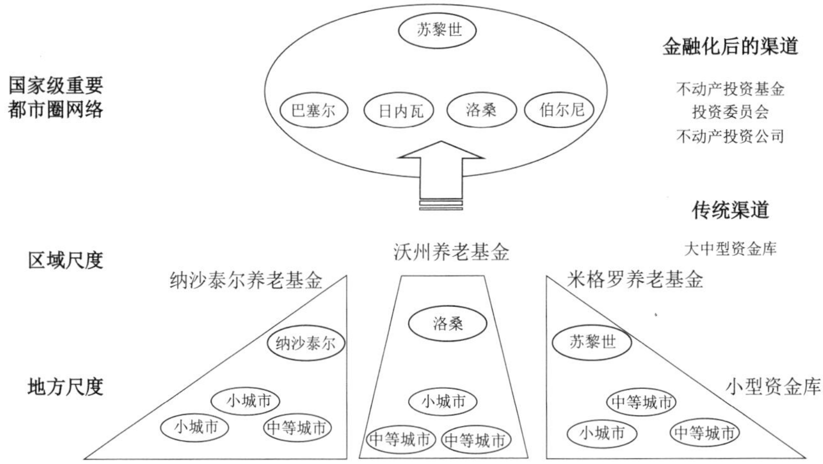

图 3–2　1992—2005 年瑞士养老基金不动产领域投资空间分布

资料来源：蒂埃里·特乌里拉等（Theurillat *et al.*，2010）。

从另一个视角来看，保险公司会考虑政治、经济、文化等方面后选择投资对象。如丹尼尔·布拉德利（Daniel Bradley）等发现有政府背景的养老保险公司倾向于入股同样有政府背景的公司（Bradley *et al.*，2016）。与此同时，有政府背景的养老保险公司会基于“社会责任投资”（socially responsible investment，SRI）的原则投资一些具有社会效益的公司，如负责老旧小区改造、社会福利住房建设的公司等（Rosentraub and Shroitman，2004；Vivo and Franch，2009）。据此，养老保险公司，尤其是具有政府背景的公司，其投资行为往往具有积极的经济和社会效应。

但更多情况下，养老保险公司会更强调评估金融投资的风险以保证资产的安全性。黛博拉·麦贝特（Deborah Mabbett）发现英国的养老保险公司逐步通过退出部分投资领域以实现“去风险化”（derisking）（Mabbett，2020）。退出的领域大多资产价格波动大、不确定性高。尽管该行为可能会伤害短期收益，甚至会减缓英国经济增长，但养老保险公司还是得到了政商界的支持。原因之一是，2008 年全球金融危机以后，英国政商界对金融投资持愈发谨慎的态度。但这并不意味着保险公司金融投资重要性的减弱，相反，其重要性相比于金融危机前更强，只不过各界都更强调风险调控。这种更强的依赖性来自利益的惯性。企业、政府、工会等组织在保险公司金融投资过程中都可获利。过分抑制这种投资行为不符合他们的利益诉求（Wiß，2019）。

不同国家的养老金体系往往具有不同的特征，与其所处的社会、经济、文化和制度环境密切相关，且往往突出政府政策的影响（Burger，2014；Bradley *et al.*，2016；Wang and Bohn，2019）。戈登·克拉克和阿什比·蒙克（Ashby Monk）研究了美国 120 个政府部门养老基金的特征和差异性，发现美国不同城市的养老金系统采取了不同的合同模式（Clark and Monk，2014）。其原因是不同城市的政府会根据地区特征制定有关养老金系统的针对性政策制度，这些政策制度往往会突出地方特异性的经济和社会效益。凯特·布思（Kate Booth）和安德鲁·哈伍德（Andrew Harwood）发现同一种养老保险产品在不同的国家乃至城市会有不同的实施方式（Booth and Harwood，2016）。这种不同是为了更加贴合当地制度环境以降低金融风险，也是根据当地实际情况展现更多来自保险公司的“爱与关怀”，彰显企业社会责任感。

客户自身特性也会影响保险产品的时空特征。保险公司会对少数种族、中低收入者、低文化程度者等弱势群体实行更严格的准入门槛或更高的保费。这些群体对于保险公司来说是高风险群体，更可能需要高额的赔付（Langley，2008c；Clark and Monk，2010；Baldwin，2017）。彼得·森利（Peter Sunley）

研究了英国养老保险公司业务的时空间分布，发现业务分布存在明显的南北分异，个人收入较高的南部有更高的业务量（Sunley，2000）。这种差异的存在会导致区域发展不均和社会不同群体（阶级）之间的矛盾，威胁社会稳定（Stewart and Yermo，2008；Bonizzi and Guevara，2019）。

学者们同样注意到养老保险公司投资过程中存在的多方博弈和权力关系。尼尔斯·罗珀（Nils Röper）研究了德国养老保险公司进行金融投资过程中各方利益体的博弈（Röper，2021）。金融中介，包括传统的商业银行、投资银行和资产管理公司等，是极力鼓动养老保险公司依托金融工具将保费投资于金融市场的。但在德国，还是有很大一部分养老保险公司不愿意应用这些依托金融的资产管理方式，而是习惯于传统的、保守的、低风险的处理方式。金融中介在这场博弈中并没有尝到甜头，因为后者善于利用自身的政治和商业资源获取政商界广泛的支持。大卫·纳塔利（David Natali）对比了意大利、荷兰和英国养老保险公司的金融投资行为，突出了他们的不同点，认为尽管金融投资在养老保险公司中越来越普遍，但是具体行为还是取决于公司和当地政府、职员、工会等利益方的相互关系（Natali，2018）。

第四节　风险投资业

广义的风险投资（venture capital）可以总结为一切具有较高风险与潜在收益的投资行为，一般体现为投资者向中小型创业企业进行股权投资。这些企业多数集中在新兴高新技术产业（Gompers and Lerner，2004）。第一家风险投资企业“美国研究和发展”（American Research and Development）于 1946 年出现在美国。在 20 世纪 90 年代，风险投资产业逐渐发展壮大，大量投资者投资位于美国加利福尼亚州（以硅谷地区为代表）、新英格兰地区和大湖区的企业（Gompers and Lerner，2001）。风险投资企业选择投资对象遵循一系列的原则，不同企业的原则会有些许差异，但总的来说，创业企业的增长潜力，创业者的目的、积极程度、道德品行和能力，政策环境等是通用的主要原则（Baum and Silverman，2004；Kollmann and Kuckertz，2010）。风险投资者在进行股权投资后可能会出现两种情况：一种情况是投资者很少干预创业企业的发展，只收取分红；另一种情况是投资者积极行使股东权益，参与企业发展。他们为企业发展提供建议或直接帮助，同时进行监督，以保障自身权益（Sapienza *et al.*，1996；Bernstein *et al.*，2016）。索菲·马尼加特（Sophie Manigart）和哈里·萨皮恩扎（Harry Sapienza）总结出促使风险投资企业积极参与创业企业发展的五个因素，包括：①创业企业处于非常初期的发展阶段；②创业企业谋求更大的科技创新；③风险投资企业和创业企业之间的地理距离较短；④双方的经验都较少；⑤风险投资企业持有的股份很多（Manigart and Sapienza，2000）。

一、区位发展

风险投资企业往往倾向于集聚分布，风险投资项目也呈现显著的集聚特征，主要原因是集聚分布可以产生规模经济，体现在信息与基础设施的共享（Martin *et al.*，2005；Bubna *et al.*，2020）。这些不仅有助于降低运营成本，更重要的是帮助企业做出最合适的投资选择。风险投资的投资风险明显高于其他类型金融投资，因此，信息，尤其是针对投资对象的内部、隐性信息，显得更为重要（Amit *et al.*，1998；Martin *et al.*，2005）。一般来说，风险投资企业会分布在金融中心城市内或附近，成为金融中心内部集聚分布企业的一部分（Chen *et al.*，2010）。

风险投资企业的投资目的地也有明显的地理特征。一般来说，经济发展较好、拥有较多创新创业企业、发展潜力大的地区容易吸引风险投资。相对应地，处于传统工业、老龄化人口比例高、人口流失、经济发展水平低、交通条件不佳地区的企业较难获得风险投资（Powell *et al.*，2002；Chen and Marchioni，2008；Bedu and Montalban，2014）。科林·梅森（Colin Mason）和扬尼斯·皮拉基斯（Yannis Pierrakis）利用交易数据探究了 2000 年互联网泡沫危机以后英国风险资本的空间分布与组成特征（Mason and Pierrakis，2013）。他们发现风险投资在英国东南部的地理集中度较低，主要投向私有经济领域；英国北部与米德兰的风险投资主要投向公共经济领域。总体来说，公共经济领域获得的风险投资迅速上升，但每一笔的交易规模都较小。以投资总量来衡量风险投资规模的话，伦敦仍是英国风险投资行为最集中的地区（表 3–5）。吉尔·阿夫尼米莱克（Gil Avnimelech）等研究了以色列国内 3 747 家高新技术企业 1991—2004 年获得风险投资的情况，发现分布在各个城市中心地区的企业更容易获得风险投资（Avnimelech *et al.*，2007）。

表 3–5　1998—2008 年英国风险投资（公共领域）区域分布

区域	1998—2000 年			2001—2003 年			2005—2007 年			2008 年		
	总额（百万英镑）	占比（%）	区位商	总额（百万英镑）	占比（%）	区位商	总额（百万英镑）	占比（%）	区位商	总额（百万英镑）	占比（%）	区位商
伦敦	329	22.0	1.43	229	24.9	1.56	524	29.74	1.76	172	47.8	3.02
英格兰东南	522	34.9	2.10	238	25.8	1.64	353	20.03	1.25	64	17.8	1.13
英格兰西南	67	4.5	0.50	26	3.9	0.42	144	8.17	0.91	12	3.3	0.35
英格兰东部	111	7.4	0.76	216	23.5	2.32	228	12.94	1.28	20	5.6	0.55
米德兰西部	62	4.1	0.50	17	1.8	0.22	28	1.59	0.19	12	3.3	0.41
米德兰东部	45	3.0	0.44	22	2.4	0.35	144	8.17	1.20	9	2.5	0.36
约克郡和亨伯	76	5.1	0.72	10	1.1	0.16	137	7.76	1.07	5	1.4	0.19
英格兰西北	103	6.9	0.76	54	5.9	0.61	99	5.62	0.56	23	6.4	0.67
英格兰东北	15	1.0	0.40	6	0.7	0.26	16	0.91	0.34	10	2.8	1.08
苏格兰	129	8.6	1.19	64	6.9	0.99	49	2.78	0.44	24	6.7	0.13
威尔士	14	0.9	0.20	31	3.4	0.78	29	1.65	0.42	2	0.6	0.95
北爱尔兰	24	1.6	0.48	25	2.7	0.85	11	0.62	0.25	7	1.9	0.60
总计	1 497			921			1 762			360		

资料来源：科林・梅森和扬尼斯・皮拉基斯（Mason and Pierrakis，2013）。

不同类型或处在不同区域的风险投资企业有不同的投资偏好（Elango *et al.*，1995；Bertoni *et al.*，2019）。理查德·佛罗里达（Richard Florida）和马丁·肯尼（Martin Kenney）首先识别出了美国几个风险投资企业集聚分布的地区，包括加利福尼亚州（以旧金山和硅谷为中心）、新英格兰地区（马萨诸塞州和康涅狄格州典型区域）、纽约、伊利诺伊州（以芝加哥为中心）、得克萨斯州和明尼苏达州（Florida and Kenney，1988a）。他们发现不同区域的风险投资企业倾向于投资不同类型和地区的企业，处在金融中心（如纽约）的企业倾向于在其他地区寻找投资对象，处在科技创新中心（如马萨诸塞州）的企业则倾向于在本区域寻找投资对象，但总体来说，风险投资的主要目的地是以硅谷为代表的创新中心。法比奥·博托尼（Fabio Bertoni）等比较了欧洲内部的"独立型风险投资"（independent venture capital）、企业型风险投资、银行下属风险投资和政府下属风险投资四种风险投资企业的投资偏好，结果发现不同类型的企业有显著不同的投资偏好，体现在投资对象所属产业、已发展年限、所处发展阶段、规模、其与风险投资企业的地理距离等方面（Bertoni *et al.*，2015）。如独立型风险投资企业风险规避属性强，不愿意投资初期创业企业或业务具有较大失败风险的企业。银行下属风险投资公司具有相似特征，而具有政府背景的风险投资企业则愿意资助初期创业企业。具有政府背景的风险投资企业更愿意投资给距其 10 千米以内的企业，相比之下，银行下属风险投资企业更愿意给 10—50 千米的企业投资，企业型风险投资企业愿意给 300 千米以外的企业投资。

与投资对象的地理距离在大多数情况下并不会阻碍风险投资企业进行投资，尤其是（通信和金融）科技的快速发展让地理距离的影响进一步下降（Mason，2007）。这并不是说地理距离不再起作用，地理邻近性仍是促进风险投资交易的主要因素之一（Kolympiris *et al.*，2011；Lutz *et al.*，2013），而是说，首先，通信科技可以实现"时空间压缩"（time-space compression），让处于不同时间（时区）和空间（地理位置）的主体实现实时交流，进而促成风险投资交易（Warf，2008；Bryan *et al.*，2017）。与此同时，日益复杂化的金融科技也可以用不同的方式克服地理距离带来的负面影响。

其次，企业的关系网络也可以实现信息传递，克服空间障碍（Fritsch and Schilder，2008）。迈克尔·弗里奇（Michael Fritsch）和德克·席尔德（Dirk Schilder）基于 2004—2009 年德国风险投资的数据，探究了风险投资行为是否受到风险投资企业与投资对象间地理距离的影响（Fritsch and Schilder，2012）。他们发现地理距离带来的影响是可以被克服的，风险投资企业之间常常会相互合作以投资同一个或同一批对象，只要有一家风险企业与投资对象接近，投资就可达成。布鲁斯·科古特（Bruce Kogut）等分析了美国 1960—2005 年近 16 万条风险投资交易行为，发现了风险投资企业在全国范围内逐渐形成的关系网，验证了布罗代尔针对企业区域集群功能的假设，即企业之间通过集聚后形成的关系网络和相互信任能够克服地区偏好给投资行为带来的阻碍（Kogut *et al.*，2007）。

最后，风险投资企业和投资对象之间基于社会、文化等多方面邻近性形成的关系网络也可以促进投资（Bringmann *et al.*，2018；Kuebart，2019）。费莉西蒂·雷（Felicity Wray）分析了英格兰北部和米德兰东部两个地区间风险投资行为之间的联系网络，发现每一个金融集聚区都有不同的关系网络，而其内的风险资本能够通过该网络跨越空间尺度与其他地区相联系；不同地区投资者之间的关系邻近性可以克服地理距离带来的阻碍从而促成风险投资；而投资者与某地区企业家之间的关系网络是影响当地投资行为的关键，两者的相互联系强则更容易促成投资（Wray，2012）。迪帕克·赫格德（Deepak Hegde）和贾斯汀·图姆林森（Justin Tumlinson）研究了美国国内风险投资企业的投资行为，发现如果风险投资企业和投资对象的负责人是同一种族的话，投资更可能发生（Hegde and Tumlinson，2014）。这种情况在投资对象经营成功率较低的情况下尤其明显，并且企业也更可能成功。

影响风险投资企业与其投资行为分布的主要因素同样涵盖了社会、文化、制度等各方面。政府政策、经济社会和文化环境、风险投资企业的关系网络等都可以显著影响风险投资企业及其行为。如吉尔·阿夫尼米莱克和莫里斯·图巴尔（Morris Teubal）总结出影响以色列风险投资产业发展的三大因素：①有利的产业发展环境（高新技术产业迅速发展）；②政府集中出台扶持风险投资产业发展的政策；③全球金融资本的流动（Avnimelech and Teubal，2004）。

针对每一个方面来说，各国政府的支持，主要表现为良好的制度环境，是促进风险投资产业发展的重要因素（Megginson，2004；Megginson and Fotak，2016）。硅谷能够成为吸收风险投资最多的地方是因为美国政府推出了诸多政策。这些政策不仅将硅谷打造为世界创新中心，也为风险投资设置了很多优惠条件（Weiss，2014；Klingler-Vidra，2018）。彼得·森利等（Sunley *et al.*，2005）研究了英国与德国风险投资政策体现出的区域差异性，发现德国的风险投资政策更依赖于风险调控，而英国则倾向于更加商业化的政策制定原则。两种政策的不同，体现了两个地区不同的社会、文化、经济和制度环境，政策差别直接影响了风险投资行为在空间上的分布。

政府也会对风险投资进行干涉，以减轻信息不对称等因素造成市场失灵从而带来的损失，具体方式包括由具备政府背景的风险投资机构来影响市场结构（Brander *et al.*，2014），如林素金（Sojin Lim）和金妍裴（Yeonbae Kim）基于1995—2005年463笔投资数据研究了政府背景的风险投资企业对韩国新兴科技企业的影响，结果发现，在风险投资市场发展初期，这些机构着重投资成立周期较短的企业，在重建期则重点投资生物技术企业（Lim and Kim，2015）。其投资在不同阶段具有不同的产业针对性，主要服务国家发展战略，对塑造地方产业格局有关键性的影响。

针对其他影响因素，拉贾里什·纳哈塔（Rajarishi Nahata）等基于30多个国家的10 000余次风险投资交易，研究了制度和文化差异对全球风险投资活动的影响，认为成熟的法律制度和股票市场有利于促成投资（Nahata *et al.*，2014）。风险投资企业倾向于投资给具有不同文化背景的企业，并且文化差异敦促风险投资企业积极参与投资对象发展，监督并提供建议，进而促进企业成长。

二、风险投资业企业间关系

学者们认为风险投资企业倾向于相互合作以构建企业网络[学者经常用“联盟”（syndication）这个词来形容这种合作网络]。其主要目的是信息共享和业务合作：一是可以从多渠道了解投资对象；二是设计出多个企业共同参与的最优投资方案；三是分享有关（全球和地方）金融市场、（投资对象所属）产业市场和相关政策的信息（Lockett and Wright，2001；Hopp and Rieder，2011；Taglialatela and Barontini，2023）。理查德·佛罗里达和马丁·肯尼（Florida and Kenney，

1988b）分析了在美国典型区域，包括旧金山、波士顿、纽约、芝加哥和明尼阿波利斯等地形成的风险投资企业集聚。他们认为这些企业形成的网络可以很好地降低投资过程中的信息和机会成本，信息共享是维持企业网络的主要原因。与此同时，企业间合作投资同一对象也是原因之一。不仅是资金有限的中小型风险投资企业，大型投资企业同样也会寻求投资伙伴。共同投资是拓展企业关系并降低投资风险的有效方式。奥拉夫·索伦森（Olav Sorenson）和托比·斯图尔特（Toby Stuart）的研究发现，美国风险投资企业经常相互合作投资于同一对象（Sorenson and Stuart，2001）。这种合作形成了企业间紧密的社会网络。这种网络具有溢出效应，即可以不断地获得更多风险投资企业和投资对象的信息，进而不断扩张网络范围，扩大风险投资覆盖的区域。米科·雅斯凯莱宁（Mikko Jääskeläinen）和马库·莫拉（Markku Maula）研究了风险投资企业和金融中介间形成的网络对减轻地理距离与地方保护阻碍跨境风险投资起到的作用（Jääskeläinen and Maula，2014），认为“网络邻近性”所产生的信息溢出能够中和较远的地理距离给跨境风险投资行为带来的阻力。

风险投资企业间同样存在竞争关系（Christensen，2007）。雅埃尔·霍奇伯格等（Hochberg *et al.*，2015）研究了风险投资企业间的竞争关系。他们区分了风险投资企业的投资方向，有的企业只投资一种或少数产业，如生物科技，而有的企业则投资领域广泛。他们发现投资领域少的企业间，尤其是方向相同或相近的企业之间，存在明显的竞争关系。投资领域广泛的企业给予投资领域有限的企业的竞争压力甚至大于上述投资领域相近企业间的竞争压力。这篇文章同时指出企业间的合作网络的确对竞争有削弱作用，呼应前文并与其他一些实证研究结果相似（如 Casamatta and Haritchabalet，2007）。

三、风险投资业活动产生的影响

首先，风险投资可以更好地促进企业增长（Arthurs and Busenitz，2006；Hong *et al.*，2020）。保罗·冈波斯（Paul Gompers）和乔什·勒纳（Josh Lerner）研究发现，1983—1992 年美国风险投资总额少于企业研发支出总额的 3%，但是却与美国工业创新总额的10%直接相关（Gompers and Lerner，2001）。他们将这种情况称为“风险投资引领的创新革命”（VC revolution）。索菲·马尼加特和哈里·萨皮恩扎（Manigart and Sapienza，2000）认为，接受风险投资的企业增长比其他企业更快并在创造就业、缴税、销售额和研发支出等方面有更好的表现。卢卡·格里利（Luca Grilli）和塞缪尔·默廷（Samuele Murtinu）研究了欧盟内部具有政府背景的风险投资企业和私有风险投资企业对高新技术创业企业表现的影响，结果表明，私有风险投资企业对创业企业的表现有促进作用，而具有政府背景的风险投资企业对投资对象的促进作用不明显（Grilli and Murtinu，2014）。

其次，风险投资能够显著促进科技创新（Kortum and Lerner，1998；Popov and Roosenboom，2012）。值得注意的是，风险投资对创新的促进作用不仅仅局限在促进创新企业增长。理查德·佛罗里达和马丁·肯尼（Florida and Kenney，1988c）认为由风险投资带动的创新是一种新的创新模式，其无法完全用经典的“企业家精神”（entrepreneurship）理论和企业支持的创新活动解释。风险投资企业在投资过程中，不仅构建风险投资企业间网络，还涉及诸多利益体，包括投资对象、各类金融中介、政府、研究机构等任何与投资相关的参与者和利益体都参与其中。每一类主体都可能会影响创新，而风险投资企业在其中扮演着枢纽的角色。与此同时，风险投资的特性即资助更具突破性的研发，更容易实现“路径突破”（path breaking），打破原有桎梏，引入全新科技/产业，促进经济增长。相类似的，迈克尔·法拉利（Michel Ferrary）和马克·格兰诺维特基于“复杂网络理论”（complex network theory，CNT）解释了为什么硅谷拥有全球第一的创新能力，认为风险投资公司作用很大（Ferrary and Granovetter，2009）。这类企业在创新集群中扮演的角色是构建了连接多主体的网络，连接了大学、大型企业、实验室等对创新至关重要的主体。因此，硅谷的创新能力是由风险投资主导建立的社会网络支撑的（图 3–3）。很多国家都想复制硅谷模式，但常常失败，很大程度上是因为没有正确认识社会网络的作用和风险投资企业的角色。

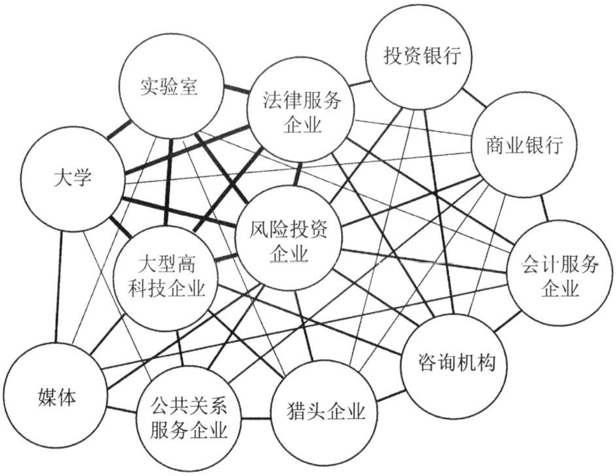

图 3-3　硅谷的复杂创新网络

注：圆圈代表主体。圆圈间连线代表主体间的联系。连线粗细表示联系强弱的程度，连线越粗，表示主体间联系越频繁和紧密。

资料来源：迈克尔·法拉利和马克·格兰诺维特（Ferrary and Granovetter，2009）。

相应地，也有学者呼吁注意风险投资与创新的“反向因果”，即到底是风险投资刺激了创新还是其他因素孕育了创新需求，而这种需求吸引了风险投资（Engel and Keilbach，2007）。蜷川雅之（Masayuki Hirukawa）和上田雅子（Masako Ueda）研究了美国制造业领域风险投资与创新的关系（Hirukawa and Ueda，2011）。她们用全要素生产率和专利数量衡量创新水平，结果发现，全要素生产率的增长和未来风险投资增长呈现正相关，支持了创新先于风险投资出现并刺激风险投资增长的假设。相反，风险投资先于创新的假设并未得到数据支持。与此同时，风险投资也并非总能促进创新，失败案例也有很多。本杰明·加迪（Benjamin Gaddy）等研究了 21 世纪初期全球能源行业风险投资的情况，结果发现，只有不到一半的风险投资获得了收益，而真正意义上促进能源技术创新的投资凤毛麟角（Gaddy *et al.*，2017），尤其是开发新设施、新材料、新生产程序的企业，消耗了最多的资本却贡献了最少的回报，失败率极高。

风险投资的正面影响也需要理性看待。乔什·勒纳和拉玛那·南达（Ramana Nanda）认为风险投资对于科技创新的促进作用有三方面的局限性（Lerner and Nanda，2020）。首先，只有很小一部分的科技创新能够符合风险投资企业投资的要求。其对投资风险的防范使得大部分的创新都不能得到有力的资助。其次，风险投资的决策者只有几个人。尽管这几个人具有丰富的经验，但是相比于他们控制的资本和对应的创新项目，他们的眼界和能力仍是相对有限的。其做出的决定很可能会失之偏颇，进而埋没具有深远意义的创新项目。最后，近年来，风险投资企业越来越不重视参与投资对象的发展，因此创业企业的表现呈现下滑趋势。艾米丽·潘克（Emily Pahnke）等认为风险投资企业之间的合作网络可能会将投资对象与竞争对手间接相连，这种连接会泄露创业企业（投资对象）关键信息给竞争对手从而影响企业的创新能力（Pahnke *et al.*，2015）。他们称这种信息泄露为“竞争信息泄露”（competitive information leakage），当然这种负面影响并非绝对，还要取决于风险投资企业和其余在网络中的主体是否愿意及能够泄露并传递信息。张俊富（Zhang，2007）在研究美国硅谷科技公司吸引风险投资的时候发现，由于硅谷名气过大，一些风险投资企业会投资给一些未来计划不明、增长潜力弱的创业企业；相对应地，不在硅谷内部而表现更加优秀的企业则得不到投资。

第五节　主权财富基金

主权财富基金（sovereign wealth funds，SWFs）是近年来金融地理学关注的热点。这种金融产品是指由一国政府所设立的投资基金，一般以一国中央政府持有全部或绝大多数股份的股份制企业的形式存在（Truman，2010；Balding，2012；Bahoo *et al.*，2020）。主权财富基金主要投资本国以外资产，在某些情况下也包括国内资产。其投资方向广泛，包括实体经济和金融资产，如房地产、稀有金属、能源、股票、债券等（Balding，2011；Cumming and Monteiro，2023）。

近年来，由于金融市场的快速发展，主权财富基金越来越倾向于投资金融产品以实现短期高收益（Chhaochharia and Laeven，2008；Al-Hassan *et al.*，2013；Johan *et al.*，2013）。其资金来源主要有两种：一种是政府各类国内收入盈余；另一种是政府所持有的外汇储备（Aizenman and Glick，2009）。亚当·迪克逊（Adam Dixon）将收入盈余资助的类型称为“商品型基金”（commodity-based SWFs），外汇储备资助的类型称为“储备型基金”（reserve-based SWFs）（Dixon，

2017)。商品型基金多见于资源储备丰富的国家，如石油资源丰富的中东各国(以海湾国家为代表)、天然气资源丰富的俄罗斯等。由于这些资源在国际市场的价格相对稳定并保持上升趋势，这些主权财富基金实力雄厚(Bahgat，2008；Young，2020)。储备型基金多见于以出口为主的新兴经济体，如以中国为代表的东亚各国。这些国家依靠贸易顺差和外资资本流入而拥有大量外汇储备，以流通性最高且表现最为稳定的美元（美国国债）为主（Park and Estrada，2009；Carney，2018)。

亚当·迪克逊和阿什比·蒙克（Dixon and Monk，2012）从“国家主权”（sovereign）的视角对主权财富基金进行了系统分类。第一类是“后殖民地主权财富基金”(postcolonial SWF)，主要指殖民地解放成为独立国家后设立的主权财富基金。其主要功能是让这些国家能够在国际舞台更具话语权，能够与更强的国家和大型跨国企业或组织进行对话，以保证自身政治经济利益（非洲各国，如尼日利亚）(Amusan *et al.*，2017)。第二类是“垄断收益型主权财富基金”（rentier SWF)。这种主要指依靠在国际市场出售自然资源而获取利润的国家所设置的主权财富基金。这类国家的政府依靠对自然资源的垄断地位而确立政治威信。主权财富基金主要被用于“打点”国内社会各类群体而保持政治稳定(中东各国，如沙特阿拉伯、阿联酋等；俄罗斯等)(Bazoobandi，2012；Shemirani，2016)。第三类是“生产型主权财富基金”(productivist SWF)。其依托全球生产网络设计投资产品组合，根据生产规律创造投资收益。这类基金同时肩负着提升本国产业在全球价值链中位置的责任，实现产业转型，在国际政治经济舞台上掌握更多的话语权（新兴经济体，如中国）(Zhang and He，2009)。第四类是“地方主义主权财富基金”(territorialist SWF)。与上述生产型主权财富基金类似，这类基金深度参与全球生产并依据生产规律进行投资，不同点在于地方主义主权财富基金主要是指已经处于优势地位的国家如何保住自己的位置（发达资本主义国家，如新加坡）(Yeung，2011)。第五类是“道德型主权财富基金”（moralist SWF)。这类基金主要被政府用来缓解社会矛盾热点，如代际矛盾、环境保护、贫富差距、社会福利等。这些是各国逐渐面临的主要问题，处理这些需要资金，来源之一即道德型主权财富基金。需要注意的是，这类基金并不是单纯地资助，而是利用前文提到的证券业投资工具，如气候衍生物、养老保险基金等方式“就地取材”，以所创造的收益作为解决问题需要的资金。世界各国的主权财富基金都会或多或少地承担社会责任（Jensen and Seele，2013；Megginson *et al.*，2021）。

相对应地，主权财富基金在美国和西欧各国的作用并不明显，并不是说这些国家没有主权财富基金，而是对应企业规模较小，承担的政府任务也少，存在感较低（Lavelle，2008）。亚当・迪克逊（Dixon，2017）认为这与这些国家的政治经济理念有关。他们崇尚较少的政府干预和自由的金融市场，而主权财富基金是政府金融工具的本质注定了其在这些国家不会受到过多重视。阿什比・蒙克（Monk，2009）持有相类似的看法，他认为主权财富基金的合理性在发达经济体是受到质疑的。因为这些企业操作不透明、代表政治干预、破坏市场竞争等特性与这些国家的立国之本格格不入。但这也是相对的，这些国家的政府也会利用有限的主权财富基金实现一些政治/政策目的。如保罗・卡卢佐（Paul Calluzzo）等发现美国主权财富基金热衷于投资与政治捐献、政治献金紧密相关的企业（Calluzzo *et al.*，2017）。这种行为具有鲜明的政治含义。

传统上，主权财富基金管理比较保守和松懈，对本国与国际金融市场影响非常有限。近年来得益于国际油价飙升和国际贸易扩张，主权财富基金作为庞大的资金储蓄受到了越来越多的关注。尤其是在金融危机爆发以后，主权财富基金成为稳定一国内部经济结构的重要资金来源（Clark *et al.*，2013）。

一、主权财富基金的特殊性：政策工具

主权财富基金与其余金融产品最大的不同就是其受政府主导。学者们更多地从政策工具的角度解读主权财富基金的行为。第一，主权财富基金是提升国家在国际政治经济舞台话语权的主要工具之一。阿什比・蒙克（Monk，2011）认为，主权财富基金是各国在国际舞台上维护自主能动性和主权的工具。强劲的主权财富基金可以为国家赢得更多政治盟友、更强的话语权，进而更能维护自身利益。阿尔瓦罗・库尔沃-卡祖拉（Alvaro Cuervo-Cazurra）等提出了“巧妙且隐晦的影响力”（discreet power）这一概念（Cuervo-Cazurra *et al.*，2023）。他们认为，一国政府通过主权财富基金投资可以以上述类型的影响力潜移默化地影响投资对象国家，使其做出符合主权财富基金所属国家政治利益的事情。

第二，主权财富基金投资是政府促进经济增长的主要工具之一（Shields and

Villafuerte，2010）。杨伟聪（Yeung，2011）指出新加坡政府设立的主权投资基金，以淡马锡（Temasek）为代表，其投资都有明确的战略意义，意在全力支持国家建设和经济发展。阿兰·盖博（Alan Gelb）等认为主权财富基金投资国内公益项目时，相比于政府直接投资或国有企业投资，更能提升投资效率和项目质量，进而促进经济增长。但在此过程中也存在或多或少的问题（Gelb *et al.*，2014）。一般来说，政府会雇佣专业人士来经营管理主权财富基金企业，但也存在政府官员直接参与的情况。谢·伯恩斯坦（Shai Bernstein）等发现当政府领导直接参与企业管理的时候，企业的投资更多地致力于实现短期经济增长目标，而忽略了具有稳定长期收益的机会（Bernstein *et al.*，2013）。这种行为并不利于企业的长期发展。

这些实证结果与国家所处的发展阶段紧密相关。主权财富基金多出现于发展中国家。这些国家的首要任务是让人民富裕起来，进而维护社会稳定。因此，主权财富基金的投资多是“短视”的，追求短期内的高收益。但是发达国家的主权财富基金（如北美、西欧、北欧各国）会有更多的长期投资（Clark and Knight，2011；Pihlman *et al.*，2011）。典型的例子是国际能源消费。中东各国为实现当代人的富裕，大量开采并出口能源，资助主权财富基金。相对应地，以美国、挪威为代表的发达国家从长远角度出发，其主权财富基金多投资在资源丰富的国家，资助能源开采，随后进口能源，即使其本国有丰富的能源储备也要进口能源。这样一来，当百年后能源储量迅速下降，价格快速上升时，这些国家可以从容应对并攫取利益（Brown and Huntington，2015）。

第三，主权财富基金是维护金融安全和经济稳定的主要工具之一（Dixon and Monk，2011；Chwieroth，2014）。随着全球化进程日益加深，各国的金融系统都受到全球金融市场的深刻影响。前文提到，实力强劲的主权财富基金多出自发展中国家。这些国家货币和金融的韧性弱于发达国家，更容易受到国际金融市场波动的影响，如本国货币相比美元的汇率会时常发生波动，影响货币购买力和投资者的信心（Fraj *et al.*，2018；Gaies *et al.*，2020）。与此同时，国际关系日益紧张，中东各国、俄罗斯、中国等拥有代表性主权财富基金的国家与以美国和西欧各国为代表的利益集团冲突日渐增多（Haukkala，2015；Campbell and Ratner，2018）。掌握了国际金融体系话语权的美国和西欧各国很容易操纵国际金融系统，对其余国家造成冲击，如美国主导将伊朗和俄罗斯排除出“环球同业银行金融电信协会”（Society for Worldwide Interbank Financial Telecommunication，SWIFT），导致两国资金跨境流动受到很大限制，基本被排除出国际金融体系（Cipriani *et al.*，2023）。通过主权财富基金投资大量外汇产品，如美国国债，可以显著减轻上述情况带来的负面影响，进而稳定国内金融系统，促进经济增长，维护良好的政治和社会环境。

即使是与以英美为代表的西方发达资本主义国家关系较好的经济体，如韩国、泰国等，也有动力设立主权财富基金，将主动权尽量掌握在自己手中。典型例子是在1997年亚洲金融危机的影响下，上述两个国家向国际货币基金组织申请以贷款为主的援助方式。国际货币基金组织的确进行了援助，但提出了一些在两国国内引起民众不满的政治和社会附加条件。为了减小类似情况发生的概率，两国也积极设立主权财富基金（Griffith-Jones and Ocampo，2011）。另外，主权财富基金也代表着庞大的国际投资。丹尼尔·哈贝里（Haberly，2011）认为许多国家也通过积极引进主权财富基金投资以壮大本国企业实力，促进本国经济发展，并在两国间建立紧密政治经济联系。他研究了“海湾合作委员会”（Gulf Cooperation Council，GCC）[①]成员国主权财富基金之间的合作（图3–4）。成员国会通过设立主权财富基金相互投资对方战略性产业从而达到促进双方经济增长，深化双方合作的目的。与此同时，这些主权财富基金不仅仅只在成员国之间开展业务，他们也通过收购股权等方式投资全球不同产业的企业，从而促进国内相关产业技术发展。

即使是西方发达资本主义国家也需要考虑用主权财富基金来稳定经济发展。在金融系统将全球各国紧密相连的当代，即使这些国家对金融系统掌握话语权，他们也无法在金融动荡中独善其身，例如当金融危机爆发时，受到影响最大的正是这些发达国家。丹尼尔·哈贝里（Haberly，2014）研究了在2008年全球金融危机背景下德国主权财富基金对稳定国内汽车工业的作用，认为相比于英美两国金融资本占据主要地位的市场结构，德国传统工业资本在国内更具优势。在金融危机的冲击下，德国的主权财富基金向面临危机的汽车企业注入了更多的资本，并将其纳入所有制更加多元化且运营周期更长的汽车和金融

① GCC是由部分阿拉伯国家组成的政治经济合作组织，促进成员国在能源、军事、贸易、文化等多方面开展合作。成员包括巴林、卡塔尔、阿联酋、沙特阿拉伯、阿曼和科威特。

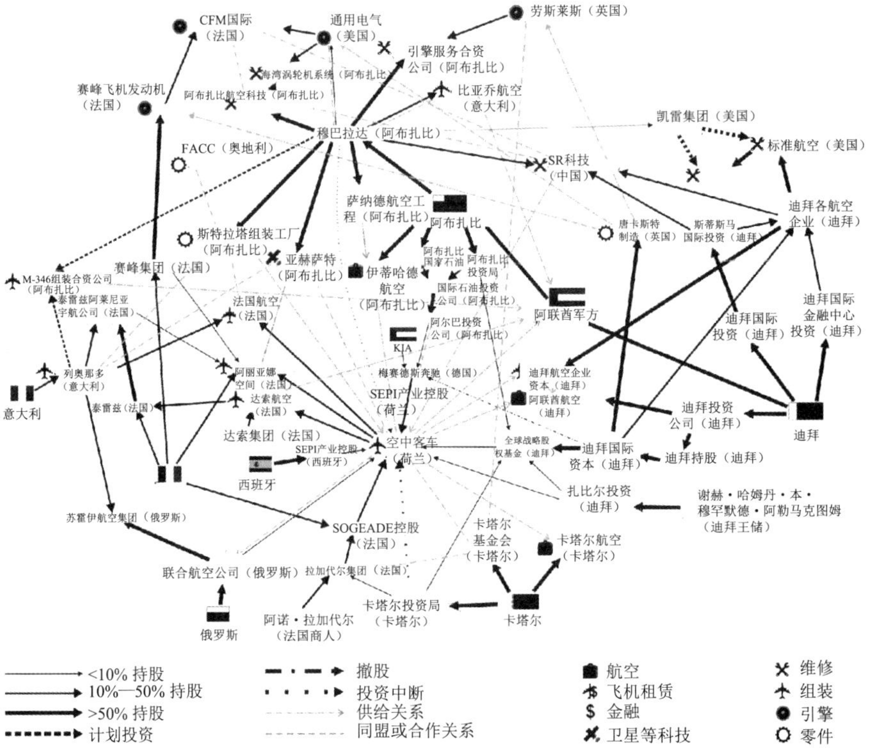

图 3–4　海湾合作委员会航空产业合作网络

资料来源：丹尼尔·哈贝里（Haberly，2011）。

企业网络中。主权财富基金通过企业网络长期发展所积累的比较优势和制度互补性来稳定企业的运营，从而达到稳定社会经济发展的目的。

第四，政府多利用主权财富基金投资实现地缘政治目标（Cohen，2009）。一国政府的地缘政治目标涵盖诸多方面，但均可归为致力于扩大本国在国际舞台的政治影响力。艾普里尔·克尼尔（April Knill）等认为一国政府会通过主权财富基金投资于关系不紧密的国家以发展新朋友（Knill *et al.*，2012）。塞缪尔·默廷等（Murtinu *et al.*，2023）认为两国的政治关系友好或者在签订了贸易协定后，彼此之间的主权财富基金投资会显著增多。主权财富基金是兑现协定、巩固国际关系的主要工具之一。

第五，主权财富基金也承担了很多其他的政策目标，涉及社会、环境、文化等诸多方面。如凯尔·哈顿（Kyle Hatton）和卡塔琳娜·皮斯托（Katharina

Pistor）认为，主权财富基金多出于利用经济发展以实现政治和社会稳定的国家，作为统治阶层利用金钱财富降低乃至消除国内反对声音的主要工具（Hatton and Pistor，2011）。丹尼尔·哈贝里（Haberly，2014）指出，主权财富基金和其他中央政府设立的金融机构不同，其并不会直接背负债务，因此，可以投资一些资金需求量大、周期长，（短期）收益率低，对政治、社会、文化等方面有长远贡献的项目，如基础设施等。本杰明·理查德森（Benjamin Richardson）认为，法国和挪威的主权财富基金在社会责任投资方面表现最好（Richardson，2012）。这些企业在投资的时候考虑社会、环境和文化方面的因素，追求长期收益，缓解社会矛盾。但他也指出，这些投资从经济角度来看并非最佳选择，在实施过程中也存在诸多困难。相类似地，亚当·迪克逊和阿什比·蒙克（Dixon and Monk，2014）认为主权财富基金往往承担了诸多不同类型的政策目标。但是，并非所有的主权财富基金都具备实现相应目标所需要的资源和支持，因此，一些投资并不能取得预先期望的效果。

进一步地，更激进的观点认为，统治阶层可能并不真正关心国内民众的生活水平。统治阶层掌控绝大多数的政治和经济资源，他们的收入更多来自自身所掌控的资源而非对民众收税，因此，只要通过主权财富基金投资等手段不断壮大自身经济实力，让潜在的竞争对手无法与之抗衡，即可很大程度上巩固自身地位。其并非必须要实现国内人民生活质量的提升（Grigoryan，2016；Montambault，2023）。

但需要强调的是，主权财富基金并非只考虑政府政策而不考虑商业利益。虽然政府重要的政策目的之一是利用主权财富基金创造商业利益，但是作为企业本身，其同样追求商业利益最大化。威廉·麦金森（William Megginson）等分析了 1985—2011 年分布在 78 个国家的 1 590 笔主权财富基金投资，认为这些企业仍然主要遵循投资收益最大化原则（Megginson *et al.*，2013）。埃里克·朗格兰（Eric Langland）研究了大量主权财富基金投资行为，认为很多情况下这些企业都是追求经济收益最大化的，完全遵循市场规律（Langland，2009）。很多时候，主权财富基金的投资可以同时实现政策目标和经济收益最大化。两者并非“二元对立”（binary）或“互不相容”（incompatible）。阿什利·勒尼汉（Ashley Lenihan）认为，即使主权财富基金的投资策略遵循市场规律以追求收益最大化，在很多情况下其也可以提升对应国家政府的经济实力和在国际舞台上的话语权

（Lenihan，2014）。更有甚者，主权财富基金有时候会因为过度追求经济收益而忽略了政策目的。迈克尔·芬尼（Mecheal Fini）研究了爱尔兰某个主权财富基金的投资行为，该企业原本是为了增强政府财政能力（政府过度依赖养老金收入）而设立，然而该企业却过度追求金融投机行为创造高风险的收益，反而让政府诸多政策目标无法实现（Fini，2011）。

二、主权财富基金活动产生的影响

主权财富基金投资产生的影响可以总结为以下三个方面。首先，获得主权财富基金投资的企业通常表现更加优异（Fernandes，2014）。凯瑟琳·德温特（Kathryn Dewenter）等认为，主权财富基金投资可以显著促进企业价值增长（Dewenter *et al.*，2010）。相对应地，如果主权财富基金从一家企业撤资（撤股）的话，企业价值会出现明显下降。久保克之（Katsuyuki Kubo）和胡越潘（Huu Viet Phan）基于越南上市企业数据，发现受主权财富基金资助的企业表现更好（Kubo and Phan，2019）。

其次，主权财富基金可以增强潜在投资者对企业的信心。法比奥·博托尼和斯蒂凡诺·卢戈（Stefano Lugo）发现如果一家企业有主权财富基金支持，这家企业的信用评级就会更高，潜在的投资者相信主权财富基金会保护这家企业免于破产（Bertoni and Lugo，2014）。这种情况在主权财富基金所属国家想对投资对象所属国家展示出“政治善意”（political goodwill）的时候尤其明显。

最后，部分学者表达了对主权财富基金的担忧。他们认为“威权体制”国家利用主权财富基金进行投资会破坏现有国际政治、经济、金融等方面的秩序（即由发达资本主义国家主导的，所谓的“rule-based international order”），对掌握话语权的国家（以北美和西欧各国为代表）以及实力较弱的国家（如非洲各国）的国家安全是一种威胁（Hemphill，2009；Kratsas and Truby，2015）。穆图库马拉斯瓦米·索纳拉贾（Muthucumaraswamy Sornarajah）认为，发达资本主义国家因为对来自中东、中国、俄罗斯的主权财富基金在全球范围内通过投资以施加政治影响的担忧，正在积极思考修改针对本国境外投资、进出口等方面的法律（Sornarajah，2011）。这些法律原本是保障资本自由流动、金融自由化、市场主导的主要依据，但受政治影响而变得更加保守和僵硬，意在保护本国资本，打压外部资本。

但也有学者质疑这种泛化的“威胁论”。埃里克・赫莱纳（Helleiner，2009）认为，相比于国际投资行为，主权财富基金的业务更多在本国国内，其对现有国际政治金融体系的威胁被夸大了。克里斯汀・德万（Kristin Diwan）研究了沙特阿拉伯设立主权财富基金的原因（Diwan，2009）。他反驳了之前广为接受的观点——政府是为了摆脱对美元的过度依赖而设立主权财富基金的，他认为其实是国内改革的浪潮推动了主权财富基金的诞生，政府希望国内各地方的投资行为能够更加规范，通过更加市场化的行为进行竞争，从而设立了主权财富基金以引导投资行为。乔纳森・科什纳（Jonathan Kirshner）认为主权财富基金对国家安全的威胁已经被提及了几十年，但绝大多数情况之下都是被夸大的（Kirshner，2009）。国家安全和国家在国际舞台上的地位说到底是由一个国家的经济实力决定的，而主权财富基金是无法起到根本性作用的。讽刺的是，泛化的“国家安全”和对“现有国际秩序”（rule-based international order）的威胁已经逐渐变成既得利益者对拥有不同体制和价值观的挑战者设置重重障碍以保证自身利益的理由。

第六节　金融和商业服务业

本章介绍的最后一类金融主体是“金融和商业服务业”（financial and business services，FABS），主要包括商业（business consulting）、法律（law）和会计（accounting）咨询机构，为金融业务提供相应的咨询服务并出具必要文件以保证业务顺利开展（Wójcik，2020）。这类金融主体和前文提到的金融中介存在不同之处，但也相互重叠。例如，法律和会计咨询服务大多由专业的律师事务所和会计师事务所承担。而除去专业的商业咨询公司外（如麦肯锡），资产管理公司、投资银行乃至商业银行都可以提供商业咨询服务。但在实际操作中，“商业咨询”与其余金融咨询服务并没有清晰的界线。以达雷什・沃奇克为代表的金融地理学者提出“商业咨询”并加以研究，更多的是从学术的角度出发，以反映学科的多元化发展和更好地解决研究问题。

达雷什·沃奇克（Wójcik，2020）梳理了其提出“金融和商业服务业”这个组合词汇的原因。他认为“金融、保险和不动产”（finance, insurance, and real estate，FIRE）、商业（business）、专业服务（professional services）是最早出现的可以认为是不同方面金融和商业服务业的词汇。这些词是根据出现在20世纪30年代的第一代美国标准工业分类提出的。在当时，针对这些词汇的研究多见于金融经济学。进入20世纪70年代，上述词汇开始逐渐在金融地理学领域内获得关注。与此同时，生产者服务业（producer services）与这些词汇经常一起出现并相互交替使用（生产者服务业包含上述几种服务业或与之重叠）。如彼得·丹尼尔斯（Peter Daniels）和亚当·蒂克尔（Adam Tickell）于20世纪末及21世纪初在《人文地理学进展》分别发表的几篇进展报告（Daniels，1987; Tickell，2002）梳理了当时以上述主体为代表的人文地理学服务业研究进展。

生产者服务业很好地反映了早期金融产业的定位：为生产而服务，或提供给企业的服务，而非最终（end）消费者的服务。在早期，实体经济企业大多自己开展可以辅助生产的业务。但是随着市场的完善，这些企业可以将相关业务外包给专业的服务企业，进而精简自身结构，提高生产效率（Goe，1990）。金融常常是为实体经济发展提供资本的辅助工具。这种现象随着证券化进程的加深才得以改变，金融业开始在多个西方发达资本主义国家占据支柱产业地位。但在发展中国家，金融相关业务仍然为实体经济发展服务，典型例子即中国。自改革开放以来，中央政府部门，包括国务院、财政部等，一直强调金融服务实体经济的根本宗旨。[①]

随着金融业快速发展，高级生产者服务业（advanced producer services，APS）逐渐开始出现。这个概念主要随着对全球城市和金融中心的研究出现（Taylor *et al.*，2014）。这些服务业企业主要为跨国企业的全球业务提供服务。相比于之前针对地方企业提供的服务，这些服务更加复杂，需要更强的专业知识和关系网络。虽然（高级）生产者服务业不仅仅包括金融相关服务，但金融相关服务是典型代表，也获得了最多的关注。尤其是在证券市场快速发展的前提下，复杂的金融系统和产品使得金融服务业的重要性显著提升，也打造出了金融精英

① 如国务院新闻办网站发布的有关金融服务实体经济高质量发展的新闻，https://www.gov.cn/zhengce/202401/content_6928400.htm。

阶层——律师、会计师、咨询专家等，他们都具有很高的社会地位，所获得的工资也数倍于其他行业从业者。

最后，基于伊恩·迈尔斯（Ian Miles）等的一份报告（Miles *et al.*，1995），达雷什·沃奇克（Wójcik，2020）总结了“知识密集型商业服务业”（knowledge-intensive business services，KIBS）。这类服务业依赖于自身具有的专业知识，提供具备信息属性的产品（如信用评级标准等）和对知识生产不可或缺的中间品或服务（如通信和电子科技等）。这种服务业企业可分为两种：一种是传统业务企业，其积极运用新兴科技，如宣传和广告服务、投资咨询、法律服务、会计服务、资产管理等；另一种是基于新兴科技发展起来的企业，他们的业务专注于开发和应用新兴科技，如开发金融科技软件、构建金融资本可以在全球范围内流动的信息基础设施、编辑算法等（Hertog，2000；Shearmur and Doloreux，2008）。

乔纳森·比弗斯托克（Jonathan Beaverstock）认为，为跨国企业提供法律咨询的服务业企业的关键作用，就是熟知国际通用法律和投资地的地方法律，能够将两者相结合，进而保证投资符合双方的规则和利益（Beaverstock，2004）。与此同时，这种挖掘并管理信息的能力在不同地方有不同体现。当跨国企业的投资地在亚洲和非洲等新兴经济体时，所谓的“相结合”其实表现为地方性法规让步于伦敦和纽约所主导的国际法律与规则。而当投资地在北美和欧洲等发达经济体时，两者会有更为复杂的博弈，双方都会根据对方的要求做出让步，从而得出大家都能够接受的方案。詹姆斯·福康布里奇（Faulconbridge，2006）有相类似的结论。他认为为跨国企业服务的广告企业（提供宣传和包装服务）需要认真了解业务地的制度和文化信息，将国际通用标准和当地规范相结合，才能为客户提供最好的服务方案。这些专业服务业企业从来都不是一味地将国际准则强加于地方，他们向来是“知识再生产”（knowledge reproduction），而非单纯的“知识传播”（knowledge transfer）。

生产者服务业、高级生产者服务业、“知识密集型商业服务业”等代表了“金融和商业服务业”中的一类企业，但并不是说这些类别是相互并列、相互“隔绝”的。很多时候这些类别可以形容同一家企业，因为它们所代表的功能是重叠的。这种差别就像投资银行和资产管理之间的差别：差别的确存在，但并不绝对，也很难区分得非常清楚。正因如此，也有类似于“高级商业服务业”

（advanced business services，ABS）等词语出现，它们所代表的意义和功能其实与上述词汇并没有显著区别（Palmer *et al.*，1990）。

“金融和商业服务业”在保障金融活动正常运行的过程中扮演着越来越重要的角色，也有越来越多的金融精英投身到这些行业。达雷什·沃奇克（Wójcik，2020）指出，该行业的就业总量自21世纪初开始实现了快速增长（图3–5）。

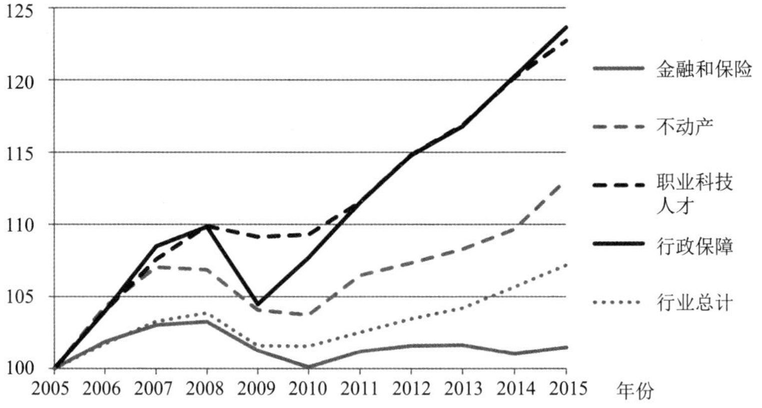

图3–5　2005—2015年OECD成员国金融和商业服务业就业动态

注：2005年就业情况为基准，设为100，随后年份的就业在100的基准上计算并比较。

资料来源：达雷什·沃奇克（Wójcik，2020）。

一、区位特征

与其他金融中介相类似，“金融和商业服务业”企业也大多集中在金融中心或区域中心型城市。例如，在国际金融中心的研究中（Sassen，1991；Taylor，2004；Bassens and van Meeteren，2015），集聚分布的金融主体中有很大一部分主体就是“金融和商业服务业”。除了大型的全球城市或国际金融中心之外，还有一些金融科技企业集聚分布的地区，这些地区不一定是著名的中心城市，但其集聚区在区域或国家范围内有一定知名度，能够带动当地和周围地区经济发展。大部分学者认为金融中心存在等级体制，而上述地区多对应（国家内部）区域型金融中心，辐射州一级、省一级区域。学者们认为，“金融和商业服务业”同样在这些地区集中分布或分布在这些地区周围，为其提供服务（Daniels，1995；

Taylor *et al.*，2009）。这些区域需要“金融服务业”与全球金融系统建立联系，保证金融资本的流动性，进而保持其竞争力。迈克尔·霍勒（Michael Hoyler）等认为，“知识密集型商业服务业”是推动德国法兰克福莱茵河大都市区发展的重要推手（Hoyler *et al.*，2008）。这些服务业企业是大都市区内部城市和外部城市建立联系的重要渠道，也是维持法兰克福作为欧洲金融中心的主要因素。阿兰·蒂尔斯坦（Alain Thierstein）等认为高级生产者服务业对于推进瑞士北部大都市区多中心格局的形成具有重要作用（Thierstein *et al.*，2008）。尽管苏黎世是高级生产者服务业企业集聚中心，但这些企业仍然分布在其他城市，如巴塞尔和其他一些二级中心城市，或其业务覆盖这些城市，将这些城市与中心城市相连，形成发展网络。正是这些城市间网络保证了大都市区在欧洲乃至全球经济舞台上的竞争力。

从服务业企业的角度来说，次一级中心或者中心周边的地区拥有更为廉价的劳动力市场，可以降低运营成本。科技的发展逐渐克服了地理距离对信息传递的阻碍。服务业企业可以放心地分布在中心以外的地区，在享受相对廉价的劳动力的同时，也可以保证尽快获取信息（Harrington，1995）。弗兰克·莫拉特（Frank Moulaert）和卡马尔·加卢杰（Camal Gallouj）分析了科技发展，尤其是通信科技的发展如何能让高级生产者服务业企业愿意选址在中心城市以外的地区（Moulaert and Gallouj，1993）。他们认为这些科技的发展能让企业在相对偏远的地点仍然保持接入“全球集聚网络”（global networks of agglomerations）。与此同时，科技发展并不是唯一的原因，企业同样需要注意地区社会、制度、文化环境是否有利于信息和资本流动。

与此同时，也有实证研究指出，上述集聚分布的特征并不是普遍存在的。马丁·索科尔（Martin Sokol）等研究了“知识密集型商业服务业”企业在爱尔兰都柏林大都市区的分布、业务覆盖程度及其对大都市区空间结构和竞争力的影响，结果发现，这些服务业企业大多分布在都柏林，而在其他副中心城市分布较少，并且业务覆盖程度较少，对多中心的形成没有过多作用（Sokol *et al.*，2008）。卢德维克·哈尔伯特（Ludovic Halbert）针对巴黎大都市圈的研究得出了相类似的结论，高级生产者服务业企业集中分布在巴黎，且并没有形成过多的知识溢出，对都市圈其余城市发展并没有太多带动作用（Halbert，2008）。

实证研究也发现了其他影响“金融和商业服务业”企业分布的因素。马丁·安德森（Martin Andersson）和卡琳·海勒施泰特（Karin Hellerstedt）研究了瑞典国内“知识密集型商业服务业”企业区位特征，发现这类企业更倾向于在已经有相同类型企业存在的地区成立，显示出路径依赖的特性（Andersson and Hellerstedt，2011）。地方市场潜力、规模和有利于知识交流的环境都是影响企业选址的关键因素。玛拉·尼尔森（Marla Nelson）指出美国的生产者服务业存在“郊区化”现象，该类企业逐渐向城镇边缘，即郊区集中分布（Nelson，2006）。他认为城镇中心和郊区的分工［“劳动力空间分工”（spatial division of labor）］与地理邻近性等因素都是“郊区化”现象产生的原因。集聚在郊区的企业与城镇中心的企业也有紧密联系。他认为应该站在更宏观的角度去理解“集聚”，“集聚”不一定要被局限在定义好的地理尺度，如城市内区域、城市、都市区等；城镇中心和郊区的集聚不一定是两个集聚，也可以看作一个集聚。这要求我们要灵活地理解和应用地理尺度来理解企业分布。

企业的“区位特征”和“企业网络”（下面一小节将要提及）研究多有重叠，原因是企业，尤其是“金融和商业服务业”企业，或者说学者们关注的大部分企业，都是跨国企业或国家级大型连锁企业。这些企业的架构比较复杂，简单来说包括总部和分支机构。“区位特征”的研究多关注企业总部。我们常说的企业集聚分布在金融中心城市，提到的往往是企业总部。如果将分支机构考虑在内的话，企业往往呈现“多中心”分布。企业会在各个级别的中心设置分支机构以最大化市场覆盖度。与此同时，这种“多中心”分布也就是所谓的“企业网络”。企业总部和各分支机构之间的信息交流是沿着企业内部网络进行的。而服务业企业也将客户和其他利益相关方，如政府、非政府组织乃至个人与家庭组建成为网络。

二、企业网络

学者们经常用关系视角探讨“金融和商业服务业”如何建立企业网络，包括“金融和商业服务业”企业间网络以及以这些企业为连接点而建立的金融交易过程中涉及的多主体网络（Jones，2005；Pain，2008）。

首先是同一企业内部总部和分支机构间、分支机构与分支机构间形成的网络。这种网络主要是分享不同机构所处地区的特异性信息。尽管这些信息不能被不同的分支机构照搬应用，但适应地方特异性的原则和如何适应的经验都是可以让总部在今后更好地决策、各分支机构更快适应的有用信息。巴特·兰布雷茨（Bart Lambregts）研究了荷兰一个大都市区高级生产者服务业在不同地区设立分支机构的行为以及各个机构之间形成的网络（Lambregts，2008）。他首先区分了不同类型的知识或信息，包括地方制度环境、劳动力市场、产品等，结果发现，大部分种类的信息地方性特征鲜明，且通过通信渠道很难获取到有价值、有深度的该类信息，因此，企业必须在各地区设立分支机构以保证能够获取这些信息并与地方各利益方构建关系网络。与此同时，一些地方特征不是非常鲜明的信息则可以通过分支机构之间形成的网络相互分享。不同的信息获取和交流方式是保证高级生产者服务业提供服务的重要保障。海蒂·汉森斯（Heidi Hanssens）等研究了2000—2008年全球在金融管理咨询、会计业务、法律业务和广告业务领域的跨国企业网络，指出尽管这些企业网络整体呈现出业务重点由西方发达资本主义国家转向东亚和中东等新兴经济体的整体趋势，但不同行业和不同企业不一定呈现完全相同的特征（Hanssens *et al.*，2011）。在描述总体趋势的同时也需要注意微观层面的差异性。

其次是“金融和商业服务业”企业间网络。威廉·科菲（William Coffey）在总结生产者服务业企业区位分布特征时指出，这些企业都会在某个时候与其他相同企业形成“战略联盟”（strategic alliance）（Coffey，2000）。这些联盟的主要目的仍然是信息分享，以降低获取业务所付出的成本。詹姆斯·福康布里奇等（Faulconbridge *et al.*，2008）研究了行业领先猎头企业的全球化战略。这些企业通过在全球开设分支机构、并购地方或国际性的企业，与同行企业、客户企业和其他利益体构建联盟等方式巩固其在行业内的领先地位。

再者是“金融和商业服务业”企业、客户企业和其他利益体形成的网络。这类网络往往反映了完整的金融业务交易模式。海蒂·汉森斯等（Hanssens *et al.*，2012）分析了比利时根特高级生产者服务业提供服务的特征，他们总结出了四种服务的“空间模式”。第一种是服务业企业和客户企业总部有很多的业务往来，而客户企业的分支机构选择的服务业企业是总部推荐来的与其有密切合作的服务业企业。第二种是客户企业的分支机构选择与总部有密切合作的服务业企业的分支机构提供的服务（选择基本不受总部干预，服务业企业和客户企业的分支机构地理距离近）。第三种是客户企业总部与多家服务业企业有合作，其推荐其中一家与分支机构地理距离近的服务业企业为分支机构提供服务。第四种是客户企业总部和分支机构都有自己的选择偏好，分支机构可以自主选择服务业企业，总部较少干预分支机构的决策。这四种空间模式反映了紧密程度不同的客户企业和服务业企业间网络（图 3–6）。罗纳德 • 沃尔（Ronald Wall）和 G. A. 范德克纳普（G. A. van der Knaap）基于 2005 年 100 家顶级跨国企业机构数据，包括总部、分支机构和这些企业持股的企业在全球 2 259 个城市的分布情况，绘制了企业网络（Wall and van der Knaap，2011）。这些企业包括很多高级生产者服务业企业，网络则包括企业内部总部与分支机构的网络、企业与所持股企业间网络、跨国企业间网络等。结果发现，高级生产者服务业企业拥有复杂的企业内部网络以及与其他跨国企业（客户）形成的企业间网络。强大的网络是这些企业维持竞争力的关键。约翰内斯 •格吕克勒（Johannes Glückler）研究了商业服务业企业国际化行为（Glueckler，2006）。他强调这些企业拥有的

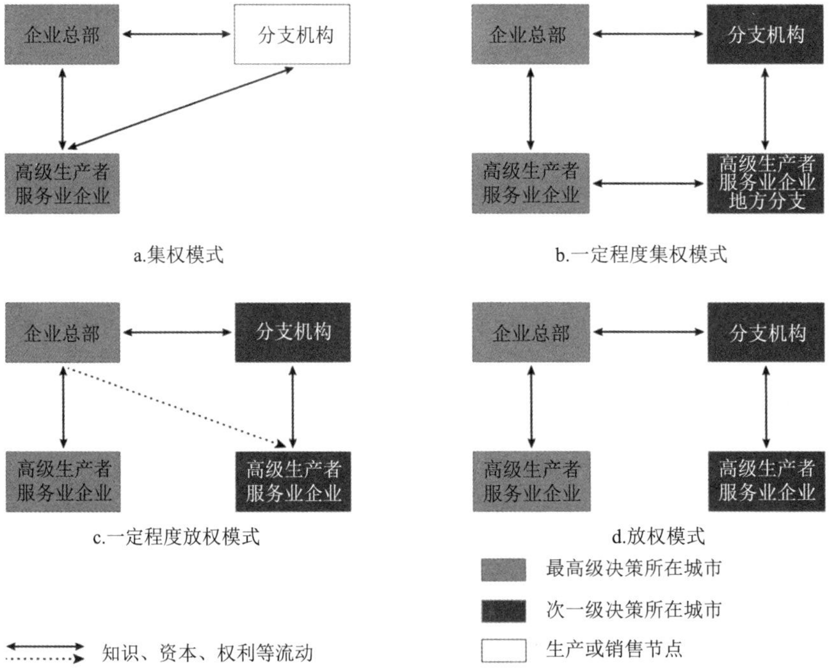

图 3–6 高级生产者服务业企业服务的四种空间模式

资料来源：海蒂 • 汉森斯等（Hanssens *et al.*，2012）。

社会关系网络是国际化扩张发展的关键。这些企业不仅仅依靠与自身直接相关的关系资源，也借助基于网络延伸而获得的外部资源。这些结果揭示了企业和资本家的社会与文化资源的重要作用。与此同时，这种现象存在正向的马太效应。企业的国际化经验越丰富，其社会网络会进一步扩展，其在其他国家开展业务也就会变得更容易。

最后，部分学者也常常将这类企业作为地区间网络（多为城市网络，urban/city network）的衡量指标。一方面，他们认为是这类企业的存在让资本在全球流动变为可能（Taylor *et al.*，2011）。达雷什·沃奇克（Wójcik，2013）强调，高级商业服务业企业将处于离岸金融中心的企业连入全球金融系统。可以说，是这类企业促使了离岸金融中心的诞生，让规避本土政府监管成为可能。沃特·雅各布斯（Wouter Jacobs）指出，分析高级生产者服务业的全球分布和网络是探究各国、各地区、各城市在全球生产网络中所处位置的有效方式（Jacobs *et al.*，2010）。

另一方面，他们认为企业总部和分支机构负责的地区之间是存在网络关系的。海蒂·汉森斯等（Hanssens *et al.*，2014）即利用这一思想检验了比利时境内以首都布鲁塞尔为核心的大都市区是否是一个多中心区域。他们发现，即使政府意欲打造多中心，但各地区的联系并不紧密，整个区域更反映出等级制。布鲁塞尔凭借巨大的规模处于统治地位，其余地区反映出的竞争力有限。最后，学者也从专业化（specialization）的角度探讨了地区间的网络关系。卢德维克·哈尔伯特（Halbert，2007）研究了巴黎大都市圈内部高级生产者服务业的业务（空间）特征，发现不同地区集中分布的企业有不同的功能：一部分主要是资产和业务管理功能，一部分是市场营销，一部分是针对生产过程的服务，一部分是针对下游产业对接的服务，等等。这种分工保证了巴黎大都市圈的竞争力。

三、“金融和商业服务业”行为产生的影响

学者们多从以下几个方面探讨该行业企业行为产生的影响。服务业，尤其“金融和商业服务业”是带动就业增长最明显的行业。这些行业的出现促进了劳动力分工（division of labor）和专业化生产（specialization of production）以及生产方式的多样化，进而增加了就业机会（Coffey and Bailly，1992）。

但与此同时，由于该行业企业的分布存在明显的空间不均，因此，其对部分经济发达地区有进一步的促进作用，会拉大地区间就业和经济差距（Ley and Hutton，1987；Bailly，1995）。威廉·科菲和马里奥·波尔塞（Mario Polèse）认为，生产者服务业对核心地区和边缘地区增长的促进作用是不一样的，其对核心地区的促进作用更为明显，对落后地区的促进作用微乎其微（Coffey and Polèse，1989）。布丽塔·赫尔梅林（Brita Hermelin）研究了瑞典“金融和商业服务业”的就业情况，结果发现，尽管这些行业显著带动了就业，但是这种增长主要集中在首都斯德哥尔摩（Hermelin，2007）。54%的就业集中在斯德哥尔摩，相比之下，其他行业的就业只有20%集中在该城市。

前文提到，将相关服务外包给专业服务公司的企业可以提高生产效率，但这种促进效应同样存在时空间差异。阿兰·麦克弗森（Alan MacPherson）研究了美国纽约州 400 余家制造业企业服务外包的情况，指出只有在城市中心和重点区域，上述促进效应成立，而其他区域，由于服务业企业的业务很少覆盖到这些区域，即便有促进效应，也非常有限（MacPherson，1997）。因此，上述促进效应往往由于缺少样本而无法验证或无法体现出促进效应。阿兰·麦克弗森（MacPherson，2008）持续关注了这一问题。几年后他研究了纽约州制造业企业服务外包和企业创新之间的关系，发现 2005 年服务外包的确显著促进了企业的创新能力，进而提高企业的生产效率和增长率，而在 20 世纪 90 年代，这种促进作用并不明显。这种促进作用令越来越多的制造业企业外包相关服务。

最后，学者们也从多方面综合性地讨论了“金融和商业服务业”对区域增长的贡献。彼得·泰勒（Peter Taylor）等认为高级生产者服务业企业和其所选址的地区是“相互成就”的关系（Taylor *et al.*，2014）。一方面，企业往往选择已经较为成功且具有相关产业企业集聚分布的地区，以享受知识溢出、共享基础设施等优惠条件，减少沉没成本，实现企业短期内较快增长；另一方面，企业选择某个地方会从提升就业、创新、知识储备、人才素质等多方面促进当地发展，提升当地竞争力。

小 结

本章介绍了六种不同的金融主体，以地理学视角研究了各自的时空间区位动态、跨尺度多主体关系和金融行为产生的多方面影响等。这些主体是金融活动的支柱，确保金融活动能够正常运行。一方面，他们的主要活动具有不同特征，既相互竞争，又互有分工合作；另一方面，本章所依据的六种分类并不是相互隔绝的。随着金融市场竞争愈发激烈，所有的金融主体都想进一步扩大业务规模以更好地生存，而尝试其他主体的业务是主要的方式，例如很多大型商业银行都设有证券业务部门、风险投资子公司等。这种边界的模糊化让学者更难以明白金融主体的各类行为，给研究带来了不小的挑战。在这种情况下，学者们就需要依据情况应用合适的研究范式，对现象进行更深入的探讨，而非满足于浮于表面的潦草分析，从而在透彻了解现象的同时能够反过来贡献于理论视角，进一步丰富学科理论基础。

参 考 文 献

[1] Aalbers, M. B., 2017. Geographies of Mortgage Markets. In R. Martin, J. Pollard, *Handbook on the Geographies of Money and Finance*. Edward Elgar Publishing, pp. 298-322.

[2] Aalbers, M. B., E. Engelen, 2015. The Political Economy of the Rise, Fall, and Rise Again of Securitization. *Environment and Planning A: Economy and Space*, Vol. 47, No. 8, pp. 1597-1605.

[3] Aalbers, M. B., E. Engelen, A. Glasmacher, 2011. "Cognitive Closure" in the Netherlands: Mortgage Securitization in a Hybrid European Political Economy. *Environment and Planning A: Economy and Space*, Vol. 43, No. 8, pp. 1779-1795.

[4] Acharya, V. V., M. Richardson, 2009. Causes of the Financial Crisis. *Critical Review*, Vol. 21, No. 2-3, pp. 195-210.

[5] Adkins, L., M. Cooper, M. Konings, 2021. Class in the 21st century: Asset Inflation and the New Logic of Inequality. *Environment and Planning A: Economy and Space*, Vol. 53, No. 3, pp. 548-572.

[6] Aggarwal, R. K., G. Wu, 2006. Stock Market Manipulations. *The Journal of Business*, Vol. 79, No. 4, pp. 1915-1953.

[7] Agnes, P., 2000. The "End of Geography" in Financial Services? Local Embeddedness and

Territorialization in the Interest Rate Swaps Industry. *Economic Geography*, Vol. 76, No. 4, pp. 347-366.

[8] Aizenman, J., R. Glick, 2009. Sovereign Wealth Funds: Stylized Facts about Their Determinants and Governance. *International Finance*, Vol. 12, No. 3, pp. 351-386.

[9] Alessandrini, P., 2009. *The Changing Geography of Banking and Finance*. Springer.

[10] Alessandrini, P., A. F. Presbitero, A. Zazzaro, 2010. Bank Size or Distance: What Hampers Innovation Adoption by SMEs? *Journal of Economic Geography*, Vol. 10, No. 6, pp. 845-881.

[11] Al-Hassan, A. *et al*., 2013. *Sovereign Wealth Funds: Aspects of Governance Structures and Investment Management*. International Monetary Fund (IMF) Working Paper, WP/13/231. Washington DC, US: International Monetary Fund.

[12] Amit, R., J. Brander, C. Zott, 1998. Why Do Venture Capital Firms Exist? Theory and Canadian Evidence. *Journal of Business Venturing*, Vol. 13, No. 6, pp. 441-466.

[13] Amusan, L., L. Saka, A. J. Omede, 2017. Sovereign Wealth Fund and Fiscal Federalism in Nigeria (2011-14): An Assessment of Contending Issues. *Regional & Federal Studies*, Vol. 27, No. 4, pp. 441-463.

[14] Anand, B. N., A. Galetovic, 2006. Relationships, Competition and the Structure of Investment Banking Markets. *The Journal of Industrial Economics*, Vol. 54, No. 2, pp. 151-199.

[15] Andersson, M., K. Hellerstedt, 2011. Location Attributes and Start-ups in Knowledge-Intensive Business Services. In B. Asheim, O. Ejermo, A. Rickne, *When is Regional "Beautiful"?* London: Routledge, pp. 103-121.

[16] Arnoldi, J., 2016. Computer Algorithms, Market Manipulation and the Institutionalization of High Frequency Trading. *Theory, Culture & Society*, Vol. 33, No. 1, pp. 29-52.

[17] Arthurs, J. D., L. W. Busenitz, 2006. Dynamic Capabilities and Venture Performance: The Effects of Venture Capitalists. *Journal of Business Venturing*, Vol. 21, No. 2, pp. 195-215.

[18] Avnimelech, G., D. Schwartz, R. Bar-El, 2007. Entrepreneurial High-tech Cluster Development: Israel's Experience with Venture Capital and Technological Incubators. *European Planning Studies*, Vol. 15, No. 9, pp. 1181-1198.

[19] Avnimelech, G., M. Teubal, 2004. Venture Capital Start-up Co-evolution and the Emergence & Development of Israel's New High Tech Cluster: Part 1: Macro-background and Industry Analysis. *Economics of Innovation and New Technology*, Vol. 13, No. 1, pp. 33-60.

[20] Bahgat, G., 2008. Sovereign Wealth Funds: Dangers and Opportunities. *International Affairs*, Vol. 84, No. 6, pp. 1189-1204.

[21] Bahoo, S., I. Alon, A. Paltrinieri, 2020. Sovereign Wealth Funds: Past, Present and Future. *International Review of Financial Analysis*, Vol. 67, 101418.

[22] Bailly, A. S., 1995. Producer Services Research in Europe. *The Professional Geographer*, Vol. 47, No. 1, pp. 70-74.

[23] Balding, C., 2011. A Portfolio Analysis of Sovereign Wealth Funds. In R. Fry, W. McKibbin, J. O'Brien, *Sovereign Wealth: The Role of State Capital in the New Financial Order*. London: Imperial College Press, pp. 43-70.

[24] Balding, C., 2012. *Sovereign Wealth Funds: The New Intersection of Money and Politics*. Oxford: Oxford University Press.

[25] Baldwin, A., 2017. Resilience and Race, or Climate Change and the Uninsurable Migrant: Towards an Anthroporacial Reading of "Race". *Resilience*, Vol. 5, No. 2, pp. 129-143.

[26] Bali, T. G., H. Zhou, 2016. Risk, Uncertainty, and Expected Returns. *Journal of Financial and Quantitative Analysis*, Vol. 51, No. 3, pp. 707-735.

[27] Barth, J., 2009. *The Rise and Fall of the US Mortgage and Credit Markets: A Comprehensive Analysis of the Market Meltdown*. John Wiley & Sons.

[28] Bassens, D., M. van Meeteren, 2015. World Cities under Conditions of Financialized Globalization: Towards an Augmented World City Hypothesis. *Progress in Human Geography*, Vol. 39, No. 6, pp. 752-775.

[29] Baum, J. A., B. S. Silverman, 2004. Picking Winners or Building Them? Alliance, Intellectual, and Human Capital as Selection Criteria in Venture Financing and Performance of Biotechnology Startups. *Journal of Business Venturing*, Vol. 19, No. 3, pp. 411-436.

[30] Bazoobandi, S., 2012. *Political Economy of the Gulf Sovereign Wealth Funds: A Case Study of Iran, Kuwait, Saudi Arabia and the United Arab Emirates*. London: Routledge.

[31] Beaverstock, J. V., 2004. "Managing across Borders": Knowledge Management and Expatriation in Professional Service Legal Firms. *Journal of Economic Geography*, Vol. 4, No. 2, pp. 157-179.

[32] Beaverstock, J. V., 2007. *World City Networks from Below: International Mobility and Inter-City Relations in the Global Investment Banking Industry*. London: Routledge.

[33] Bedu, N., M. Montalban, 2014. Analysing the Uneven Development of Private Equity in Europe: Legal Origins and Diversity of Capitalism. *Socio-Economic Review*, Vol. 12, No. 1, pp. 33-70.

[34] Bellucci, A., A. Borisov, A. Zazzaro, 2013. Do Banks Price Discriminate Spatially? Evidence from Small Business Lending in Local Credit Markets. *Journal of Banking & Finance*, Vol. 37, No. 11, pp. 4183-4197.

[35] Bennett, P., 2000. Anti-Trust? European Competition Law and Mutual Environmental Insurance. *Economic Geography*, Vol. 76, No. 1, pp. 50-67.

[36] Benth, F. E., J. Saltyte-Benth, 2012. *Modeling and Pricing in Financial Markets for Weather Derivatives*. Singapore: World Scientific.

[37] Berardi, S., G. Tedeschi, 2017. From Banks' Strategies to Financial (in) Stability. *International Review of Economics & Finance*, Vol. 47, pp. 255-272.

[38] Berger, A. N. *et al*., 2005. Does Function Follow Organizational Form? Evidence from the Lending Practices of Large and Small Banks. *Journal of Financial Economics*, Vol. 76, No.

2, pp. 237-269.

[39] Bernstein, S., J. Lerner, A. Schoar, 2013. The Investment Strategies of Sovereign Wealth Funds. *Journal of Economic Perspectives*, Vol. 27, No. 2, pp. 219-238.

[40] Bernstein, S., X. Giroud, R. R. Townsend, 2016. The Impact of Venture Capital Monitoring. *The Journal of Finance*, Vol. 71, No. 4, pp. 1591-1622.

[41] Bertoni, F. *et al.*, 2019. The Changing Patterns of Venture Capital Investments in Europe. *Journal of Industrial and Business Economics*, Vol. 46, pp. 229-250.

[42] Bertoni, F., M. G. Colombo, A. Quas, 2015. The Patterns of Venture Capital Investment in Europe. *Small Business Economics*, Vol. 45, pp. 543-560.

[43] Bertoni, F., S. Lugo, 2014. The Effect of Sovereign Wealth Funds on the Credit Risk of Their Portfolio Companies. *Journal of Corporate Finance*, Vol. 27, pp. 21-35.

[44] Bianchi, J., E. G. Mendoza, 2010. *Overborrowing, Financial Crises and "Macro-prudential" Taxes*. National Bureau of Economic Research Working Paper No. w16091. Cambridge, MA: National Bureau of Economic Research.

[45] Bin, O., J. B. Kruse, C. E. Landry, 2008. Flood Hazards, Insurance Rates, and Amenities: Evidence from the Coastal Housing Market. *Journal of Risk and Insurance*, Vol. 75, No. 1, pp. 63-82.

[46] Bonizzi, B., D. Guevara, 2019. Private Pension Funds in Emerging Economies: From Broken Promises to Financialisation. In L. Rochon, V. Monvoisin, *Finance, Growth and Inequality*. Edward Elgar Publishing, pp. 58-71.

[47] Bonizzi, B., J. Churchill, A. Kaltenbrunner, 2023. UK Pension Funds' Patience and Liquidity in the Age of Market-based Finance. *New Political Economy*, Vol. 28, No. 5, pp. 780-798.

[48] Booth, K., 2021. Critical Insurance Studies: Some Geographic Directions. *Progress in Human Geography*, Vol. 45, No. 5, pp. 1295-1310.

[49] Booth, K., A. Harwood, 2016. Insurance as Catastrophe: A Geography of House and Contents Insurance in Bushfire-prone Places. *Geoforum*, Vol. 69, pp. 44-52.

[50] Bracking, S., 2019. Financialisation, Climate Finance, and the Calculative Challenges of Managing Environmental Change. *Antipode*, Vol. 51, No. 3, pp. 709-729.

[51] Bradley, D., C. Pantzalis, X. Yuan, 2016. The Influence of Political Bias in State Pension Funds. *Journal of Financial Economics*, Vol. 119, No. 1, pp. 69-91.

[52] Brander, J. A., Q. Du, T. Hellmann, 2014. The Effects of Government-Sponsored Venture Capital: International Evidence. *Review of Finance*, Vol. 19, No. 2, pp. 571-618.

[53] Brealey, R. A., E. C. Kaplanis, 1996. The Determination of Foreign Banking Location. *Journal of International Money and Finance*, Vol. 15, No. 4, pp. 577-597.

[54] Brevoort, K. P., J. D. Wolken, 2009. Does Distance Matter in Banking? In P. Alessandrini, M. Fratianni, A. Zazzaro, *The Changing Geography of Banking and Finance*. New York, NY: Springer, pp. 27-56.

[55] Bringmann, K., T. Vanoutrive, A. Verhetsel, 2018. Venture Capital: The Effect of Local and

Global Social Ties on Firm Performance. *Papers in Regional Science*, Vol. 97, No. 3, pp. 737-755.

[56] Brown, S. P., H. G. Huntington, 2015. Evaluating US Oil Security and Import Reliance. *Energy Policy*, Vol. 79, pp. 9-22.

[57] Bryan, D., M. Rafferty, D. Wigan, 2017. From Time-Space Compression to Spatial Spreads: Situating Nationality in Global Financial Liquidity. In B. Christophers, A. Leyshon, G. Mann, *Money and Finance after the Crisis: Critical Thinking for Uncertain Times*. John Wiley & Sons, pp. 41-67.

[58] Bubna, A., S. R. Das, N. Prabhala, 2020. Venture Capital Communities. *Journal of Financial and Quantitative Analysis*, Vol. 55, No. 2, pp. 621-651.

[59] Buch, C. M., G. DeLong, 2004. Cross-border Bank Mergers: What Lures the Rare Animals? *Journal of Banking and Finance*, Vol. 28, No. 9, pp. 2077-2102.

[60] Burger, C., 2014. Geography of Savings in the German Occupational Pension System. *Regional Studies*, Vol. 48, No. 7, pp. 1176-1193.

[61] Burgstaller, J., 2013. Bank Office Outreach, Structure and Performance in Regional Banking Markets. *Regional Studies*, Vol. 47, No. 7, pp. 1131-1155.

[62] Caballero, J., C. Candelaria, G. Hale, 2018. Bank Linkages and International Trade. *Journal of International Economics*, Vol. 115, pp. 30-47.

[63] Calluzzo, P., D. G. Nathan, D. Godsell, 2017. Sovereign Wealth Fund Investments and the US Political Process. *Journal of International Business Studies*, Vol. 48, pp. 222-243.

[64] Campbell, K. M., E. Ratner, 2018. The China Reckoning: How Beijing Defied American Expectations. *Foreign Affaris*, Vol. 97, pp. 60-70.

[65] Carbó-Valverde, S. *et al.*, 2007. Financial Innovations in Banking: Impact on Regional Growth. *Regional Studies*, Vol. 41, No. 3, pp. 311-326.

[66] Carney, R. W., 2018. *Authoritarian Capitalism: Sovereign Wealth Funds and State-owned Enterprises in East Asia and Beyond*. Cambridge, UK: Cambridge University Press.

[67] Casamatta, C., C. Haritchabalet, 2007. Experience, Screening and Syndication in Venture Capital Investments. *Journal of Financial Intermediation*, Vol. 16, No. 3, pp. 368-398.

[68] Chen, H. *et al.*, 2010. Buy Local? The Geography of Venture Capital. *Journal of Urban Economics*, Vol. 67, No. 1, pp. 90-102.

[69] Chen, K., M. Marchioni, 2008. Spatial Clustering of Venture Capital-Financed Biotechnology Firms in the US. *Industrial Geographer*, Vol. 5, No. 2, pp. 19-38.

[70] Chhaochharia, V., L. Laeven, 2008. *Sovereign Wealth Funds: Their Investment Strategies and Performance*. Centre for Economic Policy Research Discussion Paper, No. DP6959. London: Centre for Economic Policy Research.

[71] Christensen, J., 2007. The Development of Geographical Specialization of Venture Capital. *European Planning Studies*, Vol. 15, No. 6, pp. 817-833.

[72] Christophers, B., 2019. The Allusive Market: Insurance of Flood Risk in Neoliberal Britain.

Economy and Society, Vol. 48, No. 1, pp. 1-29.

[73] Chwieroth, J. M., 2014. Fashions and Fads in Finance: The Political Foundations of Sovereign Wealth Fund Creation. *International Studies Quarterly*, Vol. 58, No. 4, pp. 752-763.

[74] Cipriani, M., L. S. Goldberg, G. La Spada, 2023. Financial Sanctions, SWIFT, and the Architecture of the International Payment System. *Journal of Economic Perspectives*, Vol. 37, No. 1, pp. 31-52.

[75] Clark, G. L., 2000. *Pension Fund Capitalism.* Oxford: Oxford University Press.

[76] Clark, G. L., A. D. Dixon, A. H. Monk, 2013. *Sovereign Wealth Funds: Legitimacy, Governance, and Global Power.* Princeton, NJ: Princeton University Press.

[77] Clark, G. L., A. H. Monk, 2010. The Norwegian Government Pension Fund: Ethics Over Efficiency. *Rotman International Journal of Pension Management*, Vol. 3, No. 1, pp. 14-19.

[78] Clark, G. L., A. H. Monk, 2014. State and Local Pension Fund Governance and the Process of Contracting for Investment Services: The Scope of Diversity and the Problem of Embeddedness. *Territory, Politics, Governance*, Vol. 2, No. 2, pp. 150-172.

[79] Clark, G. L., E. R. Knight, 2011. Temptation and the Virtues of Long-term Commitment: The Governance of Sovereign Wealth Fund Investment. *Asian Journal of International Law*, Vol. 1, No. 2, pp. 321-348.

[80] Clark, G. L., J. Knox-Hayes, K. Strauss, 2009. Financial Sophistication, Salience, and the Scale of Deliberation in UK Retirement Planning. *Environment and Planning A: Economy and Space*, Vol. 41, No. 10, pp. 2496-2515.

[81] Clark, G. L., P. Bennett, 2001. Dutch Sector-wide Supplementary Pensions: Fund Governance, European Competition Policy, and the Geography of Finance. *Environment and Planning A: Economy and Space*, Vol. 37, No. 1, pp. 27-48.

[82] Clark, G. L., P. O'Neill, 2023. An Economic and Financial Geography of the Australian Superannuation Industry. *Geographical Research*, Vol. 61, No. 4, pp. 443-457.

[83] Claessens, M. S., M. A. Kose, 2013. *Financial Crises Explanations, Types, and Implications.* International Monetary Fund Working Paper, No. 13/28. Washington, DC: International Monetary Fund.

[84] Coffey, W. J., 2000. The Geographies of Producer Services. *Urban Geography*, Vol. 21, No. 2, pp. 170-183.

[85] Coffey, W. J., A. S. Bailly, 1992. Producer Services and Systems of Flexible Production. *Urban Studies*, Vol. 29, No. 6, pp. 857-868.

[86] Coffey, W. J., M. Polèse, 1989. Producer Services and Regional Development: A Policy-Oriented Prespective. *Papers of the Regional Science Association*, Vol. 61, No. 7, pp. 13-27.

[87] Cohen, B. J., 2009. Sovereign Wealth Funds and National Security: The Great Tradeoff. *International Affairs*, Vol. 85, No. 4, pp. 713-731.

[88] Cripps, F., A. Izurieta, A. Singh, 2011. Global Imbalances, Under-consumption and Over-borrowing: The State of the World Economy and Future Policies. *Development and Change*, Vol. 42, No. 1, pp. 228-261.

[89] Crocco, M. *et al*., 2014. Banks and Regional Development: An Empirical Analysis on the Determinants of Credit Availability in Brazilian Regions. *Regional Studies*, Vol. 48, No. 5, pp. 883-895.

[90] Crockett, A., 2002. Market Discipline and Financial Stability. *Journal of Banking & Finance*, Vol. 26, No. 5, pp. 977-987.

[91] Cuervo-Cazurra, A., A. Grosman, W. L. Megginson, 2023. A Review of the Internationalization of State-owned Firms and Sovereign Wealth Funds: Governments' Nonbusiness Objectives and Discreet Power. *Journal of International Business Studies*, Vol. 54, No. 1, pp. 78-106.

[92] Cumming, D., P. Monteiro, 2023. Sovereign Wealth Fund Investment in Venture Capital, Private Equity, and Real Asset Funds. *Journal of International Business Policy*, Vol. 6, pp. 330-355.

[93] Daniels, P. W., 1987. The Geography of Services. *Progress in Human Geography*, Vol. 11, No. 3, pp. 433-447.

[94] Daniels, P. W., 1995. The Locational Geography of Advanced Producer Services Firms in the United Kingdom. *Progress in Planning*, Vol. 43, No. 2-3, pp. 123-138.

[95] De Blasio, G., 2008. Urban-Rural Differences in Internet Usage, E-commerce, and E-banking: Evidence from Italy. *Growth and Change*, Vol. 39, No. 2, pp. 341-367.

[96] De Guevara, J. F., J. Maudos, 2009. Regional Financial Development and Bank Competition: Effects on Firms' Growth. *Regional Studies*, Vol. 43, No. 2, pp. 211-228.

[97] Dewenter, K. L., X. Han, P. H. Malatesta, 2010. Firm Values and Sovereign Wealth Fund Investments. *Journal of Financial Economics*, Vol. 98, No. 2, pp. 256-278.

[98] Dixon, A. D., 2017. The State as Institutional Investor: Unpacking the Geographical Political Economy of Sovereign Wealth Funds. In R. Martin, J. Pollard, *Handbook on the Geographies of Money and Finance*. Cheltenham: Edward Elgar, pp. 279-297.

[99] Dixon, A. D., 2019. The China Investment Corporation and the Rise of Sovereign Wealth Funds. In K. Zeng, *Handbook on the International Political Economy of China*. Edward Elgar Publishing, pp. 224-238.

[100] Dixon, A. D., A. H. Monk, 2011. *What Role for Sovereign Wealth Funds in Africa's Development?* Oil-to-Cash Initiative Background Paper. Washington DC: Center for Global Development.

[101] Dixon, A. D., A. H. Monk, 2012. Rethinking the Sovereign in Sovereign Wealth Funds. *Transactions of the Institute of British Geographers*, Vol. 37, No. 1, pp. 104-117.

[102] Dixon, A. D., A. H. Monk, 2014. Financializing Development: Toward a Sympathetic Critique of Sovereign Development Funds. *Journal of Sustainable Finance & Investment*,

Vol. 4, No. 4, pp. 357-371.

[103] Diwan, K., 2009. Sovereign Dilemmas: Saudi Arabia and Sovereign Wealth Funds. *Geopolitics*, Vol. 14, No. 2, pp. 345-359.

[104] Dupuy, C., S. Lavigne, D. Nicet-Chenaf, 2010. Does Geography Still Matter? Evidence on the Portfolio Turnover of Large Equity Investors and Varieties of Capitalism. *Economic Geography*, Vol. 86, No. 1, pp. 75-98.

[105] Dymski, G. A., 2005. Financial Globalization, Social Exclusion and Financial Crisis. *International Review of Applied Economics*, Vol. 19, No. 4, pp. 439-457.

[106] Dymski, G. A., 2012. The Reinvention of Banking and the Subprime Crisis: On the Origins of Subprime Loans, and How Economists Missed the Crisis. In M. B. Aalbers, *Subprime Cities: The Political Economy of Mortgage Markets*. Wiley-Blackwell, pp. 151-184.

[107] Elango, B. *et al*., 1995. How Venture Capital Firms Differ. *Journal of Business Venturing*, Vol. 10, No. 2, pp. 157-179.

[108] Engel, D., M. Keilbach, 2007. Firm-level Implications of Early Stage Venture Capital Investment — An Empirical Investigation. *Journal of Empirical Finance*, Vol. 14, No. 2, pp. 150-167.

[109] Engelen, E., M. H. Grote, 2009. Stock Exchange Virtualisation and the Decline of Second-tier Financial Centres — The Cases of Amsterdam and Frankfurt. *Journal of Economic Geography*, Vol. 9, No. 5, pp. 679-696.

[110] Ericson, R., A. Doyle, 2004. Catastrophe Risk, Insurance and Terrorism. *Economy and Society*, Vol. 33, No. 2, pp. 135-173.

[111] Erkens, D. H., M. Hung, P. Matos, 2012. Corporate Governance in the 2007-2008 Financial Crisis: Evidence from Financial Institutions Worldwide. *Journal of Corporate Finance*, Vol. 18, No. 2, pp. 389-411.

[112] Erturk, I. *et al*., 2008. *Financialization at Work: Key Texts and Commentary.* Abingdon: Routledge.

[113] Esho, N. *et al*., 2004. Law and the Determinants of Property-Casualty Insurance. *Journal of Risk and Insurance*, Vol. 71, No. 2, pp. 265-283.

[114] Ewers, M. C. *et al*., 2018. Creating and Sustaining Islamic Financial Centers: Bahrain in the Wake of Financial and Political Crises. *Urban Geography*, Vol. 39, No. 1, pp. 3-25.

[115] Faulconbridge, J. R., 2006. Stretching Tacit Knowledge beyond a Local Fix? Global Spaces of Learning in Advertising Professional Service Firms. *Journal of Economic Geography*, Vol. 6, No. 4, pp. 517-540.

[116] Faulconbridge, J. R., S. J. Hall, J. V. Beaverstock, 2008. New Insights into the Internationalization of Producer Services: Organizational Strategies and Spatial Economies for Global Headhunting Firms. *Environment and Planning A: Economy and Space*, Vol. 40, No. 1, pp. 210-234.

[117] Fernandes, N., 2014. The Impact of Sovereign Wealth Funds on Corporate Value and

Performance. *Journal of Applied Corporate Finance*, Vol. 26, No. 1, pp. 76-84.
[118] Ferrary, M., M. Granovetter, 2009. The Role of Venture Capital Firms in Silicon Valley's Complex Innovation Network. *Economy and Society*, Vol. 38, No. 2, pp. 326-359.
[119] Fields, D., 2015. Distressed-as-Desirable Assets: Post-crisis Representations of Housing. *Urban Geography*, Vol. 33, No. 5, pp. 630-654.
[120] Fini, M., 2011. Financial Ideas, Political Constraints: Sovereign Wealth Funds and Domestic Governance. *Competition & Change*, Vol. 15, No. 1, pp. 71-93.
[121] Florida, R. L., M. Kenney, 1988a. Venture Capital, High Technology and Regional Development. *Regional Studies*, Vol. 22, No. 1, pp. 33-48.
[122] Florida, R. L., M. Kenney, 1988b. Venture Capital and High Technology Entrepreneurship. *Journal of Business Venturing*, Vol. 3, No. 4, pp. 301-319.
[123] Florida, R. L., M. Kenney, 1988c. Venture Capital-Financed Innovation and Technological Change in the USA. *Research Policy*, Vol. 17, No. 3, pp. 119-137.
[124] Fraj, S. H., M. Hamdaoui, S. Maktouf, 2018. Governance and Economic Growth: The Role of the Exchange Rate Regime. *International Economics*, Vol. 156, pp. 326-364.
[125] Francis, J. C., D. Kim, 2013. *Modern Portfolio Theory: Foundations, Analysis, and New Developments*. John Wiley & Sons.
[126] French, S., A. Leyshon, 2004. The New, New Financial System? Towards a Coneptualization of Financial Reintermediation. *Review of International Political Economy*, Vol. 11, No. 2, pp. 263-288.
[127] French, S., A. Leyshon, S. Meek, 2013. The Changing Geography of British Bank and Building Society Branch Networks, 2003-2012. Working Paper. Nottingham: University of Nottingham. https://nottingham-repository.worktribe.com/output/716960.
[128] Fritsch, M., D. Schilder, 2008. Does Venture Capital Investment Really Require Spatial Proximity? An Empirical Investigation. *Environment and Planning A*, Vol. 40, No. 9, pp. 2114-2131.
[129] Fritsch, M., D. Schilder, 2012. The Regional Supply of Venture Capital: Can Syndication Overcome Bottlenecks? *Economic Geography*, Vol. 88, No. 1, pp. 59-76.
[130] Fuentes, C. J. R., 1998. Credit Availability and Regional Development. *Papers in Regional Science*, Vol. 77, No. 1, pp. 63-75.
[131] Gaddy, B. E. *et al.*, 2017. Venture Capital and Cleantech: The Wrong Model for Energy Innovation. *Energy Policy*, Vol. 102, pp. 385-395.
[132] Gaies, B., S. Goutte, K. Guesmi, 2020. Does Financial Globalization Still Spur Growth in Emerging and Developing Countries? Considering Exchange Rates. *Research in International Business and Finance*, Vol. 52, 101113.
[133] Gelb, A. *et al.*, 2014. *Sovereign Wealth Funds and Long-term Development Finance: Risks and Opportunities*. World Bank Policy Research Working Paper, No. 6776. Washington, DC: World Bank.

[134] Gemici, K., K. P. Lai, 2019. How "Global" are Investment Banks? An Analysis of Investment Banking Networks in Asian Equity Capital Markets. *Regional Studies*, Vol. 54, No. 2, pp. 149-161.

[135] Gerber, H. U., 2013. *Life Insurance Mathematics*. Springer.

[136] Glueckler, J., 2006. A Relational Assessment of International Market Entry in Management Consulting. *Journal of Economic Geography*, Vol. 6, No. 3, pp. 369-393.

[137] Goe, W. R., 1990. Producer Services, Trade and the Social Division of Labour. *Regional Studies*, Vol. 24, No. 4, pp. 327-342.

[138] Gompers, P., J. Lerner, 2001. The Venture Capital Revolution. *Journal of Economic Perspectives*, Vol. 15, No. 2, pp. 145-168.

[139] Gompers, P. A., J. Lerner, 2004. *The Venture Capital Cycle*. Cambridge, MA: MIT Press.

[140] Goodman, L. S. *et al.*, 2008. *Subprime Mortgage Credit Derivatives*. John Wiley & Sons.

[141] Gotham, K. F., 2009. Creating Liquidity out of Spatial Fixity: The Secondary Circuit of Capital and the Subprime Mortgage Crisis. *International Journal of Urban and Regional Research*, Vol. 33, No. 2, pp. 355-371.

[142] Green, G. P., 1987. *Finance Capital and Uneven Development*. New York, NY: Routledge.

[143] Griffith-Jones, S., J. A. Ocampo, 2011. The Rationale for Sovereign Wealth Funds: A Developing Country Perspective. In P. Bolton, F. Samama, J. Stiglitz, *Sovereign Wealth Funds and Long-term Investing*. New York, NY: Columbia University Press, pp. 60-66.

[144] Grigoryan, A., 2016. The Ruling Bargain: Sovereign Wealth Funds in Elite-dominated Societies. *Economics of Governance*, Vol. 17, pp. 165-184.

[145] Grilli, L., S. Murtinu, 2014. Government, Venture Capital and the Growth of European High-tech Entrepreneurial Firms. *Research Policy*, Vol. 43, No. 9, pp. 1523-1543.

[146] Grote, M. H., 2009. Financial Centers between Centralization and Virtualization. In A. Zazzaro, M. Fratiann, P. Alessandrini, *The Changing Geography of Banking and Finance*. Springer, pp. 277-294.

[147] Grote, M. H., 2008. Foreign Banks' Attraction to the Financial Centre Frankfurt—An Inverted "U"-shaped Relationship. *Journal of Economic Geography*, Vol. 8, No. 2, pp. 239-258.

[148] Guerin, S. S., 2006. The Role of Geography in Financial and Economic Integration: A Comparative Analysis of Foreign Direct Investment, Trade and Portfolio Investment Flows. *World Economy*, Vol. 29, No. 2, pp. 189-209.

[149] Haberly, D., 2011. Strategic Sovereign Wealth Fund Investment and the New Alliance Capitalism: A Network Mapping Investigation. *Environment and Planning A: Economy and Space*, Vol. 43, No. 8, pp. 1833-1852.

[150] Haberly, D., 2014. White Knights from the Gulf: Sovereign Wealth Fund Investment and the Evolution of German Industrial Finance. *Economic Geography*, Vol. 90, No. 3, pp. 293-320.

[151] Halbert, L., 2007. From Sectors to Functions: Producer Services, Metropolisation and Agglomeration Forces in the Ile-de-France Region. *Belgeo. Revue belge de géographie*, Vol. 1, pp. 73-94.

[152] Halbert, L., 2008. Examining the Mega-City-Region Hypothesis: Evidence from the Paris City-Region/Bassin Parisien. *RéGional Studies*, Vol. 42, No. 8, pp. 1147-1160.

[153] Hall, S., 2007. "Relational Marketplaces" and the Rise of Boutiques in London's Corporate Finance Industry. *Environment and Planning A: Economy and Space*, Vol. 39, No. 8, pp. 1838-1854.

[154] Hall, S., 2013. Geographies of Money and Finance Ⅲ: Financial Circuits and the "Real Economy". *Progress in Human Geography*, Vol. 37, No. 2, pp. 285-292.

[155] Hanieh, A., 2020. New Geographies of Financial Power: Global Islamic Finance and the Gulf. *Third World Quarterly*, Vol. 41, No. 3, pp. 525-546.

[156] Hanssens, H., B. Derudder, F. Witlox, 2012. Managing Organizational and Geographical Complexity: The "Positionality" of Advanced Producer Services in the Globalizing Economies of Metropolitan Regions. *Erdkunde*, Vol. 66, No. 1, pp. 45-55.

[157] Hanssens, H. *et al.*, 2011. The Changing Geography of Globalized Service Provision, 2000-2008. *The Service Industries Journal*, Vol. 31, No. 14, pp. 2293-2307.

[158] Hanssens, H. *et al.*, 2014. Assessing the Functional Polycentricity of the Mega-City-Region of Central Belgium based on Advanced Producer Service Transaction Links. *Regional Studies*, Vol. 48, No. 12, pp. 1939-1953.

[159] Harrington, J. W., 1995. Producer Services Research in US Regional Studies. *The Professional Geographer*, Vol. 47, No. 1, pp. 87-96.

[160] Harvey, D., 1989. From Managerialism to Entrepreneurialism: The Transformation in Urban Governance in Late Capitalism. *Geografiska Annaler: Series B, Human Geography*, Vol. 71, No. 1, pp. 3-17.

[161] Harvey, D., 2011. Roepke Lecture in Economic Geography — Crises, Geographic Disruptions and the Uneven Development of Political Responses. *Economic Geography*, Vol. 87, No. 1, pp. 1-22.

[162] Hatton, K., K. Pistor, 2011. Maximizing Autonomy in the Shadow of Great Powers: The Political Economy of Sovereign Wealth Funds. *Columbia Journal of Transnational Law*, Vol. 50, pp. 1-81.

[163] Haukkala, H., 2015. From Cooperative to Contested Europe? The Conflict in Ukraine as a Culmination of a Long-term Crisis in EU-Russia Relations. *Journal of Contemporary European Studies*, Vol. 23, No. 1, pp. 25-40.

[164] Hegde, D., J. Tumlinson, 2014. Does Social Proximity Enhance Business Partnerships? Theory and Evidence from Ethnicity's Role in US Venture Capital. *Management Science*, Vol. 60, No. 9, pp. 2355-2380.

[165] Hegerty, S. W., 2016. Commercial Bank Locations and "Banking Deserts": A Statistical

Analysis of Milwaukee and Buffalo. *The Annals of Regional Science*, Vol. 56, No. 1, pp. 253-271.
[166] Heinemann, T., 2014. Organisational Geographies of Finance: Opening the Black Box of Global Investment Banks. *Geography Compass*, Vol. 8, No. 1, pp. 25-37.
[167] Helleiner, E., 2009. The Geopolitics of Sovereign Wealth Funds: An Introduction. *Geopolitics*, Vol. 14, No. 2, pp. 300-304.
[168] Helleiner, E., 2011. Understanding the 2007-2008 Global Financial Crisis: Lessons for Scholars of International Political Economy. *Annual Review of Political Science*, Vol. 14, pp. 67-87.
[169] Hemphill, T. A., 2009. Sovereign Wealth Funds: National Security Risks in a Global Free Trade Environment. *Thunderbird International Business Review*, Vol. 51, No. 6, pp. 551-566.
[170] Henderson, J. V., Z. Shalizi, A. J. Venables, 2001. Geography and Development. *Journal of Economic Geography*, Vol. 1, No. 1, pp. 81-105.
[171] Hepfer, B. F., J. H. Wilde, R. J. Wilson, 2020. Tax and Nontax Incentives in Income Shifting: Evidence from Shadow Insurers. *The Accounting Review*, Vol. 95, No. 4, pp. 219-262.
[172] Hermelin, B., 2007. The Urbanization and Suburbanization of the Service Economy: Producer Services and Specialization in Stockholm. *Geografiska Annaler: Series B, Human Geography*, Vol. 89, No. S1, pp. 59-74.
[173] Hertog, P. D., 2000. Knowledge-Intensive Business Services as Co-producers of Innovation. *International Journal of Innovation Management*, Vol. 4, No. 4, pp. 491-528.
[174] Hirukawa, M., M. Ueda, 2011. Venture Capital and Innovation: Which is First? *Pacific Economic Review*, Vol. 16, No. 4, pp. 421-465.
[175] Hochberg, Y. V., M. J. Mazzeo, R. C. McDevitt, 2015. Specialization and Competition in the Venture Capital Industry. *Review of Industrial Organization*, Vol. 46, pp. 323-347.
[176] Hofman, A., M. B. Aalbers, 2019. A Finance-and Real Estate-Driven Regime in the United Kingdom. *Geoforum*, Vol. 100, pp. 89-100.
[177] Hong, S., K. Serfes, V. Thiele, 2020. Competition in the Venture Capital Market and the Success of Startup Companies: Theory and Evidence. *Journal of Economics & Management Strategy*, Vol. 29, No. 4, pp. 741-791.
[178] Hood, J., W. Stein, C. Mccann, 2009. Low-cost Insurance Schemes in Scottish Social Housing: An Empirical Study of Availability and Tenants' Participation. *Urban Studies*, Vol. 46, No. 9, pp. 1807-1827.
[179] Hopp, C., F. Rieder, 2011. What Drives Venture Capital Syndication? *Applied Economics*, Vol. 43, No. 23, pp. 3089-3102.
[180] Hoyler, M., R. C. Kloosterman, M. Sokol, 2008. Polycentric Puzzles — Emerging Mega-city Regions Seen through the Lens of Advanced Producer Services. *Regional*

Studies, Vol. 42, No. 8, pp. 1055-1064.

[181] Hoyler, M., T. Freytag, C. Mager, 2008. Connecting Rhine-Main: The Production of Multi-scalar Polycentricities through Knowledge-Intensive Business Services. *Regional Studies*, Vol. 42, No. 8, pp. 1095-1111.

[182] Isakson, S. R., 2015. Derivatives for Development? Small-farmer Vulnerability and the Financialization of Climate Risk Management. *Journal of Agrarian Change*, Vol. 15, No. 4, pp. 569-580.

[183] Jacobs, W., C. Ducruet, P. De Langen, 2010. Integrating World Cities into Production Networks: The Case of Port Cities. *Global Networks*, Vol. 10, No. 1, pp. 92-113.

[184] Jakšič, M., M. Marinč, 2019. Relationship Banking and Information Technology: The Role of Artificial Intelligence and FinTech. *Risk Management*, Vol. 21, pp. 1-18.

[185] Jääskeläinen, M., M. Maula, 2014. Do Networks of Financial Intermediaries Help Reduce Local Bias? Evidence from Cross-border Venture Capital Exits. *Journal of Business Venturing*, Vol. 29, No. 5, pp. 704-721.

[186] Jensen, O. A., P. Seele, 2013. An Analysis of Sovereign Wealth and Pension Funds' Ethical Investment Guidelines and Their Commitment Thereto. *Journal of Sustainable Finance & Investment*, Vol. 3, No. 3, pp. 264-282.

[187] Johnson, L., 2013a. Catastrophe Bonds and Financial Risk: Securing Capital and Rule through Contingency. *Geoforum*, Vol. 45, pp. 30-40.

[188] Johnson, L., 2013b. Index Insurance and the Articulation of Risk-bearing Subjects. *Environment and Planning A: Economy and Space*, Vol. 45, No. 11, pp. 2663-2681.

[189] Johnson, L., 2014. Geographies of Securitized Catastrophe Risk and the Implications of Climate Change. *Economic Geography*, Vol. 90, No. 2, pp. 155-185.

[190] Jones, A., 2005. Truly Global Corporations? Theorizing "Organizational Globalization" in Advanced Business-services. *Journal of Economic Geography*, Vol. 5, No. 2, pp. 177-200.

[191] Jones, A., P. Search, 2009. Proximity and Power within Investment Relationships: The Case of the UK Private Equity Industry. *Geoforum*, Vol. 40, No. 5, pp. 809-819.

[192] Kirshner, J., 2009. Sovereign Wealth Funds and National Security: The Dog That Will Refuse to Bark. *Geopolitics*, Vol. 14, No. 2, pp. 305-316.

[193] Klagge, B., R. Martin, 2005. Decentralized Versus Centralized Financial Systems: Is There a Case for Local Capital Markets? *Journal of Economic Geography*, Vol. 5, No. 4, pp. 387-421.

[194] Klingler-Vidra, R., 2018. *The Venture Capital State: The Silicon Valley Model in East Asia. Cornell Studies in Political Economy*. Ithaca, NY: Cornell University Press.

[195] Knill, A., B. S. Lee, N. Mauck, 2012. Bilateral Political Relations and Sovereign Wealth Fund Investment. *Journal of Corporate Finance*, Vol. 18, No. 1, pp. 108-123.

[196] Kogut, B., P. Urso, G. Walker, 2007. Emergent Properties of a New Financial Market:

American Venture Capital Syndication, 1960-2005. *Management Science*, Vol. 53, No. 7, pp. 1181-1198.

[197] Kollmann, T., A. Kuckertz, 2010. Evaluation Uncertainty of Venture Capitalists' Investment Criteria. *Journal of Business Research*, Vol. 63, No. 7, pp. 741-747.

[198] Kolympiris, C., N. Kalaitzandonakes, D. Miller, 2011. Spatial Collocation and Venture Capital in the US Biotechnology Industry. *Research Policy*, Vol. 40, No. 9, pp. 1188-1199.

[199] Kortum, S. S., J. Lerner, 1998. *Does Venture Capital Spur Innovation?* National Bureau of Economic Research Working Paper No. w6846. Cambridge, MA: National Bureau of Economic Research.

[200] Kratsas, G., J. Truby, 2015. Regulating Sovereign Wealth Funds to Avoid Investment Protectionism. *Journal of Financial Regulation*, Vol. 1, No. 1, pp. 95-134.

[201] Kubo, K., H. V. Phan, 2019. State Ownership, Sovereign Wealth Fund and Their Effects on Firm Performance: Empirical Evidence from Vietnam. *Pacific-Basin Finance Journal*, Vol. 58, 101220.

[202] Kuebart, A., 2019. Geographies of Relational Coordination in Venture Capital Firms. *European Planning Studies*, Vol. 27, No. 11, pp. 2206-2226.

[203] Lambregts, B., 2008. Geographies of Knowledge Formation in Mega-city Regions: Some Evidence from the Dutch Randstad. *Regional Studies*, Vol. 42, No. 8, pp. 1173-1186.

[204] Langland, E., 2009. Misplaced Fears Put to Rest: Financial Crisis Reveals the True Motives of Sovereign Wealth Funds. *Tulane Journal of International & Comparative Law*, Vol. 18, pp. 263-285.

[205] Langley, P., 2006a. Securitising Suburbia: The Transformation of Anglo-American Mortgage Finance. *Competition & Change*, Vol. 10, No. 3, pp. 283-299.

[206] Langley, P., 2006b. The Making of Investor Subjects in Anglo-American Pensions. *Environment and Planning D: Society and Space*, Vol. 24, No. 6, pp. 919-934.

[207] Langley, P., 2008a. Financialization and the Consumer Credit Boom. *Competition & Change*, Vol. 12, No. 2, pp. 133-147.

[208] Langley, P., 2008b. *The Everyday Life of Global Finance: Saving and Borrowing in Anglo-America.* Oxford, UK: Oxford University Press.

[209] Langley, P., 2008c. Pension Fund Capitalism, Pension Fund Socialism and Dissent from Investment. In M. Taylor, *Global Economy Contested, Power and Conflict across the International Division of Labour.* London: Routledge, pp. 141-157.

[210] Lavelle, K. C., 2008. The Business of Governments: Nationalism in the Context of Sovereign Wealth Funds and State-owned Enterprises. *Journal of International Affairs*, Vol. 62, No. 1, pp. 131-147.

[211] Lavery, S., 2018. The Legitimation of Post-crisis Capitalism in the United Kingdom: Real Wage Decline, Finance-led Growth and the State. *New Political Economy*, Vol. 23, No. 1, pp. 27-45.

[212] Lee, R. *et al.*, 2009 The Remit of Financial Geography — Before and after the Crisis. *Journal of Economic Geography*, Vol. 9, No. 5, pp. 723-747.

[213] Lenihan, A. T., 2014. Sovereign Wealth Funds and the Acquisition of Power. *New Political Economy*, Vol. 19, No. 2, pp. 227-257.

[214] Lerner, J., R. Nanda, 2020. Venture Capital's Role in Financing Innovation: What We Know and How Much We Still Need to Learn. *Journal of Economic Perspectives*, Vol. 34, No. 3, pp. 237-261.

[215] Ley, D., T. Hutton, 1987. Vancouver's Corporate Complex and Producer Services Sector: Linkages and Divergence within a Provincial Staple Economy. *Regional Studies*, Vol. 21, No. 5, pp. 413-424.

[216] Leyshon, A., J. Pollard, 2000. Geographies of Industrial Convergence: The Case of Retail Banking. *Transactions of the Institute of British Geographers*, Vol. 25, No. 2, pp. 203-220.

[217] Leyshon, A., S. French, P. Signoretta, 2008. Financial Exclusion and the Geography of Bank and Building Society Branch Closure in Britain. *Transactions of the Institute of British Geographers*, Vol. 33, No. 4, pp. 447-465.

[218] Lim, S., Y. Kim, 2015. How to Design Public Venture Capital Funds: Empirical Evidence from South Korea. *Journal of Small Business Management*, Vol. 53, No. 4, pp. 843-867.

[219] Lin, G. C., 2017. Making Sense of the Uneven Geography of Urban and Regional Growth in the Era of Financialization: Financial Intermediation, Institutions and Markets. *Area Development and Policy*, Vol. 2, No. 3, pp. 245-250.

[220] Lincoln, A., 2000. Working for Regional Development? The Case of Canadian Labour-Sponsored Investment Funds. *Regional Studies*, Vol. 34, No. 8, pp. 727-737.

[221] Lipuma, E., B. Lee, 2005. Financial Derivatives and the Rise of Circulation. *Economy and Society*, Vol. 34, No. 3, pp. 404-427.

[222] Liu, F. H., D. Demeritt, S. Tang, 2019. Accounting for Sustainability in Asia: Stock Market Regulation and Reporting in Hong Kong and Singapore. *Economic Geography*, Vol. 95, No. 4, pp. 362-384.

[223] Lobo-Guerrero, L., 2011. *Insuring Security: Biopolitics, Security and Risk*. London: Routledge.

[224] Lockett, A., M. Wright, 2001. The Syndication of Venture Capital Investments. *Omega*, Vol. 29, No. 5, pp. 375-390.

[225] Lord, J. D., 1992. Geographic Deregulation of the US Banking Industry and Spatial Transfers of Corporate Control. *Urban Geography*, Vol. 13, No. 1, pp. 25-48.

[226] Lord, J. D., D. B. Wright, 1981. Competition and Location Strategy in Branch Banking: Spatial Avoidance or Clustering. *Urban Geography*, Vol. 2, No. 3, pp. 189-200.

[227] Loutskina, E., P. E. Strahan, 2009. Securitization and the Declining Impact of Bank Finance on Loan Supply: Evidence from Mortgage Originations. *The Journal of Finance*, Vol. 64, No. 2, pp. 861-889.

[228] Lutz, E. *et al.*, 2013. Importance of Spatial Proximity between Venture Capital Investors and Investees in Germany. *Journal of Business Research*, Vol. 66, No. 11, pp. 2346-2354.

[229] Mabbett, D., 2021. Reckless Prudence: Financialization in UK Pension Scheme Governance after the Crisis. *Review of International Political Economy*, Vol. 23, No. 4, pp. 926-946.

[230] MacDonald, T. J., D. W. Allen, J. Potts, 2016. Blockchains and the Boundaries of Self-organized Economies: Predictions for the Future of Banking. In P. Tasca, T. Aste, L. Pelizzon *et al.*, *Banking Beyond Banks and Money: A Guide to Banking Services in the Twenty-first Century*. Springer International Publishing, pp. 279-296.

[231] MacPherson, A., 1997. The Role of Producer Service Outsourcing in the Innovation Performance of New York State Manufacturing Firms. *Annals of the Association of American Geographers*, Vol. 87, No. 1, pp. 52-71.

[232] Macpherson, A., 2008. Producer Service Linkages and Industrial Innovation: Results of a Twelve-year Tracking Study of New York State Manufacturers. *Growth and Change*, Vol. 39, No. 1, pp. 1-23.

[233] Manigart, S., H. Sapienza, 2000. Venture Capital and Growth. In D. Sexton, H. Landström, *The Blackwell Handbook of Entrepreneurship*. Blackwell Publishers, pp. 240-258.

[234] Marshall, N. *et al.*, 2019. An Evolutionary Perspective on the British Banking Crisis. *Journal of Economic Geography*, Vol. 19, No. 5, pp. 1143-1167.

[235] Martin, R. *et al.*, 2005. Spatial Proximity Effects and Regional Equity Gaps in the Venture Capital Market: Evidence from Germany and the United Kingdom. *Environment and Planning A: Economy and Space*, Vol. 37, No. 7, pp. 1207-1231.

[236] Martin, R., R. Minns, 1995. Undermining the Financial Basis of Regions: The Spatial Structure and Implications of the UK Pension Fund System. *Regional Studies*, Vol. 29, No. 2, pp. 125-144.

[237] Mason, C., 2007. Venture Capital: A Geographical Perspective. In H. Landström, *Handbook of Research on Venture Capital*. Cheltenham, UK: Edward Elgar, pp. 86-112.

[238] Mason, C., Y. Pierrakis, 2013. Venture Capital, the Regions and Public Policy: The United Kingdom since the Post-2000 Technology Crash. *Regional Studies*, Vol. 47, No. 7, pp. 1156-1171.

[239] McCann, P., R. Ortega-Argilés, P. Y. Yuan, 2022. The Covid-19 Shock in European Regions. *Regional Studies*, Vol. 56, No. 7, pp. 1142-1160.

[240] McFall, L. 2015., *Devising Consumption: Cultural Economies of Insurance, Credit and Spending*. Abingdon: Routledge.

[241] Megginson, W. L., 2004. Toward a Global Model of Venture Capital? *Journal of Applied Corporate Finance*, Vol. 16, No. 1, pp. 89-107.

[242] Megginson, W. L., D. Lopez, A. I. Malik, 2021. The Rise of State-owned Investors: Sovereign Wealth Funds and Public Pension Funds. *Annual Review of Financial*

Economics, Vol. 13, pp. 247-270.

[243] Megginson, W. L., M. You, L. Han, 2013. Determinants of Sovereign Wealth Fund Cross-border Investments. *Financial Review*, Vol. 48, No. 4, pp. 539-572.

[244] Megginson, W. L., V. Fotak, 2016. Rise of the Fiduciary State: A Survey of Sovereign Wealth Fund Research. In E. Claus, I. Claus, *A Collection of Reviews on Savings and Wealth Accumulation*. John Wiley & Sons, pp. 163-212.

[245] Miles, I. *et al*., 1995. *Knowledge-Intensive Business Services. Users, Carriers and Sources of Information*. A Report to DG13 SPRINT-EIMS. Manchester: University of Manchester.

[246] Mishkin, F. S., 2007. *The Economics of Money, Banking, and Financial Markets*. Pearson Education.

[247] Monk, A., 2009. Recasting the Sovereign Wealth Fund Debate: Trust, Legitimacy, and Governance. *New Political Economy*, Vol. 14, No. 4, pp. 451-468.

[248] Monk, A. H., 2011. Sovereignty in the Era of Global Capitalism: The Rise of Sovereign Wealth Funds and the Power of Finance. *Environment and Planning A: Economy and Space*, Vol. 43, No. 8, pp. 1813-1832.

[249] Montambault, T. A., 2023. The Public Investment Fund and Salman's State: The Political Drivers of Sovereign Wealth Management in Saudi Arabia. *Review of International Political Economy*, Vol. 30, No. 2, pp. 747-771.

[250] Montgomerie, J., D. Tepe-Belfrage, 2019. Spaces of Debt Resistance and the Contemporary Politics of Financialised Capitalism. *Geoforum*, Vol. 98, pp. 309-317.

[251] Morrison, A. D., W. J. Wilhelm, 2007. *Investment Banking: Institutions, Politics, and Law*. Oxford: Oxford University Press.

[252] Moulaert, F., C. Gallouj, 1993. The Locational Geography of Advanced Producer Service Firms: The Limits of Economies of Agglomeration. *Service Industries Journal*, Vol. 13, No. 2, pp. 91-106.

[253] Murtinu, S., V. G. Scalera, R. Strange, 2023. Cross-border Acquisitions by Sovereign Wealth Funds: A Legitimacy-based View. *Global Strategy Journal*, Vol. 13, No. 4, pp. 888-926.

[254] Nahata, R., S. Hazarika, K. Tandon, 2014. Success in Global Venture Capital Investing: Do Institutional and Cultural Differences Matter? *Journal of Financial and Quantitative Analysis*, Vol. 49, No. 4, pp. 1039-1070.

[255] Natali, D., 2018. Occupational Pensions in Europe: Trojan Horse of Financialization? *Social Policy & Administration*, Vol. 52, No. 2, pp. 449-462.

[256] Nelson, M. K., 2006. Interpreting Producer Service Suburbanization: The Public Accounting Industry in Chicago and Minneapolis-St. Paul. *Urban Geography*, Vol. 27, No. 1, pp. 45-71.

[257] Nier, E. *et al*., 2007. Network Models and Financial Stability. *Journal of Economic Dynamics and Control*, Vol. 31, No. 6, pp. 2033-2060.

[258] Nissanke, M., 2012. Commodity Market Linkages in the Global Financial Crisis: Excess Volatility and Development Impacts. *Journal of Development Studies*, Vol. 48, No. 6, pp. 732-750.

[259] Ono, A. *et al*., 2013. *Does Geographical Proximity Matter in Small Business Lending? Evidence from the Switching of Main Bank Relationships*. Hitotsubashi University, Working Paper Series, No. 29.

[260] Ouma, S., 2020. This Can('t) be an Asset Class: The World of Money Management, "Society", and the Contested Morality of Farmland Investments. *Environment and Planning A: Economy and Space*, Vol. 52, No. 1, pp. 66-87.

[261] O'Brien, R., 1991. *Global Financial Integration: The End of Geography*. London: Pinter.

[262] O'Brien, R., A. Keith, 2009. The Geography of Finance: After the Storm. *Cambridge Journal of Regions, Economy and Society*, Vol. 2, No. 2, pp. 245-265.

[263] O'Huallachain, B., 1994. Foreign Banking in the American Urban System of Financial Organization. *Economic Geography*, Vol. 70, No. 3, pp. 206-228.

[264] O'Malley, P., A. Roberts, 2014. Governmental Conditions for the Economization of Uncertainty: Fire Insurance, Regulation and Insurance Actuarialism. *Journal of Cultural Economy*, Vol. 7, No. 3, pp. 253-272.

[265] Paganini, Z., 2019. Underwater: Resilience, Racialized Housing, and the National Flood Insurance Program in Canarsie, Brooklyn. *Geoforum*, Vol. 104, pp. 25-35.

[266] Pahnke, E. *et al*., 2015. Exposed: Venture Capital, Competitor Ties, and Entrepreneurial Innovation. *Academy of Management Journal*, Vol. 58, No. 5, pp. 1334-1360.

[267] Pain, K., 2008. Spaces of Practice in Advanced Business Services: Rethinking London-Frankfurt Relations. *Environment and Planning D: Society and Space*, Vol. 26, No. 2, pp. 264-279.

[268] Palmer, D. *et al*., 1990. Corporations and the Urban Advanced Business Service Sector. *Social Forces*, Vol. 69, No. 1, pp. 115-137.

[269] Papi, L., E. Sarno, A. Zazzaro, 2017. The Geographical Network of Bank Organizations: Issues and Evidence for Italy. In R. Martin, J. Pollard, *Handbook on the Geographies of Money and Finance*. Cheltenham: Edward Elgar Publishing, pp. 156-197.

[270] Park, D., G. Estrada, 2009. Developing Asia's Sovereign Wealth Funds and Outward Foreign Direct Investment. *Asian Development Review*, Vol. 26, No. 2, pp. 57-85.

[271] Pearson, R., 2015. *The Development of International Insurance*. London: Routledge.

[272] Phelps, N. A., J. T. Miao, 2020. Varieties of Urban Entrepreneurialism. *Dialogues in Human Geography*, Vol. 10, No. 3, pp. 304-321.

[273] Pihlman, J. *et al*., 2011. *Investment Objectives of Sovereign Wealth Funds: A Shifting Paradigm*. International Monetary Fund Working Paper, No. 11/19. Washington, DC: International Monetary Fund.

[274] Pike, A., A. Rodríguez-Pose, J. Tomaney, 2016. *Local and Regional Development*. London:

Routledge.

[275] Pollard, J. S. *et al.*, 2008. Firm Finances, Weather Derivatives and Geography. *Geoforum*, Vol. 39, No. 2, pp. 616-624.

[276] Popov, A., P. Roosenboom, 2012. Venture Capital and Patented Innovation: Evidence from Europe. *Economic Policy*, Vol. 27, No. 71, pp. 447-482.

[277] Portes, R., H. Rey, 2005. The Determinants of Cross-border Equity Flows. *Journal of International Economics*, Vol. 65, No. 2, pp. 269-296.

[278] Portes, R., H. Rey, Y. Oh, 2001. Information and Capital Flows: The Determinants of Transactions in Financial Assets. *European Economic Review*, Vol. 45, No. 4, pp. 783-796.

[279] Powell, W. W. *et al.*, 2002. The Spatial Clustering of Science and Capital: Accounting for Biotech Firm-venture Capital Relationships. *Regional Studies*, Vol. 36, No. 3, pp. 291-305.

[280] Pryke, M., 2007. Geomoney: An Option on Frost, Going Long on Clouds. *Geoforum*, Vol. 38, No. 3, pp. 576-588.

[281] Puy, D., 2016. Mutual Funds Flows and the Geography of Contagion. *Journal of International Money and Finance*, Vol. 60, pp. 73-93.

[282] Richardson, B. J., 2012. Sovereign Wealth Funds and Socially Responsible Investing: An Emerging Public Fiduciary. *Global Journal of Comparative Law*, Vol. 1, No. 2, pp. 125-162.

[283] Rodríguez-Pose, A., 2013. Do Institutions Matter for Regional Development? *Regional Studies*, Vol. 47, No. 7, pp. 1034-1047.

[284] Rosentraub, M. S., T. Shroitman, 2004. Public Employee Pension Funds and Social Investments: Recent Performance and a Policy Option for Changing Investment Strategies. *Journal of Urban Affairs*, Vol. 26, No. 3, pp. 325-337.

[285] Röper, N., 2021. Capitalists against Financialization: The Battle Over German Pension Funds. *Competition & Change*, Vol. 25, No. 3-4, pp. 428-452.

[286] Sapienza, H. J., S. Manigart, W. Vermeir, 1996. Venture Capitalist Governance and Value Added in Four Countries. *Journal of Business Venturing*, Vol. 11, No. 6, pp. 439-469.

[287] Sassen, S., 1991. The Global City. In Nugent, D., Vincent, J. (eds.), *A Companion to the Anthropology of Politics*. Wiley-Blackwell, pp. 168-178.

[288] Sawyer, M., 2021. Economic Policies and the Coronavirus Crisis in the UK. *Review of Political Economy*, Vol. 33, No. 3, pp. 414-431.

[289] Sharif, A., C. Aloui, L. Yarovaya, 2020. COVID-19 Pandemic, Oil Prices, Stock Market, Geopolitical Risk and Policy Uncertainty Nexus in the US Economy: Fresh Evidence from the Wavelet-based Approach. *International Review of Financial Analysis*, Vol. 70, 101496.

[290] Shearmur, R., D. Doloreux, 2008. Urban Hierarchy or Local Buzz? High-order Producer Service and (or) Knowledge-intensive Business Service Location in Canada, 1991-2001. *The Professional Geographer*, Vol. 60, No. 3, pp. 333-355.

[291] Sheldon, T. L., C. Zhan, 2019. The Impact of Natural Disasters on US Home Ownership.

Journal of the Association of Environmental and Resource Economists, Vol. 6, No. 6, pp. 1169-1203.

[292] Shemirani, M., 2016. *Sovereign Wealth Funds and International Political Economy*. London: Routledge.

[293] Shields, J., M. Villafuerte, 2010. Sovereign Wealth Funds and Economic Policy at Home. In U. Das, A. Mazarei, H. van der Hoorn, *Economics of Sovereign Wealth Funds: Issues for Policy Makers*. Washington, DC: International Monetary Fund, pp. 619-637.

[294] Sokol, M., 2007. Space of Flows, Uneven Regional Development, and the Geography of Financial Services in Ireland. *Growth and Change*, Vol. 38, No. 2, pp. 224-259.

[295] Sokol, M., C. van Egeraat, B. Williams, 2008. Revisiting the "Informational City": Space of Flows, Polycentricity and the Geography of Knowledge-intensive Business Services in the Emerging Global City-region of Dublin. *Regional Studies*, Vol. 42, No. 8, pp. 1133-1146.

[296] Sorenson, O., T. E. Stuart, 2001. Syndication Networks and the Spatial Distribution of Venture Capital Investments. *American Journal of Sociology*, Vol. 106, No. 6, pp. 1546-1588.

[297] Sornarajah, M., 2011. Sovereign Wealth Funds and the Existing Structure of the Regulation of Investments. *Asian Journal of International Law*, Vol. 1, No. 2, pp. 267-288.

[298] Storper, M., A. J. Venables, 2004. Buzz: Face-to-Face Contact and the Urban Economy. *Journal of Economic Geography*, Vol. 4, No. 4, pp. 351-370.

[299] Stewart, F., J. Yermo, 2008. *Pension Fund Governance: Challenges and Potential Solutions*. Organisation for Economic Co-operation and Development Working Papers on Insurance and Private Pensions, No. 18. Paris: OECD Publishing.

[300] Sunley, P., 2000. Pension Exclusion in Grey Capitalism: Mapping the Pensions Gap in Britain. *Transactions of the Institute of British Geographers*, Vol. 25, No. 4, pp. 483-501.

[301] Sunley, P. *et al.*, 2005. Venture Capital Programmes in the UK and Germany: In What Sense Regional Policies? *Regional Studies*, Vol. 39, No. 2, pp. 255-273.

[302] Taglialatela, J., R. Barontini, 2023. Prior Co-investments and Exits: A Study on European Venture Capital Syndicates. *Venture Capital*. https://doi.org/10.1080/13691066.2023.2286000.

[303] Taylor, P. J., 2004. *World City Network: A Global Urban Analysis*. London: Routledge.

[304] Taylor, P. J. *et al.*, 2009. The UK Space Economy as Practised by Advanced Producer Service Firms: Identifying two Distinctive Polycentric City-regional Processes in Contemporary Britain. *International Journal of Urban and Regional Research*, Vol. 33, No. 3, pp. 700-718.

[305] Taylor, P. J. *et al.*, 2011. Advanced Producer Servicing Networks of World Cities. In B. Derudder, M. Hoyler, P. J. Taylor *et al.*, *International Handbook of Globalization and World Cities*. Edward Elgar Publishing, pp. 229-252.

[306] Taylor, P. J. *et al.*, 2014. Advanced Producer Service Firms as Strategic Networks, Global

Cities as Strategic Places. *Economic Geography*, Vol. 90, No. 3, pp. 267-291.
[307] Taylor, Z. J., 2020. The Real Estate Risk Fix: Residential Insurance-linked Securitization in the Florida Metropolis. *Environment and Planning A: Economy and Space*, Vol. 52, No. 6, pp. 1131-1149.
[308] Teo, M., 2009. The Geography of Hedge Funds. *The Review of Financial Studies*, Vol. 22, No. 9, pp. 3531-3561.
[309] Theurillat, T., J. Corpataux, O. Crevoisier, 2010. Property Sector Financialization: The Case of Swiss Pension funds (1992-2005). *European Planning Studies*, Vol. 18, No. 2, pp. 189-212.
[310] Thierstein, A. *et al*., 2008. Changing Value Chain of the Swiss Knowledge Economy: Spatial Impact of Intra-firm and Inter-firm Networks within the Emerging Mega-city Region of Northern Switzerland. *Regional Studies*, Vol. 42, No. 8, pp. 1113-1131.
[311] Tickell, A., 2002. Geography of Services: Progress in the Geography of Services Ⅲ—Time to Move On? *Progress in Human Geography*, Vol. 26, No. 6, pp. 791-801.
[312] Tranter, B., K. Booth, 2019. Geographies of Trust: Socio-spatial Variegations of Trust in Insurance. *Geoforum*, Vol. 107, pp. 199-206.
[313] Truman, E. M., 2010. *Sovereign Wealth Funds: Threat or Salvation?* Washington, DC: Peterson Institute for International Economics Press.
[314] Turner, G., 2011. Financial Geography and Access as Determinants of Exports. *Cambridge Journal of Regions, Economy and Society*, Vol. 4, No. 2, pp. 269-286.
[315] Vivo, L. A., M. R. B. Franch, 2009. The Challenges of Socially Responsible Investment among Institutional Investors: Exploring the Links between Corporate Pension Funds and Corporate Governance. *Business and Society Review*, Vol. 114, No. 1, pp. 31-57.
[316] Von Thadden, E. L., E. Berglöf, G. Roland, 2010. The Design of Corporate Debt Structure and Bankruptcy. *The Review of Financial Studies*, Vol. 23, No. 7, pp. 2648-2679.
[317] Wainwright, T., 2009. Laying the Foundations for a Crisis: Mapping the Historico-Geographical Construction of Residential Mortgage Backed Securitization in the UK. *International Journal of Urban and Regional Research*, Vol. 33, No. 2, pp. 372-388.
[318] Walks, A., 2013. Mapping the Urban Debtscape: The Geography of Household Debt in Canadian Cities. *Urban Geography*, Vol. 34, No. 2, pp. 153-187.
[319] Wall, R. S., G. A. van der Knaap, 2011. Sectoral Differentiation and Network Structure within Contemporary Worldwide Corporate Networks. *Economic Geography*, Vol. 87, No. 3, pp. 267-308.
[320] Wang, X., F. Bohn, 2019. Pension Reserve Fund, Political Budget Cycles and Fiscal Illusion. *European Journal of Political Economy*, Vol. 56, pp. 62-73.
[321] Warf, B., 2008. *Time-space Compression: Historical Geographies*. Abingdon: Routledge.
[322] Weiss, L., 2014. *America Inc.? Innovation and Enterprise in the National Security State*. Ithaca, NY: Cornell University Press.

[323] White, L. J., 2002. The Credit Rating Industry: An Industrial Organization Analysis. In R. Levich, G. Majnoni, C. Reinhart, *Ratings, Rating Agencies and the Global Financial System*. Springer, pp. 41-63.

[324] Wiß, T., 2019. Reinforcement of Pension Financialisation as a Response to Financial Crises in Germany, the Netherlands and the United Kingdom. *Journal of European Public Policy*, Vol. 26, No. 4, pp. 501-520.

[325] Wójcik, D., 2007. Geography and the Future of Stock Exchanges: Between Real and Virtual Space. *Growth and Change*, Vol. 38, No. 2, pp. 200-223.

[326] Wójcik, D., 2009. Geography of Stock Markets. *Geography Compass*, Vol. 3, No. 4, pp. 1499-1514.

[327] Wójcik, D., 2011a. Securitization and Its Footprint: The Rise of the US Securities Industry Centres 1998-2007. *Journal of Economic Geography*, Vol. 11, No. 6, pp. 925-947.

[328] Wójcik, D., 2011b. *The Global Stock Market: Issuers, Investors, and Intermediaries in an Uneven World*. Oxford: Oxford University Press.

[329] Wójcik, D., 2012. The End of Investment Bank Capitalism? An Economic Geography of Financial Jobs and Power. *Economic Geography*, Vol. 88, No. 4, pp. 345-368.

[330] Wójcik, D., 2013. Where Governance Fails: Advanced Business Services and the Offshore World. *Progress in Human Geography*, Vol. 37, No. 3, pp. 330-347.

[331] Wójcik, D., 2020. Financial and Business Services: A Guide for the Perplexed. In J. Knox-Hayes, D. Wójcik, *The Routledge Handbook of Financial Geography*. London: Routledge, pp. 25-55.

[332] Wójcik, D., C. Burger, 2010. Listing BRICs: Stock Issuers from Brazil, Russia, India, and China in New York, London, and Luxembourg. *Economic Geography*, Vol. 86, No. 3, pp. 275-296.

[333] Wójcik, D. *et al.*, 2018. Economic Geography of Investment Banking since 2008: The Geography of Shrinkage and Shift. *Economic Geography*, Vol. 94, No. 4, pp. 376-399.

[334] Wray, F., 2012. Rethinking the Venture Capital Industry: Relational Geographies and Impacts of Venture Capitalists in Two UK Regions. *Journal of Economic Geography*, Vol. 12, No. 1, pp. 297-319.

[335] Yeung, H. W. C., 2011. From National Development to Economic Diplomacy? Governing Singapore's Sovereign Wealth Funds. *The Pacific Review*, Vol. 24, No. 5, pp. 625-652.

[336] Young, K. E. 2020. Sovereign Risk: Gulf Sovereign Wealth Funds as Engines of Growth and Political Resource. *British Journal of Middle Eastern Studies*, Vol. 47, No. 1, pp. 96-116.

[337] Zelizer, V., 2017. *Morals and Markets: The Development of Life Insurance in the United States*. New York, NY: Columbia University Press.

[338] Zhang, J., 2007. Access to Venture Capital and the Performance of Venture-backed Start-ups in Silicon Valley. *Economic Development Quarterly*, Vol. 21, No. 2, pp. 124-147.

[339] Zhang, M., F. He, 2009. China's Sovereign Wealth Fund: Weakness and Challenges. *China & World Economy*, Vol. 17, No. 1, pp. 101-116.

第四章　金融化

金融能够得到经济地理学者的广泛关注，主要原因之一是金融在整个社会运转中扮演越来越重要的角色。金融机构和金融市场在政治、经济、社会生活中的影响力越来越大，个人与家庭也越来越多地利用甚至依赖金融业务来保障工作和生活。这种金融渗入社会生活各个领域并具有重要影响力的现象可称为金融化（financialization）。金融化的相关研究可以认为是由 2008 年全球金融危机“激发”的（Lapavitsas，2011；Lucarelli，2012）。金融危机的起因前文已经介绍过，金融系统运作依靠高杠杆、崇尚快速扩张和短期收益的本质以及复杂化、长链条的金融产品，将全球金融市场紧密相连，这些特性使得一旦某一处资金链断裂即将引发不可控的连锁反应，导致全球金融市场崩溃。但即便如此，金融并未退出历史舞台。恰恰相反，各国政府进一步意识到金融对经济发展的重要性并强调要防范金融风险，让金融在风险可控的前提下更有效地发挥作用。相对应地，越来越多的金融地理学者乃至研究其他方向的人文地理学者都谈及自己研究领域出现的不同程度的金融化现象。青山优子（Yuko Aoyama）等于 2011 年在经济地理学旗舰期刊《经济地理》（*Economic Geography*）上发表了一篇社论，总结了当时经济地理学出现的新兴研究领域，金融化赫然在列（Aoyama *et al.*，2011）。

本章首先介绍金融化的定义，随后基于不同的空间（主体）尺度介绍金融化相关研究。

第一节 金融化的定义

布雷特·克里斯托弗斯（Christophers，2015b）认为，金融化（financialization）是21世纪最显著特征之一，反映了经济发展大的趋势。

金融化是概括性很高的一个词，任何反映金融重要性的现象都可以认为是金融化。因此，学者们只能尝试从最宏观的角度提出最具普适性的定义。典型例子如下：杰拉尔德·爱泼斯坦（Gerald Epstein）认为，金融化是金融动机（financial motives）、金融市场、金融元素（financial elements）、金融机构在国内和国际经济中的角色愈发重要的过程（Epstein，2005）。曼努埃尔·阿尔伯斯（Aalbers，2019b）认为，金融化是指在不同尺度（scales）的金融要素（financial actors）、金融市场、金融实践（financial practice）、金融准则（financial measurements）、金融叙事（financial narratives）逐步处于统治地位（increasing dominance），进而引起经济、企业、国家、个人与家庭的结构性转变（structural transformation）。

多样化的定义凸显了金融化是涉及多学科且分散化的研究，更多的学者从自己关注的领域尝试解释金融化现象。这类针对金融化的定义大多通过某一种具体的“载体”作为支撑，因此会有不同的侧重点。资本积累、经济结构是值得特别提到的一类“载体”，因为基于这类“载体”提出的定义也被广泛引用。大卫·哈维（Harvey，1989）认为金融工具和市场主体是资本主义资本积累与经济增长的新动力。他将金融带动的资本积累称为“灵活的积累模式”（a new regime of flexible accumulation）。相比于工业生产，金融资本的流动性更高，可以通过更多的渠道创造利润，即更加灵活。乔瓦尼·阿里吉（Giovanni Arrighi）的看法与之类似，认为金融市场的活跃让资本积累的增长极在世界范围内从生产转向金融（Arrighi，1994）。格雷塔·克里普纳（Greta Krippner）也依据相同视角提出了被广泛引用的金融化定义：一种通过金融渠道而非传统的商品生产贸易渠道进行利润积累的模式（Krippner，2005）。

虽然资本积累和经济结构是一种“载体”，但由此定义的“金融化”概念，相比于之前提到的基于“金融越来越重要”的视角而模糊定义的“金融化”，显得更加清晰和具体。但总体来说，“资本积累”和“经济结构”本身是包罗万象的：很多种方法都可以实现资本积累，经济结构也繁杂多样。因此，这类定义也是模糊的。这也是他们可以得到很多引用的原因。定义如果非常具体的话，其受众面就会小很多，只会引起相应学者的兴趣，引用量就会直线下降。

相对应地，更加具体的“载体”，如政府、企业、个人（家庭）等也可以引出更具体的金融化定义，只不过这类定义往往需要加上相应的修饰词，如“政府金融化”（financialization of the state）（Schwan *et al*., 2021）、“企业金融化”（corporate financialization）（Erturk，2020）和“个人（家庭）金融化”（financialization of everyday/everyday life/life）（Langley，2020）。而这些具体的定义揭示了金融化研究的一些具体方向和话题。肖恩·弗伦奇等（French *et al*., 2011）将金融化的研究总结为三个分支领域：金融化在社会积累过程中扮演的不同角色、金融市场和企业之间的关系、不同金融主体日常经济行为中的金融化现象。娜塔莎·范德兹万（Natascha van der Zwan）发表在著名期刊《社会经济评论》（*Socio-Economic Review*）上的一篇受到广泛引用的文章，同样以宏观经济结构、企业金融行为和家庭（个人）日常金融行为来总结金融化研究（van der Zwan，2014）。安迪·派克（Andy Pike）和简·波拉德（Pike and Pollard，2010）总结了两个金融化研究主题：①关注伴随金融市场的规模和影响扩张涌现的一系列金融中介及其他金融因素。金融市场与金融中介已经在塑造个人、家庭和企业的社会空间关系的过程中变得更加重要，金融已经成为理解这些主体经济空间行为的核心因素。金融化揭示了风险、不确定性和易变性已经以金融系统为载体深深地根植在经济地理学当中。金融中介和金融实践凭借自身广泛的社会与空间可达性，将风险、不确定性和易变性经由金融市场扩散到了数以万计的私人与公共领域。②关注金融化过程造成的经济、社会和政治领域的反响。不同个人、家庭、企业的金融能力和金融基础的差异性会导致其面临不同的金融状况，因此，金融化是引起个人、企业、社会机构在空间上呈现不均衡发展的重要原因之一。

本章接下来从不同尺度介绍金融化研究。这里的尺度不仅指空间尺度（城市、区域、国家），也指主体尺度（个人与家庭、企业、政府）。同时，本书会继续突出地理学视角。诚如杰米·派克（Jamie Peck）和尼克·西奥多（Nik Theodore）所言，金融化是更加精细化、多样化的时空进程，而非均质化金融实践标准的扩张（Peck and Theodore，2007）。地方和空间扮演着关键的角色。因此，与第三章类似，本章会突出时空间动态、跨尺度多主体关系、金融化带来的影响等方面。但与前一章有所不同，本章不会刻意将这些方面作为标题，而是将其贯穿行文始终。值得一提的是，国际尺度的金融活动会以“金融全球化”为题，单独放在第五章进行讨论。

第二节　不同尺度的金融化研究

一、个人与家庭尺度

个人与家庭尺度的金融化研究可以总结为以下几个方面。首先，学者们关注个人与家庭的金融投资意愿。简单来说，现在人们不愿意只将存款放在银行账户用作活期和定期存款收取固定利息。人们更愿意将钱用于“投机”，创造更多利润。在西方发达资本主义国家推行市场化和私有化之前，“福利型政府”政策为民众提供了高额的福利保障，如高额的失业救济金等。某些国家或一个国家内部某些地区的失业救济金甚至高于部分行业职工的实际收入。在当时的环境下，加之金融技术仍不是很发达，人们通过投资创造额外收益的动力较低。但在这些国家的政府逐步推行市场化、大幅减少福利支出后，个人与家庭越来越多地依赖金融市场和金融工具来创造工资之外的收益以支撑生活支出（Martin，2002）。与此同时，金融科技的快速发展也让中产及以上阶层看到了进一步增加自身财富的可能性（Nocera，2013）。至此，个人或家庭的生活已经和更高尺度的社会乃至全球环境息息相关，其金融行为也越来越多地受到国际金融系统的影响（Clark，2005）。

投机行为有很多种，低风险的如购买银行提供的稳健型理财产品、中央或地方政府债券、实力强劲且知名度高的金融或非金融企业发行的股票和债券等。这些产品虽然不能像储蓄产品一样保证本金收入，但是由于提供产品的主体实力雄厚，亏损的风险较低。相应地，这些产品的收益率（利率）也较低。高风险的产品如投资新兴或创业企业的股票、购买信托产品、银行提供的较高风险的理财产品乃至一些非正规金融机构提供的短期金融产品等。这些产品无法获得预期利润甚至无法收回本金的可能性高，风险较大，但收益率明显高于前面所提到的低风险产品。还有一些投资由于与实体资产紧密相连，如房地产，其风险会受到外界因素影响而变化（Langley，2008）。高风险的产品往往比低风险的产品更具吸引力，人们愿意为了更高的收益承担更大的风险（Lian *et al.*，2019）。还有一类典型的金融行为是向银行等金融机构贷款进行创业、偿还其他债务等。这类行为风险更大，反映了个人较强的承担风险的意愿以及善于运用金融工具达到自身目的。这类人往往更容易成功或者失败。“自身目的”不仅包括创造利润，个人与家庭也常常运用金融工具达到其他目的，如维持现有的社交网络、结交新朋友以扩充社交网络乃至精简自身社交关系等。典型的例子如带朋友一起投资某一种金融产品以实现共同盈利、增进感情（Zaloom and James，2023）。

个人金融投资投机行为可以称为“金融主体性”（financial subject）（Hall，2012；Karaagac，2020），或者说日常生活中已经形成了一种“金融文化”（finance culture），个人与家庭已经离不开金融市场和金融产品（Fligstein and Goldstein，2015）。这种主体性或者文化的获得往往取决于一个人的“金融素养”（financial literacy）。金融素养可以理解为个人与家庭对其可以接触并利用的金融产品和服务的理解程度（French and McKillop，2016）。金融素养的研究主要涉及两个方面。一方面，学者们研究了不同群体为何会有不同的金融素养。“不同”可以体现在多方面。安娜玛丽亚·卢萨尔迪（Annamaria Lusardi）和奥利维亚·米切尔（Olivia Mitchell）针对全球各国民众的金融素养进行了总结，认为无论是发达国家还是发展中国家，民众的金融素养都出现了迅速提升（Lusardi and Mitchell，2011）。女性的平均金融素养低于男性，青少年和老年群体的金融素养低于中年群体，受教育程度高的群体的金融素养高于受教育程度低的群体。金融素养较高的人更倾向于为退休以后的生活做打算。在全世界范围内，金融素养对退休以后的生活保障都至关重要。

安娜玛丽亚·卢萨尔迪和奥利维亚·米切尔（Lusardi and Mitchell，2011）于 2011 年发表的文章，引用率高达 2 800 余次。该文设计了几个简单明了的问题，以衡量金融素养的不同方面（表 4–1）。这些问题被广泛应用到其他实证研究中，是衡量民众金融素养的经典问题。

表 4–1 估测民众金融素养的问题和对应衡量的方面

问题	答案选项	衡量方面
如果您的储蓄账户中有 100 美元，年利率 2%，那么 5 年后您的账户中有多少钱？	1. 多于 102 美元 2. 102 美元 3. 少于 102 美元 4. 不清楚 5. 拒绝回答	计算能力
如果储蓄年利率 1%，而通货膨胀年速率 2%，那么 1 年后您账户中存款的购买力如何？	1. 购买力比现在强 2. 购买力和现在持平 3. 购买力比现在弱 4. 不清楚 5. 拒绝回答	对关键要素“通货膨胀”的理解
您认为以下说法是否正确：“购买一家公司的股票比购买股票型基金风险更低”。	1. 正确 2. 错误 3. 不清楚 4. 拒绝回答	对多种金融风险的理解

资料来源：安娜玛丽亚・卢萨尔迪和奥利维亚・米切尔（Lusardi and Mitchell，2011）。

针对一些其他的实证研究，马格努斯・达尔奎斯特（Magnus Dahlquist）等研究了瑞典商业养老保险的参与情况，认为工资收入水平、持有的金融财富、股票市场的参与程度等都会影响人们是否投资商业和养老保险（Dahlquist *et al.*，2018）。艾尔莎・福内罗（Elsa Fornero）和基娅拉・蒙蒂科内（Chiara Monticone）发现意大利国内大部分家庭的理财能力处于相对低下的水平，缺乏对类似于利率和通货膨胀等基本概念的理解（Fornero and Monticone，2011）。在这种大趋势下，教育程度较高的男性和居住在较为富裕的北部地区的家庭拥有相对较高的理财能力。

值得强调的是，某些群体的金融素养可能较低，这和他们对金融产品和服务接触较少以及没有过多资源可以投资紧密相关，但并不代表他们没有金融知识和投资意愿（Barr，2012）。

另一方面，学者们也关注了包括政府、公共机构和市场主体（企业）致力于提升民众金融素养的行为。“金融教育”（financial education）和“金融宣传”（financial campaign）都是提升素养的主要行为（Arthur，2014）。罗伯・艾特肯（Rob Aitken）认为金融机构将不同阶层的民众纳入金融业务中的关键一点是需要在这些目标客户群中创建一种金融文化（Aitken，2007）。这种文化在以前并不存在，金融机构需要用宣传教育等方式将这种文化植入民众的生活中去。利泽尔·阿尔塞姆吉斯特（Liezel Alsemgeest）指出，针对提升素养的金融教育也要讲究方法（Alsemgeest，2015）。金融机构可以让普通员工向公众普及日常金融管理的基本知识，对于复杂的投资策略，则应由经验丰富的专业人士负责培训和指导。金融教育不仅需要普及金融知识和技术，还需要涉及可能诱导投资者做出非理性投资的一些因素，如情感、关系等。

但金融机构的最终目的是获取利润而非提升居民金融素养。这些机构有时候也会“反其道而行之”，希望民众能知道的少一些，促使他们投资一些高风险但对企业盈利更有利的产品。奥利弗·恩特罗普（Oliver Entrop）等发现个人投资者投资越复杂的结构化金融产品，他们的收益就会越差（Entrop *et al.*，2016）。原因是提供这些产品的金融机构利用信息差收取了更高的“隐性价格溢价”（implicit price premiums），以及投资者选择了具有复杂且并不实惠的回报条款的产品。投资者做出这种选择的原因是机构并未很好地描述或披露这些条款。戈登·克拉克和珍妮尔·诺克斯-海斯（Janelle Knox-Hayes）发现英国的养老金机构，无论是有政府背景的还是私人商业养老金机构，都会利用一些技巧让投资者处于不利地位，如自动注册、注销申请、最低缴费年限等（Clark and Knox-Hayes，2009）。但他们同时也发现，收入高、社会地位高进而金融素养高的群体会更多地寻求专业咨询机构帮助分析相应条款以保障自身利益。相类似的情况在低收入、社会地位低的群体中出现概率较低。

最后，跳出金融素养，学者们研究了金融机构将个人与家庭纳入全球金融系统中的过程。个人与家庭金融化需要两个巴掌才能拍得响。一方面，个人与家庭希望通过金融投资创造额外收益；另一方面，金融机构也针对个人提供了很多金融产品，降低投资门槛，让个人投资者如愿以偿，金融机构也可以扩大客户群体。伊斯梅尔·埃尔图克（Ismail Erturk）等将这种现象称为“金融大众化”（democratization of finance）（Erturk *et al.*, 2007）。例如，养老金成为提升个人与家庭的理财能力并促使他们参与到国际金融市场资本流动循环之中的媒介（Clark *et al.*，2009）。肖恩·弗伦奇和詹姆斯·尼尔（James Kneale）研究了保险行业的发展，认为针对不同生活习惯而设计新的保险产品是保险公司尝试激发民众金融主体性的行为：眼花缭乱的商业保险产品可以激发民众对自身的保护欲，甘愿为自身健康投资（French and Kneale，2009）。阿莉恰·博贝克（Alicja Bobek）等用“金融链”（financial chain）的概念描述了个人与家庭尺度的金融化现象，认为个人与家庭通过“金融链”与整个金融乃至经济体系紧密相连（Bobek *et al.*，2023）。政府、企业、银行、家庭是复杂链条的重要节点，维持链条的稳定运行。个人与家庭不仅是投资者，也是被投资的对象，他们从供给与需求两端对金融和经济增长做出了显著的贡献。“金融链”这一概念突出了跨尺度多主体间关系的重要性。

金融机构，或者说金融技术或金融产品，都有自己的一套运行方式和逻辑。与此同时，个人与家庭在日常生活中同样有不同的处事方式。当“逻辑”和“方式”相互碰撞时，并非一方完全碾压另一方，而是双方都做出不同程度的让步，相互适应（Pellandini-Simányi *et al.*，2015）。例如，个人投资者从来都不是完全理性人，他们可能不会完全从企业名气、安全性、升值潜力等方面判断购买哪一家上市企业的股票；相反，他们购买一家企业的股票可能是因为自己有亲戚在这家企业工作，这家企业因为积极履行社会责任在民众间有较好口碑，这家企业是本土企业的代表，是本地人民的骄傲等方面。还有不少心理学研究指明，个人性格，如极度喜好风险和极度厌恶风险，可能诱使个人投资者做出不符合金融逻辑的决定（如 Duxbury *et al.*，2020）。因此，金融逻辑并不能完全主导个人投资者的行为。

进一步地，并不是所有人都热衷于金融投资，也有很多人思想保守、厌恶风险。这些人不仅很少进行金融投资，同时也反对金融机构利用他们的钱去投资或把他们通过直接或间接的方式纳入（国际）金融市场。哈达斯·韦斯（Hadas Weiss）指出，其实有很多人对于商业保险公司将他们的保费用于金融投资的行为非常不满（Weiss，2015）。他们认为购买保险是给自己的生活增添一份保障，从而降低风险，但是保险公司的行为让他们承担了他们本不需要承担的风险。德西丽·菲尔兹（Desiree Fields）发表了一系列民众不满金融化进程的研究。例如，她表明原本针对中低收入人群建立的保障性住房（social or affordable housing）逐渐成为金融机构的投资新宠，从而拉高了房租。这引起了租客的不满。她称这些租客是“不情愿的金融化主体”（unwilling subjects of financialization），他们并不想参与到金融化进程中，因为他们不仅不能获利，还要付出更高的成本。但是事实往往不能如他们所愿，他们无法在强大的金融机构和金融化浪潮中独善其身（Fields，2017a）。但这些弱势群体也并非毫无办法。她的其他研究也表明这些人在奋力抗争。她研究了美国纽约市内部几个社区组织努力保证保障性住房的供给和将租金维持在较低水平，她称这种行为是“对抗金融化”（contesting financialization），是金融机构和社区组织的利益交锋（Fields，2015）。跳出某一个具体实例，她通过总结全球各地不同民众不满住房变成金融商品而导致房价或租金上涨的现象进而举行抗议等行为，提出了“城镇范围内与金融化抗争的现象”（urban struggles with financialization）以形容发生在全球各地类似的情况（Fields，2017b）。

二、企业尺度

企业是经济地理学的典型研究对象和研究尺度（Dicken and Thrift，1992；Maskell，2001），但是直到 21 世纪初，（非金融）企业的金融行为研究一直没有赢得经济地理学者足够的关注。简・波拉德（Pollard，2003）把忽略企业金融行为的原因总结为以下两点：①新古典经济理论认为，金融业是不随空间变化的，企业金融行为在同质性理论的前提下失去研究的意义；②政治经济学始终关注经济中的生产要素，关注企业的生产行为，忽视了企业的金融行为。

但这种情况随着金融化研究的兴起得到了改观。学者们越来越多地关注到非金融企业把更多精力放在了金融行为上面的现象，如筹备企业上市以发行金融工具进行融资，想尽一切办法提升企业发行的股票价格，如何能找到更多大型投资者并在他们成为股东以后给他们更多的分红等。相对应地，企业的“本职行为”，如针对一个工业企业来说，升级生产工具、加大研发投入、完善基础设施等反而被放在了次要地位。这种现象即可称之为企业金融化（van der Zwan，2014；Klinge *et al.*，2021）。

1. “股东利益最大化”

非金融企业愈发强调“股东利益最大化”（shareholder value）是企业金融化的一个典型特征，也是几乎所有相关研究都会提到的现象。威廉・拉佐尼克（William Lazonick）和玛丽・奥沙利文（Mary O’Sullivan）的经典文献指明了股东利益最大化正在成为企业治理的主要原则之一（Lazonick and O’sullivan，2000）。简单来说，这个词的意思是指非金融企业通过金融方式获益以后，其利润没有投入到生产相关活动，而是用作给股东分红。企业金融行为的主要目的是最大化股东收益。这种现象的产生可以从以下几个方面来理解。首先，金融市场的快速发展为金融机构带来了快速增长，金融从业者的收入也远高于其他行业。这给非金融企业带来了很大压力，并诱惑其同样参与到金融市场之中以快速促进企业增长（Crotty，2002）。

其次，非金融企业长久以来都面临员工动力不足的问题。这些企业往往给员工发放固定数额的工资。这个数额在招聘时协商好，与员工入职后企业的表现关系不大。这就导致了企业发展好坏其实与员工自身收入并非紧密相关。因此，员工往往缺乏积极工作的动力。股东效益最大化是企业尝试解决这一问题的主要方式。具体来说，为了调动员工的积极性，尤其是扮演重要角色的经理人的积极性，股东会将其工资与企业的金融表现挂钩。股票价格高、企业信用评级高、善于运用金融工具等都可以让经理获得大量的奖金和更高的工资。经理人持有企业股份也是很常见的现象。这些奖励与条款在招聘时便会明确写在合同中。这样，在股东增加收入的同时，经理人也获得了高额收入，极大调动了其积极性，进而提高企业运营效率（Dutta and Reichelstein，2005；Soener，2021）。

值得注意的是，有学者指出，股东利益不仅是经济收益，也包含其他利益。杰弗里·哈里森（Jeffrey Harrison）和安德鲁·威克斯（Andrew Wicks）认为，由于股东在一家企业（和企业所有分支企业）中的定位比较特殊，因此，他们的利益不仅局限在分红收益，还包括股东可以接触到的企业提供的各种服务和产品；股东享受“程序正义”（procedure justice）或“架构正义”（organizational justice），即可以在企业事务决策中享有知情权、深度参与、得到与企业员工一样的对待；不仅在企业总部获得收益，在企业的各个分支机构中同样可以获得合理收益；降低投资的机会成本；等等（Harrison and Wicks，2013）。

但是并非所有企业都愿意实行股东利益最大化原则，即使这些企业声称贯彻该原则。皮尔·费斯（Peer Fiss）和爱德华·扎雅克（Edward Zajac）研究了1990—2000年德国最大的100家上市企业的治理行为，结果发现，在很多情况下，这些企业声明奉行股东利益最大化原则以吸引大型投资者成为股东，但在企业运营过程中经理人并未大力贯彻该原则（Fiss and Zajac，2004），股东分红的过程和数额都与预期有差距。如果股东自身实力非常强大并且执行力很强的话，可以减少上述情况的发生。这篇文章最后强调了股东利益最大化原则的落实情况存在时空间分异，需要结合当时当地的具体情景具体分析。

部分实证研究表明，实行股东利益最大化的确可以促进企业增长。斯蒂芬·尼克尔（Stephen Nickell）等研究了近600家英国制造业企业，发现来自金融市场的压力和引入金融机构作为股东都会促进企业生产率增长（Nickell *et al.*，1997）。姜亨哲（Hyung Cheol Kang）等研究了韩国家族控制的上市企业的表现，发现当企业实行控股股东利益最大化原则后，企业表现的确有提升（Kang *et al.*，2017）。这种现象在由家族之外的经理人担任首席执行官的分支机构更加明显，因为实施该原则很好地解决了上述经理人积极性不足的问题。戈登·克拉克和达雷什·沃奇克（Clark and Wójcik，2005）认为金融机构作为股东入股企业后对企业的表现有明显的提升作用。他们研究了德国上市企业的股票数据，发现金融机构入股企业后，企业的股票价格有明显上涨。他们认为这种积极作用和降低股东集中度有关。原本企业只有一个或少数大股东，企业决策掌握在少数人手中，而金融机构入场后，降低了股东集中度，提升了决策水平，并且运用金融知识和技术促进了企业增长。

但学者们同时注意到实行股东利益最大化可能会产生很多负面影响。詹姆斯·克罗蒂（James Crotty）认为，非金融企业的金融化会导致盈利水平降低；提升企业负债率；降低企业资本积累效率；让企业决策者变得更加短视，只注重短期利益，损害公司长期发展（Crotty，2017）。企业过于注重金融行为，如上市、发行金融产品等，从而挤压了企业用于其他地方的资金空间，如投资生产工具、基础设施、科技研发等（Davis，2018）。部分学者认为，这种情况让企业过于依赖金融工具，增长结构单一，不利于企业长远发展和抵御外部冲击（Gunnoe，2016），进一步地，不利于经济长期稳定增长（Lazonick，2010）。

尼尔·马歇尔（Neill Marshall）等基于访谈与二手数据研究了英国著名的零售业银行诺森罗克银行在2007年瓦解的原因，认为银行决策者们被金融化和伦敦作为国际金融中心散发出的强大影响力“冲昏了”头脑，忽视了银行一直以来赖以生存的地区基础，混淆了零售业银行与其他金融主体的运营方式，盲目依赖国际金融体系，轻易采用激进的、高风险的经营模式，从而制定出了背离自身发展规律与地区特征的决策，导致了银行的瓦解（Marshall *et al.*，2012）。里卡多·巴拉达斯（Ricardo Barradas）和塞尔吉奥·拉戈亚（Sérgio Lagoa）研究了葡萄牙1979—2013年非金融企业金融与非金融投资行为，发现金融投资的确挤压了非金融投资的空间（Barradas and Lagoa，2017）。不仅因为企业用于投资的资金总额有限，同时金融投资有更大的偿还压力，这进一步挤压了非金融投资的空间。

另外，在企业内部，股东和经理人的收入往往是普通员工的数倍甚至数十倍。前文提到的激励政策往往只对高级经理人适用，普通员工仍然是领取与企业表现关联不大的固定数额工资。巨大的收入差距为企业内部矛盾埋下隐患（Fligstein and Shin，2004）。更糟糕的是，由于企业获得的利润优先给股东分红和用作经理人的奖金，为了保障这些支出，普通员工在企业经营不景气的时候甚至面临减薪或丢掉工作。这反映了对普通员工的剥削和更广泛意义上的社会不公现象（Lazonick，2011）。郑智旭（Jiwook Jung）和李寅（Yin Lee）分析了美国大型企业的裁员公告，发现当企业未能达到证券分析师预测的股票收益的时候（这意味着企业未能最大化股东利益），这些企业就倾向于发布裁员公告（Jung and Lee，2022）。尽管员工极力抗议，但是在目前的市场环境下，他们无法与强大的企业抗争。裁员已经成为企业贯彻股东利益最大化的常用手段。

跳出企业内部，企业服务对象的权益也可能会受到损害。许多企业债台高筑，濒临破产，但与此同时，企业股东的分红却可能创下历史新高——企业甚至不惜借债以保证股东分红。企业的本职工作，如能源企业开采并供给能源、房地产企业建造并交付住房、城市开发企业买地以修建道路等，却无法保证按时完成，民众无法使用能源，拿不到新房钥匙或走不上水泥道路。由于熟练运用各类金融和法律工具，企业即使破产清算也不妨碍股东和经理人赚得盆满钵满，心满意足地离场。受伤害更多的是企业普通员工和服务对象。

最后，也有部分学者指出企业金融化行为不一定会实现股东利益最大化。阿纳特·阿德马蒂（Anat Admati）指出，金融化的企业治理方式不一定能够实现股东利益最大化，即使实现了，过程中也会出现很多的折中和低效率的情况（Admati，2017）。当职业经理人能够明确对自己的行为负责时，股东利益基本可以得到保障。但在很多情况下，职业经理人掌握很大的权力，有很多方法可以逃避责任。很多时候他们仅需“怪罪他人”就可以避免承担任何责任。因此，通过企业金融化实现股东利益最大化的前提是有效的治理方式，即加强经理人等关键角色的问责制。

2. 企业金融行为

企业金融行为是理解企业运营、管理体制和发展策略的重要渠道（Clark and Wrigley，1995）。经济地理学需要从情景的视角去理解企业金融行为。简·波拉德（Pollard，2003）认为企业金融是企业行为和管理策略的一部分。她重点强调了中小型企业，认为地理学者需要根据金融网络中呈现出来的地理差异性对企业金融行为进行空间和社会特异性研究。企业金融化研究更注重企业内外部社会、文化与政策等因素对企业行为的综合影响，并强调企业在金融化过程中的中心地位。安迪·派克和简·波拉德（Pike and Pollard，2010）同样强调了企业金融行为的地理学视角。他们认为任何经济活动，尤其是企业的金融行为，都存在显著的地理异质性，因为它们都是由静态的研究单元（情景，这种“静态”同样是暂时的）和动态的流动要素（资本）组成的，具备两者的特征。在金融化迅速推进的背景下，需要检验新出现的企业金融行为、空间和金融系统之间的相互关系，且需要突出它们对金融系统和整个经济结构的重要作用。进一步地，跳出某一个固定的地理尺度，企业金融行为研究需要强调不同尺度的金融网络与内部的金融流动和企业行为之间的相互影响，以及这种影响的空间差异性。

企业金融行为可以大致总结为两种。一种是典型的金融行为，如企业（海外）上市、并购、依靠并投资金融产品以及前文提到的将生产性服务活动外包等。企业海外上市是非金融企业典型的金融行为之一，他们多选择海外市场的金融中心城市，这些城市往往具有完善的基础设施和制度体系，能够为企业发展提供良好的氛围和获得更多的资源与发展机会，例如更低的交易成本、更丰富的财务报告和更精确的分析预测（Edison and Warnock，2008）。马可·帕加诺（Marco Pagano）等研究了 20 世纪 80—90 年代欧洲企业在欧洲与美国交叉上市的情况，发现这些企业在本地或欧洲内部上市以后，倾向在资本流动性更高的美国交叉上市，而且如果同行业企业有交叉上市经验的话，企业更有可能做出相同的决定（Pagano *et al.*，2001）。地方对企业权益的保障程度、制度的完善性、宽松的金融标准都是影响企业上市选址的主要因素。马可·帕加诺等在一年后发布了相类似的研究（Pagano *et al.*，2002）。他们分析了欧洲企业选择在美国不同股票交易所上市的行为，发现大型私有企业倾向去美国上市，并且上市以后海外交易量在企业交易总量中占比迅速上升。这种上市行为同样体现了情景的重要性。大多是高科技企业和出口型企业选择到美国上市，这是因为美国的制度环境更利于这两种企业的发展。而其余类型的企业，如劳动密集型和资本密集型企业大多选择本国或欧洲内部的股票交易所上市。

企业上市会造成一系列积极或消极的影响，如加剧全球范围内经济发展差异，促使资源进一步向发达地区集中。在21世纪初，大量来自金砖国家的上市企业在美国、英国和卢森堡上市，并且在英美两国上市的企业主要集中在纽约和伦敦两个国际金融中心。企业海外上市格局进一步巩固了国际金融中心城市的地位，同时削弱了其他城市的实力，助长了区域发展的空间不平衡（Wójcik and Burger，2010）。海外上市会给本国的金融市场带来很大压力，迫使它们与国外市场竞争，提供费用更低但却质量更高的服务。与此同时，这种情况也驱使本国的政府等政策制定者打造一个对投资者更加友好的市场体系（Karolyi，2004）。除此之外，海外上市也可能会挤压国内金融市场的贸易和证券发行空间，减少业务量，进而减弱本国金融中介的创新动力（Moel，2001）。

这种消极作用也需要更加细致的分析。例如上文提到的达雷什・沃奇克和恰巴・伯格（Wójcik and Burger，2010）针对金砖国家的企业在海外上市的研究，他们同时也强调这些新兴的经济体改变了由欧洲、北美主宰的国际金融格局。亚洲和南美洲的兴起使得更多的新增长极向英美等霸主发起了挑战，明确了多样化的经济体制影响了国际金融系统内的交易过程，因此，金融交易需要考虑更加多样化的社会、文化和制度背景，适应地区特性，才能实现效益最大化。在国家和企业两个尺度上，金砖国家的兴起对现存国际金融格局的影响不尽相同，也就使得金融全球化进程面临更加复杂的发展前景，需要更加综合化的分析来预测未来的发展方向。

企业的兼并收购等也是典型的金融行为。兼并收购（merger and acquisition）的主要目的是扩大企业和业务规模以提升创收能力。利亚姆・基南（Liam Keenan）等研究了2001—2010年全球医药企业兼并收购行为，认为这种行为反映了该行业企业的金融化（Keenan *et al.*，2023a）。这些企业兼并收购是为了能产出更多的专利和知识产权并为产出的新药物制定很高的价格，从而获取相应利润。这种行为从金融角度来说是十分高效的，但却有恶劣的社会影响：民众很难负担新药。他们还表明美国和中国是兼并收购高发地区，这与两地制度和监管环境利于交易发生直接相关。利亚姆・基南等（Keenan *et al.*，2023b）的另一篇文章研究了食品企业全球兼并收购的情况。基于 2001—2020 年近 4 500 起兼并收购交易数据，他们发现食品行业的话语权逐渐集中到了几个强大的头部跨国企业。与此同时，交易常常发生在相同行业和相同国家的企业之间。

企业金融行为的另一个典型表现即企业依赖不同的金融产品支撑企业运行（Lapavitsas and Powell，2013）。莱拉・戴维斯（Leila Davis）研究了 1950—2014 年美国非金融企业的资产负债表，认为企业金融化的现象在 20 世纪 80 年代之后逐渐出现，企业的资产负债表中开始有越来越多的金融资产，主要是逐步增多的债务资产和从大型企业购买的金融产品（企业股票和债券等）（Davis，2016）。这些金融资产占企业总资产的很大比例，显著影响企业估值，进而影响企业的融资能力和生存能力。阿尼娜・卡尔滕布伦纳（Annina Kaltenbrunner）分析巴西的企业金融化现象得到了类似的结论，企业的负债率急速上升且持有大量的短期金融产品作为金融资产（Kaltenbrunner，2018）。

另一个关注点是金融逻辑会影响企业的行为，如选址、运营模式等方面。很多研究都表明企业选址会依据金融逻辑而呈现出不同的特征，比如选址在金融中心城市以更好地获取资源与降低成本，在提升企业自身效益的同时促进区域经济发展。相应地，以社会、经济、文化与制度背景构成的区域环境则会直接影响企业金融行为，也是导致区域不均衡发展的根本原因。企业不仅可以通过地方性的专业知识，还可以通过自身的关系网络来获取地方金融资源（Dicken and Malmberg，2001；Pollard，2003）。克里斯托弗・米勒莱尔（Christopher Muellerleile）分析了波音公司总部从普吉特海湾迁址到芝加哥的原因及影响，认为波音公司迁址的原因是芝加哥距离原料地更近，更重要的是，更能接触到来自国际金融市场的资源（芝加哥是美国著名的金融中心城市），更及时地获取第一手金融信息，有利于企业上市后进行各类金融交易（Muellerleile，2009）。彼得・维索克（Peter Wissoker）研究了人寿保险企业的行为与金融化过程的关系，发现企业的业务重点发生了转变，从售卖传统的保险政策产品转变成针对家庭或企业提供资产管理服务（Wissoker，2013）。这种转变加深了企业与金融市场的联系。他认为寿险企业业务重心的改变反映了企业金融化：企业决策者更依赖金融工具创造利润，并且变得短视，追求短期内能有较高回报。与此同时，这种转变也将企业暴露在了更大的不确定性和风险之中。

三、城市与区域尺度

金融化同样发生在城市与区域尺度。经济地理学、城市研究（urban studies）、治理与管理研究（governance and management studies）、政治经济学等学科提出了一系列词汇，如“城市金融化”（financialization of the city）（Aalbers，2020）、“城镇金融化”（urban financialization）（Klink，2020）、“建成环境金融化”（financialization of the built environment）（Crosby and Henneberry，2016）、“城镇发展金融化”（financialization of urban development）（Rutland，2010）、“城镇治理金融化”（financialization of urban governance）（Peck and Whiteside，2016）、“城镇空间金融化”（financialization of urban space）（Fields，2015）等来形容发生在该尺度的金融化现象。

虽然应用了不同的定语来形容，但上述词汇都描述了相似的现象，即建成环境，以土地、不动产（房地产为主）和基础设施为典型代表，被投资者视作金融产品和资产。投资者，主要包括政府和私有企业，基于金融技术和工具，通过建成环境攫取利益。安德鲁·莱申和耐杰尔·思里夫特（Leyshon and Thrift，2007）认为“金融资本主义”（financial capitalism）的基石不是复杂的金融技术、工具或系统，而是非常平常的东西：可供金融投资的资产，从而让金融系统有用武之地。大卫·哈维（Harvey，1982）提出的“资本循环流动”（capital switching）可以从资本积累的角度解释这种现象发生的原因。基于马克思主义政治经济学对资本活动的解释，他将资本流动分成三级“回路”（circuits）。在19世纪工业革命后，资本家首先将资本投入工业生产以创造利润。这是资本的第一级回路（primary circuit）。当这种模式维持一段时间后，其为资本家创造的边际利润会不断下降。与此同时，资本家手中积累了大量的剩余资本。这些资本再投入工业生产已经不是最优选择，在成熟且竞争激烈的市场中甚至可能亏本。因此，资本家需要寻找新的投资对象以维持较高的边际效益。建成环境成为他们的首选。土地、不动产、基础设施等是投资工业剩余资产的合理选择。这是资本的第二级回路（secondary circuit）。由于资本（家）总有过度投资的倾向，因此建成环境终究会出现与工业生产相同的问题。此时，资本家会继续寻找新的投资对象，而最新的第三级回路（tertiary circuit）是社会文化等软性基础设施（soft infrastructure），如学校（教育）、医疗、博物馆、影院等满足愈发丰富的人民生活需求的设施。

伊斯梅尔・伊里戈伊（Ismael Yrigoy）以西班牙金融机构投资其国内不动产市场的实例解释了资本循环到第二、三级回路后的运行模式(图 4–1)(Yrigoy，2023)。西班牙的银行向不动产所有者和开发商发放贷款以便于后两者开发相应资产。银行主要依靠贷款利息盈利。不动产所有者和开发商主要靠开发不动产后出售、出租或将其打包成以实体资产为基础的金融产品在金融市场上出售以获取收入。偿还银行贷款本金和利息后剩余的收入即为利润。这些利润往往会被应用于相同或相似的开发活动。而当这些活动的边际效益下降到某种程度时，不动产所有者和开发商便会将利润投资到其他活动，开创新的资本循环回路。

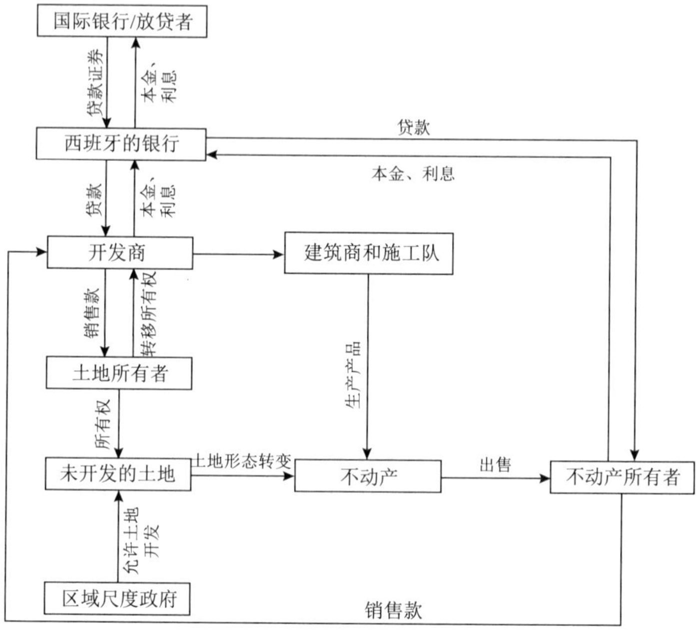

图 4–1　2000—2007 年西班牙资本循环的过程和参与方

资料来源：伊斯梅尔・伊里戈伊（Yrigoy，2023）。

大卫・哈维关于资本循环流动的叙述有两点值得注意。第一，他认为资本主义是有“危机倾向”（crisis-prone）的，即在某个领域的投资总是会过度，引发边际效益下降、增长停滞，进而引发经济危机。如果从金融角度来说，刻在其骨子里的高杠杆和延展性让整个金融系统无时无刻不处于资金链断裂的风险之中（Streeck，2014）。因此，资本永远处于寻找新的“回路”的过程中。这对于危机来说，是一种“修复”（fix）。而上文提到的第二级和第三级回路大多是不动产，具有地理空间属性，因此被称为“空间修复”（spatial fix）。进一步地，由于投资基础设施有较长的投资周期，因此也有学者强调时间维度（temporal fix），与空间共同考虑，即“时空间修复”（temporal-spatial fix）。“修复”在经济地理学、金融地理学是非常流行的分析视角（Harvey，1981；Jessop，2006）。广义来说，很多投资行为，包括本书各个章节介绍的很多金融投资，都可以从危机和修复的视角进行讨论。如肖恩·弗伦奇等（French *et al.*，2011）认为金融化是一种深刻的空间现象，是当代资本主义危机趋向的一种可能的解决方式。金融化代表了一种“时空间修复”探索，在资本主义危机不可避免的前提下，正是通过这种时空间修复手段来推迟或绕开危机的发生。感兴趣的读者可以在本书的基础上进一步查阅相关文献，加深对该视角的理解。

第二，曼努埃尔·阿尔伯斯（Aalbers，2008）在上述三级回路的基础上提出了第四级回路：金融脱离实体资产而形成虚拟金融资产在二级金融市场流动的过程。他将金融化看成是资本由初级回路（生产过程投资）经由次级回路（固定资产投资）、三级回路（科技、教育、健康等方面的投资）后转换到四级循环流动（金融领域投资）的过程。第三章提到的证券产品中的部分产品，如基于房产的按揭贷款，仍是基于实体资产的金融产品。金融仍未脱离实体经济，但将按揭贷款与其他金融产品打包后成为投资产品组合在全球二级金融市场流动的过程中，金融已经逐渐开始脱离实体资产。进一步地，也有金融产品或交易仅仅依靠主体信用等虚拟资产（fictitious property）而与任何实体资产并无关联。这种产品和交易充分诠释了资本流动的第四级回路，凸显了金融已经不再是实体经济发展的附庸或辅助，而是成为经济发展的一大支柱。

本章剩余内容分别介绍建成环境重要组成部分的金融化进程，包括土地、住房和基础设施。

1. 土地金融化

土地是建成环境中最早被视为金融产品的实体资产。卡尔·马克思（Karl Marx）在经典巨著《资本论》第三卷第三十七章中提到，土地和其他任何商品一样，可以在市场上进行买卖。这一思想引领了“土地商品化”（land commodification）的研究。出售土地往往是政府重要的收入来源之一。售出的土地可用于修建工厂以发展工业，建造住房或商业地产用于销售，修建基础设施等，以此直接或间接促进经济增长。但土地商品化并不一定意味着土地金融化（land financialization）。换言之，只有当金融元素参与或主导土地商品交易的时候，才可以称为土地金融化。例如，金融机构大量买入土地后进行相关的开发活动以盈利，土地作为金融产品和交易所依据的实体资产。

值得注意的是，被学者广泛引用的说法“土地是一种金融产品”（land is a pure financial asset）是否反映土地金融化存在一些争议，主要原因还是（土地）金融化的定义过于宽泛。这种说法可以认为是源自大卫·哈维（Harvey，1982，1985）对《资本论》的研读。简单来说，他认为土地交易的价格基于对土地开发后未来收入（主要是地租收入）的预期。但是这种预期是否反映了金融视角？对于这个问题尚未有统一答案，本书也不尝试回答这个问题，或者说，回答这个问题并没有太大意义。硬说其反映土地金融化与否并不会做出重要的理论贡献，或者说认定一种行为是否反映金融化并没有太大的理论意义。关键是利用“土地”和“金融化”作为载体提出有价值的研究问题，如上一段提到的金融机构如何通过投资土地获利、以土地为实体资产的金融产品具有怎样的特征、以土地获利的过程中各方的博弈和关系是怎样的等等。

首先，文献研究了金融机构，尤其是跨国金融机构大量投资全球各国不同类型的土地以盈利的现象。农地、林地等城镇之外的非商业用地是研究热点（Magnan and Sunley，2017；Hamann and Schwartz，2024）。主要原因是城镇内部的商业用地大多建有基础设施和各类不动产，学者们更倾向于直接研究对应资产的金融化过程，如住房金融化、基础设施金融化等，而非土地金融化。斯特凡·欧玛（Stefan Ouma）表明，金融力量渗透到农业具有悠久的历史（Ouma，2014，2016）。金融化研究可以认为是 2010 年代兴起的，但是金融力量的渗透具有几百年的历史，只不过工业革命将经济地理学者的目光转移到了其他地方，最近的“金融化资本主义”（financialized capitalism）又将这种渗透搬到台面上来。马德琳·费尔贝恩（Madeleine Fairbairn）研究发现，在 2008 年全球金融危机引发房地产市场泡沫破碎以后，跨国金融机构开始大量投资发达国家和发展中国家的农田（farmland）（Fairbairn，2017）。通过经济作物销售创造利润的同时，作物收益也可以成为设计金融工具的基础同时在金融市场投资。

其次，除了描述土地金融化现象，学者们更感兴趣的是过程中各方利益体的博弈。莎拉·西佩尔（Sarah Sippel）等研究了澳大利亚农民对待金融机构投资农地的态度，发现整个过程是复杂且艰难的（Sippel *et al.*，2017）。农民对金融机构的很多做法不满，主要集中在利益分配方面，最后的结果往往是各方都做出不同程度的妥协。博弈的过程在不同的情景有不同的表现。玛丽亚·凯卡（Maria Kaika）和卢卡·鲁杰罗（Luca Ruggiero）研究了意大利小城比科卡在城市更新过程中旧的工业用地转化为商业用地的过程（Kaika and Ruggiero，2016）。跨国金融机构介入该过程并主导了包括工业精英、工会、地方政府和其他利益体在内形成的利益网络。网络中的各个主体或多或少都为跨国金融机构的利益服务，使得地方的金融投资可以成为跨国金融机构在国际舞台竞争的资本，体现了"金融化资本主义"的特征。

可以说，在市场自由化程度较高、政府干涉比较少的国家，以西欧、北美、大洋洲等地区的国家为典型代表，农民在面对金融机构时能够据理力争，（相对来说）在一定程度上维护自身利益。但在市场化程度较低、政府干涉经济发展较强的国家，以广大的发展中国家为例，政府往往优先考虑经济发展，倾向于征收更多农民的土地以开展比农业活动利润率更高的商业活动。面对强大的政府和金融机构等市场主体的同盟（alliance），农民往往处于弱势地位，无法很好地保证自身利益。为了进一步解释"基于征用（土地）的资本积累"（accumulation by dispossession）这一概念，迈克尔·戈德曼（Michael Goldman）提出了"用金融化的手段征用（土地）"（dispossession by financialization）的概念，并用印度政府和投资者、开发商等主体形成的联盟将农用地转换成商业用地并盈利的例子解释了这一概念（Goldman，2020）。伊娃·赫肖（Eva Hershaw）和塞尔吉奥·绍尔（Sérgio Sauer）研究了巴西小城马托皮巴的农地金融化过程，发现由于当时地方政府鼓励外部金融资本投资土地，外国机构在投资土地的过程中占据了优势地位，可以优先考虑自身利益（Hershaw and Sauer，2023）。这种情况的确促进了地区经济发展，但也存在隐患：加速跨国资本主导巴西农村地区土地，激化围绕土地权益的各方矛盾。

2. 住房金融化

住房金融化（housing financialization）可以说是该尺度金融化研究中最受关注的一个方面，主要原因是住房在金融领域扮演着重要角色（Aalbers，2017；

Aalbers *et al.*，2020）。首先，住房是不同投资主体，包括个人与家庭、金融机构乃至政府喜爱的投资品。在土地资源有限而人口仍不断上升的背景下，投资房产往往比投资其他金融产品更加安全。同时，相比于基础设施较长的投资回报周期，住房可以在更短的时间内提供稳定且较高的回报。其次，前文提到的证券业主体中的按揭贷款和其他相关的金融衍生物都是基于房地产的交换价值（房价）存在的，其对金融系统正常运行起到关键作用。由于安全性较高，住房（和商业不动产）与政府债券、大型跨国企业债券等被称为“高质量抵押品”（high-quality collateral，HQC），是很受欢迎的金融产品或交易所依赖的实体资产（Fernandez and Aalbers，2016）。前文提到的资本流动的第四级回路就是基于按揭贷款和相应的金融衍生品提出的（Aalbers，2008）。罗德里戈·费尔南德斯和曼努埃尔·阿尔伯斯（Fernandez and Aalbers，2016）基于国际货币基金组织 2008 年公布的按揭贷款数据绘制了世界主要经济体按揭贷款市场的自由程度，如图 4–2 所示，世界上主要的发达经济体都有活跃的按揭贷款市场，但规模有差异。金融自由化程度较高的国家，如美国、澳大利亚、英国等按揭贷款市场的自由化程度也较高；相对应地，意大利、法国和奥地利等国家则对按揭贷款市场管控较严。

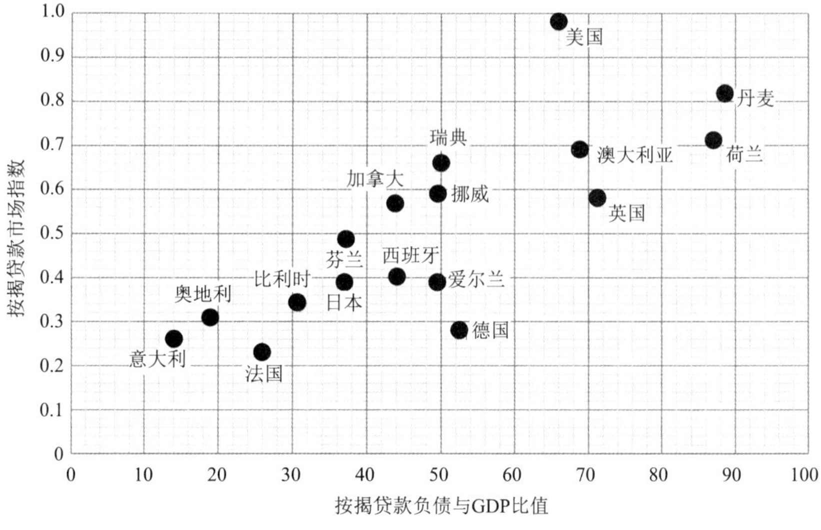

图 4–2 按揭贷款市场自由化程度和相应负债

资料来源：罗德里戈·费尔南德斯和曼努埃尔·阿尔伯斯（Fernandez and Aalbers，2016）。

由于住房对人民生活的重要性，在 20 世纪 70 年代前，住房供给是“福利型政府”的重要服务内容之一（Bengtsson，2001）。市场主体，尤其是金融主体，很少参与到房产市场中。住房作为金融产品的特性基本未被开发。20 世纪 70 年代后，政府逐渐推动住房私有化，鼓励市场主体投资住房领域，从而减轻政府支出负担。金融机构是投资住房市场的主力之一，直接催生了一系列住房金融化的研究出现。

部分学者展示了住房如何通过不同的金融工具成为国际金融市场内流动的金融资产（Fernandez and Aalbers，2020）。前文提到的按揭贷款，包括导致金融危机的次级按揭贷款是主要工具之一（Aalbers，2012）。凯西·纽曼（Kathe Newman）展示了以住房为媒介，由金融中介之手，资本从城镇社区居民流入跨国投资者手中的过程以及整个次级按揭贷款行业的特征（Newman，2009）。全球和地方资本通过住房市场实现了相互连接。于尔格·西兹（Juerg Syz）等列举了一系列“房产衍生物”（property derivatives）（Syz *et al.*，2008）。这些金融衍生物都是基于房价和住房市场的整体表现的。虽然说金融衍生物的本质是降低风险：通过延长链条、增多投资参与者与配合繁复的风险评估以降低每一个参与者承受的风险，但说到底这些产品是为投资者创造利润的。一方面，风险是否是真正意义上的降低最终取决于投资者的行为；另一方面，购房者的利益从来不在这些金融精英的考虑范围之内，也因此有可能受损。但基于房产的金融衍生物也并不一定会为购房者带来负面影响。

社会保障住房（social, affordable, or public housing）金融化是一个研究热点。这类住房原本是政府为保障人民住房权益而提供的具有特定用途的房产，其价格低廉，但房屋条件、地理区位、配套基础设施等较普通商品房差，主要针对低收入或失业等弱势群体。但在市场化和金融化浪潮的冲击之下，政府和其他建造社会保障住房的公共机构因为收入与支出压力等原因将房产大量出售给金融投资者。这些投资者或通过一定程度翻修房屋以合理（较高）价格出租出售以获利，或将其设计为金融产品的一部分以进行投机从而获利（Aalbers and Holm，2008）。格特扬·韦伯格（Gertjan Wijburg）和曼努埃尔·阿尔伯斯（Wijburg and Aalbers，2017a）研究了德国的例子，指出由于历史原因（第二次世界大战、东德和西德的分裂与合并等），德国的社会保障住房比例远高于其余欧洲各国。这种现象一直持续到了20世纪末，但终究没有躲过全球金融化浪潮。自进入21世纪开始，很多住房协会（housing associations，原本为提供社会保障住房的公共机构）开始私有化并出售手中的社会住房，以私募基金和对冲基金为代表的金融机构大量投资社会保障住房市场，导致房价迅速上升，给购房者增加了很大的压力。蔡明发（Beng Huat Chua）分析了新加坡这个较为极端的例子（Chua，2013）。他表明新加坡有85%的人都住在政府主导的社会住房中，这些住房的条件比其他国家更好。新加坡政府鼓励民众投资社会住房以保障退休以后能有额外的收入。由于是政府主导，许多民众积极投资社会住房并吸引来很多跨国金融机构参与投资。与此同时，政府需要合理设计政策以保障房价可以以合理的速度上升，从而避免民众亏损。但政府却无法彻底控制房价上涨速度，年轻人愈发承担不起租房或买房。更严重的是，剩下的15%是高端商品房，年轻人更加承担不起。

住房金融化的一大后果就是抬升房价，让越来越多的人无法负担购买住房。房价维持在较高水平或保持稳定上升是金融机构攫取利益的保障。一方面，直接投资房地产市场依靠建造高端商品房以出租和销售为主要收益来源的金融投资者希望房价居高不下；另一方面，投资流动于二级金融市场的基于房价设计的金融产品的投资者同样希望房价高涨，以维持或抬升金融产品价值从而获取更多利润。因此，指望市场主体降低房价或提供优先考虑使用价值的社会保障住房是不现实的（Rolnik，2013）。即使政府通过政策手段让市场主体保证社会住房比例，其效果往往也不尽如人意。斯图尔特·霍金森（Stuart Hodkinson）研究了英国政府在保障住房（在英国称为council housing）市场实行“私有金融主体倡议”（Private Finance Initiative，PFI）的行为（Hodkinson，2011）。这种倡议主张地方政府和金融机构合作以供应社会住房。尽管地方政府要求金融机构保障社会住房的比例，但结果发现提供的住房价格明显高于预期，引起了民众的不满。约翰娜·蒙哥马利（Johnna Montgomerie）和米贾姆·布登本德（Mirjam Büdenbender）直接表明，无论是通过“私有金融主体倡议”或是其他任何由市场金融主体提供的方法，将住房视为资产而产生的任何手段都无法为英国民众提供足够的社会保障住房（Montgomerie and Büdenbender，2015）。与金融机构合作以供应社会住房的想法从原理上就有偏差，住房作为一种资产其价值是会浮动变化的。在市场力量强大的当下，指望其能够维持在较低价格以提供福利保障的想法是不现实的。

最后，学者们也关注了一些新兴住房市场成为金融投资者青睐的投资对象的现象，如专门用于出租的商品房（built-to-rent，BTR）（Nethercote，2020）和学生公寓（purpose-built student accommodation，PBSA，可以算作是上述 BTR 的一种）（Revington and August，2020）。金融机构最近倾向于投资专业的房产（资产）管理企业。这些企业负责在全世界范围内买地，修建专门用于出租的高档商品房（luxury housing）并负责后续运营。这些商品房往往是精装修，基础设施配套好，选址在国际化都市内交通区位好的地点，主要客户是中产阶级及以上群体。这些房产的租金很高，可以在短时间内创造较高利润。在房产市场行情好的时候，金融机构可以继续持有该管理企业股份。当行情不好时，金融机构可以及时退出，继续寻找下一个地点重复相同的操作。

梅根 • 内瑟科特（Megan Nethercote）针对该类商品房研究发表了一系列的经典文章。她认为跨国金融中介，特别是不动产服务公司（real estate service companies，RESCs）在促进该类商品房市场形成的过程中扮演了重要角色（Nethercote，2023）。他们应用各类金融、通信、社交媒体等科技引领了资产化（开发并推广这类商品房成为金融资产）和市场化（开拓相关市场）进程。与此同时，他们也是地方利益体和跨国金融投资者沟通的桥梁，在反映各方利益诉求的同时促进各方做出不同程度的让步以达成最终交易。最后，她也强调了大力开发该类商品房市场会挤压社会保障住房的空间并引起住房市场租金和购房价格整体上涨，进而引起不良的政治和社会后果。

托马斯 • 温莱特和佩林 • 德米雷尔（Pelin Demirel）总结了英国该类商品房的开发运营模式（Wainwright and Demirel，2023）。由表 4–2 可知，不同开发商的开发运营模式不尽相同，这主要取决于这些开发商的自身特征。私募股权资本控制的开发商追求短期高收益，因此会尽力利用各类短期金融工具完成投资、建设、收益等过程后迅速退出。而住房协会作为公共组织，对利润的追求不及前者，因此开发周期更长，运用的金融工具也有更长的周期。最后一种由长期资本或“耐心资本”（patient capital）投资者控制的开发商介于前面两种之间，他们追求金融投资收益，但允许较长的回报周期。

表 4–2 专门用于出租的商品房开发模式

	私募基金赞助的开发商	住房协会	养老基金和保险基金赞助的开发商
投资周期	5—7 年	50—100 年或以上	50—100 年或以上
客户群体	学生公寓、为出租而建设的商品房、私有出租房、社会保障住房	学生公寓、为出租而建设的商品房、私有出租房	为出租而建设的商品房、私有出租房、社会保障住房
资金来源	贷款、基金投资	贷款、债券	基金投资
金融逻辑	强	中等	强
环保逻辑	中等	强	强
内部开发商			
融资咨询	√		√
收购	√	√	√
宣传和销售	√		
发展规划	√	√	
项目管理	√	√	
运营			
设备管理	√	√	
租客管理	√	√	

资料来源：托马斯·温莱特和佩林·德米雷尔（Wainwright and Demirel，2023）。

该类商品房市场参与者之间的利益关系是主要的研究话题。弗朗西斯·布里尔（Frances Brill）和萨拉·厄佐古尔（Sara Özogul）分析了跨国金融投资者在英国伦敦与荷兰阿姆斯特丹投资该类商品房市场的行为（Brill and Özogul，2022）。他们强调了多尺度主体的互动，跨国投资者需要适应地方的监管和制度环境并与政策和监管制度的制定者建立起良好的关系网络，从而获取信息并采取相应行动。托马斯·温莱特和佩林·德米雷尔（Wainwright and Demirel，2023）研究了英国该类商品房市场发展方向的调整。随着气候变化引起各国的关注，在国际和国家层面，政府和跨国组织，如联合国等，都对新建住房市场提出了更严格的环保要求。因此，新建的该类商品房都需要采用更加环保却成本更高的建筑材料。这种行为并不符合金融投资者效益最大化的原则，但是为了在政府和民众面前树立更好的形象以谋求更长远的发展，他们必须这样做。

此外，与气候和环保相关的理念也逐渐成为住房金融化乃至更广泛的金融化进程中不可或缺的一部分。

针对学生公寓，西方发达资本主义国家多拥有顶尖的高等教育机构，也因此吸引来大量发展中国家的国际留学生。由于国土面积有限或其他方面的原因，这些教育机构的校园面积大多较小，只能容纳教学办公建筑，不能为本地或国际学生提供住宿，因此，商业学生公寓应运而生。金融投资者敏锐地抓住这一新生市场，在教育机构所在城市购买土地建造学生公寓。这类学生公寓往往租金很高，配有较好的基础设施服务，主要针对经济条件较好的国际留学生。例如，在新冠疫情后，英国伦敦市中心（一区内）的大型连锁学生公寓品牌，如 Unite Students、Scape、iQ 等，一间提供私人卫浴的房间（面积通常小于 15 平方米，需要与其余学生共享厨房等其他公共设施，无须自负水电等费用）每月租金通常在 1 200 英镑（10 800 元人民币）以上。区位更好的公寓（如毗邻牛津街、贝克街、伦敦桥等著名地标）租金可达 1 600—2 000 英镑。然而，以中国留学生为代表的全球留学生群体并未因为高额的租金而退缩，在每年九月的开学季，上述公寓仍一位难求。

学者们主要研究了在构建学生公寓的过程中不同尺度的主体形成的利益同盟和彼此之间的博弈。尼克·雷文顿（Nick Revington）和西莉亚·本霍辛（Celia Benhocine）研究了跨国金融投资者如何在新冠疫情的冲击下仍然能够在非洲、北美、欧洲、大洋洲等地区不同国家推动和维持学生公寓投资，发现这些投资者积极与当地不同的利益方构建良好的关系网络以持续扩大市场份额（Revington and Benhocine，2023）。与此同时，由于新冠疫情导致各国加强了出入境管制，他们及时调整房价以吸引更多的本地（国）学生来补充国际留学生留下的空缺，还着重改善了投资企业的运营模式以削减开支和提升经营效率。朱莉娅·赫斯洛普（Julia Heslop）等研究了英国纽卡斯尔学生公寓的发展情况（Heslop *et al.*，2023），认为尽管这一产业的发展和全球金融市场及跨国金融机构的投资策略紧密相关，但这并不代表说地方利益体就起不到作用。他们强调了地方政府“财政紧缩”（austerity）政策、地方经济市场发展和需求以及其他方面的政治和制度环境因素对学生公寓的发展模式也有很强的影响。他们的研究同时强调了地理视角，大多研究都集中在国际化大都市，但也有很多世界排名靠前的顶尖高等教育机构在小城市，以英国的牛津、剑桥、纽卡斯尔、杜伦等为例。这些地方的学生公寓与大都市的发展模式往往不同。研究应该更多地关注不同类型的城市以得出更多样化的结论。

尽管这类学生公寓针对的是经济条件较好的国际留学生，但其增长过快的租金仍然招致学生的不满，甚至引起了有组织的抗议行为。爱丽丝·雷诺兹（Alice Reynolds）研究了全球范围内引起广泛关注的 2018 年由爱尔兰都柏林城市大学学生会主导的主题为“Shanowen Shakedown”的一系列抗议活动（Reynolds，2024）。这个活动表达了学生们对都柏林学生公寓昂贵租金的不满。由于引起了广泛关注，这次活动的效果很好。当地政府和公共机构等与学生公寓的运营方及其背后的投资者进行了商谈，对抑制租金进一步快速上涨起到了一定的作用。但这种作用是否能够改变市场的趋势以及能够维持多久都留有疑问。

3. 基础设施金融化

最后是基础设施金融化（financialization of infrastructure）。相比于土地和住房，基础设施具有三个显著的不同。首先，基础设施前期需要巨大的投资，建设周期较长（依据项目类型和规模的不同，短则几年多则十几年）。其次，基础设施建成后具有长期稳定的收益流，多来自用户使用费，如水费、电费、燃气费、高速公路过路费、过桥费等。这些收益流会受到市场波动的影响，但很难出现断崖式减少的情况，相比于其他两种资产更稳定。最后，基础设施建成后对经济发展有更强的促进作用。与土地和住房直接创造收益不同，基础设施的促进方式更能体现“润物细无声”。良好的基础设施配套是土地和住房创造收益的前提，而基础设施同时通过很多直接或间接的渠道促进发展：发达的交通设施将城市与外界更好地联通，促进更多的经济活动，吸引更多的人才和企业前来发展，促进本地教育、消费、生产等方面的发展（Banerjee *et al.*，2020）。

这些特征也引领了基础设施金融化的研究方向。基础设施项目前期的巨大投资和后期稳定的收益流很大程度影响了基础设施建设的融资与盈利方式。税收增额融资（Tax Increment Financing，TIF）是一种结合了基础设施项目上述两个特征的典型融资工具。简单来说，这个工具多用于城市更新，尤其是将原工业用地、废弃用地、农地等转换成以住房、购物等功能性设施为主的商业用地。其原理是：用地功能转换以后，政府可以从该地获得更多的税收，即税收增额。这些增额往往数额巨大。政府可以用这些预期的增额吸引金融机构投资更新项目，以解决项目前期大量的资金需求。税收增额融资是证券化的典例。瑞秋·韦伯（Weber，2010）发表在《经济地理》（*Economic Geography*）的经典文章即以“出售城市的未来”（selling city futures）为题，研究了美国芝加哥地方政府应用税收增额融资资助城市更新项目的行为（图 4–3）。

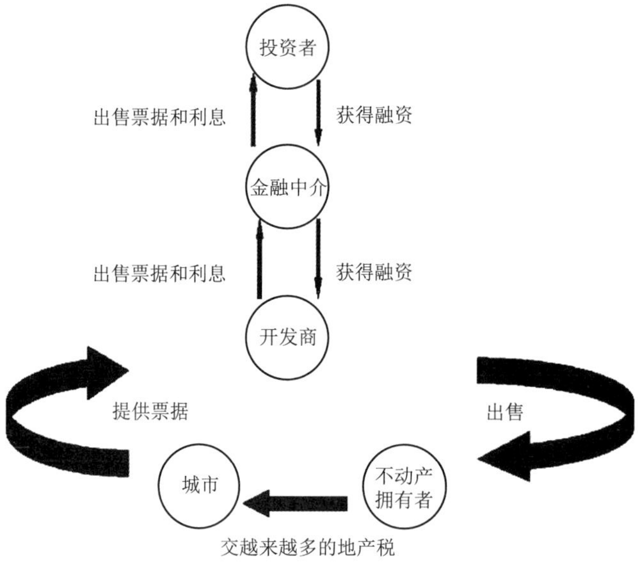

图 4–3 税收增额融资典型应用模式

资料来源：瑞秋·韦伯（Weber，2010）。

相类似的，迈克尔·普莱克和约翰·艾伦（John Allen）研究了跨国金融机构澳大利亚的麦格里银行（Macquarie）投资英国水务企业泰晤士水务（Thames Water）的行为（Pryke and Allen，2019）。在麦格里银行的指导下，该水务企业计算了在未来 50 年内其为家庭提供服务能够收取的费用（主要是水费和其他维修费用）。随后，利用这笔钱的票面价值（因为还没有实际收取这部分费用），泰晤士水务可以向银行或其他金融机构申请融资，用来给他们的股东更高的分红、偿还公司其他债务、进行其他金融投资等。麦格里银行对这笔钱也有支配权，同样可以进行金融投资以获取更多利润。麦格里银行在投资全球基础设施方面很在行。同样以该银行为研究案例，菲利普·奥尼尔（Phillip，2010）分析了其如何将城市基础设施的生产与扩张过程看作一种投资策略，将基础设施建设从一种具有稳定收益的城市固定资产变成了一种金融产品。这种金融化与利益驱动的行为损害了城市基础设施应有的社会价值。主要原因是金融投资者的介入会很大程度上提升基础设施的使用费用，提高民众的生活成本。

珍妮·麦克阿瑟（Jenny McArthur）从“资产化”（assetization）的视角解释了金融投资者和金融中介如何将具有稳定收益流的基础设施转换成金融产品（McArthur，2023）。顾名思义，资产化可以理解为将原本并非资产的物品或属性转换成可以创造收益的金融资产。她认为基础设施具备长期稳定的垄断租金（monopoly rent）的属性使其非常适合资产化。在剩余土地资源越来越少、房产市场受市场内外各类因素影响波动较大且不可预测的环境下，基于基础设施的资产化逐渐成为金融投资者新的努力方向。格特扬·韦伯格等（Wijburg *et al.*，2018）提出了“金融化 2.0”的概念。他们认为“金融化 1.0”具有高风险、高杠杆、周期短、收益高等特征，而随着金融市场和金融工具所依赖的实体资产市场波动越发严重及不可预测，且 2010 年代后全球经济发展愈发疲软，金融投资者逐渐转向具有长期稳定收益流的资产，越来越多地体现“耐心资本”的特征。这些特点即“金融化 2.0”。尽管他们的例子并非基础设施，而是不动产和用于出租的住房，但基础设施具有同样的特征，也揭示了“金融化 2.0”。

值得注意的是，虽然基础设施反映的是“长期稳定收益”，其对应的金融工具并非一定如此。如亚历山大·安多诺夫（Aleksandar Andonov）等指出金融投资者在利用该类金融工具获利以后仍然大多快速退出，而基础设施运营公司则会面临资金困难，需要寻求新的投资者作为股东（Andonov *et al.*，2021）。从某种程度上来说，基础设施只是为金融投资者提供了一种更安全的资产，以便他们应用原先的或设计出新的高风险金融投资工具或手段。对整个金融市场来说，基础设施可能无法带来很大程度的“稳定”。

四、政府尺度

政府金融化是金融化研究的一大热点。“政府金融化”这个表述其实涵盖了多个方面。首先可以理解为“政府在金融化进程中所扮演的角色”。政府可以通过制定政策促进金融化进程，也可以自身积极参与到进程中，使用各类金融工具。值得注意的是，国有企业也是政府的一部分，国有企业作为金融市场主体参与金融化的行为也可以反映政府在金融化进程中的角色。其次可以理解为“政府治理方式的金融化”。当政府积极参与金融化进程的时候，其行为必定反映金融市场原则和金融逻辑。这时，政府与“非金融企业”类似，都想通过金融手段获利，表现得越来越像一个投机者。相关研究多探讨政府行为中反映的金融逻辑是否会影响政府在社会、政治、文化、环境等方面应该履行的其他职责和功能。最后可以理解为“金融化进程中政府和其他主体的相互关系”。这里的“其他主体”主要指金融市场主体，以私有金融机构为代表。

1. 政府所扮演的角色

作为促进市场化的一环，政府也通过制定各种政策促进金融化进程。首先，政府推进建成环境的各个组成部分私有化，而投资者往往是大型跨国金融机构。其次，政府会推动前文提到的“资产化”。许多原本是政府功能而不允许资本流入的产业，如基础设施、电力、社会保障住房等，都可以允许私有资本投资。再者，政府对金融资本在各领域投资所获得的收益征税较低以及对金融资本在银行贷款设置较低的利率。这些行为都会促进金融资本投资。最后，政府极大程度放松对金融市场的各类管制。“去监管化”（de-regulation）是金融化蓬勃发展的最大原因之一。下文会列举一系列研究以支持上述几点说法并展示政府推动金融化后带来的正面和负面影响。

荣·马丁和大卫·特纳（David Turner）指出，英国政府允许建房互助会进行股份制改革从而更好地与银行等金融主体进行竞争，这直接导致建房互助会创造出更多的融资方式与融资工具，激活了英国垂危的住房市场（Martin and Turner，2000）。这种竞争带来的益处大于弊端，市场的金融活力得到显著提升。格特扬·韦伯格和曼努埃尔·阿尔伯斯（Wijburg and Aalbers，2017b）对比了法国与德国住房金融化的过程，发现法国政府通过制定优惠政策在促进金融化的过程中扮演了重要的角色，其针对住房市场的投资和收益制定了优惠税率并为房地产公司上市集资大开绿灯。莎拉·夏尔马（Sarah Sharma）研究了孟加拉国达卡的土地金融化进程，发现政府在其中扮演了重要的角色，其制定了一系列政策以方便金融投资者购买土地，大量的贫困人口被迫离开，但政府却没有制定相应的安置计划，激化了社会矛盾（Sharma，2021）。

2. 政府的金融行为

政府并不是只会推出优惠政策而本身不采取任何行动，单纯充当“推动者”

（facilitator）的角色，相反，政府会积极运用各类金融工具融资以应对支出需求。例如，城市建设活动（即发展建成环境）需要大量资金支持，政府并不能将所有资产私有化，完全依靠市场主体，因此，通过各种融资渠道获取资金成为地方政府的重要任务之一。不同国家和地方政府采取的融资工具或使用工具的方式往往具有显著的地方特性，反映当地社会、经济、文化和制度环境，且能够将全球金融资本和地方市场相连。

一国中央和地方政府可以应用的金融工具很多。早期，政府债券是主要工具之一。中央政府发行的称为国家债券或财政债券（treasury bonds），地方政府发行的一般称为市政债券（municipal bonds）。市政债券受到的关注较多，主要因为其与建成环境金融化进程紧密相连。市政债券大致分为一般债券（general obligation bonds）和收益债券（revenue bonds）。两者主要用来资助城市发展项目。前者主要资助没有收益或收益很小的项目，政府主要基于自身信用和财政收入偿还投资者的本金和利息；后者主要资助有收益且在一定期限内足以偿还投资者本金和利息的项目。收益债券很受地方政府青睐，因为从长期来看，其并不会给政府增加额外债务。

政府债券无疑是金融地理学研究的内容，但较少有学者从金融化的视角去研究它。他们的理由可能是，政府债券出现得很早，在 20 世纪早期各国政府便开始频繁应用这一金融工具，对应的不同视角的研究也有很多。相比于各种最近才出现的复杂金融工具和技术，政府债券并不能很好地显示"金融日益重要"的特征。这种看法具有一定的道理，但是本书作者持保留意见。政府债券仍然很好地反映出金融日益增长的重要性，因为各国政府发行债券的规模在持续显著上升。不一定非要有新的金融工具、技术、行为、逻辑等出现才能反映金融的重要性，相反，对于已有金融工具依赖程度的上升也可以反映金融的重要性。本书不会探讨两种看法谁对谁错，作为社会科学，金融、经济乃至人文地理学的各类观点本就没有绝对的对或错，自圆其说即可。百家争鸣才是学科强盛的表现。

回到政府债券这个研究本身，学者们最近关注政府发行债券过程中各方利益的博弈，重点突出了金融中介的重要性。首先是信用评级机构的重要性。政府债券的评级直接影响其对投资者的吸引力和利率水平。信用评级高的债券很容易找到投资者，并且可以设置较低的利率，节省利息支出。相对应地，信用评级低的政府债券融资成本高且不容易找到投资者。但话虽如此，信用评级机构也有可能处于被动地位。米凯尔·奥姆施泰特（Mikael Omstedt）表明为地方政府债券评级的机构需要用国际通用的金融标准准确地反映地方投资风险（Omstedt，2020）。这是非常难的，因为地方政府可以通过一系列行为影响这一过程，主要是用不透明不公开的手段操纵自身财政数据，包括预算和资产负债情况。

另一种金融中介是“标准制定机构”（standard setting organizations，SSOs）。这是一种宽泛的称谓，主要指那些制定关乎债券能否发行的相应标准的机构。汉娜·希尔布兰特（Hanna Hilbrandt）和莫妮卡·格鲁鲍尔（Monika Grubbauer）分析了在墨西哥首都墨西哥城政府发行新产品“绿色政府债券”（green bonds）过程中上述机构起到的作用（Hilbrandt and Grubbauer，2020）。这种新债券只能用于资助被认定是“可持续”的项目，包括风能发电等，而认定的标准就是上述机构制定的，包括“气候债券证书”（climate bond certificates）、“绿色债券原则”（green bond principles）等。这反映出这些机构的权力很大，直接决定哪些项目可以应用此类债券以及债券能否成功发行。进一步地，她们强调规则制定这一过程反映了各方利益的协调，包括政府、中介、投资者等。

随着金融技术的快速发展，政府，尤其是地方政府，开始运用各种各样的新式金融工具。这些工具大多是专为政府支出设计的证券产品，比政府债券更加复杂，链条更长，涉及的金融中介和投资者更多。如欧文·柯克帕特里克（Owen Kirkpatrick）提到的“市政债券市场”（municipal bond market）上存在很多金融衍生物（Kirkpatrick，2016）。前文提到的“税收增额融资”即为典型代表（Weber，2010），除此之外还有“货币和利率互换”（currency and interest rate swap）、“远期合约”（forward contracts）、“期货”（futures）等（Lagna，2016）。凯莉·凯（Kelly Kay）和蕾妮·塔普（Renee Tapp）研究了美国各地政府基于税收（减免）设计的金融工具以吸引金融资本投资不动产市场的行为（Kay and Tapp，2022）。

地方政府还会成立国有企业作为“专门机构”（special purpose vehicles）以进行金融行为。如劳拉·德鲁伊特（Laura Deruytter）和大卫·巴森斯（David Bassens）研究了比利时境内佛兰德斯地区各地方政府设置的“跨市公司”（intermunicipal companies，IMCs），认为这类公司是地方政府专门设置来为市政服务融资的（Deruytter and Bassens，2021）。这些公司负责能源和自来水的供给，它们通过金融手段大量融资，不仅支撑公司的日常支出，也为地方政府支出提供资金。他们称这类公司为“地方政府的延伸”（extended local state），反映了地方政府的金融技巧。乔·贝西克（Joe Beswick）和乔·潘尼（Joe Penny）研究了英国伦敦朗伯斯（Lambeth）地区政府设置的机构“朗伯斯之家”（Home for Lambeth，HfL），发现朗伯斯政府用该机构进行地区内翻修和新建住房（Beswick and Penny，2018）。机构需要使用金融工具吸引金融投资者以获得资金，而新建的住房中有不小一部分是高端商品房，这类住房以高价出租或出售来创造利润和支付投资者本金及利息。凯文·哥谭（Gotham，2006）指出美国政府在推广“按揭证券”（mortgage-backed securities）和“不动产投资信托”（real-estate investment trusts）等金融产品中扮演了重要角色。实际上，两家最大的房地产金融中介公司，“房地美”（Freddie Mac）和“房利美”（Fannie Mae），都是美国政府资助设立以控制美国按揭贷款市场的（Aalbers，2008）。

3. 政府的金融逻辑及其与私有金融机构的关系

政府在通过金融工具或专门机构积极参与金融化的过程中，其行为明显反映出“金融逻辑”：收益最大化；强调一系列金融指标，如融资率、杠杆率、利润率；强调对金融工具的依赖性；利用金融工具达成多种政策目标；等等。学者们从不同的角度来反映这种情况。海瑟·怀特塞德（Heather Whiteside）解释了“政府引领的金融化”（state-led financialization）的概念，表明除了利用政策工具促进金融化进程外，政府还将金融逻辑纳入治理模式之中，体现出一个金融机构的行为特征（Whiteside，2023）。杰米·派克和海瑟·怀特塞德（Peck and Whiteside，2016）的经典文章“金融化的底特律”（Financializing Detriot）表明美国底特律市政府濒临破产的原因就是政府治理模式已经被金融逻辑所“裹挟”。政府不断放大杠杆、不断通过金融工具累积债务，到最后由于管理不善、市场波动等内外原因面临崩溃。他们提出：“城镇治理已经实现了极大程度的金融化”（financialized urban governance）。表 4–3 对比了金融化城镇治理和以企业家精神为指导思想的城镇治理模式，表 4–4 则总结了以底特律为案例城市提出的金融化城镇治理所具备的各类特征。曼努埃尔·阿尔伯斯（Aalbers，2017）甚至声称“政府已经臣服于金融逻辑”，将其视为实现一切政策目标的万能灵药。

表 4–3 金融化城镇治理和企业家精神城镇治理特征对比

	金融化城镇治理策略	企业家精神城镇治理策略
宏观经济背景	投机和掠夺性强的金融主体；信用市场波动；增长率低且不稳定；不动产市场泡沫	后福特灵活经济体制和国际化；增长停滞和不均；疲软的城镇中心不动产市场
政府特征	政府少干涉；外包政府事务；私有化	后凯恩斯时代转型；促进企业家精神发展
政府间财政关系	紧缩政策；降低支出；地方化风险；财政重商主义；降低赋税；顺周期预算	减少福利支出；自动稳定器；财政转移支付；逆周期预算；基于固定资产投资推行企业家精神
管理技术	推行收入货币化；推行公私合营；出售公共资产；使用金融工具，尤其是税收增额融资	企业补贴；地方营销；实验私有化；兴建开发区；放松管制
金融-市场关系	投资；承担风险；强调金融收益；债务管理	保守；规避风险；金融服务经济增长目标
治理逻辑	“债务机器”；强调金融科技；依赖信用；容易导致金融危机；依赖收益估算和虚拟资产；将实体资产转为收益流	“增长机器”；增长联盟；食利阶层；政府补贴企业增长；风险规避
政治动态	后民主时代的科技治理；危机治理；预算制定；财政竞争	以城镇发展为中心的治理模式；增长联盟；民主体制下的财政赤字
超越城镇尺度的逻辑	投资者收益最大化；信用评级；公共紧缩政策	城镇发展竞争；营商环境竞争；减少公共支出
管制体系	抢占先机利用金融工具融资	在看到他人快速发展后模仿竞争

资料来源：杰米·派克和海瑟·怀特塞德（Peck and Whiteside，2016）。

表 4–4 金融化城镇治理模式总结

治理模式	特　征
中介	金融中介数量快速上升；信用评级等金融规则至关重要；金融科技在财政管理中至关重要；投资者效益最大化等金融逻辑成为治理的内在逻辑
工具化	金融工具种类和数量快速增多；使用者的金融逻辑快速增强；政府与金融主体的合作越来越强；税收增额融资使用率越来越高；公私合营项目越来越多
制度化	金融工具促进了地方财政金融事务自主性；金融工具对财政收入越来越重要；金融空间发展不均；对地方税收的依赖越来越明显；逐渐放弃收入分享机制；信用自由化快速推进；进一步提升金融在城镇发展中的重要性
进一步强化	金融工具和逻辑的地位无可撼动；整个过程逐渐去民主化；危机倾向严重

资料来源：杰米·派克和海瑟·怀特塞德（Peck and Whiteside，2016）。

政府治理模式中反映出的金融逻辑很大程度上是由于私有金融机构的影响。西方发达资本主义国家往往呈现出“弱政府、强市场”的特征。在经济增长缓慢的大背景下，政府的财力有限，实行财政紧缩政策，需要很大程度上依赖金融机构的资本推动城市发展。建成环境各组成部分私有化、政府使用金融工具和设立国有企业开展金融业务都反映了政府对金融市场资本的依赖。在这种情况下，政府往往要优先考虑金融机构的利益。马丁娜·奥古斯特（Martine August）等系统性地梳理了政府在投资城市发展过程中与市场主体的关系，认为在以西方发达资本主义国家为主的研究情景中，政府的利益往往是次于金融机构的金融利益的（August *et al.*，2022）。进一步地，金融机构还会通过自身的资源去影响政府，促使其制定有利于金融交易的政策。理查德·沃顿（Richard Waldron）研究了爱尔兰金融机构如何通过自身的资源影响政府制定有利于住房金融化的监管政策，指出金融商业精英通过强大的资本实力以及与政策制定者之间的关系网络和宣传能力（通过举办交流会和通过媒体散播等方式宣扬金融化的好处）来影响政策制定（Waldron，2019）。

在这种情况下，政府需要优先考虑金融收益，而这可能导致其他方面的政策目标受到忽略乃至破坏。一个典型的例子是在美国和英国广泛使用的“社会影响债券”（social impact bonds）。罗伯特·莱克（Robert Lake）研究了该债券在美国的使用（Lake，2015）。这种债券主要用于具有显著社会价值的项目，如为失业者和流浪汉提供职业培训，为其找到工作打下基础。这样，政府就可以节省提供失业救济金、最低生活保障、社会保障住房等福利方面的支出。用于支付投资者本金和利息的资金即来自这些节省下来的成本。但是，投资者对于利息率往往有最低要求，意味着政府必须能够节省下来足够的成本才能使用这种债券。因此，一些社会亟须的却不能够为政府节省足够成本或创造足够收益的项目就无法使用这种债券。

4. 政府的能动性

需要指明的是，并非所有政府都会推进金融化进程，具体原因有很多：可能是意识形态方面，不喜欢利用金融获利；或者政治经济体制方面，实行社会主义或处于后社会主义转型阶段（如中东欧部分国家）；或者历史遗留问题，在社会转型发展中存在诸多不利于金融化进程开展的因素；等等。这些原因再次反映了地理学强调的情景，不同地点、不同历史阶段对金融化的限制会有不同的反映形式。阿尔瓦罗·佩雷拉（Alvaro Pereira）研究了巴西住房市场金融化程度较低的原因，认为主要包括不利的监管政策和制度环境、国内各方长久以来对金融资本进入住房市场的厌恶情绪、政府面临的来自竞争对手的政治压力等方面（Pereira，2017）。

相应地，尽管政府需要优先考虑金融机构的金融利益是普遍现象，但这并非必然。也有部分学者强调了政府有能力维护自身利益。安迪·派克和同事针对英国城市发展，尤其是基础设施治理方面的一系列研究反映了英国地方政府的能力（Pike *et al.*，2019）。他们主要研究了前文提到过的英国地方政府提倡的“私有金融主体倡议”。这种倡议不仅应用在住房市场，也广泛应用在基础设施建设和更新上。在基础设施领域，英国地方政府并非一味优先考虑私有金融机构的要求，相反，他们会依据自身的政治和经济方面的资源向金融机构施压，保障自身利益和政策目标。安迪·派克（Pike，2023）（图 4–4）倾向于用“地

图 4–4 《在赌场的议员》

资料来源：安迪·派克于 2023 年出版的著作《金融化和地方政府治国理政》。

方政府的治国理政才能”（local/city statecraft）来形容地方政府的能力。这个词突出政府具有不同的目标（state objectives），且具有实现这种目标的能力（capacity）。英国政府是用来反映政府能动性的典型。詹妮弗·罗宾逊（Jennifer Robinson）和卡蒂亚·阿图耶（Katia Attuyer）研究了伦敦老橡树（Old Oak）和皇家公园（Park Royal）地区的城市发展项目，发现当地政府和规划机构能够在与金融投资者及开发商的博弈中维护自身利益：保证项目对特定公益目标和地区经济发展的贡献（Robinson and Attuyer，2021）。

最后，政府也不会一味地促进金融化进程。说到底，政府的最终目的是维护其自身的政治利益：获得民众支持，保持执政地位。因此，其促进金融化，推行以金融逻辑为主的治理模式都是为了实现上述最终目的。如果这些行为产生了过大的负面效果，如前文提到的房价越来越高导致民众买不起房、房地产市场泡沫破碎引发全球金融危机、非金融企业注重金融业务而忽视自身职能等现象，政府也会着手降低金融化程度，以维持金融、经济、政治和社会等多方面的稳定。这种现象称为“去金融化”（de-financialization）。这种现象目前还较为少见，主要原因是相比于带来的负面影响，金融对政府财力和经济增长的促进作用对政府来说更为重要。

由于金融化没有准确定义，去金融化同样也没有。针对这种现象的研究最近刚刚出现（2010 年代末期），仅有为数不多的文章以去金融化为研究主题，而这些研究大多基于自身的案例或对象解释了去金融化的含义。格特扬·韦伯格（Wijburg，2021）提出了“住房去金融化”（de-financialization of housing），认为部分欧洲国家开始通过政策工具抑制住房金融化进程，主要表现为减少周期短额度大的金融投机行为、减少金融资本参与住房市场的规模以及政府基于财政资金加大社会保障住房的供给（不借助金融机构的资本、不使用任何金融工具，与早期福利型政府供给社会保障住房的模式相似）。科尼亚·班（Cornel Ban）和多萝西·博勒（Dorothee Bohle）将去金融化定义为“政府出台政策以延长投资周期（减少短期高风险投机行为）、降低利润率、减少外汇贷款以及降低本国债券的经济脆弱性”（Ban and Bohle，2021）。后藤书人（Gotoh，2021）认为去金融化体现为日本最高法院限制对消费者的贷款从而降低杠杆率。这些定义大多基于作者研究的对象，因此有不同侧重点。这也表明，去金融化不要求在体现金融重要性的每一个方面都发生反转，有一个或几个方面即可。

小　　结

不同尺度的金融化过程构成了庞大的金融化研究框架，也奠定了金融化在金融地理学中主流研究领域的地位。虽然本书用不同尺度来介绍金融化研究，且不同尺度之间存在各自的研究重点，但这绝非表明各尺度之间是相互隔绝的。个人与家庭无时无刻不处于本地、全国性和跨国金融机构的影响之下；土地、基础设施和房地产的投资者可能是全世界任何地方的居民、企业和政府；金融危机自美国纽约华尔街爆发后跨过大西洋对伦敦金融城的企业产生严重影响，并在途中顺便破坏法兰克福和阿姆斯特丹的金融市场。以金融化为视角开展研究的主要原则之一就是关注多重时空间尺度主体间的相互联系。

参考文献

[1] Aalbers, M. B., 2008. The Financialization of Home and the Mortgage Market Crisis. *Competition & Change*, Vol. 84, No. 3, pp. 148-166.

[2] Aalbers, M. B., 2012. *Subprime Cities: The Political Economy of Mortgage Markets*. Oxford: Wiley-Blackwell.

[3] Aalbers, M. B., 2017. The Variegated Financialization of Housing. *International Journal of Urban and Regional Research*, Vol. 41, No. 4, pp. 542-554.

[4] Aalbers, M. B., 2019b. Financialization. In D. Richardson, N. Castree, M. Goodchild *et al*., *The International Encyclopedia of Geography: People, the Earth, Environment, and Technology (2019 edition)*. Chichester: John Wiley & Sons.

[5] Aalbers, M. B., 2020. Financial geography Ⅲ: The Financialization of the City. *Progress in Human Geography*, Vol. 44, No. 3, pp. 595-607.

[6] Aalbers, M. B., J. V. Loon, R. Fernandez, 2017. The Financialization of a Social Housing Provider. *International Journal of Urban and Regional Research*, Vol. 41, No. 4, pp. 572-587.

[7] Aalbers, M. B., R. Rolnik, M. Krijnen, 2020. The Financialization of Housing in Capitalism's Peripheries. *Housing Policy Debate*, Vol. 30, No. 4, pp. 481-485.

[8] Admati, A. R. 2017. A Skeptical View of Financialized Corporate Governance. *Journal of Economic Perspectives*, Vol. 31, No. 3, pp. 131-150.

[9] Aitken, R., 2007. *Performing Capital: Toward a Cultural Economy of Popular and Global Finance*. New York, NY: Palgrave Macmillan.

[10] Alsemgeest, L., 2015. Arguments for and against Financial Literacy Education: Where to Go

From Here? *International Journal of Consumer Studies*, Vol. 39, No. 2, pp. 155-161.

[11] Andonov, A., R. Kräussl, J. Rauh, 2021. Institutional Investors and Infrastructure Investing. *The Review of Financial Studies*, Vol. 34, No. 8, pp. 3880-3934.

[12] Aoyama, Y. *et al.*, 2011. Emerging Themes in Economic Geography: Outcomes of the Economic Geography 2010 Workshop. *Economic Geography*, Vol. 87, No. 2, pp. 111-126.

[13] Arrighi, G., 1994. *The Long Twentieth Century: Money, Power, and the Origins of Our Times*. Verso.

[14] Arthur, C., 2014. Financial Literacy Education as Public Pedagogy for the Capitalist Debt Economy. *TOPIA: Canadian Journal of Cultural Studies*, Vol. 30, pp. 147-164.

[15] August, M. *et al.*, 2022. Reimagining Geographies of Public Finance. *Progress in Human Geography*, Vol. 46, No. 2, pp. 527-548.

[16] Ban, C., D. Bohle, 2021. Definancialization, Financial Repression and Policy Continuity in East-Central Europe. *Review of International Political Economy*, Vol. 28, No. 4, pp. 874-897.

[17] Banerjee, A., E. Duflo, N. Qian, 2020. On the Road: Access to Transportation Infrastructure and Economic Growth in China. *Journal of Development Economics*, Vol. 145, 102442.

[18] Barr, M. S., 2012. *No Slack: The Financial Lives of Low-income Americans*. Washington DC: The Brookings Institution.

[19] Barradas, R., S. Lagoa, 2017. Financialization and Portuguese Real Investment: A Supportive or Disruptive Relationship? *Journal of Post Keynesian Economics*, Vol. 40, No. 3, pp. 413-439.

[20] Bengtsson, B., 2001. Housing as a Social Right: Implications for Welfare State Theory. *Scandinavian Political Studies*, Vol. 24, No. 2, pp. 255-275.

[21] Beswick, J., J. Penny, 2018. Demolishing the Present to Sell Off the Future? The Emergence of "Financialized Municipal Entrepreneurialism" in London. *International Journal of Urban and Regional Research*, Vol. 42, No. 4, pp. 612-632.

[22] Bobek, A., M. Mikuš, M. Sokol, 2023. Making Sense of the Financialization of Households: State of the Art and Beyond. *Socio-Economic Review*, Vol. 21, No. 4, pp. 2233-2258.

[23] Bonizzi, B., A. Kaltenbrunner, 2019. Liability-driven Investment and Pension Fund Exposure to Emerging Markets: A Minskyan Analysis. *Environment and Planning A: Economy and Space*, Vol. 51, No. 2, pp. 420-439.

[24] Bonizzi, B., A. Kaltenbrunner, J. Powell, 2020. Subordinate Financialization in Emerging Capitalist Economies. In P. Mader, D. Mertens, N. van der Zwan, *The Routledge International Handbook of Financialization*. London: Routledge, pp. 177-187.

[25] Bortz, P. G., A. Kaltenbrunner, 2018. The International Dimension of Financialization in Developing and Emerging Economies. *Development and Change*, Vol. 49, No. 2, pp. 375-393.

[26] Brill, F., S. Özogul, 2021. Follow the Firm: Analyzing the International Ascendance of Build

to Rent. *Economic Geography*, Vol. 97, No. 3, pp. 235-256.

[27] Christophers, B., 2012. Anaemic Geographies of Financialisation. *New Political Economy*, Vol. 17, No. 3, pp. 271-291.

[28] Christophers, B., 2015a. Geographies of Finance Ⅱ: Crisis, Space and Political-Economic Transformation. *Progress in Human Geography*, Vol. 39, No. 2, pp. 205-213.

[29] Christophers, B., 2015b. The Limits to Financialization. *Dialogues in Human Geography*, Vol. 5, No. 2, pp. 183-200.

[30] Chua, B. H., 2015. Financialising Public Housing as an Asset for Retirement in Singapore. *International Journal of Housing Policy*, Vol. 15, No. 1, pp. 27-42.

[31] Clark, G. L., 2005. Money Flows Like Mercury: The Geography of Global Finance. *Geografiska Annaler: Series B, Human Geography*, Vol. 87, No. 2, pp. 99-112.

[32] Clark, G. L., D. Wójcik, 2005. Financial Valuation of the German Model: The Negative Relationship between Ownership Concentration and Stock Market Returns, 1997-2001. *Economic Geography*, Vol. 81, No. 1, pp. 11-29.

[33] Clark, G. L., J. Knox-Hayes, 2009. The "new" Paternalism, Consultation and Consent: Expectations of UK Participants in Defined Contribution and Self-directed Retirement Savings Schemes. *Pensions: An International Journal*, Vol. 14, No. 1, pp. 58-74.

[34] Clark, G. L., N. Wrigley, 1995. Sunk Costs: A Framework for Economic Geography. *Transactions of the Institute of British Geographers*, Vol. 30, No. 2, pp. 204-223.

[35] Crosby, N., J. Henneberry, 2016. Financialisation, the Valuation of Investment Property and the Urban Built Environment in the UK. *Urban Studies*, Vol. 53, No. 7, pp. 1424-1441.

[36] Crotty, J., 2002. *The Effects of Increased Product Market Competition and Changes in Financial Markets on the Performance of Nonfinancial Corporations in the Neoliberal Era.* Political Economy Research Institute Working Paper No. 44. Amherst, MA: University of Massachusetts Amherst.

[37] Crotty, J., 2017. The Neoliberal Paradox: The Impact of Destructive Product Market Competition and Modern Financial Markets on Nonfinancial Corporation Performance in the Neoliberal Era. In J. Crotty, *Capitalism, Macroeconomics and Reality: Understanding Globalization, Financialization, Competition and Crisis*. Edward Elgar Publishing, pp. 272-304.

[38] Dahlquist, M., O. Setty, R. Vestman, 2018. On the Asset Allocation of a Default Pension Fund. *The Journal of Finance*, Vol. 73, No. 4, pp. 1893-1936.

[39] Davis, L. E., 2016. Identifying the "Financialization" of the Nonfinancial Corporation in the US Economy: A Decomposition of Firm-level Balance Sheets. *Journal of Post Keynesian Economics*, Vol. 39, No. 1, pp. 115-141.

[40] Davis, L. E., 2018. Financialization and Investment: A Survey of the Empirical Literature. In R. Veneziani, L. Zamparelli, *Analytical Political Economy*. John Wiley & Sons, pp. 207-235.

[41] Deruytter, L., D. Bassens, 2021. The Extended Local State under Financialized Capitalism:

Institutional Bricolage and the Use of Intermunicipal Companies to Manage Financial Pressure. *International Journal of Urban and Regional Research*, Vol. 45, No. 2, pp. 232-248.

[42] Dicken, P., A. Malmberg, 2001. Firms in Territories: A Relational Perspective. *Economic Geography*, Vol. 77, No. 4, pp. 345-363.

[43] Dutta, S., S. Reichelstein, 2005. Stock Price, Earnings, and Book Value in Managerial Performance Measures. *The Accounting Review*, Vol. 80, No. 4, pp. 1069-1100.

[44] Duxbury, D. *et al*., 2020. How Emotions Influence Behavior in Financial Markets: A Conceptual Analysis and Emotion-based Account of Buy-sell Preferences. *The European Journal of Finance*, Vol. 26, No. 14, pp. 1417-1438.

[45] Edison, H. J., F. E. Warnock, 2008. Cross-border Listings, Capital Controls, and Equity Flows to Emerging Markets. *Journal of International Money and Finance*, Vol. 27, No. 6, pp. 1013-1027.

[46] Entrop, O. *et al*., 2016. The Performance of Individual Investors in Structured Financial Products. *Review of Quantitative Finance and Accounting*, Vol. 46, pp. 569-604.

[47] Epstein, G. A., 2005. *Financialization and the World Economy*. Edward Elgar Publishing.

[48] Erturk, I., 2020. Shareholder Primacy and Corporate Financialization. In P. Mader, D. Mertens, N. van der Zwan, *The Routledge International Handbook of Financialization*. London: Routledge, pp. 43-55.

[49] Erturk, I. *et al*., 2007. The Democratisation of Finance? Promises, Outcomes and Conditions. *Review of International Political Economy*, Vol. 14, pp. 553-575.

[50] Fairbairn, M., 2017. "Like Gold With Yield": Evolving Intersections between Farmland and Finance. In R. Isakson, *New Directions in Agrarian Political Economy*. London: Routledge, pp. 137-156.

[51] Fernandez, R., M. B. Aalbers, 2016. Financialization and Housing: Between Globalization and Varieties of Capitalism. *Competition & Change*, Vol. 20, No. 2, pp. 71-88.

[52] Fernandez, R., M. B. Aalbers, 2020. Housing Financialization in the Global South: In Search of a Comparative Framework. *Housing Policy Debate*, Vol. 30, No. 4, pp. 680-701.

[53] Fields, D., 2015. Contesting the Financialization of Urban Space: Community Organizations and the Struggle to Preserve Affordable Rental Housing in New York City. *Journal of Urban Affairs*, Vol. 37, No. 2, pp. 144-165.

[54] Fields, D., 2017a. Unwilling Subjects of Financialization. *International Journal of Urban and Regional Research*, Vol. 41, No. 4, pp. 588-603.

[55] Fields, D., 2017b. Urban Struggles with Financialization. *Geography Compass*, Vol. 11, No. 11, e12334.

[56] Fiss, P. C., E. J. Zajac, 2004. The Diffusion of Ideas Over Contested Terrain: The (non) Adoption of a Shareholder Value Orientation among German Firms. *Administrative Science Quarterly*, Vol. 49, No. 4, pp. 501-534.

[57] Fligstein, N., A. Goldstein, 2015. The Emergence of a Finance Culture in American Households, 1989-2007. *Socio-Economic Review*, Vol. 13, No. 3, pp. 575-601.

[58] Fligstein, N., T. J. Shin, 2004. The Shareholder Value Society: A Review of the Changes in Working Conditions and Inequality in the United States, 1976 to 2000. In K. Neckerman, *Social Inequality*. New York, NY: Russell Sage Foundation, pp. 401-432.

[59] Fornero, E., C. Monticone, 2011. Financial Literacy and Pension Plan Participation in Italy. *Journal of Pension Economics & Finance*, Vol. 10, No. 4, pp. 547-564.

[60] French, S., A. Leyshon, N. Thrift, 2009. A Very Geographical Crisis: The Making and Breaking of the 2007-2008 Financial Crisis. *Cambridge Journal of Regions, Economy and Society*, Vol. 2, No. 2, pp. 287-302.

[61] French, S., A. Leyshon, T. Wainwright, 2011. Financializing Space, Spacing Financialization. *Progress in Human Geography*, Vol. 35, No. 6, pp. 798-819.

[62] French, D., D. McKillop, 2016. Financial Literacy and Over-indebtedness in Low-income Households. *International Review of Financial Analysis*, Vol. 48, pp. 1-11.

[63] French, S., J. Kneale, 2009. Excessive Financialisation: Insuring Lifestyles, Enlivening Subjects, and Everyday Spaces of Biosocial Excess. *Environment and Planning D: Society and Space*, Vol. 27, No. 6, pp. 1030-1053.

[64] Goldman, M., 2020. Dispossession by Financialization: The End(s) of Rurality in the Making of a Speculative Land Market. *The Journal of Peasant Studies*, Vol. 47, No. 6, pp. 1251-1277.

[65] Gotoh, F., 2021. Social Norms and (de-)Financialization: Japan's and China's Divergent Paths in Consumer Credit. *Contemporary Politics*, Vol. 27, No. 4, pp. 397-418.

[66] Gotham, K. F., 2006. The Secondary Circuit of Capital Reconsidered: Globalization and the US Real Estate Sector. *American Journal of Sociology*, Vol. 112, No. 1, pp. 231-275.

[67] Gunnoe, A., 2016. The Financialization of the US Forest Products Industry: Socio-economic Relations, Shareholder Value, and the Restructuring of an Industry. *Social Forces*, Vol. 94, No. 3, pp. 1075-1101.

[68] Hamann, S., B. Schwartz, 2024. Land and Financialization: The Emerging Role of International Financial Actors in African Land Deals. In H. Besada, C. D'Alessandro, T. Golla, *Routledge Handbook of Natural Resource Governance in Africa*. London: Routledge, pp. 139-150.

[69] Harrison, J. S., A. C. Wicks, 2013. Stakeholder Theory, Value, and Firm Performance. *Business Ethics Quarterly*, Vol. 23, No. 1, pp. 97-124.

[70] Harvey, D., 1981. The Spatial Fix — Hegel, Von Thunen, and Marx. *Antipode*, Vol. 13, No. 3, pp. 1-12.

[71] Harvey, D., 1982. *The Limits to Capital*. Oxford: Blackwell.

[72] Harvey, D., 1985. *The Urbanization of Capital: Studies in the History and Theory of Capitalist Urbanization*. Baltimore, MD: Johns Hopkins University Press.

[73] Harvey, D., 1989. *The Condition of Postmodernity: An Enquiry into the Origins of Cultural Change*. Oxford: Blackwell.

[74] Hershaw, E., S. Sauer, 2023. Land and Investment Dynamics along Brazil's "Final" Frontier: The Financialization of the Matopiba at a Political Crossroads. *Land Use Policy*, Vol. 131, 106675.

[75] Heslop, J. *et al.*, 2023. Re-contextualising Purpose-built Student Accommodation in Secondary Cities: The Role of Planning Policy, Consultation and Economic Need During Austerity. *Urban Studies*, Vol. 60, No. 5, pp. 923-940.

[76] Hilbrandt, H., M. Grubbauer, 2020. Standards and SSOs in the Contested Widening and Deepening of Financial Markets: The Arrival of Green Municipal Bonds in Mexico City. *Environment and Planning A: Economy and Space*, Vol. 52, No. 7, pp. 1415-1433.

[77] Hodkinson, S., 2011. The Private Finance Initiative in English Council Housing Regeneration: A Privatisation Too Far? *Housing Studies*, Vol. 26, No. 6, pp. 911-932.

[78] Jessop, B., 2006. Spatial Fixes, Temporal Fixes and Spatio-Temporal Fixes. In N. Castree, D. Gregory, *David Harvey: A Critical Reader*. Blackwell Publishing, pp. 142-166.

[79] Jung, J., Y. Lee, 2022. Financialization and Corporate Downsizing as a Shareholder Value Strategy. *Socio-Economic Review*, Vol. 20, No. 4, pp. 1795-1823.

[80] Kaika, M., L. Ruggiero, 2016. Land Financialization as a "Lived" Process: The Transformation of Milan's Bicocca by Pirelli. *European Urban and Regional Studies*, Vol. 23, No. 1, pp. 3-22.

[81] Kaltenbrunner, A., 2018. The Financialisation of Non-financial Corporations in Brazil. *Debt Vulnerabilities in Developing Countries: A New Debt Trap. Volume* Ⅰ*: Regional and Thematic Analyses*. Geneva, Switzerland: United Nations Conference on Trade and Development, pp. 53-71.

[82] Kaltenbrunner, A., J. P. Painceira, 2015. Developing Countries' Changing Nature of Financial Integration and New Forms of External Vulnerability: The Brazilian Experience. *Cambridge Journal of Economics*, Vol. 39, No. 5, pp. 1281-1306.

[83] Kang, H. C. *et al.*, 2017. Controlling Shareholders' Value, Long-run Firm Value and Short-term Performance. *Journal of Corporate Finance*, Vol. 43, pp. 340-353.

[84] Karolyi, G. A., 2004. The Role of American Depositary Receipts in the Development of Emerging Equity Markets. *Review of Economics and Statistics*, Vol. 86, No. 3, pp. 670-690.

[85] Kay, K., R. Tapp, 2022. Un/making Assets: The Institutional Limits to Financialization. *Annals of the American Association of Geographers*, Vol. 112, No. 5, pp. 1243-1259.

[86] Keenan, L., T. Monteath, D. Wójcik, 2023a. Patents Over Patients? Exploring the Variegated Financialization of the Pharmaceuticals Industry through Mergers and Acquisitions. *Competition & Change*, Vol. 27, No. 3-4, pp. 472-494.

[87] Keenan, L., T. Monteath, D. Wójcik, 2023b. Hungry for Power: Financialization and the Concentration of Corporate Control in the Global Food System. *Geoforum*, Vol. 147,

103909.

[88] Kirkpatrick, L. O., 2016. The New Urban Fiscal Crisis: Finance, Democracy, and Municipal Debt. *Politics & Society*, Vol. 44, No. 1, pp. 45-80.

[89] Klinge, T. J., R. Fernandez, M. B. Aalbers, 2021. Whither Corporate Financialization? A Literature Review. *Geography Compass*, Vol. 15, No. 9, e12588.

[90] Klink, J., 2020. *Metropolis, Money and Markets: Brazilian Urban Financialization in Times of Re-emerging Global Finance*. London: Routledge.

[91] Krippner, G. R., 2005. The Financialization of the American Economy. *Socio-Economic Review*, Vol. 3, No. 2, pp. 173-208.

[92] Lagna, A., 2016. The Financialisation of Local Governments: Evidence from the Italian Case. In I. Ertürk, D. Gabor, *The Routledge Companion to Banking Regulation and Reform*. London: Routledge, pp. 230-244.

[93] Lake, R. W., 2015. The Financialization of Urban Policy in the Age of Obama. *Journal of Urban Affairs*, Vol. 37, No. 1, pp. 75-78.

[94] Langley, P., 2008. Sub-prime Mortgage Lending: A Cultural Economy. *Economy and Society*, Vol. 37, No. 4, pp. 469-494.

[95] Langley, P., 2020. The Financialization of Life. In P. Mader, D. Mertens, N. van der Zwan, *The Routledge International Handbook of Financialization*. London: Routledge, pp. 68-78.

[96] Lapavitsas, C., 2011. Theorizing Financialization. *Work, Employment and Society*, Vol. 25, No. 4, pp. 611-626.

[97] Lapavitsas, C., J. Powell, 2013. Financialisation Varied: A Comparative Analysis of Advanced Economies. *Cambridge Journal of Regions, Economy and Society*, Vol. 6, No. 3, pp. 359-379.

[98] Lazonick, W., 2010. Innovative Business Models and Varieties of Capitalism: Financialization of the US Corporation. *Business History Review*, Vol. 84, No. 4, pp. 675-702.

[99] Lazonick, W., 2011. From Innovation to Financialization: How Shareholder Value Ideology is Destroying the US Economy. In M. Wolfson, G. Epstein, *Handbook of the Political Economy of Financial Crises*. Oxford, UK: Oxford University Press, pp. 52-74.

[100] Lazonick, W., M. O'sullivan, 2000. Maximizing Shareholder Value: A New Ideology for Corporate Governance. *Economy and Society*, Vol. 29, No. 1, pp. 13-35.

[101] Leyshon, A., N. Thrift, 2007. The Capitalization of Almost Everything: The Future of Finance and Capitalism. *Theory, Culture & Society*, Vol. 24, No. 7-8, pp. 97-115.

[102] Lian, C., Y. Ma, C. Wang, 2019. Low Interest Rates and Risk-taking: Evidence from Individual Investment Decisions. *The Review of Financial Studies*, Vol. 32, No. 6, pp. 2107-2148.

[103] Lucarelli, D. B., 2012. Financialization and Global Imbalances: Prelude to Crisis. *Review of Radical Political Economics*, Vol. 44, No. 4, pp. 429-447.

[104] Lusardi, A., O. S. Mitchell, 2011. Financial Literacy around the World: An Overview. *Journal of Pension Economics & Finance*, Vol. 10, No. 4, pp. 497-508.

[105] Magnan, A., S. Sunley, 2017. Farmland Investment and Financialization in Saskatchewan, 2003-2014: An Empirical Analysis of Farmland Transactions. *Journal of Rural Studies*, Vol. 49, pp. 92-103.

[106] Marshall, J. N. *et al.*, 2012. Placing the Run on Northern Rock. *Journal of Economic Geography*, Vol. 12, No. 1, pp. 157-181.

[107] Martin, R., 2002. *Financialization of Daily Life*. Philadelphia, PA: Temple University Press.

[108] Martin, R., D. Turner, 2000. Demutualization and the Remapping of Financial Landscapes. *Transactions of the Institute of British Geographers*, Vol. 25, No. 2, pp. 221-241.

[109] Maskell, P., 2001. The Firm in Economic Geography. *Economic Geography*, Vol. 77, No. 4, pp. 329-344.

[110] McArthur, J., 2023. Infrastructure Debt Funds and the Assetization of Public Infrastructures. *Environment and Planning A: Economy and Space*, Vol. 56, No. 3, pp. 681-698.

[111] Moel, A., 2001. *The Role of American Depositary Receipts in the Development of Emerging Markets*. Boston, MA: Springer.

[112] Montgomerie, J., M. Büdenbender, 2015. Round the Houses: Homeownership and Failures of Asset-based Welfare in the United Kingdom. *New Political Economy*, Vol. 20, No. 3, pp. 386-405.

[113] Muellerleile, C. M., 2009. Financialization Takes Off at Boeing. *Journal of Economic Geography*, Vol. 9, No. 5, pp. 663-677.

[114] Nethercote, M., 2020. Build-to-Rent and the Financialization of Rental Housing: Future Research Directions. *Housing Studies*, Vol. 35, No. 5, pp. 839-874.

[115] Nethercote, M., 2023. The Techno-politics of Rental Housing Financialization: Real Estate Service Companies and Technocratic Expertise in Australia's Build to Rent Market. *Economic Geography*, Vol. 99, No. 2, pp. 191-219.

[116] Newman, K., 2009. Post-industrial Widgets: Capital Flows and the Production of the Urban. *International Journal of Urban and Regional Research*, Vol. 33, No. 2, pp. 314-331.

[117] Nickell, S., D. Nicolitsas, N. Dryden, 1997. What Makes Firms Perform Well? *European Economic Review*, Vol. 41, No. 3-5, pp. 783-796.

[118] Nocera, J., 2013. *A Piece of the Action: When the Middle Class Joined the Money Class*. New York, NY: Simon and Schuster.

[119] Omstedt, M., 2020. Reading Risk: The Practices, Limits and Politics of Municipal Bond Rating. *Environment and Planning A: Economy and Space*, Vol. 52, No. 3, pp. 611-631.

[120] Ouma, S., 2016. From Financialization to Operations of Capital: Historicizing and Disentangling the Finance-Farmland-Nexus. *Geoforum*, Vol. 72, pp. 82-93.

[121] Pagano, M., A. A. Röell, J. Zechner, 2002. The Geography of Equity Listing: Why Do

Companies List Abroad? *The Journal of Finance*, Vol. 57, No. 6, pp. 2651-2694.

[122] Pagano, M. *et al.*, 2001. What Makes Stock Exchanges Succeed? Evidence from Cross-listing Decisions. *European Economic Review*, Vol. 45, No. 5-6, pp. 770-782.

[123] Peck, J., H. Whiteside, 2016. Financializing Detroit. *Economic Geography*, Vol. 92, No. 3, pp. 235-268.

[124] Peck, J., N. Theodore, 2007. Variegated Capitalism. *Progress in Human Geography*, Vol. 31, No. 6, pp. 731-772.

[125] Pellandini-Simányi, L., F. Hammer, Z. Vargha, 2015. The Financialization of Everyday Life or the Domestication of Finance? How Mortgages Engage with Borrowers' Temporal Horizons, Relationships and Rationality in Hungary. *Cultural Studies*, Vol. 29, No. 5-6, pp. 733-759.

[126] Pereira, A. L. D. S., 2017. Financialization of Housing in Brazil: New Frontiers. *International Journal of Urban and Regional Research*, Vol. 41, No. 4, pp. 604-622.

[127] Phillip, O., 2010. Infrastructure Financing and Operation in the Contemporary City. *Geographical Research*, Vol. 48, No. 1, pp. 3-12.

[128] Pike, A., 2023. *Financialization and Local Statecraft*. Oxford, UK: Oxford University Press.

[129] Pike, A. *et al.*, 2019. *Financialising City Statecraft and Infrastructure*. Edward Elgar Publishing.

[130] Pike, A., J. Pollard, 2010. Economic Geographies of Financialization. *Economic Geography*, Vol. 86, No. 1, pp. 29-51.

[131] Pollard, J. S., 2003. Small Firm Finance and Economic Geography. *Journal of Economic Geography*, Vol. 3, No. 4, pp. 429-452.

[132] Pryke, M., J. Allen, 2019. Financialising Urban Water Infrastructure: Extracting Local Value, Distributing Value Globally. *Urban Studies*, Vol. 56, No. 7, pp. 1326-1346.

[133] Pryke, M., J. Allen, 2022. The Everyday Construction of Value: A Canadian Investment Fund, Chilean Water Infrastructure, and Financial Subordination. *Finance and Society*, Vol. 8, No. 2, pp. 189-208.

[134] Revington, N., C. Benhocine, 2023. Financializing Through Crisis? Student Housing and Studentification During the Covid-9 Pandemic and Beyond. *Tijdschrift voor Economische en Sociale Geografie*, Vol. 114, No. 5, pp. 415-430.

[135] Revington, N., M. August, 2020. Making a Market for Itself: The Emergent Financialization of Student Housing in Canada. *Environment and Planning A: Economy and Space*, Vol. 52, No. 5, pp. 856-877.

[136] Reynolds, A., 2024. Contesting the Financialization of Student Accommodation: Campaigns for the Right to Housing in Dublin, Ireland. *Housing Studies*, Vol. 39, No. 6, pp. 1495-1515.

[137] Robinson, J., K. Attuyer, 2021. Extracting Value, London Style: Revisiting the Role of the

State in Urban Development. *International Journal of Urban and Regional Research*, Vol. 45, No. 2, pp. 303-331.

[138] Rolnik, R., 2013. Late Neoliberalism: The Financialization of Homeownership and Housing Rights. *International Journal of Urban and Regional Research*, Vol. 37, No. 3, pp. 1058-1066.

[139] Rutland, T., 2010. The Financialization of Urban Redevelopment. *Geography Compass*, Vol. 4, No. 8, pp. 1167-1178.

[140] Schwan, M., C. Trampusch, F. Fastenrath, 2021. Financialization of, not by the State. Exploring Changes in the Management of Public Debt and Assets across Europe. *Review of International Political Economy*, Vol. 28, No. 4, pp. 820-842.

[141] Sharma, S. E., 2021. Down and Out in Dhaka: Understanding Land Financialization and Displacement in Austerity Urbanism. *Urban Geography*, Vol. 42, No. 5, pp. 681-700.

[142] Sippel, S. R., N. Larder, G. Lawrence, 2017. Grounding the Financialization of Farmland: Perspectives on Financial Actors as New Land Owners in Rural Australia. *Agriculture and Human Values*, Vol. 34, pp. 251-265.

[143] Soener, M., 2021. Did the "Real" Economy Turn Financial? Mapping the Contours of Financialisation in the Non-financial Corporate Sector. *New Political Economy*, Vol. 26, No. 5, pp. 817-831.

[144] Streeck, W., 2014. *Buying Time: The Delayed Crisis of Democratic Capitalism*. London: Verso Books.

[145] Syz, J., P. Vanini, M. Salvi, 2008. Property Derivatives and Index-linked Mortgages. *The Journal of Real Estate Finance and Economics*, Vol. 36, No. 1, pp. 23-35.

[146] Van der Zwan, N., 2014. Making Sense of Financialization. *Socio-Economic Review*, Vol. 12, No. 1, pp. 99-129.

[147] Wainwright, T., P. Demirel, 2023. Multiple Logics in Financialisation? Moving to Carbon Sustainability in Build-to-Rent Development. *Environment and Planning A: Economy and Space*, Vol. 55, No. 1, pp. 22-45.

[148] Waldron, R., 2019. Financialization, Urban Governance and the Planning System: Utilizing "Development Viability" as a Policy Narrative for the Liberalization of Ireland's Post-Crash Planning System. *International Journal of Urban and Regional Research*, Vol. 43, No. 4, pp. 685-704.

[149] Weber, R., 2010. Selling City Futures: The Financialization of Urban Redevelopment Policy. *Economic Geography*, Vol. 86, No. 3, pp. 251-274.

[150] Weiss, H., 2015. Financialization and Its Discontents: Israelis Negotiating Pensions. *American Anthropologist*, Vol. 117, No. 3, pp. 506-518.

[151] Whiteside, H., 2023. State and Collective Ownership: Thwarting and Enabling Financialization? *Urban Geography*, Vol. 44, No. 2, pp. 326-336.

[152] Wijburg, G., 2021. The De-financialization of Housing: Towards a Research Agenda.

Housing Studies, Vol. 36, No. 8, pp. 1276-1293.

[153] Wijburg, G., M. B. Aalbers, 2017a. The Alternative Financialization of the German Housing Market. *Housing Studies*, Vol. 32, No. 7, pp. 968-989.

[154] Wijburg, G., M. B. Aalbers, 2017b. The Internationalization of Commercial Real Estate Markets in France and Germany. *Competition & Change*, Vol. 21, No. 4, pp. 301-320.

[155] Wijburg, G., M. B. Aalbers, S. Heeg, 2018. The Financialisation of Rental Housing 2.0: Releasing Housing into the Privatised Mainstream of Capital Accumulation. *Antipode*, Vol. 50, No. 4, pp. 1098-1119.

[156] Wissoker, P., 2013. From Insurance to Investments: Financialisation and the Supply Side of Life Insurance and Annuities in the USA (1970-2006). *Cambridge Journal of Regions, Economy and Society*, Vol. 6, No. 3, pp. 401-418.

[157] Wójcik, D., C. Burger, 2010. Listing BRICs: Stock Issuers from Brazil, Russia, India, and China in New York, London, and Luxembourg. *Economic Geography*, Vol. 86, No. 3, pp. 275-296.

[158] Yrigoy, I., 2023. Unpacking Capital Switching: Value, Rentierism and Displacement in Absolute and Relative Forms of Switching. *International Journal of Urban and Regional Research*, Vol. 47, No. 6, pp. 940-956.

[159] Zaloom, C., D. James, 2023. Financialization and the Household. *Annual Review of Anthropology*, Vol. 52, pp. 399-415.

第五章　金融全球化与金融危机

本章从全球尺度的金融活动来介绍金融全球化现象。金融全球化可以理解为世界各国、各地区在金融业务和政策等方面相互交流、渗透、竞争、制约、协调，进而使全球金融形成一个联系密切、不可分割的整体的过程。金融全球化依靠快速发展的金融和数字科技在全球范围内实现实时金融交易，将处于不同空间乃至时间的金融主体相互连接，建立起全球金融业务网络。一方面，金融全球化将统一的金融实践准则扩散到世界各地，令全球范围内的金融业发展呈现同质化、一体化的趋势；另一方面，不同金融主体仍反映出差异化的时空间特征，受到所处政治、经济、文化、社会等方面因素的影响。

与上一章金融化研究类似，本章从不同空间尺度介绍金融全球化研究。首先，本章介绍企业主体的全球金融行为。典型代表包括跨国金融企业的区位选址及其金融行为给选址地带来的影响。其次，本章着眼于更加宏观的国际尺度，介绍金融全球化的典型现象，或者说产生的典型后果——全球金融危机。本章总结金融地理学者如何以地理学视角解释金融危机产生的原因、在不同地方的差异化反映及其传播机制。最后，本章介绍目前金融地理学针对金融全球化研究提出的一个非常流行的研究框架——全球金融网络。

值得一提的是，针对企业主体的全球金融行为，前面章节已有部分涉及，为保持各个章节彼此独立和章节本身逻辑的连贯性，本章会依据自身的逻辑架构适当重复提到前文涉及的企业主体，但并不会过于重复某些细节，如介绍某一篇文献的具体内容。

第一节 企业的全球金融行为

一、企业的海外金融行为

企业的全球金融行为研究大致包括三个方面。首先，企业在海外金融资本市场开展业务。典型行为即企业海外上市并随后发行海外债券等海外金融产品。企业海外上市相关研究已在第四章第二节的第二小点提及。如前文所引用的，马可·帕加诺等（Pagano *et al.*，2002）总结了企业海外上市的主要动力，包括筹集资本、出售股票、扩大股东规模和来源、吸收国外先进经验、规避严苛的监管环境、提升资本流动性、享受海外市场差价带来的收益、基于自身产品海外口碑获益、扩张企业销售市场、海外上市的成本远低于其带来的收益（表 5–1）。

表 5–1 企业海外上市的主要动因和启示

动因	上市前特征	上市后结果	股票交易所对应特征
募集资本	高杠杆、高增长、高价格利润比、实体投资	高增长、高价格利润比、实体投资	市场成熟、流动性强
出售股票	刚刚私有化的企业	高股份转手率	市场成熟、流动性强
扩大股东规模和来源	高风险企业	境外投资者多、股份转手率高	大型交易所
吸收国外先进经验	高科技企业、研发投资大	—	拥有专业投资者和分析师
规避严苛的监管环境	国内监管水平低	相比于其他公司利润率更高	监管水平高
提升资本流动性	—	股份转手率高	交易差价低、手续费低、交易量大
享受海外市场差价带来的收益	国内价格利润比远低于国外	—	最近出现牛市
基于自身产品海外口碑获益	产品海外销量大	—	交易所位于销量大的国家
扩张企业销售市场	产品竞争者已经在国外上市	国外上市后产品销量大	交易所位于产品销售潜力大的国家
海外上市的成本远低于其带来的收益	企业规模大	—	上市费用低、披露要求低

资料来源：马可·帕加诺等（Pagano *et al.*，2002）。

由于企业扩张海外金融市场本质上是一个金融地理学问题，因此，上述所有动因都反映出地理要素：并不是任何一个海外金融市场都可以实现上述动因，如企业很少会选择到一个监管更加严格的金融市场上市。当然这也不是绝对的，如果在该市场开展业务带来的收益远大于面临严峻监管环境带来的成本，企业仍会选择进军该市场。

在此环境下，企业海外上市在全球层面反映出特异化的是空间布局。前文已经提到一些热门的海外上市地点，以美国、英国和西欧各发达资本主义国家为主。这些国家都有全球领先的国际金融中心城市，针对金融业务的监管环境较为友好，保护金融活动正常运行的法律法规较为完善。当然这只是一部分原因，还有很多无法单纯从成本和收益角度解释的动因。例如，谢尔盖·萨尔基相（Sergei Sarkissian）和迈克尔·席尔（Michael Schill）发现地理、经济、文化和产业方面的邻近性是促使一国企业到另一国金融市场上市的主要动因（Sarkissian and Schill，2004）。在这些动因的驱动下，全球企业海外上市的空间形态从20世纪50年代以欧洲各国金融市场为主，过渡到80年代以东京等新兴经济体为代表的金融市场异军突起，到21世纪变成以美国国内各交易所为主要企业海外上市地点的空间格局。潘峰华（Pan，2020）总结了21世纪以来"企业海外上市的空间布局"（geography of overseas listings），指出有很多新兴市场挑战了成熟市场（伦敦、纽约、香港等）的地位，包括阿根廷、芬兰、以色列、墨西哥、波兰等。此外，新兴经济体的企业，以金砖国家（巴西、俄罗斯、印度和中国）为代表，积极寻求海外上市以扩大自身金融业务范围。

其次，跨境并购也是典型研究话题之一。跨境并购在绝大多数情况下可以让地方性企业成为真正意义上的跨国企业，即金融全球化最重要的主体。企业实施该行为的动因与上文海外上市的动因大体相同，既需要从成本-收益的角度衡量，也需要考虑政治、经济、文化、社会等方面的因素（Green and Meyer，1997；Ragozzino，2009；Di Guardo *et al.*，2016；Guo *et al.*，2021）。马可·杜埃纳斯（Marco Dueñas）等分析了1995—2010年224个国家企业跨境并购的时空间网络布局（Dueñas *et al.*，2017），总体来说，跨境并购的全球网络密度较低，即少数国家的少数企业积极实施跨境并购，并未形成多极或多核模式，但网络仍是非常活跃的，处于频繁的动态变化之中。高收入国家积极在其余国家实施并购，只不过他们的目标会经常变化。但相反的情况——低收入国家积极并购高收入国家企业——并不常见（表 5–2）。

表 5–2 全球跨境并购网络特征

	1995 年	2000 年	2003 年	2007 年	2010 年
并购发起方国家数量（个）	104	129	132	157	149
并购目的地国家数量（个）	95	117	116	148	144
并购企业数量（个）	63	87	88	97	96
企业联系数量（个）	522	840	715	1159	990
联系密度（%）	4.9	5.1	4.1	4.7	4.5
重发发生的联系占比（%）	18.8	20.1	19.4	21.1	21.2
占据并购企业数量 50%的目的地国家(个)	3	2	5	5	6
占据并购企业数量 90%的目的地国家(个)	19	16	19	28	31
占据并购企业数量 50%的发起方国家(个)	2	2	2	5	6
占据并购企业数量 90%的发起方国家(个)	12	13	18	24	24
占据并购交易量 50%的国家（个）	12	9	20	31	34
占据并购交易量 90%的国家（个）	109	103	161	243	214

资料来源：马可 • 杜埃纳斯等（Dueñas *et al.*，2017）。

K. S. 雷迪（K. S. Reddy）和谢恩（音译，En Xie）研究了 1990—2016 年 150 起全球石油天然气企业跨境并购案例，发现亚洲和部分中东欧新兴市场的企业，尤其是国有企业，大肆收购如美国、加拿大等资源丰富国家的企业，以获得更丰厚的资源储备和先进的产业技能（Reddy and Xie，2017）。汉斯–马丁 • 扎德马赫（Hans-Martin Zademach）和安德烈斯 • 罗德里格斯–波塞（Andrés Rodríguez-Pose）研究了欧洲各国企业 1998—2003 年的跨境并购案例，结果发现，一些广泛被提及的要素，包括开拓新市场、进军发达核心市场、地理邻近性、吸引全球创新能力强的精英人才等起到了关键性作用（Zademach and Rodríguez-Pose，2009）。马西莫 • 德尔 • 加托（Massimo Del Gatto）和卡洛 • 马斯蒂努布（Carlo Mastinub）研究了实施跨境并购的经验会如何影响并购行为，结果发现，当企业尝试并购文化邻近性程度较高国家的企业时，上述经验会起到关键作用，但是这种经验在地理邻近性程度较高的情境下并未发挥明显作用（Del Gatto and Mastinub，2021）。

最后，金融企业直接在海外国家和地区开设分支机构也是热点研究话题之一。较为常见的包括外资银行、证券、保险等金融机构在某地选址的区位研究（Tschoegl，2000）。这些金融机构的分布往往与金融中心研究联系紧密。某一种代表性金融机构的空间分布可以一定程度上反映金融中心的分布格局。在不同时代，代表性金融机构并不相同。例如，在20世纪后半叶，金融科技仍未快速发展，以传统借贷业务为主的跨国商业银行分布即可反映全球金融中心城市的空间分布特征。进入21世纪，金融科技的快速发展令跨国投资银行、养老基金、对冲基金、私募基金、资产管理企业等金融中介也可以反映金融中心的空间格局，对应的金融中心城市功能也愈发复杂多样。前文探讨金融中心区位和网络的文献已经提及，本小节不再重复。

除去上述较为宏观的视角，也有研究从较为微观的视角研究具体案例，如某一个跨国企业在某一个国家的区位和业务特征。前文提到的如迈克尔·格罗特（Grote，2008）对20世纪后半叶德国外资银行区位变化的分析。亚当·蒂克尔（Tickell，1994）研究了日本的银行在英国开展业务的特征，发现在20世纪80年代，这些银行业务主要集中在英格兰东南部，该地区是英国经济最发达的地区。这些银行主要面向日本跨国企业在英分支机构或子公司开展业务。

二、跨境金融行为过程中的权力关系和行为产生的影响

上一小节着重时空间分布特征，本小节则着重探讨企业跨境金融行为过程中主体间关系和该行为会造成的积极或消极影响。跨国金融机构或是有政府背景的，以主权财富基金为代表，或是强大的私有金融机构。针对具有政府背景的金融机构，学者们通常认为这些机构并非单纯为了盈利而投资，他们同时肩负着政府多重的地缘政治目标。这些目标在前文探讨主权财富基金时已经大体介绍过，此处不再重复。针对私有金融机构，学者们倾向于突出其“强势”及其投资对象的“弱势”，表明“权力不对称”（power asymmetry）的存在。投资对象往往是多尺度的。针对个人与家庭尺度，莉·约翰逊（Johnson，2013）指出“指数保险”将农民纳入受国际金融资本显著影响的“全球农业系统”（global agricultural system）中。面对气候对农作物的潜在影响，农民原本就处于弱势地位，而“指数保险”进一步将农民带入全球金融精英的资本游戏中，使其面临

更强的不确定性。在企业尺度，布鲁诺·博尼兹（Bruno Bonizzi）等指出，跨国金融投资者在世界各地都有投资业务，持有大量不同地点的投资产品组合（Bonizzi *et al.*，2020）。投资者处于一个更高维度且更安全的位置，但对其投资的，尤其是处于发展中国家的企业来说，情况则截然不同。投资者往往用周期短、高风险、高收益的方式投资于这些企业，当能够实现收益的时候，是双赢状态，但当投资失败时，投资者可以以更小的损失及时退出并极有可能通过其在全球其他地方投资业务的收益补偿此处的失败。而对投资对象来说，其通常就要面临企业破产清算、全盘皆输的局面。

但这种针对企业的负面效应也并非绝对或持续存在。汉斯-马丁·扎德马赫（Zademach，2009）研究了跨国投资者投资德国慕尼黑电影和电视产业集群的行为，发现在投资初始的几年，很多业界人士都认为这种金融投资会破坏集群内德国企业的长远发展，但一段时间以后呈现出的局面是这些投资者促进了德国企业发展模式的升级转化，进而实现了该集群在欧洲乃至国际舞台的复兴。基利安·麦卡锡（Killian McCarthy）和亨德里克·阿尔伯斯（Hendrik Aalbers）的研究表明，相比于国内企业并购，跨境并购更能促进企业的创新能力（McCarthy and Aalbers，2016）。其他条件相同的情况下，跨境并购会比国内并购多产生 3.15 个创新申请。

当投资对象是一个地区或一个国家时，学者们常用“附属金融化”（subordinate financialization）来形容投资对象的状态（Büdenbender and Aalbers，2019；Socoloff，2020）。投资对象往往是发展中国家和地区，自身经济实力有限，无法承担城市或其他方面发展所需的支出。他们希望跨国投资者能够来本地投资，因此会尽量满足投资者在各方面的要求。另外，这些金融机构在投资这些地区的时候会更加谨慎，因为当地经济发展落后、市场活力低、监管政策体系不完善等都是可能导致其无法盈利甚至亏损的因素。据此，他们往往要求最小化投资风险。这样一来，普遍的现象就是投资对象的国家或地方政府将投资者的风险转嫁到自己身上。曼努埃尔·阿尔伯斯等（Aalbers *et al.*，2023）研究了世界上规模最大的几家不动产投资信托企业的跨国投资行为，发现这些企业往往要求投资对象的政府能够保证企业设定的最低收益。换句话说，如果投资收益不达预期，当地政府就需要出资以补偿损失。

迈克尔·普莱克和约翰·艾伦（Pryke and Allen，2022）表明跨国金融机构不仅是在全球范围内“寻找”投资机会，他们会积极“创造”投资机会，主要手段即资产化，将基础设施转换成金融资产。他们研究了加拿大一家跨国养老基金投资机构对智利部分自来水基础设施的投资，结果发现，现有文献关于跨国投资者和投资对象地方政府之间的“权力不均”的观点失之偏颇，两者之间的利益并非“零和游戏”，其实是双方共赢的，只不过通常情况下跨国投资者赢得的利益会更大一些，但地方政府同样创造了收益并实现了一些其他的政策目标。在他们的案例中，地方政府成功修建了基础设施，提升了供水效率。

阿尼娜·卡尔滕布伦纳和胡安·潘塞拉（Juan Painceira）强调了跨国投资者给巴西货币体系带来的负面影响（Kaltenbrunner and Painceira，2015）。这些投资者以美元投资了大量巴西国内以本国货币雷亚尔为基础的货币金融产品，使得雷亚尔受到美元的极大影响。在国际金融市场不稳定的大环境下，雷亚尔的价值波动很大，无法保持在相对稳定的水平，极易引起巴西国内经济和金融市场动荡。在国际层面，雷亚尔处于国际货币体系边缘地位的局面也更加无法改变，进而限制了巴西在国际舞台的影响力。布鲁诺·博尼兹和阿尼娜·卡尔滕布伦纳（Bonizzi and Kaltenbrunner，2019）表明，跨国金融投资会深化发展中国家“附属金融化”的地位。进一步地，巴勃罗·博茨（Pablo Bortz）和阿尼娜·卡尔滕布伦纳（Bortz and Kaltenbrunner，2018）表明，“附属金融化”是加剧全球各国发展不均的主要原因之一。

第二节　金融危机

前文提到，资本主义是有“危机倾向”（crisis-prone）的，而日益相连的全球金融体系让任何一个地方发生的危机都可能在短时间内引发全球动荡。20 世纪中后期发生的几次危机，如 80 年代的西方资本主义国家信贷危机、90 年代的亚洲金融危机等影响范围较为有限，但 2008 年由美国次贷危机引发的金融危机在短短几个月内席卷全球，每一个连入以美元主导的国际金融体系的国家都受到了不同程度的影响。金融地理学也对这次危机展开了细致的研究。

早期的研究主要集中在金融危机的形成原因和机制，从银行系统的崩溃、金融全球化的潜在危险和政府监管体系的漏洞等方面进行分析（Dymski，2009；

Skidelsky，2010）。地理学者则强调从空间视角看待危机形成的原因。荣·马丁（Martin，2011）从金融泡沫化的角度分析了此次金融危机，强调了地理视角的重要作用。尽管全球一体化的趋势明显，但是空间和地方对金融来说仍至关重要，需要关注金融泡沫形成和崩溃过程中的空间逻辑。全球市场上的资产化和资本流动与地方具体的金融行为紧密相关。一方面，金融资本需要分散到各个地方进行具体交易；另一方面，地方交易后的资本又会集中到全球金融市场，两者紧密相连，相互决定。金融危机过后如何能重建和重新管理金融机构及金融市场仍然需要基于空间与地方的视角进行统筹。曼努埃尔·阿尔伯斯（Aalbers，2009）表明，次贷危机是基于很多明确地点的房产的按揭贷款还款失败而导致的全球性危机，因此，危机的产生必须要理解地方和全球之间的关联性。每个地方的民众无法偿还按揭贷款的原因是不尽相同的。尽管全球和国家等更高维度的经济因素的确有显著影响，但地方乃至个人的特异性因素同样起到决定性作用。肖恩·弗伦奇等（French *et al.*，2009）认为此次危机是一个“地理特征非常明显的危机”（a very geographical crisis）。他们认为主要是以下四个方面的原因造成了此次危机：第一，伦敦和纽约两个国际金融中心之间的竞争日益激烈，两个中心内部的金融中介在近乎惨烈的竞争环境中“不择手段”地扩大金融业务规模以谋求生存；第二，在个人与家庭金融化快速发展的背景下，金融机构过度开发个人与家庭这一新兴的金融市场而并未能做好风险评估，较少考虑按揭贷款借款者的还款能力，只想着如何能进一步加杠杆以撬动更庞大规模的资金流动；第三，快速发展的新兴经济体，以中国为首的亚洲各国为代表，产生了大量的剩余资本，跨国金融中介急切想要利用这些资本来填补自身资金流，但却未能很好地控制风险；第四，金融媒体的宣传也扮演了重要角色，显著提升了个人、家庭和非金融企业的金融素养，促使他们进行高风险的金融投资。

其他地理学者从文化和制度的角度探究了金融危机产生的原因。例如，简·波拉德（Pollard，2013）认为男性主义化严重的就业结构是金融危机爆发的原因之一。男性思考的局限性和男女之间收入的明显差距为金融系统崩溃埋下了隐患。金融发展造成的收入不均是社会稳定性的定时炸弹，而盲目追求利润和增长的金融业往往选择性忽略这一事实。同时，社会普通家庭在现如今的金融体系内承受着过高的金融风险，加之家庭的实体资产储蓄较低，一旦金融体系崩溃，这些家庭首当其冲受到危害，必然造成社会动荡。因此，金融系统发展乃至金融危机过后的重建过程都需要注重用文化和制度的视角分析以探索稳定的发展道路。

基于地理学视角，学者们强调空间和地方在金融危机传播过程中扮演的重要角色。布雷特·克里斯托弗斯在《人文地理学进展》上发布的三篇进展报告均与金融危机紧密相关。他表明想要明白金融危机为何能在某时某地呈现某种状态就必须同时思考其他地方乃至其他时间段发生的事，单独地去看某一个时间和空间的现象是无法真正理解该现象的（Christophers，2015）。肖恩·弗伦奇等（French *et al.*，2011）认为，正是空间和地方具有不同的特性才使得金融危机呈现出特定的传播机制。一些国家能够凭借自身经济结构和监管措施的优势将损失降到最低，另一些国家则因过深地嵌入全球金融系统，同时应对能力和物质积累相对不足，从而受到严重的打击。曼努埃尔·阿尔伯斯（Aalbers，2009）研究了美国国内社区、城市和州尺度金融危机的地理特征，发现不同地方住房市场泡沫的严重程度、监管措施、经济发展是决定特征的主要因素。少数族裔和低收入群体受到的影响更加严重，因此这些群体集中分布的城市和社区受到的影响也更严重。

也有部分学者关注了金融危机带来的影响。刘易斯·迪杰斯特拉（Lewis Dijkstra）等研究了金融危机对欧洲各地区的影响，发现金融危机对于城市中心区和偏远的农村地区影响明显，而处在这两者之间的地区受到的影响较小（Dijkstra *et al.*，2015）。在一些国家，大城市在金融危机之前经济增速很高，但相应地受到金融危机影响也更大，恢复较为艰难。据此他们认为一国不应该将某一个城市（如首都）作为增长极而忽略其他城市，这样经济韧性较差，而应该推行较为均衡的空间发展战略。梅尔·茨维尔斯（Merle Zwiers）等研究了金融危机对西方发达资本主义国家内社区发展的影响（Zwiers *et al.*，2016）。他们指出，金融危机和后续经济的持续萎靡，推迟或取消了许多原本计划实施的社区改造项目。他们提出了10种金融危机对社区发展的影响途径，每一种途径都具有显著的时空间特征，例如低收入群体会集中到特定的社区，这种现象更可能发生在少数族裔移民较多的国家，低收入群体面临更大的购房难题，等等。

最后，学者们研究了不同尺度的主体对金融危机的应对方式。安德鲁·范·胡尔滕（Andrew van Hulten）表明，金融危机让各国中央政府加强了对金融市场的监管力度，要求金融机构更加重视风险评估、运行模式更加透明等（van Hulten，2012），一个典型的例子就是政府对金融机构利用离岸金融中心规避税收和披露等要求的行为展开了严打。他还发现尽管大部分国家都实施了相类似的行为，但只有部分国家取得不错的效果，追回被规避的税费，金融机构的运行模式更加透明化，其余国家则由于金融机构过于强势、政府能力有限、全球金融市场的影响等方面的原因，政策并不能很好落地。迈克尔·厄本（Michael Urban）等研究了著名金融机构高盛（Goldman Sachs）应对金融危机的方式（Urban *et al.*，2022），发现在金融危机发生后，高盛将在纽约的业务快速转移到了盐湖城，而后者也借此从一个不起眼的城市成为高盛企业网络中的重要一环——全美第二大办事处。迁移的原因不仅是因为盐湖城远离危机中心（金融中心），还涉及一系列其他因素，包括盐湖城更友好的监管环境、政府支持、当地有丰富的金融资产以供公司渡过难关等。

第三节 全球金融网络

全球金融网络（GFN）为理解金融全球化提供了一个新的理论视角。这一概念最先由尼尔·科、黎碧瑶和达雷什·沃奇克在著名期刊《区域研究》（*Regional Studies*）上提出（Coe *et al.*，2014）。由于尼尔·科与“全球生产网络”（GPN）这一概念的渊源，全球金融网络提出的原因之一是他们认为全球生产网络没有将金融纳入概念框架，很大程度上忽略了金融在全球经济/资本网络中的重要作用。他们借鉴全球生产网络概念化/理论化的模式提出了全球金融网络，强调高级商业服务业（advanced business services，ABS）、世界城市（world cities，WCs）和离岸金融区域（offshore jurisdictions，OJs）在全球金融资本流动过程中的核心作用。高级商业服务业往往以中介或咨询的形式为非金融企业提供金融业务的建议，从而将非金融企业纳入全球金融市场，典型代表如会计师事务所、律师事务所与商务咨询机构等。这里的高级商业服务业和前文提到的“金融和商业服务业”并不能很好地分开。正如前文所提，执着于这两个概念的异同意义不大。将高级商业服务业的功能空间化，展现出来的结果就是世界城市和离岸金融区域（图 5–1）。

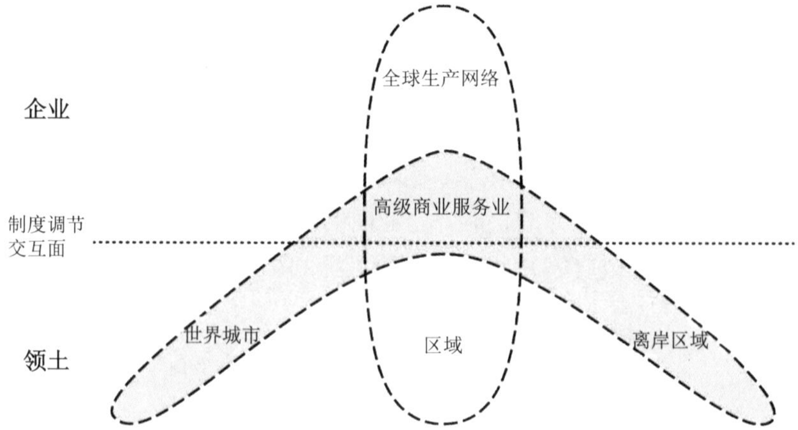

图 5-1　全球生产和金融网络

资料来源：尼尔·科等（Coe *et al.*，2014）。

全球金融网络是在全球生产网络已有元素的基础上，强调基于金融技术和产品的价值创造与捕获（value creation and capture），并研究全球金融资本流动模式的研究框架。具体来说，全球金融网络首先探究企业的金融行为，即全球生产网络内部的企业如何获取资金。其次，全球金融网络关注融资的外部环境。近年来，针对企业国际化的研究都表明东道国的制度环境会影响国际化进程。但全球金融网络认为，金融技术和产品已经将各国企业直接置于全球金融市场之中，在全球金融环境下运转。这样一来，东道国的制度环境对企业国际化行为的影响程度越来越小。

自 2014 年提出以来，全球金融网络这个概念仍然处于不断修改和完善的过程中，以求能够更好地解释全球金融活动。鉴于全球金融活动既有普遍性（全球金融标准和运行模式），也有特异性（各个国家、地区、城市乃至县乡镇都有不同特色的金融市场和制度环境），这并不是一个容易的任务。金融、经济乃至人文地理学者想要提出可以广泛应用的理论本就需要面临极大的挑战，因此，以达雷什·沃奇克和黎碧瑶为代表的学者也发表了一系列研究尝试进一步完善这一概念。在 2018 年出版的《新牛津经济地理学手册》中，达雷什·沃奇克（Wójcik，2018）再次介绍了全球金融网络。在 2014 年文章的基础上，他总结了几个可以影响全球金融网络形态的因素，包括金融危机后政府逐渐加大的监管力度和利用政府财政资金干涉金融市场的行为、快速发展的金融和数据科技

（数字支付、网络金融平台等）进一步消除金融资本流动面临的障碍、传统欧美金融中心的衰落和亚洲各金融中心的崛起。他进一步明确了这一概念的功能：全球金融网络首先是将全球金融活动用地图的形式表现出来，突出时空间的差异和联系。随后，全球金融网络为分析这一地图体现出来的内容提供了一种分析框架，强调跨国金融中介的功能、企业间的联系、金融中心的节点性作用以及企业与其他因素（政府等）之间的相互关系（图 5–2）。

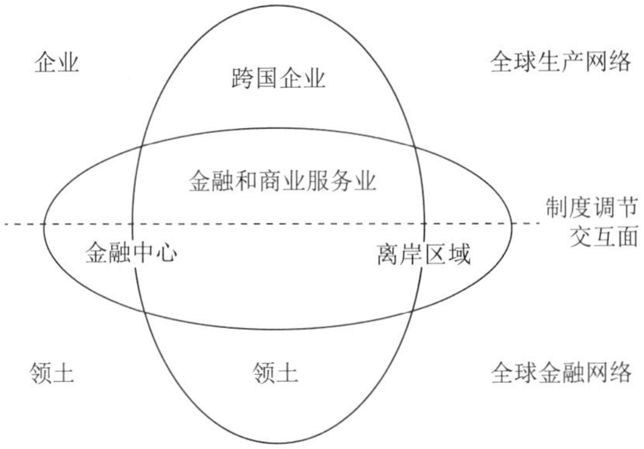

图 5–2　金融在全球经济中的角色

资料来源：达雷什 • 沃奇克（Wójcik，2018）。

在此基础上，丹尼尔 • 哈贝里和达雷什 • 沃奇克（Haberly and Wójcik，2022）表明其实全球金融网络中各个关键的部分并非都是“新鲜事物”，如（离岸）金融中心在几百年前就已出现。金融技术的更新迭代的确改变了全球金融网络的形态，但是网络存在的基础和骨架（能建立并维持网络的原因）并未发生根本性改变。尤其是科技越发展，新科技能够带来的改变就越小，对网络的影响也就越小。他们将这种特性称为金融的“黏性”（finance is inherently sticky），提出这种“黏性”的目的是表明理解并创新金融运行模式的关键并不在一些外界因素，如监管措施等，相反，学者应该更关注金融自身的发展和特性。

黎碧瑶（Lai，2018）强调全球金融网络需要进一步关注政府和企业之间的关系。由于全球生产网络强调企业间的关系，全球金融网络也呈现出相同的特性（但全球生产网络的概念也在不断完善，在近期的文章中，“全球生产网络 2.0”强调了政府与企业的关系）。尽管其表明企业和政治、经济、社会、文化等其他方面因素的关系也很重要，但表达仍较模糊，并未有实质性的探讨。这也要求应用全球金融网络作为理论视角的研究需要进一步参考其他视角，如政府理论（state theories）、政府与市场间关系（state-market relations）、国有企业研究等，以做出透彻的分析。

说到底，全球金融网络是一个研究框架，强调了应该注意哪些主体、哪些行为、哪些关系等，至于怎么能够透彻地研究这些关键点，该框架说得并不多。这并非缺点，也极有可能不是该框架今后完善的方向。研究每一个关键点都可以有不同的视角，如关注政府和企业间的关系，可以从马克思政治经济学、福柯式治理理论、后结构的关系网络等视角入手。研究框架规定某一个点应该用某一个视角是不合理的，因此，这种“开放性”体现了这一框架可以进一步提升的潜力、可以用于分析更多金融活动的潜力以及本学科（金融地理学）交叉学科的本质。

小　结

除了一些经济较为落后的国家和地区，金融科技的快速发展促使金融资本在全世界范围内畅通流动，将不同时空间范围内的主体实时相连，促成金融交易。金融科技会在第七章详细说明，本章着重关注企业的跨境金融行为，从时空间动态、多主体关系、行为产生的影响等方面进行探讨。金融全球化吸引人之处在于其将不同时空间情景相互连接。这些情景往往具有截然不同的政治、经济、文化和社会环境，因此会孕育复杂的主体间关系。各主体为了保护自身利益往往会竭尽所能实现自身目的，在此过程中反映出的时空间特征（如选址）、形成的关系（强势的私有金融机构）和产生的后果（发展中国家在国际金融体系进一步边缘化）具有重要的研究价值，也可以为制定国家政策和企业策略做出贡献。国家内部尺度的金融活动往往较难具备这些特征，原因是上述各个方面的环境相似性较高，各主体间利益差别相对较小。当然这些只是相对的，国家内部的金融活动同样值得大量研究关注。

金融全球化是 20 世纪后半期至 21 世纪头十年的主流态势，但 2008 年全球金融危机、中美贸易争端、新冠疫情、俄乌冲突等地缘政治经济大事频发后，所谓的“逆全球化”逐渐崭露头角。各国逐渐实行保护主义政策，对国际贸易，包括国际金融贸易产生了不小的冲击。但这并不是金融全球化研究失去意义的表现，相反，研究面临新的机遇。跨境金融活动肯定不会消失，且与此同时，跨国企业和各国政府的目的发生了变化。这种变化会孕育新的主体行为和主体间关系并产生新的影响。相对应的，金融活动的时空间特征也很有可能会产生变化。学者们应抓住这些新的机遇，进一步促进对应研究的蓬勃发展。

参 考 文 献

[1] Aalbers, M. B., 2009. Geographies of the Financial Crisis. *Area*, Vol. 41, No. 1, pp. 34-42.

[2] Aalbers, M. B. *et al*., 2023. In Real Estate Investment We Trust: State De-risking and the Ownership of Listed US and German Residential Real Estate Investment Trusts. *Economic Geography*, Vol. 99, No. 3, pp. 312-335.

[3] Bonizzi, B., A. Kaltenbrunner, 2019. Liability-Driven Investment and Pension Fund Exposure to Emerging Markets: A Minskyan Analysis. *Environment and Planning A: Economy and Space*, Vol. 51, No. 2, pp. 420-439.

[4] Bonizzi, B., A. Kaltenbrunner, J. Powell, 2020. Subordinate Financialization in Emerging Capitalist Economies. In P. Mader, D. Mertens, N. van der Zwan, *The Routledge International Handbook of Financialization*. London: Routledge, pp. 177-187.

[5] Bortz, P. G., A. Kaltenbrunner, 2018. The International Dimension of Financialization in Developing and Emerging Economies. *Development and Change*, Vol. 49, No. 2, pp. 375-393.

[6] Büdenbender, M., M. B. Aalbers, 2019. How Subordinate Financialization Shapes Urban Development: The Rise and Fall of Warsaw's Służewiec Business District. *International Journal of Urban and Regional Research*, Vol. 43, No. 4, pp. 666-684.

[7] Christophers, B., 2015. Geographies of finance Ⅱ: Crisis, Space and Political-Economic Transformation. *Progress in Human Geography*, Vol. 39, No. 2, pp. 205-213.

[8] Coe, N. M., K. P. Lai, D. Wójcik, 2014. Integrating Finance into Global Production Networks. *Regional Studies*, Vol. 48, No. 5, pp. 761-777.

[9] Del Gatto, M., C. S. Mastinu, 2021. Geographical and Cultural Patterns in Cross-Border Mergers and Acquisitions: The Role of Experience. *Spatial Economic Analysis*, Vol. 16, No. 4, pp. 487-505.

[10] Di Guardo, M. C., E. Marrocu, R. Paci, 2016. The Concurrent Impact of Cultural, Political, and Spatial Distances on International Mergers and Acquisitions. *The World Economy*, Vol. 39, No. 6, pp. 824-852.

[11] Dijkstra, L., E. Garcilazo, P. McCann, 2015. The Effects of the Global Financial Crisis on European Regions and Cities. *Journal of Economic Geography*, Vol. 15, No. 5, pp. 935-949.

[12] Dueñas, M., R. Mastrandrea, M. Barigozzi *et al.*, 2017. Spatio-Temporal Patterns of the International Merger and Acquisition Network. *Scientific Reports*, Vol. 7, No. 1, pp. 1-14.

[13] Dymski, G. A., 2009. Why the Subprime Crisis is Different: A Minskyian Approach. *Cambridge Journal of Economic*s, Vol. 34, No. 2, pp. 239-255.

[14] French, S., A. Leyshon, N. Thrift, 2009. A Very Geographical Crisis: The Making and Breaking of the 2007-2008 Financial Crisis. *Cambridge Journal of Regions, Economy and Society*, Vol. 2, No. 2, pp. 287-302.

[15] French, S., A. Leyshon, T. Wainwright, 2011. Financializing Space, Spacing Financialization. *Progress in Human Geography*, Vol. 35, No. 6, pp. 798-819.

[16] Green, M. B., S. P. Meyer, 1997. International Acquisitions: Host and Home Country Explanatory Characteristics. *Geografiska Annaler: Series B, Human Geography*, Vol. 79, No. 2, pp. 97-111.

[17] Guo, Y., Y. Yang, C. Wang, 2021. Global Energy Networks: Geographies of Mergers and Acquisitions of Worldwide Oil Companies. *Renewable and Sustainable Energy Reviews*, Vol. 139, 110698.

[18] Haberly, D., D. Wójcik, 2022. *Sticky Power: Global Financial Networks in the World Economy*. Oxford: Oxford University Press.

[19] Johnson, L., 2013. Index Insurance and the Articulation of Risk-Bearing Subjects. *Environment and Planning A: Economy and Space*, Vol. 45, No. 11, pp. 2663-2681.

[20] Kaltenbrunner, A., J. P. Painceira, 2015. Developing Countries' Changing Nature of Financial Integration and New Forms of External Vulnerability: The Brazilian Experience. *Cambridge Journal of Economics*, Vol. 39, No. 5, pp. 1281-1306.

[21] Lai, K. P., 2018. Agency, Power, and State-Firm Relations in Global Financial Networks. *Dialogues in Human Geography*, Vol. 8, No. 3, pp. 285-288.

[22] Martin, R., 2011. The Local Geographies of the Financial Crisis: From the Housing Bubble to Economic Recession and Beyond. *Journal of Economic Geography*, Vol. 11, No. 4, pp. 587-618.

[23] McCarthy, K. J., H. L. Aalbers, 2016. Technological Acquisitions: The Impact of Geography on Post-Acquisition Innovative Performance. *Research Policy*, Vol. 45, No. 9, pp. 1818-1832.

[24] Pagano, M., A. A. Röell, J. Zechner, 2002. The Geography of Equity Listing: Why Do Companies List Abroad? *The Journal of Finance*, Vol. 57, No. 6, pp. 2651-2694.

[25] Pan, F., 2020. The Geography of Global Stock Markets and Overseas Listings. In Knox-Hayes, J., Wójcik, D. (eds.), *The Routledge Handbook of Financial Geography*. Routledge, pp. 166-188.

[26] Pollard, J. S., 2013. Gendering Capital: Financial Crisis, Financialization and (an Agenda for) Economic Geography. *Progress in Human Geography*, Vol. 37, No. 3, pp. 403-423.

[27] Pryke, M., J. Allen, 2022. The Everyday Construction of Value: A Canadian Investment

Fund, Chilean Water Infrastructure, and Financial Subordination. *Finance and Society*, Vol. 8, No. 2, pp. 189-208.

[28] Ragozzino, R., 2009. The Effects of Geographic Distance on the Foreign Acquisition Activity of US Firms. *Management International Review*, Vol. 49, pp. 509-535.

[29] Reddy, K. S., E. Xie, 2017. Cross-Border Mergers and Acquisitions by Oil and Gas Multinational Enterprises: Geography-Based View of Energy Strategy. *Renewable and Sustainable Energy Reviews*, Vol. 72, pp. 961-980.

[30] Sarkissian, S., M. J. Schill, 2004. The Overseas Listing Decision: New Evidence of Proximity Preference. *The Review of Financial Studies*, Vol. 17, No. 3, pp. 769-809.

[31] Skidelsky, R., 2010. *Keynes: The Return of the Master.* London: Allen Lane.

[32] Socoloff, I., 2020. Subordinate Financialization and Housing Finance: The Case of Indexed Mortgage Loans' Coalition in Argentina. *Housing Policy Debate*, Vol. 30, No. 4, pp. 585-605.

[33] Tickell, A., 1994. Banking on Britain? The Changing Role and Geography of Japanese Banks in Britain. *Regional Studies*, Vol. 28, No. 3, pp. 291-304.

[34] Tschoegl, A. E., 2000. International Banking Centers, Geography, and Foreign Banks. *Financial Markets, Institutions & Instruments*, Vol. 9, No. 1, pp. 1-32.

[35] Urban, M. A. *et al.*, 2022. The Financial Geography of Resilience: A Case Study of Goldman Sachs. *Annals of the American Association of Geographers*, Vol. 112, No. 6, pp. 1593-1613.

[36] Van Hulten, A., 2012. Remapping the Fiscal State after the Global Financial Crisis. *Economic Geography*, Vol. 88, No. 3, pp. 231-253.

[37] Wójcik, D., 2018. The Global Financial Networks. In G. L. Clark, M. Feldman, M. Gertler *et al.*, *The New Oxford Handbook of Economic Geography*. Oxford: Oxford University Press, pp. 557-574.

[38] Zademach, H. M., 2009. Global Finance and the Development of Regional Clusters: Tracing Paths in Munich's Film and TV Industry. *Journal of Economic Geography*, Vol. 9, No. 5, pp. 697-722.

[39] Zademach, H. M., A. Rodríguez-Pose, 2009. Cross-Border M&As and the Changing Economic Geography of Europe. *European Planning Studies*, Vol. 17, No. 5, pp. 765-789.

[40] Zwiers, M. *et al.*, 2016. The Global Financial Crisis and Neighborhood Decline. *Urban Geography*, Vol. 37, No. 5, pp. 664-684.

第六章　金融排斥与普惠金融

本书在第一章梳理金融地理学发展脉络时提到金融排斥是在金融地理学发展早期便出现的研究话题。由于具有深远的社会、文化和政治影响，即使在后续研究视角和方法迅速增多的背景下，该话题仍在学科中受到广泛关注。金融排斥的衍生研究之一即普惠金融，也称金融包容。顾名思义，普惠金融是企业和政府将原本（或“应该”）被排除在金融服务之外的群体纳入金融服务体系之中的行为。本章分别介绍金融排斥和普惠金融的相关研究。

第一节　金融排斥

金融排斥的含义在前文已经介绍过，可以简单理解为部分群体被排除在金融服务之外的情况。学者们主要关注以下五个方面。

一、金融排斥的含义

部分学者对金融排斥进行了更详细的解释。安德鲁·莱申和耐杰尔·思里夫特（Leyshon and Thrift，1995）认为金融排斥有不同的表现形式，例如：①企业直接拒绝为特定群体提供任何金融服务；②给金融产品加入特定条款以限制可以使用该产品的客户范围；③给金融产品较高定价从而排除一部分群体；④在产品宣传过程中只针对特定群体；⑤顾客自身在考量意愿和能力后也会主动避开一些金融产品以“自我排除”。伊莱恩·肯普森（Elaine Kempson）和克莱尔·怀利（Claire Whyley）指出特定群体遭受的金融排斥包含多个方面，例如：①金融机构拒绝提供金融服务；②金融机构在提供的服务中设置严苛的条款以排除部分群体；③金融机构显著提升服务价格和费用以排除部分群体；④金融机构在宣传推销金融服务和产品时特意忽略部分群体（Kempson and Whyley，1999）。

玛丽·卡普兰（Mary Caplan）等针对各学科对金融排斥现象的研究进行了系统性的文献综述（Caplan *et al.*，2021）。他们总结了金融排斥不同的衡量角度，包括：①是否可获得金融服务；②金融服务可获得性程度；③金融服务“合适程度”（金融服务是否适合特定客户群体）；④金融服务的使用程度。关于具体指标方面，包括：①是否拥有银行账户；②储蓄账户或相关基础金融服务使用程度；③其他金融服务可获得性和使用程度；④按揭贷款使用程度；⑤非正式金融（包括亲朋好友借款）使用程度；⑥ATM 使用程度；⑦是否拥有信用卡及使用程度；⑧是否投资；⑨是否购买商业保险；⑩金融素养程度；⑪社会排斥（social exclusion）程度；等等。

需要指明的是（后文也会提到），金融排斥和普惠金融本就是一个硬币的两面，不可分割，因此，上述所有指标也可以用来衡量普惠金融程度。

二、金融排斥的影响因素

学者们关注遭遇金融排斥的群体所具备的特征。一般来说，企业拒绝提供金融服务的对象大多是个人、家庭和中小型企业。针对个人与家庭来说，参考前文个人与家庭金融化研究，是否遭遇金融排斥与收入水平、金融素养、受教育程度、种族、婚姻状况等有关。这种情况在不同情景（国家、城市等）下可能有所不同，但大多数学者都从上述几个因素进行研究。安德鲁·莱申和耐杰尔·思里夫特在早期以英国与美国等地为研究对象展开了一系列开创性的研究并得到了大致相同的结果（Leyshon and Thrift，1993，1994，1995）。他们研究了英国与美国国内银行提供信贷等基本金融服务的情况，结果发现，在 20 世纪 80 年代金融业务大幅扩张导致个人、家庭和企业的债务率大幅上涨以后，90 年代金融机构开始收缩客户范围。它们追求更有效和更安全的业务模式，进而关闭了针对部分低收入群体和地区的服务窗口。

受这些研究的影响，一系列的实证研究分析了金融排斥的影响因素。前文提到的玛丽·卡普兰等（Caplan *et al.*，2021）的文章也提到了影响因素。他们分成两个层面：①个人层面，包括金融方面受教育程度较低、金融资产管理能力较低、金融事务决策能力较低、对金融事务存在认知障碍、存款较低而无法抵御外界冲击（如金融危机）、金融消费习惯差且出现过信用违约等事件、对金融和数字科技接受程度低、个人收入且亲朋好友收入均较低、个人宗教信仰拒绝投机盈利、不信任金融机构等；②制度、社区和社会层面，包括银行逐利本性驱使其选择性排除特定群体、金融监管机构为促进金融业快速发展配合金融机构加强管控金融服务可获得性（如加强信用记录审查）、金融机构提升金融服务使用门槛（收取更高服务费、严苛的还款要求等）等，以及全球化和去监管化（deregulation）使得金融市场快速发展，金融机构竞争激烈，金融机构为了提升业务效率并降低业务风险而舍弃特定群体的业务。

针对其他研究，伊莱恩·肯普森和克莱尔·怀利（Kempson and Whyley，1999）指出金融排斥的影响因素涵盖各个方面。首先，金融排斥现象与居民收入显著相关，是否接受了收入补贴与收入水平的变量对金融排斥现象具有最强的解释力。其次，宗教信仰、语言通用性、文化素养等对金融排斥也有显著的影响。宗教文化中对援助或投机行为的禁止、语言适用范围小、文化素养低从而导致的自我排除等也是金融排斥的原因。圣地亚哥·卡博（Santiago Carbó）等研究了欧洲的金融排斥状况，认为金融自由化为银行带来了激烈的市场竞争，让银行更注重收益和风险调控，将业务集中在较为富裕的客户群体（Carbó *et al.*，2005）。詹姆斯·德夫林（James Devlin）研究了英国境内容易遭受金融排斥的群体，结果发现，就业、家庭收入、住房情况（产权、按揭贷款等）是三个最重要的影响因素，然后是婚姻状况、年龄和受教育程度（Devlin，2005）。他的另一篇文章用更详细的英国数据得到了大致相同的结论，但有更多的细节：性别、宗教信仰和种族对是否遭受金融排斥的影响并不明显（Devlin，2009）。但这一结论在英国以外可能并不适用，尤其是在美国这种移民数量多的国家。贾斯汀·斯泰尔（Justin Steil）等研究了美国银行发放按揭贷款的行为，结果发现，在条件基本相同的情况下，拉丁裔和非洲裔美国人会比白人的选择更少，他们大多数只能选择利率高、风险大的产品（Steil *et al.*，2018）。尼古拉斯·米洛尼迪斯（Nikolaos Mylonidis）等研究了文化因素对美国国内金融排斥现象的影响，发现天主教徒更容易遭受金融排斥，而犹太教徒和无宗教信仰者更积极参与养老基金及股票市场投资（Mylonidis *et al.*，2019）。珍妮·霍加斯（Jeanne Hogarth）和凯文·奥唐纳（Kevin O'Donnell）认为金融与数字科技的快速发展从某种程度上加剧了金融排斥现象，部分群体，如低收入者、老年人等，或无法负担购买可支持金融科技的数码产品，或无法理解金融科技，从而导致被排除在金融服务体系之外（Hogarth and O'Donnell，2000）。罗伯塔·阿达米（Roberta Adami）研究了英国境内不同种族移民经受金融排斥的程度，发现黑人和巴基斯坦裔移民经受的金融排斥最为严重，主要是他们因为各类原因（就业率低、受教育程度低、不信任金融机构等）不愿或无法参与到金融服务之中（Adami，2022）。亚裔移民经受金融排斥的程度较低，主要是文化原因，这类群体不愿意过度借款而负债，更倾向于在银行账户内保持一定额度的存款。

三、金融排斥的时空间特征

在上述影响因素的作用下，金融排斥往往体现出特定的时空间特征（Leyshon and Thrift，1995）。安德鲁·莱申等（Leyshon *et al.*，2008）研究了1995—2003年英国银行开设和关闭分支机构的区位特征以反映金融排斥的时空间特征，发现若只从区域经济发展水平的角度无法很好地解释金融排斥，因为较为富裕的英格兰西南部历经了数量最多的银行机构关闭的情景。他们认为需要从更多方面综合考量以划分国内区域从而更好地反映金融排斥的时空间特征。在综合了区域经济、人口组成和其他方面的一些特征以后，他们将英国分成如表 6–1 所示的九大区域，包括工业腹地、传统制造业区域、建成区、繁荣的都市区、学生社区、多种族文化都市区、郊区和小镇、沿海和乡村地区、可达性高的乡村地区。总结来说，关闭比率高于全国平均的区域都可以划归为城镇（urban）区域，相比之下，乡村（rural）区域关闭比率整体较低。城镇区域虽然整体经济水平较高，但是人员组成更复杂，包括很多单身族、失业者、社会住房租户、长期疾病患者、离异群体、受教育程度低群体等。这些人都更容易遭遇金融排斥。相比之下，乡村地区的人口组成大部分是传统中产阶级，是英国社会经济地位最稳定的群体，因此也是金融服务最稳定的客户来源。这类群体遇到金融排斥情况的可能性较低。

表 6-1　1995—2003 年英国金融分支机构关闭情况空间特征

分组	2001 年人口占比（%）	1995 年机构数（个）	1995—2003 年变化量（个）	1995—2003 年变化率（%）	1995 年机构数占比（%）	2003 年机构数占比（%）
工业腹地	19.6	1 873	−349	−18.6	12.6	12.8
传统制造业区域	11.7	1 677	−374	−22.3	11.3	11.0
建成区	3.3	1 832	−408	−22.3	12.3	12.0
繁荣的都市区	3.7	1 431	−321	−22.4	9.6	9.4
学生社区	5.0	1 829	−387	−21.2	12.3	12.1
多种族文化都市区	6.7	1 040	−245	−23.6	7.0	6.7
郊区和小镇	27.7	2 651	−448	−16.9	17.9	18.6
沿海和乡村地区	17.3	2 341	−399	−17.0	15.8	16.4
可达性高的乡村地区	5.1	164	−36	−22.0	1.1	1.1
总计	100.0	14 838	−2 967	−20.0	100.0	100.0

资料来源：安德鲁·莱申等（Leyshon *et al.*，2008）。

“乡村地区的金融排斥程度低于城镇地区”这种情况可能在移民较多的发达国家较为合理，但在移民较少且快速城镇化的发展中国家较为少见。例如，保拉·克鲁兹-加西亚（Paula Cruz-García）等研究了墨西哥境内金融排斥的状况，结果发现，总体来说，农村地区或处于城镇化进程中的地区金融排斥情况更为严重（Cruz-García *et al.*，2021）。这主要与人口组成有关，年轻人大部分奔向大城市寻求更好的工作与生活，留下的多为受教育程度低、收入低、年龄大的群体，金融服务使用率低。

关于其他研究，盖瑞·戴姆斯基（Gary Dymski）分析了全球尺度金融机构发放贷款行为的空间特征（Dymski，2009）。他将全球国家分成“第一等级”（primary market）和“第二等级”（second tier）。前者包括发达资本主义经济体，以美国等“全球北部国家”（Global North）为主；后者以发展中国家群体“全球南部国家”（Global South）为主。他发现跨国银行在第二等级的国家信用配比更少、发放的贷款利息更高、还款条件更为严苛。相比于帮助第二等级国家及其企业和个人的发展，这些贷款可能更倾向于帮助跨国银行压榨其现有价值后迅速退场。这种现象反映了金融排斥。这里的金融排斥并非指第二等级的国家完全无法获得贷款，而是在同等条件下，他们需要接受不公平的条款才能获得贷款。尼尔·阿金特（Neil Argent）和弗兰·罗利（Fran Rolley）研究了1981—1998年澳大利亚新南威尔士边远及农村地区民众经受的金融排斥现象，结果发现，相比于都市区，银行等金融机构在边远及农村地区关闭了更多数量的分支机构，主要原因是这些地区金融服务使用率较低（Argent and Rolley，2000）。简·波拉德（Pollard，1996）分析了20世纪80年代美国洛杉矶金融排斥的空间特征，发现不同银行集中关闭了位于中南部地区的分支机构，而这些地区是中低收入群体的集中地。帕斯卡尔·若阿萨尔-马塞利（Pascale Joassart-Marcelli）和菲利普·斯蒂芬斯（Philip Stephens）研究了2000年美国大波士顿地区（Greater Boston）移民集聚地分布和金融排斥空间特征的关系（Joassart-Marcelli and Stephens，2010）。具体来说，他们研究了不同族裔移民集聚地获得金融服务的差异性，发现平均收入低和社会排斥程度高的移民群体遭受金融排斥的程度较高，需要更多地依赖非正式金融，如典当行等。安德烈亚斯·塞布拉（Andreas Cebulla）研究了英国商业失业保险的空间特征和对应的金融排斥现象，发现英格兰东北部以及苏格兰和威尔士部分地区是金融排斥现象明显集中区域（Cebulla，1999）。单纯的社会经济变量并不能很好地解释这种空间现象。商业失业保险的风险评估强调工作的稳定性和相应行业的发展状况，因此，收入较高但工作稳定性较差且处于发展前景较差的夕阳产业的民众可能会遭遇金融排斥。

四、多主体视角下的金融排斥

前文的研究更多从金融服务使用者（民众）的角度来探讨特定群体为何会遭受金融排斥，也有研究从金融服务企业的角度出发，研究它们为什么会将特定群体排除出服务体系之外。显而易见，提升效率和降低风险是最主要的原因。但更进一步，金融机构为什么要提升效率和降低风险？刚刚提到过的金融自由化和市场竞争是主要原因之一。企业的扩张策略，包括在国内市场和国际市场的扩张往往会占据大量的企业资源，因此，企业需要缩减福利性较强、利润率较低的针对低收入等弱势群体的业务以提升创收能力，支持企业的进一步发展

（Dymski，2005）。前文提到的尼尔•阿金特和弗兰•罗利（Argent and Rolley，2000）的研究表明，银行大量关闭澳大利亚新南威尔士边远及农村地区分支机构的原因就是面临日益增长的金融市场竞争压力。尽管上述地区人口不断增加，青壮年人口比例显著上升，但始终无法改变这些群体金融投资消费能力相比于都市区更低的事实。因此，即使这些地区对金融服务的需求有所上升，为保持业务效率和降低业务风险，银行还是选择关闭这些地区的分支机构。简•波拉德（Pollard，1996）的研究也指出，银行在区域层面、跨区域层面和跨大都市区层面所面临的激烈竞争驱使它们改变经营策略，提升经济效益。

相应地，政府的一系列行为，如减少“福利型政府”政策、提倡市场主导、推行金融化等也是重要诱因。政府为了社会稳定等因素会考虑弱势群体使用金融服务的问题，但金融机构往往会优先考虑创收和效率。相比于政府来说，企业给弱势群体提供服务更多出于社会责任和道德方面的考虑，而非义务。退一步讲，弱势群体无法获取金融服务而引发的社会动荡也是政府而非企业需要考虑的问题，。

五、金融排斥产生的影响

金融排斥会导致一系列消极的后果。在前文提到的玛丽•卡普兰等（Caplan *et al.*，2021）的研究中，他们将影响分为：①个人层面，金融排斥是引起个人贫困和社会排斥的主要原因之一，且会陷入恶性循环，令特定个人和群体更加难以获得金融服务；②制度、社区和社会层面，金融排斥会引起各类社会问题，如种族歧视、隔离和冲突（如美国少数族裔是金融排斥的重点对象）、住房问题（无法获得按揭贷款是金融排斥的主要体现之一）、养老问题（无法获得养老保险）、消费问题（信用卡使用限制）、非正式金融泛滥引起的犯罪问题等。乔治•格卢科维佐夫（Georges Gloukoviezoff）表明中低收入群体面临金融排斥和过度负债的双重困境（Gloukoviezoff，2007）。一方面，中低收入群体符合使用基本金融服务的条件。这些服务主要指开通银行账户、使用储蓄功能、开通一定限额的信用卡等。另一方面，超前消费文化使得这些群体过度消费，无法偿还信用卡债务，进而被限制信用卡消费或办理新的信用卡。虽然这些群体没有被完全排除出金融服务体系之外，但他们却同时面临金融排斥和过度负债。

非正式金融获得了很多学者的关注。被排除在外的民众往往被迫使用“非正式金融服务”（informal finance）：从亲友处借钱或使用非正规金融机构提供的服务，如小额贷款企业等。这些机构本身的合法性都很可能存在问题，更不必说使用其服务的客户权益能否得到适当的保障。劳拉·兰姆（Laura Lamb）表明，加拿大金融排斥现象导致民众更多使用成本更高的“边缘金融机构”提供的服务，包括小额贷款企业和典当行（Lamb，2016）。这些机构的利息更高且运行多不规范，民众利益无法得到保障。梅兰妮·朗（Melanie Long）的研究发现，美国境内非洲裔和西班牙裔美国人因为遭遇金融排斥而不得不从亲友处借钱以应对紧急状况（Long，2020）。进一步地，上述群体中的女性更容易面临这种状况。阿什纳菲·芬达（Ashenafi Fanta）发现，在埃塞俄比亚无法使用正规金融服务的中小型企业会向诸多不同类型的非金融机构借款（Fanta，2015）。由于这些资金基本不受监管，这些企业会利用其规避信贷限制等监管政策。但与此同时，资金的安全性无法得到保障。

社会排斥常常与金融排斥相联系。社会排斥是不同社会科学学科关注的热点问题之一（Byrne，2005），可以大致理解为特定群体被排除在社会、经济、政治、文化等方面的社会活动之外，而无法融入周边的社会生活之中。金融排斥可以简单理解为社会排斥在金融层面的表现，是衡量社会排斥的一个重要方面。萨蒂亚·查克拉瓦蒂（Satya Chakravarty）和孔奇塔·丹布罗西奥（Conchita D’Ambrosio）设计了一套衡量社会排斥的指标体系，得到了广泛引用（Chakravarty and D’Ambrosio，2006）。其中，金融排斥相关指标，包括金融资源拥有量等是重要指标之一。肯·皮蒂（Ken Peattie）指出，商业（business）是衡量社会排斥的一个重要方面（Peattie，2007），而商业中是否可以接触并使用银行服务、保险服务和其他金融机构的服务是重要的衡量方面。

学者们也从其他角度探讨两者的关系。例如，比阿特丽斯·费尔南德斯-奥利特（Beatriz Fernández-Olit）等认为金融排斥和社会排斥是互为因果、一体两面的关系（图 6–1）（Fernández-Olit *et al.*，2018）。影响社会排斥和金融排斥的因素大量重合，如就业状况、婚姻、受教育程度、收入、种族等。当特定民众或群体遭受其中一种排斥的时候，往往也会引起另一种排斥或加深其程度。

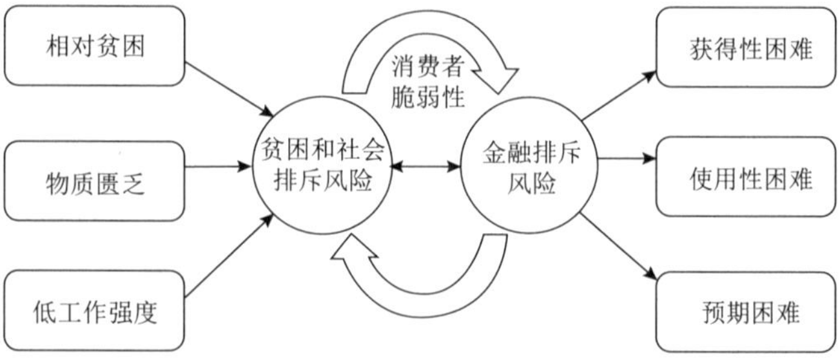

图 6–1　金融排斥和社会排斥的关系

资料来源：比阿特丽斯·费尔南德斯-奥利特等（Fernández-Olit *et al.*，2018）。

第二节　普惠金融

金融排斥并不是一个绝对的过程，而是与金融包容同时存在。金融包容是英文“financial inclusion”的直接翻译。我国更喜欢用普惠金融这个词，对应的英文可以是“financial inclusion”，也可以是“inclusive finance”。金融包容和普惠金融并没有本质差异，但普惠金融更符合我国语言文字的表达习惯，更反映这个词所蕴含的人文关怀。据此，本书选用普惠金融以介绍相关研究。

普惠金融主要指金融服务能够覆盖到更广的人群和空间范围，最典型的表现形式是以银行账户、借记卡等为代表的基本储蓄业务和以信用卡、贷款为代表的信用业务，设立更低的准入门槛从而开辟更多的服务对象（Kempson *et al.*，2007）。联合国重点强调普惠金融的重要性，认为其对实现“永续发展目标”（Sustainable Development Goals，SDGs）至关重要。该目标可分为 17 大类，其中 8 类都谈及普惠金融，致力于提升普惠金融程度。[①]

本小节从普惠金融的衡量指标体系、影响因素与时空差异、产生的影响等方面介绍相关研究。

---

① https://www.uncdf.org/financial-inclusion-and-the-sdgs?ref=hackernoon.com.

一、普惠金融的衡量指标体系

曼迪拉·萨尔玛（Mandira Sarma）提出的“普惠金融指数”（Index of Financial Inclusion，IFI）得到了广泛引用（Sarma，2010）。她将普惠金融程度分解为银行业渗透性（banking penetration）、银行业服务可获得程度（availability of banking services）和业务使用度（usage）三个维度。具体衡量指标方面，银行业渗透性可以用拥有银行账户的人数或银行账户数与总人数的比值来衡量；银行业服务可获得程度可以用每 1 000 人所对应的银行分支机构数或 ATM 数或每一位顾客对应的银行职员数来衡量；业务使用度可以用存款和贷款分别与 GDP 的比值来衡量。普惠金融指数的计算方式主要是利用三个维度构建笛卡尔空间坐标点，并通过计算现实情况与理想情况的差距来衡量每一个国家或地区的普惠金融程度。具体来说，一个国家/地区的普惠金融指数可以用三维坐标点（p，a，u）来表示，p 代表银行业渗透性，a 代表银行业服务可获得程度，u 代表业务使用度。p、a、u 的取值范围是 0—1，最差的情况是三个维度的得分都是 0，最理想的情况是三个维度的得分都是 1。具体得分计算公式如下（Sarma，2010）：

$$IFI = 1 - \sqrt{\frac{(1-p_i)^2 + (1-a_i)^2 + (1-u_i)^2}{3}}$$

基于全球 100 多个国家 2004 年的相关数据，曼迪拉·萨尔玛计算了每个国家的得分，结果发现，发达资本主义国家，以西欧、北美、大洋洲和东亚两国（日本、韩国）为代表，具有较高的普惠金融程度，剩余的广大发展中国家普惠金融程度较低。诸多学者直接应用上述指数或在上述指数的基础上根据国家和地区的实际情况略作修改计算了相应的普惠金融程度（Kendall *et al.*，2010；Gupte *et al.*，2012）。

二、普惠金融的影响因素与时空间差异

普惠金融与金融排斥就像一个硬币的两面，紧密相关，因此，两者的影响因素也大致相同。王修华和关健（音译，Jian Guan）（Wang and Guan，2017）

对上述曼迪拉·萨尔玛提出的普惠金融指数略作调整后，基于 2011 年世界银行数据计算了全球各国的普惠金融程度。他们得到的结果，在空间差异方面与上文曼迪拉·萨尔玛（Sarma，2010）得到的结果基本一致。他们认为个人收入、教育程度和对通信设备的使用程度是普惠金融程度的主要影响因素。相类似的，米哈索尼娜·安德里亚奈沃（Mihasonirina Andrianaivo）和罗兰·科波达（Roland Kpodar）认为，“信息和通信科技”（information and communication technologies，ICT）的发展，尤其是移动电话的普及，提升了普惠金融程度进而促进了经济增长（Andrianaivo and Kpodar，2011）。杰玛娜·科拉多（Germana Corrado）和路易莎·科拉多（Luisa Corrado）基于欧洲 25 000 个家庭的数据分析了 2008—2010 年金融危机期间普惠金融的影响因素，发现家庭尺度的普惠金融同样受到多方面因素的影响，体现在收入、职业类别、婚姻状况、教育程度、年龄和民族宗教信仰等方面（Corrado and Corrado，2015）。金融危机期间收入受到冲击却又没有足够固定资产储蓄的家庭常被排除在金融服务范围外，而社交能力强、关系网络广泛的家庭更容易获取金融服务。

普惠金融得以推进，最主要的原因就是政策支持。联合国将普惠金融作为其千年发展目标之一（Ozili，2018）。各国政府为了推进社会公平、维护社会和政治稳定会制定一系列的政策普及金融服务（Hannig and Jansen，2010）。西班牙政府实行的对境内银行业放松管制的政策，对低收入地区银行业的分布具有显著的影响。在实施了金融放松管制以后，低收入地区与其他地区银行机构的数量差距迅速缩小。储蓄银行相比于其他类型的银行更能体现出这种特征。因为放松管制以后，低收入人群能够更轻松地获取金融资本，储蓄银行相比于其他性质的金融主体面临更小的盈利压力，主营的储蓄和小额贷款业务更能切合低收入地区的实际（Bernad *et al.*，2008）。萨蒂亚·查克拉瓦蒂和鲁帕扬·帕尔（Rupayan Pal）研究了印度普惠金融的发展情况，发现在 20 世纪 80 年代，由于印度政府推行“社会银行政策”（social-banking policy），致力于为低收入群体提供金融服务，普惠金融程度显著提升（Chakravarty and Pal，2013）。但在此之后，政府转而推行以金融市场主体主导的金融体制改革，强调金融效率，导致普惠金融程度明显下降。肯·米切尔（Ken Mitchell）和罗伯特·斯科特三世（Robert Scott Ⅲ）（Mitchell and Scott，2019）发现阿根廷政府推行普惠金融政策，促使更多的民众使用贷款和信用卡业务，这有利于政府提升税收。

此外，金融服务企业也会为了扩大客户群体而在某种意义上推动普惠金融的发展。前文个人与家庭金融化中已经提到金融机构通过宣传教育等方式提升民众金融素质从而促使其使用金融业务。这种行为和上一小节提到的金融机构为了提升金融业务效率和降低风险而关闭对低收入群体的业务并不矛盾。两者并非“二者只能选一”的关系，而是可以并存的。因为并没有准确的数值来定义“低收入”。谁也不能确定金融机构只对“非低收入人群”开展金融宣传和教育活动，或者金融机构对“所有”“低收入”群体都关闭金融业务。这很难说清，却也是魅力所在：这种情况为个人与家庭尺度金融化、金融排斥、普惠金融的研究打开了对话的渠道，为进一步丰富学科研究内容和视角提供了可能。

另外值得一提的是，在第六章第一节中有相当数量探讨金融排斥的文章在结尾政策启示部分都提出了降低金融排斥程度、提升普惠金融程度的政策建议。尚蒂·查克拉瓦蒂（Shanti Chakravarty）认为，面临竞争压力，银行等金融机构倾向于忽略边缘地区（peripherial regions）的客户群体而导致金融排斥（Chakravarty，2006）。政府需要在这些地区倾注资源发展一系列地方主导的政策倡议。这些政策不应是单纯给银行发放补助而让它们愿意在边缘地区开展业务，而是需要找到合适的激励措施，让这些银行感受到可以从这些地区和相应群体获益。伊莱恩·肯普森等（Kempson *et al.*，2004）对降低金融排斥的程度提出了五条建议，包括：①银行需要开展费用低且无任何附加费用和条款的账户服务；②开发可以让更多群体更轻松使用金融服务的科技；③开展更多的宣传活动以鼓励更多的人使用银行金融服务；④除了金融机构之外，一些其他公益性组织非常重要，如英国的邮局也提供一定程度上的金融服务（汇款等），是对商业金融机构很好的补充；⑤政府应制定政策致力于实现银行基础业务空间全覆盖。

大部分政策建议也反映了地方情景的重要性。马·皮拉尔·阿隆索（Ma Pilar Alonso）等强调，任何降低金融排斥程度的政策工具都需要因地制宜，考虑地方实际，制定特异化政策措施（Alonso *et al.*，2023）。他们针对西班牙阿拉贡地区不同城市金融排斥状况的研究表明，人口规模和组成结构的不同，导致金融排斥的原因也不同。部分城市人口过少而导致银行关闭分支机构，而另一些城市则年轻人占比较高，导致数字银行、手机银行等科技使用率高，银行因而关闭实体机构，也令一些无法熟练使用这些科技的老年人遭遇金融排斥。因此，提升这些城市普惠金融程度的政策也需要针对这些不同而设计并实施。

三、普惠金融产生的影响

普惠金融的发展有诸多积极的社会影响。安德鲁·莱申和耐杰尔·思里夫特（Thrift and Leyshon，1997）认为金融网络与系统的发展演进其实就是金融排斥和普惠金融交互作用的过程。当网络形成的时候，必定有部分主体被排除在外；当网络扩张的时候，之前被排除在外的主体有可能会被纳入网络之中；而当网络收缩的时候，又会有一部分主体被排除在外。更具包容性的金融网络能够缩小社会发展不均从而促进社会稳定，并引领更加富有活力的经济增长（Clarke *et al.*，2006；Beck *et al.*，2007）。阿斯利·德米尔古斯-昆特（Asli Demirgüç-Kunt）和多萝西·辛格（Dorothe Singer）认为普惠金融可以更好地引领包容性增长和经济可持续发展（Demirgüç-Kunt and Singer，2017）。金大元（Dai-Won Kim）等研究了1990—2013年“伊斯兰合作组织”（Organization of Islamic Cooperation，OIC）55个成员国普惠金融和经济增长的关系，结果发现，普惠金融显著促进了经济增长，且两者互为因果、相互促进（Kim *et al.*，2018）。阿南德·科丹（Anand Kodan）和库尔迪普·齐卡拉（Kuldip Chhikara）基于跨国数据研究了普惠金融与经济增长的关系，结果发现，普惠金融程度提升1%，“人类发展指数”（Human Development Index，HDI）会提升0.142%（Kodan and Chhikara，2013）。该指数与经济发展紧密相关，表明普惠金融可以促进经济增长。范氏鸿（Loan Thi-Hong Van）等基于国家尺度的研究得到了相似的结论，且发现普惠金融对经济增长的促进作用在低收入国家更为明显（Van *et al.*，2021）。

针对其他方面，迈克尔·奇巴（Michael Chibba）、朴辛扬（Cyn-Young Park）和小罗赫利奥·梅尔卡多（Rogelio Mercado Jr.）等多位学者的实证研究认为普惠金融是减少贫困人口的主要手段之一（Chibba，2009，Park and Mercado，2015）。如陈香氏清（Huong Thi Thanh Tran）和河氏图勒（Ha Thi Thu Le）基于2010—2017年27个欧洲国家的数据证明了普惠金融可以降低人口贫困程度（Tran and Le，2021）。贾比尔·易卜拉欣·穆罕默德（Jabir Ibrahim Mohammed）等的研究在非洲撒哈拉以南地区得到了相类似的结论（Mohammed *et al.*，2017）。

艾萨克·库姆森（Isaac Koomson）等有关加纳的研究也得到了相似的结论（Koomson *et al.*，2020）。具体来说，基于2016/17加纳生活标准调研数据，他们研究了普惠金融指数和民众生活贫困程度的关系，结果发现普惠金融程度提高可以降低民众生活陷入贫困的概率（28%）或降低贫困严重程度（27%）。这种积极效应对以女性支撑的家庭和农村地区更加明显。

普惠金融也有助于缩小不同类别的发展不均。例如，通过分析普惠金融指数和空间基尼系数的关系，大卫·图雷加诺（David Turégano）和艾丽西亚·埃雷罗（Alicia Herrero）发现普惠金融对缩小区域发展不均有显著作用（Turegano and Herrero，2018）。更多研究指出，提升普惠金融程度有助于提升低收入群体收入水平，进而缩小不同群体之间的收入不均（Fouejieu *et al.*，2018；Polloni-Silva *et al.*，2018；Omar and Inaba，2020；Demir *et al.*，2022）。这一支研究多与前文普惠金融与贫困之间相互关系的研究紧密相连。

小　结

相比于之前几个章节，金融排斥和普惠金融是非常具体的研究话题，因此本章的篇幅会明显较短。与此同时，从某种程度上来讲，这两个话题的社会意义明显大于研究意义，提升金融业务使用率进而提升弱势群体的生活水平对社会健康稳定发展至关重要。因此，普惠金融是国际组织和各国政府强调的政策目标之一。从研究角度出发，金融排斥和普惠金融可以反映出一些具有研究意义的现象，如金融机构以利益优先而将特定群体排除出服务体系之外；民众自身特征如收入、受教育水平、年龄、种族等影响其遭受的金融排斥程度；数字金融等金融科技既会恶化金融排斥也会促进普惠金融；等等。这些现象在金融地理学其他热点研究话题中都有提及，如金融主体行为和对应的地理过程（第三章）、个人尺度金融化（第四章）和金融科技（即将谈到的第七章）。而在其他热点话题中，上述现象从某种程度上来说可以得到更透彻的研究，因为研究人员更多、投入的资源和精力更大、更容易产生理论创新，进而从研究层面更大程度上推动学科发展。据此，单纯从学术研究的角度出发，金融排斥和普惠金融目前所反映出来的研究热度与价值相比于其他主流研究领域仍有差距。但这并不影响这两个话题具有非凡的研究潜力。举个最简单的例子，普惠金融往往可以理解为政府运用政策工具干预金融机构的行为。尽管面向弱势（高风险）群体开展业务在不少情况下也会有利于金融收益，但大多数情况下，若没有政府政策，金融机构不会愿意承担相应风险而将弱势群体纳入服务体系。因此，政府和金融机构在此过程中的关系便是很好的研究话题：政府和金融机构各自的考虑是什么？哪一方处于更强势的地位？双方都用什么样的方式维护自身利益？双方都做了怎样的妥协？除了他们之外还有哪些利益体参与其中？这些问题在不同的情景（多空间尺度）下会有不同的答案吗？不同情景之间是否有联系？这些问题都可以用什么样的视角来研究（政治经济学、文化、社会、科技等视角）？这些问题如何从理论层面推动金融地理学学科发展？还有很多其他研究话题正等待着学者们进一步深入研究，并在创造理论价值的同时深化政策启示，为更好地从实践角度提升普惠金融程度做出贡献。

参考文献

[1] Adami, R., 2022. Financial Exclusion in the UK: Evidence on Ethnicity. *Social Policy and Society*, pp. 1-19. https://doi.org/10.1017/S1474746422000252.

[2] Alonso, M. P., P. Gargallo, C. López-Escolano *et al*., 2023. Financial Exclusion, Depopulation, and Ageing: An Analysis Based on Panel Data. *Journal of Rural Studies*, Vol. 103, 103105.

[3] Andrianaivo, M., K. Kpodar, 2011. *ICT, Financial Inclusion, and Growth: Evidence from African Countries*. International Monetary Fund Working Paper, WP/11/73. Washington, DC: International Monetary Fund.

[4] Argent, N. M., F. Rolley, 2000. Financial Exclusion in Rural and Remote New South Wales, Australia: A Geography of Bank Branch Rationalisation, 1981-98. *Australian Geographical Studies*, Vol. 38, No. 2, pp. 182-203.

[5] Beck, T., A. Demirgüç-Kunt, R. Levine, 2007. Finance, Inequality and the Poor. *Journal of Economic Growth*, Vol. 12, No. 1, pp. 27-49.

[6] Bernad, C., L. Fuentelsaz, J. Gómez, 2008. Deregulation and Its Long-Run Effects on the Availability of Banking Services in Low-Income Communities. *Environment and Planning A: Economy and Space*, Vol. 40, No. 7, pp. 1681-1696.

[7] Byrne, D., 2005. *Social Exclusion*. Berkshire: Open University Press.

[8] Caplan, M. A., J. Birkenmaier, J. Bae, 2021. Financial Exclusion in OECD Countries: A Scoping Review. *International Journal of Social Welfare*, Vol. 30, No. 1, pp. 58-71.

[9] Carbó, S., E. P. Gardener, P. Molyneux, 2005. Financial Exclusion in Europe. In S. Carbó, E.

P. Gardener, P. Molyneux, *Financial Exclusion*. London: Palgrave Macmillan, pp. 98-111.

[10] Cebulla, A., 1999. A Geography of Insurance Exclusion: Perceptions of Unemployment Risk and Actuarial Risk Assessment. *Area*, Vol. 31, No. 2, pp. 111-121.

[11] Chakravarty, S. P., 2006. Regional Variation in Banking Services and Social Exclusion. *Regional Studies*, Vol. 40, No. 4, pp. 415-428.

[12] Chakravarty, S. R., C. D. Ambrosio, 2006. The Measurement of Social Exclusion. *Review of Income and Wealth*, Vol. 52, No. 3, pp. 377-398.

[13] Chakravarty, S. R., R. Pal, 2013. Financial Inclusion in India: An Axiomatic Approach. *Journal of Policy Modeling*, Vol. 35, No. 5, pp. 813-837.

[14] Chibba, M., 2009. Financial Inclusion, Poverty Reduction and the Millennium Development Goals. *The European Journal of Development Research*, Vol. 21, pp. 213-230.

[15] Clarke, G., L. C. Xu, H. Zou, 2006. Finance and Inequality: What do the Data Tell Us? *Southern Economic Journal*, Vol. 72, No. 3, pp. 578-596.

[16] Corrado, G., L. Corrado, 2015. The Geography of Financial Inclusion across Europe during the Global Crisis. *Journal of Economic Geography*, Vol. 15, No. 5, pp. 1055-1083.

[17] Cruz-García, P., M. Macedo, E. Tortosa-Ausina, 2021. Financial Inclusion and Exclusion across Mexican Municipalities. *Regional Science Policy & Practice*, Vol. 13, No. 5, pp. 1496-1526.

[18] Demir, A., V. Pesqué-Cela, Y. Altunbas *et al.*, 2022. Fintech, Financial Inclusion and Income Inequality: A Quantile Regression Approach. *The European Journal of Finance*, Vol. 28, No. 1, pp. 86-107.

[19] Demirgüç-Kunt, A., D. Singer, 2017. *Financial Inclusion and Inclusive Growth: A Review of Recent Empirical Evidence*. World Bank Policy Research Working Paper No. 8040. Washington, DC: World Bank.

[20] Devlin, J. F., 2005. A Detailed Study of Financial Exclusion in the UK. *Journal of Consumer Policy*, Vol. 28, No. 1, pp. 75-108.

[21] Devlin, J. F., 2009. An Analysis of Influences on Total Financial Exclusion. *The Service Industries Journal*, Vol. 29, No. 8, pp. 1021-1036.

[22] Dymski, G. A., 2005. Financial Globalization, Social Exclusion and Financial Crisis. *International Review of Applied Economics*, Vol. 19, No. 4, pp. 439-457.

[23] Dymski, G. A., 2009. The Global Financial Customer and the Spatiality of Exclusion after the "End of Geography". *Cambridge Journal of Regions, Economy and Society*, Vol. 2, No. 2, pp. 267-285.

[24] Fanta, A. B., 2015. Informal Finance as Alternative Route to SME Access to Finance: Evidence from Ethiopia. *Journal of Governance and Regulation*, Vol. 4, No. 1, pp. 94-102.

[25] Fernández-Olit, B., J. D. Paredes-Gázquez, M. de la Cuesta-González, 2018. Are Social and Financial Exclusion Two Sides of the Same Coin? An Analysis of the Financial Integration of Vulnerable People. *Social Indicators Research*, Vol. 135, pp. 245-268.

[26] Fouejieu, A., R. Sahay, M. Cihak *et al.*, 2020. Financial Inclusion and Inequality: A Cross-Country Analysis. *The Journal of International Trade & Economic Development*, Vol. 29, No. 8, pp. 1018-1048.

[27] Gloukoviezoff, G., 2007. From Financial Exclusion to Overindebtedness: The Paradox of Difficulties for People on Low Incomes? In Anderloni, L., Braga, M. D., Carluccio, E. M. (eds.), *New Frontiers in Banking Services: Emerging Needs and Tailored Products for Untapped Markets*. Heidelberg: Springer Berlin Heidelberg, pp. 213-245.

[28] Gupte, R., B. Venkataramani, D. Gupta, 2012. Computation of Financial Inclusion Index for India. *Procedia-Social and Behavioral Sciences*, Vol. 37, No. 1, pp. 133-149.

[29] Hannig, A., S. Jansen, 2010. *Financial Inclusion and Financial Stability: Current Policy Issues*. Asian Development Bank Institute Working Paper, No. 259. Mandaluyong: Asian Development Bank.

[30] Hogarth, J. M., K. H. O'Donnell, 2000. If You Build It, Will They Come? A Simulation of Financial Product Holdings among Low-to-Moderate Income Households. *Journal of Consumer Policy*, Vol. 23, No. 4, pp. 409-444.

[31] Joassart-Marcelli, P., P. Stephens, 2010. Immigrant Banking and Financial Exclusion in Greater Boston. *Journal of Economic Geography*, Vol. 10, No. 6, pp. 883-912.

[32] Kempson, E., A. Atkinson, O. Pilley, 2004. *Policy Level Response to Financial Exclusion in Developed Economies: Lessons for Developing Countries*. Report of Personal Finance Research Centre, University of Bristol.

[33] Kempson, E., M. Crame, A. Finney, 2017. *Financial Services Provision and Prevention of Financial Exclusion*. Eurobarometer Report, University of Bristol.

[34] Kempson, E., C. Whyley, 1999. *Kept Out or Opted Out? Understanding and Combating Financial Exclusion.* West Sussex: The Polity Press in Association with the Joseph Rowntree Foundation.

[35] Kendall, J., N. Mylenko, A. Ponce, 2010. *Measuring Financial Access around the World.* Washington, DC: The World Bank.

[36] Kim, D. W., S. J. Yu, M. K. Hassan, 2018. Financial Inclusion and Economic Growth in OIC Countries. *Research in International Business and Finance*, Vol. 43, pp. 1-14.

[37] Kodan, A., K. S. Chhikara, 2013. A Theoretical and Quantitative Analysis of Financial Inclusion and Economic Growth. *Management and Labour Studies*, Vol. 38, No. 1-2, pp. 103-133.

[38] Koomson, I., R. A. Villano, D. Hadley, 2020. Effect of Financial Inclusion on Poverty and Vulnerability to Poverty: Evidence Using a Multidimensional Measure of Financial Inclusion. *Social Indicators Research*, Vol. 149, No. 2, pp. 613-639.

[39] Lamb, L., 2016. Financial Exclusion and Financial Capabilities in Canada. *Journal of Financial Economic Policy*, Vol. 8, No. 2, pp. 212-227.

[40] Leyshon, A., N. Thrift, 1993. The Restructuring of the UK Financial Services Industry in the

1990s: A Reversal of Fortune? *Journal of Rural Studies*, Vol. 9, No. 3, pp. 223-241.

[41] Leyshon, A., N. Thrift, 1994. Access to Financial Services and Financial Infrastructure Withdrawal: Problems and Policies. *Area*, Vol. 26, No. 3, pp. 268-275.

[42] Leyshon, A., N. Thrift, 1995. Geographies of Financial Exclusion: Financial Abandonment in Britain and the United States. *Transactions of the Institute of British Geographers*, Vol. 20, No. 3, pp. 312-341.

[43] Long, M. G., 2020. Informal Borrowers and Financial Exclusion: The Invisible Unbanked at the Intersections of Race and Gender. *The Review of Black Political Economy*, Vol. 47, No. 4, pp. 363-403.

[44] Mitchell, K., R. H. Scott Ⅲ, 2019. Public Revenue, Financial Inclusion and Value-Added Tax in Argentina. In K. Mitchell, R. H. Scott Ⅲ, *Pesos or Plastic? Financial Inclusion, Taxation, and Development in South America*. Cham: Palgrave Pivot, pp. 33-58.

[45] Mohammed, J. I., L. Mensah, A. Gyeke-Dako, 2017. Financial Inclusion and Poverty Reduction in Sub-Saharan Africa. *African Finance Journal*, Vol. 19, No. 1, pp. 1-22.

[46] Mylonidis, N., M. Chletsos, V. Barbagianni, 2019. Financial Exclusion in the USA: Looking Beyond Demographics. *Journal of Financial Stability*, Vol. 40, pp. 144-158.

[47] Omar, M. A., K. Inaba, 2020. Does Financial Inclusion Reduce Poverty and Income Inequality in Developing Countries? A Panel Data Analysis. *Journal of Economic Structures*, Vol. 9, No. 1, pp. 1-25.

[48] Ozili, P. K., 2018. Impact of Digital Finance on Financial Inclusion and Stability. *Borsa Istanbul Review*, Vol. 18, No. 4, pp. 329-340.

[49] Park, C. Y., R. Mercado Jr, 2015. *Financial Inclusion, Poverty, and Income Inequality in Developing Asia*. Asian Development Bank Economics Working Paper Series, No. 426. Mandaluyong: Asian Development Bank.

[50] Peattie, K., 2007. Business and Social Inclusion. In Abrams, D., Christian, J., Gordon, D. (eds.), *Multidisciplinary Handbook of Social Exclusion Research*. Hoboken, NJ: John Wiley & Sons, pp. 169-191.

[51] Pollard, J. S., 1996. Banking at the Margins: A Geography of Financial Exclusion in Los Angeles. *Environment and Planning A: Economy and Space*, Vol. 28, No. 7, pp. 1209-1232.

[52] Polloni-Silva, E., N. da Costa, H. F. Moralles *et al.*, 2021. Does Financial Inclusion Diminish Poverty and Inequality? A Panel Data Analysis for Latin American Countries. *Social Indicators Research*, Vol. 158, No. 3, pp. 889-925.

[53] Sarma, M., 2010. *Index of Financial Inclusion*. Indian Council for Research on International Economic Relations Working Paper No. 215. New Delhi: Indian Council for Research on International Economic Relations.

[54] Steil, J. P. *et al.*, 2018. The Social Structure of Mortgage Discrimination. *Housing Studies*, Vol. 33, No. 5, pp. 759-776.

[55] Thrift, N., A. Leyshon, 1997. Financial Desertification. In J. Rossiter, *Financial Exclusion:*

Can Mutuality Fill the Gap? London: New Policy Institute, pp. 11-16.

[56] Tran, T. H. T., H. T. T. Le, 2021. The Impact of Financial Inclusion on Poverty Reduction. *Asian Journal of Law and Economics*, Vol. 12, No. 1, pp. 95-119.

[57] Turegano, D. M., A. G. Herrero, 2018. Financial Inclusion, Rather Than Size, Is the Key to Tackling Income Inequality. *The Singapore Economic Review*, Vol. 63, No. 1, pp. 167-184.

[58] Van, L. T. H., A. T. Vo, N. T. Nguyen *et al.*, 2021. Financial Inclusion and Economic Growth: An International Evidence. *Emerging Markets Finance and Trade*, Vol. 57, No. 1, pp. 239-263.

[59] Wang, X., J. Guan, 2017. Financial Inclusion: Measurement, Spatial Effects and Influencing Factors. *Applied Economics*, Vol. 49, No. 18, pp. 1-12.

第七章　金融生态与金融科技

第一节　金融生态

以安德鲁·莱申等为代表的金融地理学者提出了金融生态（financial ecologies）的概念。需要首先说明的是，金融生态与另一热门词政治生态（political ecology）不同，政治生态更多体现“生态”的传统意义，该词主要检验人类与环境互动过程中的政治因素（Walker，2005）。金融生态则与环境研究关联很小，这里的“生态”更多是比喻意义。金融生态认为金融网络和系统并非单一维度，或被全球尺度资本流动的时空间逻辑决定，而是由一系列分散的、具有不同特征机制的“生态系统”（ecosystems）构成。金融专业知识、制度背景、金融技术和对应的金融主体是每一个“小生态”（ecology）的必要组成部分或条件。每一个小生态由于所处空间位置不同而呈现出不同的特征与功能（Leyshon *et al.*，2004；Leyshon *et al.*，2006）。此外，金融生态强调以动态视角分析社会空间关系的产生与流动。各因素在集聚或分散过程中的所作所为和相互关系是金融生态关注的重点。

金融生态作为研究金融地理学问题的理论视角和研究方法来说，仍然处于发展的初级阶段。尽管安德鲁·莱申在金融地理学领域拥有举足轻重的地位，且他和同事在21世纪初就已经提出了金融生态，此概念应用仍较为有限。应用此概念的代表性学者多来自英国，并且与安德鲁·莱申联系紧密，或受到其研究的深刻影响，如保罗·兰利、肖恩·弗伦奇、黎碧瑶、乔纳森·比弗斯托克等。应用此概念研究的话题也较少，本小节接下来会一一介绍。

一、应用于个人与家庭尺度金融化研究

金融生态大多被用来解释个人与家庭尺度金融化现象。安德鲁·莱申等（Leyshon *et al.*，2004）用这一概念解释了为什么在落后城市的个人与家庭投资者在选择金融服务时往往会接受比其他地区的投资者更严苛的条款。主要原因是在这个特定的环境下（这个落后的城市，即“小生态”内），这群投资者已经形成了独特的投资行为和理念以及与金融机构的关系。这些行为、理念及关系与其他城市是有明显不同的。黎碧瑶（Lai，2013）分析了全球金融危机期间新加坡个人投资者投资美国雷曼兄弟公司迷你债券（Minibonds）的行为，认为新加坡表现出的现象并不完全反映主流的个人与家庭金融化研究推崇的金融主体性。地方情景和主体的行为都会影响具体的投资现象。因此，她认为不同地方会形成不同的金融行为和理念，即不同的金融生态。进一步地，这些生态与全球金融市场联系的紧密程度也会不同。乔纳森·比弗斯托克等（Beaverstock *et al.*，2013）应用金融生态研究了超高收入的金融精英聘请私人财富管理专家帮他们管理资产的现象。他们认为私人财富管理产业这一新兴的金融中介是理解个人与家庭金融化需要关注的领域。这些中介针对每一位客户提出的资产管理策略都是不一样的。即使可能存在不同客户选择相同的资产管理方式的情形，但是决策过程、中介与客户的关系、投资成果大概率也是不同的。

黎碧瑶（Lai，2016）认为，“生态”这个概念和其他一些用来解释社会空间现象的概念有相似性，如网络、集合（assemblage）、机构（apparatus）等。但是相比于这些概念对空间的模糊性定义，“生态”更好地突出了不同的金融知识、行为和主体的集合体如何产生与流动。她用金融顾问（financial advisors）的例子解释了如何应用金融生态的概念理解复杂多样的个人投资选择，认为金融顾问和其所代表的金融中介在解释时空间分异明显的个人投资行为时非常重要。他们是将一个个不同的投资者与全球金融系统相连的渠道。每一笔投资都反映了投资者与金融顾问特异性的金融知识、交流和决策。金融顾问是将这种无数的特异性接入全球金融系统的桥梁，是普适性与特异性相结合的节点。

除了内部元素与自身特性的显著差异外，金融生态之间的差异还体现在彼此的邻近性和连接性。例如，某一金融生态内部的金融主体具有更完善的关系

网络，并且与生态外部主体的连接性更好，那么该金融生态就具有更强的恢复力（Langley and Leyshon，2017）。详细来说，在保罗·兰利和安德鲁·莱申的这篇文章中，他们基于金融生态研究了众筹基金的发展模式，强调了模式的多重性。每一笔众筹涉及的主体、应用的知识、具体的行为和主体间的关系都是不尽相同的，但每一笔众筹之间又不是相互隔绝的，例如，很多金融主体并非只参与了一笔众筹交易。他们认为需要将众筹基金运行过程中涉及的金融中介和信贷关系作为研究重点，强调各自独立与相互联系对其运转起到的作用。回到前面提到的本文论点之一，众筹交易之间的联系是有利于各自众筹交易顺利开展的，一定程度上反映了每个生态之间可能也存在“相互组成”（co-constitutive）、相互依存的关系。

二、应用于金融排斥与普惠金融研究

在个人与家庭金融化研究的基础上，金融生态也常用于金融排斥与普惠金融领域的研究（French *et al.*，2008；Appleyard，2011）。例如，史黛西·科波克（Stacey Coppock）基于金融生态视角研究了英格兰三个农村地区个人与家庭的金融主体性和投资行为及其遭受的金融排斥，认为个人与家庭的投资行为在空间上存在明显分异，每一笔投资都受到当地形成的金融和社会网络的显著影响而呈现不同特征（Coppock，2013）。这就表明，所谓的金融主体性的形成并不是“全球都一样”——了解相类似的金融产品、技术和业务模式即可，相反，金融主体性是受到金融主体所处的生态内部特异性的元素，如制度、文化、社会习俗等方面的显著影响的。据此，她发现这三个地区的家庭不会由于一套简单且统一的指标而获取金融服务或被排除在金融服务之外。金融机构会按照每个家庭的收入和其他特性、所处地区的情景因素等多方面做出综合评估，从而导致三个农村地区表现出不同的金融排斥程度。前文引用的帕斯卡尔·若阿萨尔-马塞利和菲利普·斯蒂芬斯（Joassart-Marcelli and Stephens，2010）针对美国大波士顿地区金融排斥状况的研究应用了金融生态作为研究视角。他们认为不同族裔的移民群体会遭受不同程度的金融排斥正是因为每个群体内部都形成了不同的金融生态。种族、阶级、教育、收入和其他复杂因素是构成每个生态的关键组成方面。

内森·格林（Nathan Green）在《人文地理学进展》上发表的文章认为金融生态是人文地理学者研究农业金融问题的有效视角（Green，2022）。首先，类似于本章第一节第一小节中的个人与家庭尺度金融化，金融生态可以作为研究农民（家庭）如何因为基于农产品和农业活动设计的金融衍生物被纳入全球金融体系；其次，金融生态可以用来研究特定农民（家庭群体）遭遇的不同金融排斥情况；最后，金融生态还可以用来研究农民（家庭）债务的时空间动态，研究不同国家形成的针对农民（家庭）负债的特异性金融生态。

三、应用于金融科技研究

金融生态也用于各类金融科技的研究。金融科技研究会在下一节具体介绍，本小节着重介绍金融生态视角。道恩·伯顿（Dawn Burton）以金融生态为视角研究了数字金融科技兴起带来的消费者的过度负债（Burton，2020）。他提出两种消费者负债“生态”，一种基于传统消费模式，另一种基于数字科技，包括人工智能、机器学习和数据挖掘等技术（表 7–1）。这两种生态具有非常不同的生态环境：不同的参与主体、运行模式，产生不同的影响等。消费者面临不同的债务来源和偿债方式，而数字金融科技生态对金融排斥和新催生的数字不平等（digital inequality）、数字区分（digital divide）等都有深刻影响。

表 7–1　两种消费者负债“生态”

维度	传统	数字
生态组成	大型放贷机构、信用报告体制、视情况而定的讨债人	大型放贷机构、基于 FinTech 的放贷人、讨债人、信用报告
交流策略	面对面交流、电话服务中心、信件交流	数字交流：短信和邮件
关系管理	仅限于还款	设计更多方面，如 FinTech 维护
时机与还款	死板的运行体系	较为灵活，可以临时改变，没有附加成本
监管	符合监管体制，但有发挥空间	利用科技实现更有效的监管
支出收入比计算方法	受限于沟通和数据，较为低效	基于实时计算，更精确
监管程度	低，原因是非实时交互	高，原因是涉及方面更多、实现实时交互
债务建议	专门的分析师	基于资料查询实现自助债务管理

资料来源：道恩·伯顿（Burton，2020）。

朱利安·米戈齐（Julien Migozzi）等将金融生态作为研究方法研究了印度政府如何引领国内金融科技的发展（Migozzi *et al.*，2023）。印度政府引领创建了“科技-金融-政府”（Tech-Fin-State）的生态系统。在该系统内，政府针对出口导向的信息科技产业采取了一系列的扶植措施，包括施行大量优惠政策以及配套硬件和软件基础设施，最终促进了印度该产业的快速发展。这种生态系统反映了印度政府在国家层面采取的特异性发展方式，对其他国家有借鉴意义。蔡万祥（音译，Wanxiang Cai）等以金融生态为框架研究了众筹基金跨区域流动过程中各主体之间的关系，认为金融生态为研究经济主体和周围非经济因素（如社会关系网络、地理距离、经验知识等）的复杂交互提供了很好的理论基础（Cai *et al.*，2024）。他们认为非经济因素会显著影响经济主体行为。具体来说，地理距离的增加会降低众筹基金的跨区流动。换句话说，一个众筹基金项目较难募集到较远区域的资金。但是如果两个区域之间的社会网络联系较强，地理距离增加带来的负面效应可以被一定程度上抵消。

第二节　金融科技

“金融科技”与前文提到的日益复杂的各类金融产品和交易方式是不同的。金融科技主要指实现金融交易的基础设施，早期的如有线电话、计算机、互联网等，近期的如股票交易系统、数字支付、区块链等。金融产品和交易的诞生与升级是依靠金融科技不断进步而实现的。本节将从两个方面来介绍金融科技：①文化经济学视角下金融地理学者对科技的关注；②最近新兴的“金融科技”（FinTech）研究。

一、文化经济学视角

文化经济学（cultural economy）是金融地理学受经济地理学文化制度转向影响后引进的研究视角之一（可以认为是“社会文化视角”和“科学技术视角”

相结合的产物，详见第一章第三节的第一小节和第二小节）。文化经济学是经济学的分支学科，主要关注文化因素对经济活动的影响。进一步来说，其关注的主要问题之一是科技发展对文化认知及相关行为进而对经济活动的相关影响。典型的例子包括电影电视等媒体科技的发展极大促进了欧美价值观在全球范围内传播，对全世界各国人民产生了深远的影响（Moon *et al.*，2016）。

金融地理学者对文化经济学视角的应用主要集中在探讨相关科技的进步如何影响金融行为并突出文化的作用：诞生了怎样的金融文化、如何改变原有的金融文化、文化因素在此过程中作为特异性因素扮演了怎样的角色等。莎拉·霍尔在《人文地理学进展》上发表的三篇报告对文化经济学方法在金融地理学中的应用做出了系统性的总结（Hall，2011，2012，2013）。结合这些进展报告和更广泛的文献阅读，下面的内容会对相关研究进行简单总结。

受"科学技术研究"（STS）的启发，以迈克尔·卡伦（Michel Callon）为代表的部分学者将金融市场看作"集合计算装置"（calculative collective devices）（Callon and Muniesa，2005）或"多样的集合体"（agencements，起源于法语单词 agencement，用来形容市场是由技术、物品和企业形成的网络。物品和技术由企业发明用来实现相应目的。研究金融市场需要注意技术、物品、企业之间形成的关系网络）（Callon，2007）。在此基础上，他们研究了电子交易平台、金融经济理论和信用评分技术等在 20 世纪后期以来金融市场发展过程中扮演的重要角色。与此同时，学者们也强调了地理学视角的重要性，主张利用社会网络和嵌入性概念理解上述过程，即上述过程无法脱离其所在的情景，而是受到外界经济、政治、文化、社会等方面因素的直接影响。具体来说，研究可以从以下几个方面总结。

1. 金融技术实现多重地理尺度的实时连接

学者们关注在金融市场中出现的技术，例如定价技术、顾客信用评分技术、电子信息技术等。这些技术改变了金融交易方式，一定程度上克服了地理距离与信息不对称性给金融业发展带来的阻碍，降低了交易成本，提升了金融资本的流动性与交易过程的效率。因此，这些技术可以促进（金融）资产化和市场化，并将地方金融市场接入全球金融体系。股票交易的发展是很好的例子。股票经纪人一直是最先应用现代科技的金融中介。19 世纪 50 年代他们用电报进行股票交易，80 年代用电话进行交易。进入 20 世纪以后，他们利用股票交易所内的电子显示屏在全球范围内进行交易（Leinweber，2009）。“基于屏幕”的交易方式也一直在更新换代，近期出现的基于光纤网络和超级计算机的高频交易（high-frequency trading，HFT）是最新一代交易技术的代表。它们凭借超快的运算与信息传递速度，实现了全球范围内金融主体间迅速而高效的交易行为，真正做到了“时空压缩”（time-space compression）（Hall and Soskice，2001）。卡琳·塞蒂纳（Karin Cetina）和乌尔斯·布吕格（Urs Brügger）研究了交易所内部的各种“屏幕”如何影响全球外汇交易市场，进而将全球市场内部庞大复杂的关系“折叠”到一个交易室内部以实现多重地理尺度的实时连接（Cetina and Brügger，2002）。

2. 金融经济理论影响市场形成与运行

学者们关注金融经济理论如何影响金融市场的发展。科技发展为金融市场提供了硬件基础，而金融经济理论是金融市场的软件保障。这些理论指明了金融资本应该怎样流动、金融产品应该怎样设计才能使得效率最大化。唐纳德·麦肯齐（Donald MacKenzie）的几篇经典文章引领了该领域的研究（MacKenzie，2003，2006，2007），代表作是其针对布莱克-斯科尔斯（Black-Scholes）期权定价模型的研究（MacKenzie，2003）。他认为该模型引领了现代金融市场的定价模式，决定了金融产品和交易的设计理念与运行模式。

以上两点多从金融系统“内部”出发，以技术和理论为主要研究对象。接下来的三点更能体现地理学视角，强调金融系统“外部”的情景对系统运行会产生怎样的影响。

3. 金融主体（human）的主观能动性

学者们强调“人”的作用，认为金融体系表面上被远程交易和电子信息技术支配，呈现出全球均质化且紧密相连的发展特征，但是技术仍是由“人”主导的，包括发明技术的研究学者、投资者和金融中介。人的行为和彼此之间的关系是有差异的，受自身目的和外界因素显著影响。凯特琳·扎卢姆（Caitlin Zaloom）指明金融市场追随科技的脚步而日趋现代化，互联网和股票、证券交易所的存在让“基于屏幕”的交易主导了市场的发展，但是不可否认的是，市场价格取决于贸易商自身的经验和线下各方利益体面对面的商谈（Zaloom，2006）。埃里克·布迪什（Eric Budish）等指出，尽管金融交易过程看起来是连续的，但深入到屏幕背后，基于计算机的微观尺度的交易过程是离散的（Budish *et al.*，2015）。这些离散点会造成交易过程中执行时间数毫秒的微小差异，而这数毫秒的差异就会成为“纯粹的技术套利机会”。金融中介常常利用这种套利机会更快地获取信息从而得到更优惠的交易价格。有研究则认为金融中介，以股票经纪人为典型代表，常常利用上述套利机会获取一些非道德乃至违法的利益，如哄抬股价、虚假收购、恶意收购等（Tse *et al.*，2012）。操纵股价的大型投资者赚得盆满钵满，股票经纪人得到超高的佣金，而受到伤害的大多是深受信息不对称影响的中小型投资者。

4. 金融的一般性与时空间特异性

学者们强调金融科技或产品的文化含义（Tickell，2003）。前文提到的货币的社会含义是典型的例子。薇薇安娜·泽利泽（Zelizer，1994）强调从人类学与历史学的角度思考货币的意义，批评了经典社会学理论认为货币化是一种合理和公平的体现的思想。这种思想忽略了货币的社会性质和社会关系。她强调货币与对应地区的社会和文化因素紧密相关，认为即使不同区域使用同一货币和汇率，人们对货币的理解与使用也极有可能不同。耐杰尔·多德（Dodd，1994，1995）强调货币的一般性和特殊性，并在此基础上提出了货币网络构成的五个要素：统一的会计准则、完善的监管体制、空间性、自反性（reflexivity）和社会性。但将特殊性与一般性结合是极其困难的，两者的边界很难界定。与此同时，这个过程也并非一成不变，而是动态的，进而边界也在不断调整。例如，有学者质疑耐杰尔·多德的工作，认为“货币的社会学”并没有实现将货币的特殊性和一般性相结合的目标，两者在很大程度上仍处于相互分裂的状态。强调一般性还是特殊性很大程度上取决于研究者的偏好（Neary and Taylor，1995）。

5. 金融市场的政治本质与空间异质性

学者们强调金融市场的政治本质以及空间异质性（Pryke and Du Gay，2007）。主要的视角是前文所提到的嵌入性。嵌入性研究建立在网络研究基础之上，包括社会嵌入性和区域嵌入性（Hess，2004）。社会嵌入性探讨不同尺度下社会、文化、政治关系对经济活动的影响，地理学者应用社会嵌入性探讨金融中心对自身及其周边地区金融活动的影响（Amin and Thrift，1992；Thrift，1994，1996）。地理学者利用区域嵌入性来研究不同地区监管体制的差异对金融活动的影响。戈登·克拉克和耐杰尔·思里夫特（Clark and Thrift，2005）、莎拉·霍尔（Hall，2006）从城市与企业层面强调了即便金融资本在全球范围流动性强、均质性明显，但不同城市与企业的金融行为都能体现特异性的文化和社会特征。第四点和第五点紧密相关，金融元素所反映的特异性文化内涵往往是受到周围特异性情景影响的产物。

二、金融科技（FinTech）

以达雷什·沃奇克为代表的金融地理学者引领了近期兴起的以金融科技为题的研究，其在《人文地理学进展》的两篇进展报告也以金融科技为主题（Wójcik，2021a，2021b）。将金融科技作为关键词加入各类研究产出的题目中，并不意味着这是一个全新的领域。上文提到的文化经济学视角关注的研究也可以算作金融科技研究，但金融科技的研究更“新”。达雷什·沃奇克（Wójcik，2021b）对金融科技的定义是“一系列‘最近出现’的用于金融服务的科技创新，且金融科技本身形成了一种经济产业”。因此，这一支研究与上文提到的研究的最显著不同是“关注最近出现的科技创新”，典型例子如区块链（包括数字货币等）、大数据、众筹基金等（Gomber *et al.*，2017；Langley and Leyshon，2017；Wójcik and Cojoianu，2018；Sangwan *et al.*，2020）。

1. 金融科技时空间特征

学者们关注了金融科技在不同空间尺度的分布特征。总结来说，已有资源，包括基础设施、相关产业、人才储备等，对金融科技企业选址影响显著。国际尺度方面，在一篇被引用了 2 000 余次的文章中，道格拉斯·阿纳（Douglas Arner）等分析了全球范围内各国金融科技发展情况（Arner *et al.*，2015）。总体来说，金融科技发展情况和金融中心的分布情况相似。美国和英国是无可争议的领头羊，大洋洲、东亚和南亚紧随其后，接着是拉丁美洲和亚欧大陆其他地区，非洲是发展程度最低的地区。克里斯蒂安·哈达德（Christian Haddad）和拉尔斯·霍努夫（Lars Hornuf）研究了 2017 年全球金融科技企业分布情况（表 7–2），指出较为发达的经济和市场环境以及已有的风险投资资本规模是影响金融科技企业数量的关键因素（Haddad and Hornuf，2019）。除此之外，网络通信基础设施和劳动力水平也有重要影响。斯特凡诺斯·约安努（Stefanos Ioannou）和达雷什·沃奇克（Ioannou and Wójcik，2022）针对巴西、墨西哥、阿根廷的研究表明，金融科技企业会布局在金融中心城市或周围，以借助已有的金融业务网络、高质量劳动力、雄厚的数字科技产业等实现快速发展。

表 7–2　全球金融科技企业国家/地区排名

排名	国家/地区	金融科技企业数（个）	排名	国家/地区	金融科技企业数（个）
1	美国	3 904	11	荷兰	75
2	英国	695	12	西班牙	70
3	印度	262	13	以色列	66
4	加拿大	247	14	中国香港	63
5	中国	160	15	瑞典	63
6	澳大利亚	154	16	俄罗斯	62
7	新加坡	139	17	南非	60
8	德国	135	18	墨西哥	56
9	法国	132	19	瑞士	55
10	巴西	79	20	爱尔兰	50

资料来源：克里斯蒂安·哈达德和拉尔斯·霍努夫（Haddad and Hornuf，2019）。

国内尺度方面，马可·盖泽尔（Marco Gazel）和阿明·施维恩巴赫（Armin Schwienbacher）研究了法国国内近 1 000 家金融科技企业的分布特征，发现这些企业倾向于集聚分布，集聚地已有的孵化器等硬性和软性基础设施是主要影响因素，已有集聚区会进一步吸引更多的企业入驻（Gazel and Schwienbacher，2021）。

2. 金融科技发展影响因素

影响金融科技发展的因素主要包括金融业发展水平、配套基础设施的完善程度和监管政策环境的好坏（Jiao *et al.*，2021）。马修·祖克（Matthew Zook）和乔·布兰肯希普（Joe Blankenship）研究了比特币与区块链科技的运行模式，认为上述运行模式并未依靠算法而脱离情景之外，恰恰相反，很多利益体参与其中，为优先考虑或保护自身利益相互博弈（Zook and Blankenship，2018）。莱夫·莱德罗阿（Laivi Laidrooa）和马里·阿瓦玛（Mari Avarmaa）研究了全球 107 个国家 2007—2017 年金融科技发展情况，发现规模较小、信息科技产业集群较多和近期经历过金融危机的国家更容易有更发达的金融科技产业；另外，高等教育率更高、产学研合作程度更高、固定电话普及率更高和信息科技产业发展程度更高的国家容易有更发达的金融科技产业（Laidroo and Avarmaa，2020）。宏观经济金融发展指标和金融科技产业创业活力也有重要影响。

从企业自身的角度来看，创业者对新兴产业的“嗅觉”、企业发展战略、企业与其他企业和利益体的关系都会影响金融科技企业发展（Drasch *et al.*，2018）。保罗·兰利和安德鲁·莱申（Langley and Leyshon，2021）认为，诸多不同类型的企业，包括创业企业、初期企业、大型企业和孵化器等积极参与数字平台经济产业。这一新兴领域促进了企业间竞争或合作。这种竞争与合作可能是良性的，并且会帮助部分企业吸引更多的外部投资，但其也可能导致负面效果，大型企业往往可能依据自身优势形成垄断，压缩其余企业的生存空间。弗兰齐斯卡·索恩斯（Franziska Sohns）和达雷什·沃奇克（Sohns and Wójcik，2020）研究了金融科技企业应对英国脱欧给产业带来的冲击，认为企业积极运用自身资源应对政治不确定性。企业采取的策略不尽相同，主要取决于自身企业特性，包括企业运行年限、规模、主要产品和功能，以及他们组建或所处的企业网络可以给他们带来的资源等。

政府行为往往是新兴产业发展的重要影响因素，金融科技也不例外。一些学者用“科技-金融-政府”的关系网络来形容政府和金融科技的关系（Hendrikse *et al.*，2020）。后者常常是前者用来提高经济金融活力进而提升国际影响力的手段。伊曼纽尔·博阿玛（Emmanuel Boamah）和纳丁·穆希德（Nadine Murshid）基于大卫·哈维的资本积累与循环理论探讨了金融科技如何成为政府刺激经济的工具，认为这些科技促进了普惠金融，进而扩大了政府税收基础，增强了政府财政能力，促进了经济发展（Boamah and Murshid，2019）。他们称这种现象为“科技-市场修复”（techno-market fix）。进一步地，伊曼纽尔·博阿玛等（Boamah *et al.*，2021）的另一篇文章强调，这种“科技-市场修复”的具体措施需要注意地方情景，针对每一个地方设计不同的措施，避免一刀切的现象出现。

3. 金融科技产生的影响

学者们也关注了金融科技发展带来的影响。黎碧瑶和迈克尔·萨默斯（Michael Samers）表明金融科技产业的发展深刻地改变了全球生产网络与全球金融网络的运行模式（Lai and Samers，2021）。新兴科技的出现促使新产业诞生，终结了某些夕阳产业，也深刻改变了现有产业的运营模式。例如，数字理财产品给商业银行的理财业务带来了极大的冲击，数字货币、移动支付、网络借贷等也迫使商业银行必须做出相应改变。另外，金融科技的发展极大地促进了普惠金融和消除贫困等进程（Lagna and Ravishankar，2022）。刚刚提到的诸如网络借贷、数字理财等金融服务极大降低了金融服务的使用门槛。阿里·巴加特（Ali Bhagat）和莉安·罗德里克（Leanne Roderick）基于肯尼亚的案例认为金融科技让当地难民可以使用部分金融服务（Bhagat and Roderick，2020）。当国际金融援助会因为一系列的遴选机制导致金融排斥的情况下，金融科技是推进更高程度普惠金融的有效方式。金融科技的发展也会改变已有金融业的格局。前文提到的朱利安·米戈齐等（Migozzi *et al.*，2023）对印度政府支持金融科技发展情况的研究表明，印度政府通过促进出口导向的信息科技产业发展、建设数字基础设施和营造有利的监管环境等手段促进金融科技产业发展，这种促进作用将新德里和班加罗尔打造成了印度国内新兴的金融中心，而孟买的地位遭受到了严重的威胁。

但是丹尼尔·哈贝里等（Haberly *et al.*，2019）有不同的看法。他们研究了数字资产管理平台的兴起，认为这些平台主要是一些领先金融科技公司凭借在研发方面的比较优势开发出来的科技。这些企业本就在金融中心城市，因此，这些科技会深化现有的金融中心格局，而不是在其他城市产生新的金融科技产业集群。这些实证研究不同的结论再次反映了地理学视角的重要性。当研究对象和研究情景不同时，得出的研究结论很有可能不同。前文提到的斯特凡诺斯·约安努和达雷什·沃奇克（Ioannou and Wójcik，2022）针对巴西、墨西哥、阿根廷的研究得到了类似的结论。他们发现三国金融科技的发展对促进普惠金融的作用很小，主要原因是这些企业往往选择在已有的金融中心城市发展，反而促使金融业务空间集中化。特丽·弗里德莱恩（Terri Friedline）和同事的几篇文章（Friedline *et al.*，2020；Friedline and Chen，2021）研究了美国国内低收入和少数族裔等弱势群体集中的社区的金融科技普及率，结果发现这些社区的普及率明显低于其他社区，金融科技并未很好地改善金融排斥的状况。

小 结

虽然金融生态在金融地理学中的应用目前仍较为有限，但其发展前景较好。金融生态这一概念充分展现了金融地理学作为一门交叉学科的特征，也很好地反映出经济地理学各类转向的精髓。和“演化”“系统”相似，“生态”是生物学或自然科学中产生的概念，概念本身就蕴含特定的视角：主体间复杂交互形成一个稳定的小范围环境，各个环境之间相互独立、不尽相同却又有千丝万缕的联系，共同组成更高一级的复杂生态。这一视角应用在研究金融地理学问题时具有得天独厚的优势：强调情景的重要性、空间差异性、跨尺度主体间关系等（Leyshon，2020）。

更重要的是，金融生态是金融地理学者提出的专门用于研究金融地理学问题的（交叉）概念，是金融地理学的理论产物。绝大多数文章、书籍或其他形式的研究产出只是借用了其他领域的概念和方法研究金融地理学问题，并未借机提出实实在在的理论创新。金融生态比这些研究更进一步，而这一步所具备的附加理论价值是非常大的，直接加强了金融地理学作为一门单独学科的理论基础，也很大程度上缓解了金融地理学长期被人诟病“没有自己理论基础”的状况。

因此，本书建议，对金融地理学感兴趣的读者不妨在合适的情况下尽量运用金融生态作为理论视角和研究方法来分析合适的问题。尽管很多问题可以应用金融生态，但也可以不用，如前文提到的蔡万祥等（Cai *et al.*，2024）的研究。他们应用了金融生态，但大多数研究众筹基金跨区域流动和地理距离、社会网络之间关系的文章很可能不会应用金融生态作为理论基础。事实的确如此，这个研究问题完全可以不应用金融生态。学者单纯借用社会网络研究的一些视角乃至不用任何视角都可以成功将文章发表。研究方法的选择完全取决于研究者。但本书建议各位读者、研究人员尝试应用乃至提出基于金融地理学本身的方法和视角。金融地理学的学科发展需要从事相关研究的人员有学科认同感、归属感和成就感。拥有自己的理论视角是获得这些情感的一大基础，也是学科蓬勃发展的一大保障。

关于金融地理学研究的文化经济学视角，相比于其他视角，如政治经济学视角、关系视角、跨尺度视角、治理/管理视角等来说，其应用程度相对有限，但同样不妨碍其广阔的发展前景。金融地理学乃至经济地理学、人文地理学的核心研究对象一直是“人和环境”，但随着“人和环境”的研究已经非常成熟甚至“拥挤”，已经很难再有突破性的理论创新。加之科技快速发展，以文化经济学视角为主的科技研究会在今后金融地理学的发展中占据重要的地位。届时，文化经济学视角会与其他视角更好地相互结合以更加深入地解决重要的问题，促进金融地理学科的进一步发展。

参考文献

[1] Amin, A., N. Thrift, 1994. *Living in the Global*. Oxford, UK: Oxford University Press.

[2] Appleyard, L., 2011. Community Development Finance Institutions (CDFIs): Geographies of Financial Inclusion in the US and UK. *Geoforum*, Vol. 42, No. 2, pp. 250-258.

[3] Arner, D. W., J. Barberis, R. P. Buckley, 2015. The Evolution of Fintech: A New Post-Crisis Paradigm. *Georgetown Journal of International Law*, Vol. 47, No. 4, pp. 1271-1320.

[4] Beaverstock, J. V., S. Hall, T. Wainwright, 2013. Servicing the Super-Rich: New Financial Elites and the Rise of the Private Wealth Management Retail Ecology. *Regional Studies*, Vol. 47, No. 6, pp. 834-849.

[5] Bhagat, A., L. Roderick, 2020. Banking on Refugees: Racialized Expropriation in the Fintech Era. *Environment and Planning A: Economy and Space*, Vol. 52, No. 8, pp. 1498-1515.

[6] Boamah, E. F., N. S. Murshid, 2019. “Techno-Market Fix”? Decoding Wealth through Mobile Money in the Global South. *Geoforum*, Vol. 106, pp. 253-262.

[7] Boamah, E. F., N. S. Murshid, M. G. Mozumder, 2021. A Network Understanding of FinTech (in) Capabilities in the Global South. *Applied Geography*, Vol. 135, 102538.

[8] Budish, E., P. Cramton, J. Shim, 2015. The High-Frequency Trading Arms Race: Frequent Batch Auctions as a Market Design Response. *The Quarterly Journal of Economics*, Vol. 130, No. 4, pp. 1547-1621.

[9] Cai, W., F. Polzin, E. Stam, 2024. Mitigating Local Bias in Equity Crowdfunding: A Financial Ecology Perspective. *Journal of Economic Geography*, Vol. 24, No. 4, pp. 549-565.

[10] Callon, M., 2007. *What Does It Mean to Say That Economics is Performative?* Princeton, NJ: Princeton University Press.

[11] Callon, M., F. Muniesa, 2005. Peripheral Vision Economic Markets as Calculative Collective Devices. *Organization Studies*, Vol. 26, No. 8, pp. 1229-1250.

[12] Cetina, K. K., U. Brügger, 2002. Global Microstructures: The Virtual Societies of Financial Markets. *American Journal of Sociology*, Vol. 107, No. 4, pp. 905-950.

[13] Clark, G. L., N. Thrift, 2005. *The Return of Bureaucracy: Managing Dispersed Knowledge in Global Finance*. Oxford: Oxford University Press.

[14] Coppock, S., 2013. The Everyday Geographies of Financialisation: Impacts, Subjects and Alternatives. *Cambridge Journal of Regions, Economy and Society*, Vol. 6, No. 3, pp. 479-500.

[15] Burton, D., 2020. Digital Debt Collection and Ecologies of Consumer Overindebtedness. *Economic Geography*, Vol. 96, No. 3, pp. 244-265.

[16] Dodd, N., 1994. *The Sociology of Money: Econimics, Reason and Contemporary Society*. Cambridge, UK: Polity Press.

[17] Dodd, N., 1995. *The Sociology of Money: Questions of Risk and Trust*. Sociology and the Limits of Economics Conference. Liverpool: University of Liverpool.

[18] Drasch, B. J., A. Schweizer, N. Urbach, 2018. Integrating the "Troublemakers": A Taxonomy for Cooperation between Banks and Fintechs. *Journal of Economics and Business*, Vol. 100, pp. 26-42.

[19] French, S., A. Leyshon, P. Signoretta, 2008. "All Gone Now": The Material, Discursive and Political Erasure of Bank and Building Society Branches in Britain. *Antipode*, Vol. 40, No. 1, pp. 79-101.

[20] Friedline, T., S. Naraharisetti, A. Weaver, 2020. Digital Redlining: Poor Rural Communities' access to FinTech and Implications for Financial Inclusion. *Journal of Poverty*, Vol. 24, No. 5-6, pp. 517-541.

[21] Friedline, T., Z. Chen, 2021. Digital Redlining and the Fintech Marketplace: Evidence from US Zip Codes. *Journal of Consumer Affairs*, Vol. 55, No. 2, pp. 366-388.

[22] Gazel, M., A. Schwienbacher, 2021. Entrepreneurial FinTech Clusters. *Small Business Economics*, Vol. 57, pp. 883-903.

[23] Gomber, P., J. A. Koch, M. Siering, 2017. Digital Finance and FinTech: Current Research and Future Research Directions. *Journal of Business Economics*, Vol. 87, pp. 537-580.

[24] Green, W. N., 2022. Financing Agrarian Change: Geographies of Credit and Debt in the Global South. *Progress in Human Geography*, Vol. 46, No. 3, pp. 849-869.

[25] Haberly, D. *et al*., 2019. Asset Management as a Digital Platform Industry: A Global Financial Network Perspective. *Geoforum*, Vol. 106, pp. 167-181.

[26] Haddad, C., L. Hornuf, 2019. The Emergence of the Global Fintech Market: Economic and Technological Determinants. *Small Business Economics*, Vol. 53, No. 1, pp. 81-105.

[27] Hall, P. A., D. W. Soskice, 2001. *Varieties of Capitalism: The Institutional Foundations of Comparative Advantage*. Oxford, UK: Oxford University Press.

[28] Hall, S., 2006. What Counts? Exploring the Production of Quantitative Financial Narratives in London's Corporate Finance Industry. *Journal of Economic Geography*, Vol. 6, No. 5, pp. 661-678.

[29] Hall, S., 2011. Geographies of Money and Finance Ⅰ: Cultural Economy, Politics and Place.

Progress in Human Geography, Vol. 35, No. 2, pp. 234-245.

[30] Hall, S., 2012. Geographies of Money and Finance Ⅱ: Financialization and Financial Subjects. *Progress in Human Geography*, Vol. 36, No. 3, pp. 403-411.

[31] Hall, S., 2013. Geographies of Money and Finance Ⅲ: Financial Circuits and the "Real Economy". *Progress in Human Geography*, Vol. 37, No. 2, pp. 285-292.

[32] Hendrikse, R., M. van Meeteren, D. Bassens, 2020. Strategic Coupling between Finance, Technology and the State: Cultivating a FinTech Ecosystem for Incumbent Finance. *Environment and Planning A: Economy and Space*, Vol. 52, No. 8, pp. 1516-1538.

[33] Hess, M., 2004. "Spatial" Relationships? Towards a Reconceptualization of Embedded Ness. *Progress in Human Geography*, Vol. 28, No. 2, pp. 165-186.

[34] Ioannou, S., D. Wójcik, 2022. The Limits to FinTech Unveiled by the Financial Geography of Latin America. *Geoforum*, Vol. 128, pp. 57-67.

[35] Jiao, Z., M. S. Shahid, N. Mirza *et al*., 2021. Should the Fourth Industrial Revolution be Widespread or Confined Geographically? A Country-Level Analysis of FinTech Economies. *Technological Forecasting and Social Change*, Vol. 163, 120442.

[36] Lagna, A., M. N. Ravishankar, 2022. Making the World a Better Place with FinTech Research. *Information Systems Journal*, Vol. 32, No. 1, pp. 61-102.

[37] Lai, K. P., 2013. The Lehman Minibonds Crisis and Financialisation of Investor Subjects in Singapore. *Area*, Vol. 45, No. 3, pp. 273-282.

[38] Lai, K. P., 2016. Financial Advisors, Financial Ecologies and the Variegated Financialisation of Everyday Investors. *Transactions of the Institute of British Geographers*, Vol. 41, No. 1, pp. 27-40.

[39] Lai, K. P., M. Samers, 2021. Towards an Economic Geography of FinTech. *Progress in Human Geography*, Vol. 45, No. 4, pp. 720-739.

[40] Laidroo, L., M. Avarmaa, 2020. The Role of Location in FinTech Formation. *Entrepreneurship & Regional Development*, Vol. 32, No. 7-8, pp. 555-572.

[41] Langley, P., A. Leyshon, 2017. Capitalizing on the Crowd: The Monetary and Financial Ecologies of Crowdfunding. *Environment and Planning A: Economy and Space*, Vol. 49, No. 5, pp. 1019-1039.

[42] Langley, P., A. Leyshon, 2021. The Platform Political Economy of FinTech: Reintermediation, Consolidation and Capitalisation. *New Political Economy*, Vol. 26, No. 3, pp. 376-388.

[43] Leinweber, D. J., 2009. *Nerds on Wall Street: Math, Machines and Wired Markets*. John Wiley and Sons.

[44] Leyshon, A., 2020. Financial Ecosystems and Ecologies. In Knox-Hayes, J., Wójcik, D. (eds.), *The Routledge Handbook of Financial Geography*. London: Routledge, pp. 122-141.

[45] Leyshon, A. *et al*., 2004. Towards an Ecology of Retail Financial Services: Understanding the Persistence of Door-to-Door Credit and Insurance Providers. *Environment and Planning*

A: Economy and Space, Vol. 36, No. 4, pp. 625-645.
[46] Leyshon, A. *et al*., 2006. Walking with Moneylenders: The Ecology of the UK Home-Collected Credit Industry. *Urban Studies*, Vol. 43, No. 1, pp. 161-186.
[47] MacKenzie, D. A., 2003. An Equation and Its Worlds Bricolage, Exemplars, Disunity and Performativity in Financial Economics. *Social Studies of Science*, Vol. 33, No. 6, pp. 831-868.
[48] MacKenzie, D. A., 2006. An Engine, Not a Camera: How Financial Models Shape Markets. *Technology & Culture*, Vol. 48, No. 4, pp. 906-907.
[49] MacKenzie, D. A., 2007. The Material Production of Virtuality: Innovation, Cultural Geography and Facticity in Derivatives Markets. *Economy and Society*, Vol. 36, No. 3, pp. 355-376.
[50] Migozzi, J., M. Urban, D. Wójcik, 2023. "You Should Do What India Does": FinTech Ecosystems in India Reshaping the Geography of Finance. *Geoforum*, Vol. 151, 103720.
[51] Moon, S. *et al*., 2016. Cultural and Economic Impacts on Global Cultural Products: Evidence from US Movies. *Journal of International Marketing*, Vol. 24, No. 3, pp. 78-97.
[52] Neary, M., G. Taylor, 1995. *Money Changes Everything! Crime, Probation and the Limits of Sociology*. Liverpool.
[53] Pryke, M., P. Du Gay, 2007. Take an Issue: Cultural Economy and Finance. *Economy and Society*, Vol. 36, No. 3, pp. 339-354.
[54] Sangwan, V., P. Prakash, S. Singh, 2020. Financial Technology: A Review of Extant Literature. *Studies in Economics and Finance*, Vol. 37, No. 1, pp. 71-88.
[55] Sohns, F., D. Wójcik, 2020. The Impact of Brexit on London's Entrepreneurial Ecosystem: The Case of the FinTech Industry. *Environment and Planning A: Economy and Space*, Vol. 52, No. 8, pp. 1539-1559.
[56] Thrift, N., 1994. *On the Social and Cultural Determinants of International Financial Centers: The Case of the City of London*. Oxford, UK: Basil Blackwell.
[57] Thrift, N., 1996. *Spatial Formations*. London: Sage.
[58] Tickell, A., 2003. Cultures of Money. In K. Anderson, S. Pile, N. Thrift, *The Handbook of Cultural Geography*. London: Sage Publications, pp. 116-130.
[59] Tse, J., X. Lin, D. Vincent, 2012. *High Frequency Trading — Measurement, Detection and Response*. Zürich: Credit Suisse.
[60] Walker, P. A., 2005. Political Ecology: Where is the Ecology? *Progress in Human Geography*, Vol. 29, No. 1, pp. 73-82.
[61] Wójcik, D., 2021a. Financial Geography Ⅰ: Exploring FinTech — Maps and Concepts. *Progress in Human Geography*, Vol. 45, No. 23, pp. 566-576.
[62] Wójcik, D., 2021b. Financial Geography Ⅱ: The Impacts of FinTech — Financial Sector and Centres, Regulation and Stability, Inclusion and Governance. *Progress in Human Geography*, Vol. 45, No. 4, pp. 878-889.

[63] Wójcik, D., T. Cojoianu, 2018. Conclusions: A Global Overview from a Geographical Perspective. In Y. Cassis, D. Wójcik, *International Financial Centres after the Global Financial Crisis and Brexit*. Oxford: Oxford University Press, pp. 207-231.

[64] Zaloom, C., 2006. *Out of the Pits: Traders and Technology from Chicago to London.* Chicago, IL: University of Chicago Press.

[65] Zelizer, V., 1994. *The Social Meaning of Money: Pin Money, Paychecks, Poor Relief and Other Currencies*. New York, NY: Basic Books.

[66] Zook, M. A., J. Blankenship, 2018. New Spaces of Disruption? The Failures of Bitcoin and the Rhetorical Power of Algorithmic Governance. *Geoforum*, Vol. 96, pp. 248-255.

第八章　中国金融地理研究

中国情景是金融地理学者关注的热点之一。这种现象在 21 世纪以后尤其明显。一方面，由于政治经济体制不同，基于西方城市或国家提出的观点在中国往往不适用，这就为从理论角度拓展现有观点提供了可能性。在学科飞速发展、理论创新难度很大的背景下，“中国特色”成为寻求理论突破的着力点之一。另一方面，中国学术研究发展迅速，大量中国本土学者或在海外工作生活的华人学者产出了大量研究中国金融地理学的文章。文章涵盖的内容越来越广、质量越来越高，在本领域顶级学术期刊发表学术文章或出版著作的数量越来越多。“金融地理全球研究网络”（Global Network on Financial Geography，FinGeo）是由包括达雷什・沃奇克、黎碧瑶、大卫・巴森斯等在内的知名金融地理学者领衔成立的学术组织。[①]中国知名金融地理学者、北京师范大学潘峰华教授是推动该组织成立的创始成员之一，并担任中国地区大使。包括潘峰华、达雷什・沃奇克、黎碧瑶等在内的组织成员的研究都以中国为主或涉及中国情景。2019 年，该组织选择在北京师范大学举办第一次 FinGeo 全球大会。大会吸引了 120 余名来自全球各地的学者，并获得了区域研究协会（Regional Studies Association）、英国经济与社会研究协会（Economic & Social Research Council）、《环境与规划 A：经济与空间》（*Environment and Planning A：Economy and Space*）、《地区发展和政策》（*Area Development and Policy*）等知名学术机构和期刊的资助。

中国的金融地理学研究可以认为是兴起于 21 世纪初。一方面，中国和华人学者追踪国际金融地理学研究热点，针对中国内部情况展开相同或相似的研究。另一方面，政策对学术研究影响明显。中央政府制定的金融相关政策（如推进

① https://www.fingeo.net/.

银行业改革、打造金融中心、推进普惠金融、推进金融科技发展等）会激发一系列相关研究。国内金融地理学研究领军人物、河南大学李小建教授在21世纪头十年的中期，即中国金融地理学起步发展阶段提出了一些研究方向，具体为：①情景对金融地理的影响，主要研究中国金融体制改革、区域发展的巨大差异、中国加入世贸组织带来的变化和中国民众接受新技术的滞后性等方面；②全球化对区域金融系统的影响，主要研究外资与跨国银行进入中国后给区域金融发展带来的机遇和挑战以及外来银行的地方嵌入性；③行政格局与金融体系，主要研究中国各级地方政府对金融发展的干预；④金融系统与区域发展，主要研究区域内不同金融主体形成的网络对区域经济发展的影响；⑤金融企业地理，主要研究金融企业主体的区位演化特征和发展影响因素等（李小建，2006）。这些方面强调将金融地理学的研究同中国经济转型时期政府与市场相互协调的政治经济背景以及地区社会文化的嵌入性相结合，突出这些因素与金融业发展的相互作用。这些方面对接下去的研究产生了深远的影响。

尽管中国金融地理学呈现出一片欣欣向荣的景象，但其相比于国际金融地理学的研究仍有差距。具体表现为中国金融地理学鲜有“创新性”或“引领性”的研究，普遍情况是国际金融地理学的研究视角、话题、方法直接应用在中国情景。但最近情况有显著改善，如上文提到的，部分学者尝试基于“中国故事”对西方理论提出挑战。本章接下来基于中文文献和英文文献并结合“追踪国际进展”和“政策响应”两种研究模式总结中国金融地理学研究进展。

第一节　金融中心研究

针对中国金融中心的研究大部分聚焦在北京、上海、深圳和香港四个金融中心城市（Schenk，2002；赵晓斌、王坦，2006；Zhao *et al.*，2011；Karreman and van der Knaap，2012；Zhao，2013）。北京和上海是中国内地重要的金融中心城市，发挥市场功能的同时往往也兼具中央或地方政府的政策诉求。北京作为中国的首都，具有强大的信息优势，更多地承担着总部功能（Zhao *et al.*，2004）。上海则凭借雄厚的服务业基础和区位优势成为中国内地、东亚乃至国际金融服务中心城市（Wang，2005）。深圳凭借沿海与毗邻香港的区位优势成为中国对外开放的首批经济特区，进而积累了雄厚的金融实力（Meyer，2016）。香港对于中国来说更多地履行离岸金融中心的职能。由于上海股票交易所对上市企业有诸多监管和披露要求，众多大型国有和私有企业选择在香港上市以获取税收等诸多方面的优惠（Zhao，2003）。

实证研究方面，有学者研究了北京、上海、深圳三个城市竞争成为国际金融中心城市的过程，并强调政府在其中起到的作用，认为北京最主要的优势是通过拥有大量国企总部而对中国国内外市场持有实际的控制权；上海的优势则是多样化的金融市场和扶持政策使其能够吸引大量的外资入驻，但相比北京则缺少对国家经济的话语权；深圳与北京、上海相比在经济力量上差距明显，但是国家的优先发展政策与其沿海和邻近香港的区位优势令其金融业总额不输前两者（Chen and Chen，2015）。黎碧瑶（Lai，2012）研究了上海、北京和深圳三个金融中心城市的相互关系，认为三个城市在竞争的同时更多地承担着一种互补的角色，大型外资银行往往把办事处和投资部门设在北京，而分公司和商业部门设在上海，资金业务则在毗邻深圳的香港，因为北京具有总部集聚和信息优势，上海具有更雄厚的金融服务业基础，香港则具有相比中国内地监管和制度体系更加成熟的金融业运营环境。她将香港称为离岸金融中心，上海是商业金融中心，北京是政治金融中心。潘峰华等（Pan *et al.*，2018）以高级生产者服务业相互合作为企业提供上市服务的数据研究了中国内地的金融中心网络，结果发现，北京、深圳和上海是网络中的重要枢纽。北京和深圳两个城市的合作最多，影响力最大。他们认为政治因素是影响网络形态的主要原因，大型国企总部和监管政策制定者所在地是重要节点。

尽管大部分学者都强调了北京、上海和香港的金融能力，部分学者对中国金融中心城市的“国际化”程度提出了质疑。阿宁迪亚·巴塔查亚（Anindya Bhattacharya）认为，中国政府提出在2020年将上海打造为能够匹敌纽约和伦敦的国际金融中心是不现实的（Bhattacharya，2011）。主要原因包括中国金融市场的自由化程度很低（政府干预强）、制度不健全、金融系统运行不够透明、市场金融（证券业各类主体）发展程度低等方面。在2020年左右，上海仍然主要服务中国企业。尽管规模巨大，但其国际化程度无法与伦敦和纽约相提并论。这篇文章发表在2011年，实践证明，其结论较为合理。刨除新冠疫情的影响，上海作为金融中心的国际化程度，如针对外国企业提供的服务规模，的确无法与伦敦、纽约乃至香港、新加坡和部分欧洲其他金融中心城市相比。王晓阳（Wang，2019）对上海的分析也得到了相似的结果：尽管上海在中央和上海市政府的极力推动下取得了瞩目的成就，其国际影响力仍远不及伦敦和纽约。

也有学者关注更多的金融中心城市，对中国金融中心的体系特征进行了研究（孙剑、苗建军，2006；艾洪德、武志，2007；冯邦彦、谭裕华，2007；茹乐峰等，2014；王艳华等，2020）。程婧瑶等（2013）基于信息优势理论，采用2000 年、2005 年、2010 年 331 个地级市相关数据，通过重力模型对中国金融中心体系进行识别，确定了上海、北京、广州、重庆 4 个国家区域性金融中心，青岛、成都等 27 个省级金融中心，并将这些金融中心按照空间分布分成南北两个体系（图 8–1）。他们从金融规模、腹地范围、体系结构和发展趋势对两个体系进行了比较，认为南部体系发展状况优于北部体系。赵金丽等（Zhao *et al.*，2018）研究了中国国家和区域尺度金融中心城市，认为国家级金融中心为北京、上海和深圳；在区域尺度，东部地区的广州、南京、福州和杭州，东北地区的大连和长春，中部地区的武汉，西部地区的西安、成都和重庆，是区域级金融中心城市。诸多省份意欲打造自己的金融中心城市，因此，这些城市在定位上多有重叠，并且没有明确的分工和规划，导致一定程度上的资源错配和浪费。

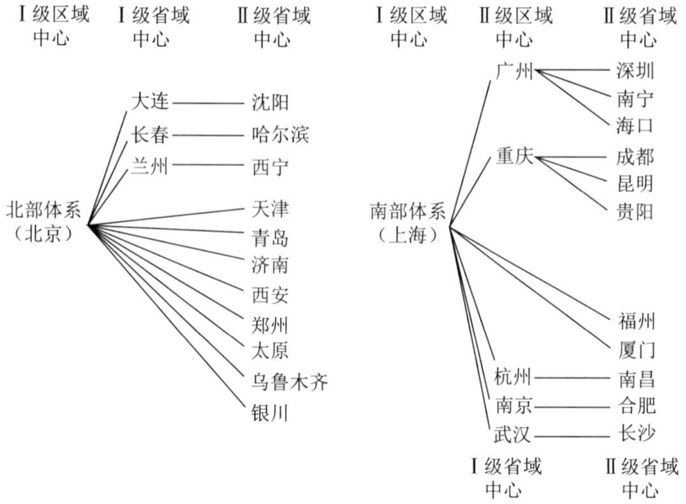

图 8–1　2010 年南北两大区域金融中心体系节点及相互联系

资料来源：程婧瑶等（2013）。

第二节 金融主体研究

大多数学者认为，直到现在为止，中国的金融市场在很大程度上仍然是“基于银行的”（bank-based）（宋清华，2001；吴晓求等，2005；Shi，2023）。这个词和“基于市场的”（market-based）形成对比。前者表明商业银行主导金融市场，市场发展程度有限；后者则表示证券业主体主导市场，市场较为发达和高效。中国的金融市场主要受银行业主导，包括国有商业银行、全国性股份制商业银行、外资商业银行等；然后是各类证券业主体，包括证券公司、保险公司、风险投资、商业基金等。

在介绍各主体之前，本书首先介绍部分不区分机构类型的针对中国国内金融机构空间分布特征的研究。这类研究大多分析金融活动的集聚分布及其背后的影响因素。需要说明的是，金融地理学者只是研究该话题的一小部分，大量经济金融学者应用空间经济金融理论和复杂的计量模型研究了该话题。本书只列举部分金融、经济和人文地理学者所做的和发表在国内外知名地理学期刊的研究（司月芳等，2008；王修华、黄明，2009；刘辉等，2013；方芳、李长治，2020）。有学者基于2004年中国经济普查数据研究了包括银行、保险和其他类别的海外金融服务机构在中国的空间分布特征，发现中国的海外金融机构显著集中在沿海城市，而影响金融机构分布的因素主要包括城市经济水平、参与全球市场的程度以及通信基础设施水平（Chen *et al.*，2014）。林彰平和闫小培（2007）基于广州市普查数据识别出各类金融机构的微观集聚地段有4个，包括越秀区沿江西路和长堤大马路，人民北路、解放北路、东风西路和流花路之间特定地段，东山区环市东地段，天河区天河北地段。进一步地，他们研究了天河北地段金融机构的空间分布，发现各类金融机构主要集中在交通干道两侧并多围绕银行分布。但该地段内金融机构总体集聚程度不高，且同行业之间交往的程度不深。潘峰华等（Pan *et al.*，2020）分析了北京金融服务业集聚分布的情况。他们定位出两个集聚中心：西城区金融街主要是银行和证券企业，朝阳区中央商务区主要是风险投资和保险企业。政策对这两个集聚中心的形成和运转起到了关键性作用。赵金丽等（2019）研究了银行、保险和证券三类金融企业集聚分布特征，发现京津冀、长三角和珠三角是三类金融企业集中分布的节点区域，北京、上海和深圳是各自区域中的节点城市。保险业的地理集中度始终维持在较高水平，银行业地理集中度水平逐渐下降，证券业的地理集中度水平一直相对较低（表 8–1）。

表 8–1　北京、上海、深圳各类金融行业地理集中度

	1995 年			2005 年			2015 年		
	银行	保险	证券	银行	保险	证券	银行	保险	证券
北京	56.25	33.33	10.00	50.00	40.00	9.62	27.08	42.00	14.00
上海	12.50	33.33	18.00	8.33	32.00	13.46	8.33	26.00	14.00
深圳	12.50	16.67	16.00	8.33	12.00	11.54	6.25	12.00	14.00
总计	81.25	83.33	44.00	66.67	84.00	34.62	44.67	80.00	42.00

资料来源：赵金丽等（2019）。

最后，有学者研究了金融集聚分布带来的各种影响。相类似地，该话题是空间经济学、区域经济学的热点话题之一。大量实证研究应用空间计量模型等方法分析了金融集聚对城市经济增长、产业转型升级、企业生产率、技术创新等方面的影响。这些实证研究的作者极有可能不认为自己从事金融地理学研究，他们也并不一定是经济金融学者，规划、管理乃至统计、数学等学者都开展过上述研究。但这些研究的确可以归入本学科内。限于篇幅，本书不再一一列举，只简单介绍近年来由于“生态文明”政策的推行而兴起的热点研究话题：金融集聚对环保事业方面的影响（Qu *et al.*，2020；Qian *et al.*，2022；Yan *et al.*，2022）。例如，基于长三角城市群，研究金融产业集群是否促进地方环保产业发展。结果发现答案是肯定的，但这种促进作用只存在于本城市。相反，金融集聚对邻近城市的环保产业发展有负面影响。主要原因是这种促进作用呈现空间极化效应。环保科技创新可以调节这种极化作用，从而将促进效应提升到区域层面（Wen *et al.*，2023）。谢锐等（Xie *et al.*，2021）基于全国城市层面金融集聚对“环保全要素生产力”的影响的研究得到了相类似的结果：金融集聚对本城市生产力促进作用明显，但对周边城市的生产力却有明显的抑制作用。除金融集聚外，工业基础设施、国外直接投资和人力资本对生产力有显著促进作用，但是城镇基础设施的促进作用不明显。

一、银行业

银行业是中国金融市场最重要的金融主体，其持有的金融资产占中国金融市场总资产的 90%以上，其余任何类型金融机构的规模都无法与之相提并论。中国的银行业自改革开放以来历经长时间的改革，到 21 世纪 20 年代，银行业主要包括中央银行（中国人民银行）、政策性银行（国家开发银行、中国进出口银行、中国农业发展银行）和各类商业银行。中央银行和政策性银行主要是政府的政策工具，用于确保宏观经济平稳运行，而商业银行则致力于依据市场原则创造收益，更贴近私有金融机构。本小节主要介绍商业银行。

贺灿飞和刘浩（2013）系统性梳理了中国银行业的改革。简要来说，目前中国商业银行的结构可以分为几个部分。占据主导地位的是大型国有商业银行，包括中国银行、中国工商银行、中国建设银行、中国农业银行、中国邮政储蓄银行和交通银行。其中，前四家是国有独资银行，所有的股东都是中央政府部门或国有企业，控股大股东为财政部或国务院成立的中央汇金公司。后两家银行中央政府部门和企业占有绝大多数股份，剩余股份由私有/民营企业持有。这六家银行实行垂直结构管理，总部设置在北京，每个省份设置一个省级分行，每个地级市设置一个分行，随后在全国各省市县设置网点。目前这六家银行在全国有接近 20 万家网点，是当之无愧的行业龙头。根据英国《银行家》杂志按照所持一级资本总额对全世界银行做出的排名，2023 年上述四家国有独资银行占据全世界前四名的位置。[①]其中，第一名为中国工商银行（近 5 000 亿美元），第四名中国银行持有的一级资本为 3 400 亿美元，领先第五位的美国摩根大通银行近 1 000 亿美元。

随后是城市商业银行和农村商业银行。两者的前身分别为城市信用社和农村信用社。每一个省份和实力较强的城市（副省级、省会和地级市）都设立了对应的城市商业银行和农村商业银行。根据国家金融监督管理总局发布的数据，截至 2022 年底，全国共有 124 家城市商业银行、1 605 家农村商业银行。[②]顾名

---

① https://www.ifabchina.com/news/inner/7419.

② https://www.cbirc.gov.cn/branch/view/pages/common/ItemDetail.html?docId=1100762& itemId=863.

思义，两者主要面向所在城市的城镇和农村地区开展金融业务。其持股大股东一般为所在地方政府的财政部门，剩余股东包括地方（和全国各地）国有企业、民营企业、外资企业等。由于农村集体所有制的性质，仍有 547 家农村信用社保留。介于合作社和商业银行之间的农村合作银行（结合了股份制和会员制的运营模式）为特定农村金融服务。农村合作银行较少，截至 2022 年底全国仅有 22 家农村合作银行。

再往下一级是村镇银行。村镇银行是专门面向农村地区提供金融服务的小型商业银行。国家金融监督管理总局要求村镇银行需要有一家符合监管规范、业绩较好的商业银行作为发起人且持有一定比例的股份，剩余股份由境内外企业法人持有。截至 2022 年底，全国有 1 644 家村镇银行。

除此之外，银行系统还包括 12 家全国性股份制商业银行。通常情况下，它们并不算作国有商业银行，但实际上，其中 11 家银行的第一大股东是中央企业、某地地方政府财政部门或国有企业。这些银行在全国发展较好的城市开设网点，运营模式相比于上述各类银行更加贴近市场原则，以利益最大化为宗旨。

最后是外资银行。截至 2022 年底，共有 40 家外资银行在中国成立股份有限公司并开展金融业务。这些银行主要来自发达国家，包括西欧、北美、东南亚、大洋洲等地区。其在中国境内的分支机构数量较少，主要在发达城市，以北京、上海、香港、深圳等为主，面向在华外籍人士和中国人开展国际金融服务。

在大致了解了中国银行业结构后可以发现，中央和地方政府作为第一大股东对商业银行的行为影响深远。这是中国金融市场与国际金融市场的最显著区别。总体来说，在改革开放之前，银行主要是政府的政策工具，为各类政策目标提供资金支持。银行的运营并不以盈利为目的。改革开放之后，中央政府大力推进银行业改革，要求商业银行按照市场化原则运行，以创造利润为目的，从而提高效率。尽管如此，政府仍然是商业银行的第一大股东，其政策目的仍会深刻影响商业银行的行为。相比于私有金融机构来说，国有商业银行的效率仍然较低，有时银行需要牺牲利润甚至经受亏损以实现政策目标（王聪、邹朋飞，2004；姚树洁等，2004）。典型例子如商业银行近乎无条件贷款给地方政府和国有企业，而后者常常无力偿还贷款，导致银行不良贷款率迅速上升（王兵、朱宁，2011；黄大禹等，2022）。

根据以上特征，金融地理学者们主要研究了商业银行的区位及其演化。学者们常常会强调市场与政府的双重作用，市场会驱动银行遵循利益最大化原则而行动，政府则更多以社会公平和利益为指导通过政策工具影响银行行为（Yeung，2009）。杨国勇等（Yeung *et al.*，2011）研究了中国工商银行和中国银行 2001—2009 年在地级市开设及关闭网点的情况，发现这两家银行倾向于将不发达地市的网点关闭或合并以缩减开支和提高效率。但是，政府出于政治和社会稳定的考虑，会要求银行在不发达地区保留最低限度的网点数以提供金融服务。国际金融地理学中金融机构倾向于将金融业务集中化的观点在中国并不适用。陈东和樊杰（Chen and Fan，2011）构建评价模型分析了中国银行业地理格局，结果表明，市场因素驱动银行业遵循利益最大化原则而集聚分布在经济发达地区，政府则扮演着一种稳定者的角色，阻碍过分集聚现象发生从而导致地区发展差距过大。但也有研究指出，商业银行的分布更多地体现了利益最大化原则。贺灿飞和刘浩（2013）以中国工商银行与中国银行为例分析了金融改革对国有银行空间布局策略的影响，结果发现，不同网点的地理分布在股份制改革后均发生了较大的变化，基础网点数量减少且更加接近主要客户群体，支行数量不断增加且更加集中在经济发展较好的地区，两类网点均呈现分布集中化趋势。

外资银行受到政府的干预较小，因此，影响其选址的因素和上述银行有较大不同。贺灿飞以及傅蓉（He and Fu，2008）研究了中国 32 个城市内 279 个外资银行网点的分布特征，结果发现，市场潜力、银行采取的“跟随客户”战略（选址在距离客户更近的地点从而降低运营风险和建立起完善的客户商业网络）、在金融中心城市（如北京和上海）的辐射范围之内、对银行业发展有利的监管环境以及对外（国际贸易和外国企业）开放程度是主要影响因素。他们的另外一篇文章（贺灿飞、傅蓉，2009）发现外资银行所有权优势、内部化优势和中国城市的区位优势，尤其是制度优势和银行业规模经济优势，共同影响外资银行分支机构在中国的区位选择。贺灿飞和杨国勇（He and Yeung，2011）研究了不同规模及类型的外资银行在中国的区位分布特征，发现在中国银监会（国家金融监督管理总局前身）实行了对银行业放松管制的政策以后，外资银行不再局限于银行业基础较好的城市。小型外资银行实行“跟随客户”战略，大型外资银行则倾向于实行“跟随竞争者”战略，与主要竞争对手选址在一起而形成集聚分布。大型外资银行也会按照城市比较优势的不同而设置不同类型的机构，如将总部设在北京以获取重要信息、营业分支机构设在上海以获得最大的市场份额等（表 8–2）。

表 8–2　1998—2006 年外资银行金融中国的空间模式　　单位：个

城市	总数	1980	1981	1982	1983	1984	1985	1986	1987	1988	1989	1990	1991	1992	1993
北京	117	1√	4√	3√	3√	2√	3√	3√	1√		2√	4√	2√	3√	4√
上海	193								1√	1√		1×	8×	2√2×	4√5×
天津	21													2×	6×
沈阳	7														1√
大连	14						1√	1√							2×
青岛	10													2×	
烟台	2														
南京	4													1×	
苏州	10														
无锡	2														
南通	1							1√							
杭州	5										1√				
宁波	3														1√1×
福州	7													1√3×	
厦门	20						1√3×	3×			1×	1√1×	1√1×		1×
广州	45					2√								3×	3×
深圳	46		1×	1×			1√2×	2×	2×	1×		1×			6×
珠海	6					1×			1×					1×	1×
汕头	4												1×	2×	
东莞	3														
海口	1									1×					
哈尔滨	1														
武汉	5														
昆明	2														
重庆	6														
成都	9														
西安	3														

续表

城市	1994	1995	1996	1997	1998	1999	2000	2001	2002	2003	2004	2005	2006
北京	2√	3√4×	3√4×	6√3×	2√2×	8√2×		1√1×	5√	2√3×	4√2×	4√6×	5√9×
上海	7√5×	8√4×	4√6×	1√6×	3√7×	4√2×	3√1×	4√2×	6√	5√9×	14√7×	19√15×	9√18×
天津	3×	3√3×	1√	1×		1×				1×		2×	2×
沈阳			1√								1×	1√1×	1√1×
大连	2×	1√1×	2×	1√								1√	2×
青岛	1×		1√1×							1×	1×	1×	2×
烟台													2×
南京			1√					1×		1×			
苏州			1√	1×					2√		1√	1√1×	1√2×
无锡													2×
南通													
杭州											1×	1√1×	1×
宁波	1×												
福州	1√						1×						1×
厦门				1×							2×		1√3×
广州	2√5×	1√1×	1√	1√1×	1×	1√1×		1√	1√1×		2√2×	4√4×	1√6×
深圳		1√1×	1×	1×	1×	1×			1√	1√	6×	1√6×	1√7×
珠海		1×										1√	
汕头		1×											
东莞											1√	1√	1×
海口													
哈尔滨													1√
武汉		2√	1√1×	1×									
昆明		1√	1×										
重庆		1√		1×						1×		2×	1×
成都		1√	1√1×								1×	3×	2×
西安							1×						2×

注：√——代表处；×——总部办公室、分支机构或次一级网点。
资料来源：贺灿飞和杨国勇（He and Yeung，2011）。

二、证券业

中国的证券业市场相比于国际市场在产品种类、市场规模、制度完善程度等诸多方面都有明显差距。部分学者倾向于基于证券业整体数据分析不同证券主体的时空间分布特征。例如，田霖和金雪军（2004）基于2002年中国省份层面的相关数据评价了不同省份证券市场投资的发展潜力，将全国省份分成七个"梯队"，各区域证券市场投资潜力主要与该地经济实力有关，且随时间呈现等级扩散趋势。

在为数不多的证券产品中，股票产品和股票交易所是学者们的热点研究对象。学者们重点研究了企业在中国境内上市的区位特征。尽管全国各地均有企业上市，但不同地方的企业具有不同特征，也有不同表现。宋玉等（2012）发现位于东部地区的企业在上市后更容易吸引投资者购买其股票。此外，由于投资者获取信息的能力有限，地理邻近性对投资者投资决策非常重要。投资者倾向于购买办公地距离自己更近的上市公司发行的股票。王菊仙等（2016）有相似的结论。他们发现证券分析师的预测准确度随着其与上市企业注册地地理距离的增加而降低。黄瑜琴等（Huang *et al.*，2016）基于中国股票市场信息数据研究了投资者偏好，发现股民倾向于投资本地企业而非外地企业，这种偏好在落后地区、大型企业、股票换手率低且名称能够反映公司属地的情况下更为明显。

中国境内的股票交易所包括北京证券交易所、上海证券交易所、深圳证券交易所、香港证券交易所和台湾证券交易所。每个交易所有不同的侧重，如上海证券交易所主要针对国有企业和科创板企业提供上市平台，深圳证券交易所主要针对中小型企业和创业企业，北京证券交易所则主要针对服务创新型中小企业等（新三板创新层和基础层）。另外，在企业披露、开户门槛、跌停限定等诸多方面，各个交易所的要求也不尽相同。这一系列不同的要求引申出了许多研究。例如，巴斯·卡雷曼（Bas Karreman）和伯特·范德克纳普（Bert van der Knaap）研究了中国内地和香港的股票市场特征，发现小型地方企业主要在上交所和深交所上市，而大型跨国企业主要在港交所上市（Karreman and van der Knaap，2009）。这种差别主要是信息披露和上市要求的不同所致，小型地方企业往往难以承担在港交所上市的成本。在深交所或上交所上市的企业与在港交所上市的企业在行业上有很强的互补性。深交所或上交所上市的企业多为传统工业企业，如煤炭业企业等，港交所上市的企业更贴近高新技术行业，如金融和通信业企业等。

约翰内斯·佩特里（Johannes Petry）针对中国内地的证券交易所和金融资本市场发表了一系列高引文章（Petry，2020，2021a，2021b；Petry *et al.*，2023）。这些文章的主要观点相类似：认为中国的证券交易所是政府用来管理金融市场的主要工具之一，与世界上其他大型证券交易所，如伦敦证券交易所和纽约证券交易所有显著不同的特征。简单来说，国际证券交易所是金融自由化的象征：资本自由流动，政府几乎不加干预。而中国的证券交易所是政府管理金融市场的工具：提升资本流动程度，但要在可控的范围内，不能引起过高的金融风险。因此，一些交易速度过快以致政府很难监管的金融交易方式无法在中国使用，交易所内没有投机性过强或杠杆率过高的金融衍生物，过热的金融产品可能随时被监管者叫停，上市企业必须遵守更严格的有关交易行为的规定，等等。与此同时，中国政府也会出于政治因素的考虑对国外资本做出限制，如国外企业必须设立中国分支机构，这些分支机构必须遵守中国金融监管政策及法律，以易于政府管控。

最后，也有学者研究了证券业的影响与作用。李伟民和王晓阳（Li and Wang，2020）研究了设立在北京的证券业企业，包括证券、期货和基金管理企业对京津冀城市群发展的推动作用。他们强调理论上金融服务对城市群发展的重要作用，案例结果却发现，虽然北京有强大的证券业市场，但其针对河北展开的业务很少。因此，金融服务未能很好地促进京津冀城市群的发展。该结果同时也揭示了地理邻近性不一定能够促成金融业务（表 8–3）。相比之下，他们的另

表 8–3　中国三大证券中心　　单位：个

	证券企业数量	期货企业数量	基金管理企业数量	上市企业数量
上海	25	31	49	1 450
深圳	20	16	26	2 134
北京	21	19	23	10 691
全国总计	131	149	113	—

注：证券、期货和基金管理企业数量截至 2017 年；上市企业数量截至 2018 年。

资料来源：李伟民和王晓阳（Li and Wang，2020）。

一篇文章（Li and Wang，2019）指出上海证券交易所提供的证券业服务很好地促进了长三角城市群经济一体化的发展，这种发展反过来进一步巩固了上海作为全国金融中心领军者的地位。

三、风险投资业

风险投资企业在中国出现较晚，因此，针对风险投资的研究是中国金融地理学近年来的新兴领域。学者们重点研究了风险投资（企业或交易行为）的区位特征及其影响因素（黄福广等，2014；汪明峰等，2014；龙玉等，2017；Du *et al.*，2024）。张军（Zhang，2011）认为风险投资在中国出现是美国和其他发达经济体的企业国际化行为的结果。基于风险投资数据，他发现风险投资在中国呈现集聚分布特征，上海、北京和深圳是主要的集聚地区。这种空间格局形成的原因包括空间邻近效应（即投资者与投资对象的地理邻近性，被投资企业大多分布在这几个城市）、投资联合效应（即不同风险投资企业拥有同一个投资对象）和中国独特制度环境下的区域间企业网络（上述城市之间由于政治经济联系而相互投资，即城市间网络；风险投资企业在上述城市开设办公地，即企业间网络）。潘峰华等（Pan *et al.*，2016）通过网络分析方法研究了中国风险投资企业的空间分布特征，表明北京、深圳、上海是中国风险投资企业和活动的集聚中心。尽管长三角地区企业吸引了最多的风险投资，但是北京、深圳拥有更多的风险投资企业和风险投资支持的上市企业，且由风险投资企业和相关企业构成的网络也更加完善（表 8–4）。吴康敏等（Wu *et al.*，2022）研究了粤港澳大湾区内的风险投资交易网络，发现风险投资交易在大湾区内部形成一个复杂的网络，广州、深圳、香港是网络的重要节点城市，当地企业吸收了大量的风险投资资本。风险投资倾向于投向制造业、互联网、金融业、文化媒体、医疗健康五大产业。影响这种网络形成的主要因素包括风险投资企业与投资对象的多维邻近性（地理、文化、制度等）、城市发展水平、金融制度的完善程度以及已有风险投资市场的规模（即路径依赖）。黄英等（Huang *et al.*，2023）发现在中国地理距离和制度距离的增加会显著抑制风险投资行为。风险投资企业和投资对象之间的相互信任和关系网络可以减轻地理距离带来的负面影响，但却会加重制度距离带来的负面影响。

表 8-4 北京、上海、深圳风险投资企业投资量和对象城市对比 单位：个

	北京	上海	深圳
1	北京（70）	北京（25）	深圳（86）
2	深圳（24）	上海（20）	北京（34）
3	上海（11）	深圳（13）	广州（12）
4	广州（11）	郑州（7）	上海（10）
5	杭州（10）	武汉（7）	长沙（9）
6	武汉（8）	泰州（10）	自贡（5）
7	苏州（8）	杭州（7）	郑州（5）
8	长沙（8）	成都（7）	无锡（5）
9	福州（7）	苏州（6）	苏州（5）
10	成都（6）	无锡（5）	汕头（5）
	其他城市（119）	其他城市（87）	其他城市（95）

资料来源：潘峰华等（Pan *et al.*，2016）。

政府对风险投资也有显著影响。风险投资同样是政府用来实现政策目的的工具之一，尤其是产业政策。政府经常通过国有风险投资企业或者通过与私有金融投资者合作的方式将风险投资资本引入战略性新兴产业，以支持国家产业发展政策（Xu，2023）。刘志阳和陈智琦（Liu and Chen，2014）认为风险投资企业与各级政府之间的亲密程度对其投资效益有显著影响。与此同时，风险投资企业的投资效益非常依赖企业网络。企业在网络中的位置是影响其投资效益的关键因素。另外，中国地方区域文化和习俗、中国市场和制度独特性会影响风险投资企业的投资效益。

学者们也关注了风险投资企业对投资对象的影响（Humphery-Jenner and Suchard，2013）。郭迪和姜坤（Guo and Jiang，2013）基于 1998—2007 年中国风险投资数据，发现有风险投资支持的企业表现得比其余企业更好，主要体现在盈利能力、劳动生产率、销售额增长和研发投入方面。外国风险投资的促进效果比本土风险投资更好。风险投资企业联盟支持的企业（多家风险投资企业投资同一企业）表现更好。潘峰华和杨博飞（Pan and Yang，2019）基于 5 000 余家中国创业企业数据，发现风险投资对于创业企业有非常重要的扶植作用，且这种作用主要集中在北京、上海和深圳。

四、主权财富基金

中国的主权财富基金凭借其在国际舞台上的活跃表现而成为国际金融地理学关注的重点对象（Thomas and Chen，2011；Lenihan，2014）。相关研究可以总结为以下几个方面。

中国主权财富基金持有外汇的规模在全世界处于领先水平。截至 2023 年底，中国外汇储备规模为 32 380 亿美元，远远领先于其他国家。[①]外汇储备中很大一部分是美国财政债券（约 8 000 亿美元）。由于美国处于国际金融系统的主导地位，美元是全球金融系统的通用结算货币，因此，美元价值相比于其他货币最为稳定。持有大量美国财政债券可以在国内金融系统动荡、人民币价值出现波动时保证政府拥有价值稳定的金融资产，从而起到稳定国内市场的作用（Steinberg，2014；Dixon，2017）。中国外汇储备在 2010 年代以来便保持相对稳定在 3 万亿美元的水平，受外界因素的影响较小，但其组成结构在一定范围内持续调整，主要受到全球政治、经济和金融市场的影响。例如，2010 年代中后期，唐纳德·特朗普上台成为美国总统后，中美关系呈现动荡的态势，加之美国国内经济受新冠疫情冲击较大，中国正逐步减持美国财政债券而增持其他国家政府债券。与此同时，为进一步增强经济韧性，中国也在逐步稳定增加黄金储备。

相比于中国通过主权财富基金持有大量外汇，学者们更感兴趣的是这些企业在国际舞台上的行为。在中央政府推行共建“一带一路”倡议之后，主权财富基金、商业银行等金融机构、大型国有建筑企业等在国际舞台上愈发活跃，积极在“一带一路”共建国家投资各类产业，投资或承建基础设施项目，或发放援助建设贷款等。值得一提的是，中国科学院地理科学与资源研究所刘卫东针对共建“一带一路”倡议发表了一系列高引文章（如 Liu and Dunford，2016；Liu *et al.*，2020；Liu，2021；Liu and Yao，2021；刘卫东，2015；刘卫东等，2018），对解析该倡议很有帮助。学者们主要从盈利和政治目的两个方面来分析中国主权财富基金的上述行为。

---

① https://baijiahao.baidu.com/s?id=1787413653126060541&wfr=spider&for=pc.

一方面，中国主权财富基金按照市场原则行事，以创造尽可能多的利润为宗旨。这里的“利润”可以是针对企业本身来说的，也可以是针对其股东——中国政府——来说的。针对企业来说，参与投资的企业本身需要注意回报率、风险评估等方面（Hong，2011）。如中国企业会将直接投资更换成与当地企业合作的“EPC”模式（工程设计、物资采购、施工建造相结合，承包方受业主委托，全程负责工程管理和执行，并对质量、安全和进度负责）或“EPC+F”模式（承包商承担工程的全过程，同时也会通过股权投资、委托贷款或其他金融工具帮助项目业主筹集工程资金），以期降低投资无法获得预期回报的风险（Liu and Dixon，2022）。

当涉及股东利益最大化时，这个利益可以从经济角度考量。但政府的经济目标永远无法与政治目标完全隔离开来。例如，丹尼尔·哈贝里（Haberly，2011）研究了中国主权财富基金的典型代表——中国投资有限责任公司（China Investment Corporation，CIC）入股澳大利亚第三大铁矿石生产企业福特斯库金属集团（Fortescue Metals Group）的案例。福特斯库集团是中国进口铁矿石最主要的来源之一。中国投资有限责任公司这次入股的主要目的并不是企业收益最大化，而是意在下调福特斯库集团出口铁矿石到中国市场的价格，从而降低国内相关产业的运营成本，提高产业利润。这个案例可以说明中国主权财富基金和其背后的中国政府还是从经济利益的角度出发进行投资，但产业利润提高使得中国经济实力进一步增强，其带来的效益不会局限在经济领域，而是会有深远的政治意义。毕竟，一个国家的政治影响力大多来源于经济实力。另外一篇针对中国投资有限责任公司在西欧国家投资的文章表明，在中国推行共建“一带一路”倡议后，其在“一带一路”沿线的西欧国家积极开展投资（尤其是基础设施相关投资），以促进中国企业生产的产品和服务可以沿着中欧铁路出口到这些国家（Liu and Dixon，2022）。相类似地，中国投资有限责任公司的这类行为帮助国内企业增长，进而促进中国经济发展。与此同时，共建“一带一路”倡议在国际舞台上的重要性日益提高，更多国家和中国建立了贸易联系，深化了政治友谊，提升了中国的国际影响力。

另一方面，学者们强调了中国的主权财富基金是中国政府提升全球政治影响力的工具，创造利润只是这一目的的附带产物：企业仍然致力于盈利，但能够（为企业和背后的中国政府）创造多少利润乃至是否能够创造利润和收回投资成本都是次要的。

综合来说，中国的主权财富基金的投资行为和其他国有企业一样，需要平衡企业创收和政府政策目标（Sun *et al.*，2014；Dixon，2019；Liu and Dixon，2021；衣长军、胡婷婷，2014）（表 8–5）。只不过主权财富基金体量比一般国有企业更大，企业管理者的级别更高，其承担的政治（政策）任务直接来自顶层政策制定者，其活跃的地点是更广阔的国际舞台，需要在陌生的环境下开展业务。

表 8–5 中国国有资本跨国投资的两种形式

	国际扩张动因	成功模式	政府资本运行模式	时空间特征
机构投资者在全球金融市场投资	国内储蓄盈余、在国际资本市场投资以获利	金融中介凭借自身专业知识和关系网络寻找优质资产、投资者独立的决策能力	国有金融中介，如主权财富基金、政府引导基金、国有投资银行等	集中在发达国家市场
银行主导的基于债务融资的公共基础设施项目	实现与全球价值链的战略耦合、中国劳动力在国际层面的流动性增强、为中国货物和服务开拓新的生产与消费市场	政府部门和国有企业等国有机构干预并扮演重要角色、开拓市场、开发资产、筹集资金、促成项目、响应国家战略	国有机构，如发展改革委、财政部、政策性银行、大型国有企业等	集中在发展中国家市场、“一带一路”共建国家等

资料来源：刘和迪克逊（Liu and Dixon，2022）。

有学者认为，这种“高级别”也给这些企业带来了更多的不确定性。维克多 • 施（Victor Shih）认为中国投资有限责任公司很难创建长期稳定的收益流和贯彻平稳的国际政策目标，主要是因为各届政府领导不同的政策方向会让该企业频繁更改企业行为准则，进而降低了企业效率（Shih，2009）。莎拉 •伊顿（Sarah Eaton）和张明（Eaton and Zhang，2010）认为中国投资有限责任公司其实是政府内部不同部门利益博弈的产物。该企业和另外一个政府机构中国国家外汇管理局代表了中央政府不同部门的利益，两者常常在高风险投资领域竞争，进而降低了中国主权财富基金的整体盈利能力。

五、金融和商业服务业

针对中国金融和商业服务业的研究数量不少，主要是因为金融和商业服务业不仅局限在金融服务，也包括其他方面，如销售、广告等。学者们多数时候会将“生产者服务业”这类包含金融在内的综合服务业作为研究对象，而并不会将金融相关服务单独分割出来。因此，关注各类制造业和服务业的经济地理学者的相关研究也可以归入到该话题下。

但以中国为背景的研究关注点较为单一，主要集中在企业分布及其影响因素分析（Han and Qin，2009；Yi *et al.*，2011；Yang and Yeh，2013；Ke *et al.*，2014；Wang *et al.*，2016）。林初昇等（Lin *et al.*，2012）分析了“信息和咨询服务业”（information and consulting services，ICS）在国内的分布情况，发现北京和广州是该行业企业集聚分布的两个重要节点。这些企业选择这两个城市的原因不同。北京距离中央政府较近，有利于及时获得行业相关政策信息。与此同时，中央政府各个机构和下属国有企业为该行业提供了庞大的客户群体。这也导致与政府联系紧密的企业往往表现更好。广州距离政策制定者很远，企业选择该城市主要是受到全球市场的影响。较为完善的市场制度、较多的外资企业和国际投资都是吸引该行业企业入驻的主要原因。赵渺希等（Zhao *et al.*，2015）分析了城市层面生产者服务业企业形成的网络，结果发现，北京、上海、广州和深圳是网络中重要的四个节点，集聚了大量的生产者服务业企业。银行、保险和证券服务业企业分布相比于非金融生产者服务业企业更加均匀。沿海集聚和中西部省份大力发展省会城市是造成空间分布不均的主要原因。因此，网络形态是（全球）市场和地方政府政策双重作用下的产物。甄峰等（Zhen *et al.*，2013）认为生产者服务业网络是反映城市间网络的重要指标，城市间网络联系程度的强弱取决于城市在生产者服务业企业网络中的位置（即城市间生产者服务业企业联系强弱）。研究样本中的 64 个城市可以分为国家级中心城市、区域级中心城市、次区域级中心城市和地方中心城市。京津冀、珠三角和长三角是网络中最重要的三个节点。叶嘉安等（Yeh *et al.*，2015）以生产者服务业企业内分支机构的联系和企业间联系衡量了珠三角地区城市间连通程度，认为生产者服务业的快速发展是珠三角内部城市联系越来越强的主要原因之一，尤其是针对不同方面的生产者服务业企业之间的联系成为城市间联系的主要渠道。潘峰华等（Pan *et al.*，2017）研究了依托高级生产者服务业和客户企业之间的企业网络而形成的中国城市网络，发现北京、上海和深圳是城市网络中重要的三个战略节点（表 8–6）。该网络的主要影响因素包括中国政府政策环境和全球市场发展趋势。袁丰等（Yuan *et al.*，2017）研究了制造业生产者服务业及其服务的制造业企业协同分布现象。他们选择南京作为研究区域，研究数据取自 2001 年和 2008 年两次普查数据，结果发现，在制造业企业普遍迁移到郊区的情况下，生产者服务业从城市中心向郊区扩散的过程要慢很多。在研究后期，两者逐渐在江宁新城和浦口新城协同选址。影响两者选址的因素主要是协同分布带来的规模效应和日益上涨的城镇土地价格。

表 8–6　2004—2014 年高级生产者服务业服务总量排名前 10 位城市　单位：次

城市	高级生产者服务业服务总量	证券业服务总量	法律服务业服务总量	会计服务业服务总量
北京	1 549	231	748	570
深圳	714	515	88	111
上海	578	179	195	204
杭州	222	4	68	150
南京	128	35	41	52
广州	113	10	49	54
珠海	81	77	1	3
合肥	73	29	31	13
福州	59	28	16	15
成都	58	33	3	22

注：“服务总量”（service value）是本文作者定义的一个指标，含义为一个城市提供高级生产者服务业业务的次数。

资料来源：潘峰华等（Pan *et al.*，2017）。

也有少数学者研究了金融和商业服务业产生的影响，集中在服务对象企业的表现和对环境方面的影响（Liu *et al.*，2023）。杨帆等（Yang *et al.*，2018）研究了生产者服务业对制造业企业表现的影响，发现生产者服务业企业可以提升制造业企业的生产率。与此同时，这种促进作用不局限在制造业企业所在城市，而是具有溢出效应，可延伸至经济区域层面。谢锐等（Xie *et al.*，2019）认为一个城市内部的生产者服务业形成的专业化集群可以促进该城市企业“环保全要素生产率”（green total factor productivity）。相对应地，如果形成的是多样化集群，该促进效应可以扩散到邻近城市。

第三节 金融化研究

以中国为背景的金融化研究是近年来国际金融地理学者关注的热点，不同的家庭文化和政治经济体制让中国各尺度金融化现象与西方发达资本主义国家有明显不同，也就为提出不同的理论观点提供了可能性。本小节接下来依据不同空间和主体尺度介绍中国金融化研究。

一、个人与家庭尺度

中国个人与家庭尺度的金融化研究和西方最大的不同之处在于，中国家庭整体倾向于储蓄而非借债以超前消费，整体金融素养较低，思想保守，厌恶投资可能带来的金融风险。

首先，中国普通民众大多喜欢存钱而非花钱。自 19 世纪开始直到 21 世纪，中国绝大多数普通民众的生活十分贫困，收入只够甚至不够解决家庭成员的温饱问题。因此，当生活富裕起来的时候，大多数人会倾向将剩余资产储存起来以备不时之需，而非冒险投资，以免重温难以维系温饱的日子。这也是 2008 年全球金融危机和 2020 年新冠疫情对中国普通家庭冲击较小的原因之一。大多数家庭都有一定存款以支撑家庭成员无法领取工资的日子。相比之下，西方各国绝大多数普通家庭不能承受无法按时领取工资的生活，因为其存款数额很小且大多都有负债，需要工资以维持正常生活。

其次，中国家庭金融素养普遍较低。这与前文提到的中国金融市场相比于西方发达资本主义国家的金融市场在金融主体、产品、科技等方面仍相差较大紧密相关。大多数民众对活期、定期储蓄以外的金融服务知之甚少。即使近年来不同金融主体推出了很多金融产品，但相关的宣传教育工作并不到位。民众也不喜欢大部分产品“不能保障收回本金”的条款，进而不愿意具体了解相关产品的运行模式。

最后，尽管2010年代以来，全球化进程的进一步加深导致西方消费和投资文化不断影响中国年轻一代的观念，加之互联网平台提供多样的借款工具（蚂蚁花呗、京东白条等为典型代表）等，使得越来越多的中国年轻人开始借钱消费或投资，但这并未扭转中国大多数家庭，尤其是代表社会中坚力量的40—65岁群体的理财观念。上述负债的年轻人的父母大多都有足够的存款，而中国紧密的代际关系使得其很有可能帮助子女偿还债务。

尽管如此，并不能说中国不存在个人与家庭尺度的金融化。上述三点提及的只是较为普遍的现象，且在经济不发达的地区更为明显。改革开放，尤其是中国加入世界贸易组织融入全球金融市场以后，还是有相当一部分人热衷于金融投资，主要的方式是购买企业股票和银行提供的各类理财产品以及投资住房。也有相当一部分年轻人甚至中年群体因消费和投资背负大量债务无力偿还。接下来的内容介绍部分中国个人与家庭尺度金融化的研究。

有相当一部分研究分析了中国个人与家庭的金融素养，但很少有研究应用金融化的视角，大多是金融和管理学者基于本学科理论进行探讨。何艳娜和穆扎法容·阿胡诺夫（Muzaffarjon Ahunov）基于中国家庭金融调查问卷数据研究了中国民众的金融素养，发现整体水平偏低，与西方国家有较大差距（He and Ahunov，2022）。其中，中国家庭对于风险非常重视，并且金融素养低的人能够意识到自己缺乏金融知识。与此同时，女性、低收入群体和教育程度低的群体金融素养相比于其他群体更差。牛耕等（Niu *et al.*，2020）基于问卷数据研究了中国民众的金融素养，发现老年群体、女性群体和教育程度低的群体金融素养会更低。金融素养更高的群体会更好地制订长期金融计划为退休生活作准备，包括购买私人商业保险等。邹静和邓晓军（Zou and Deng，2019）发现金融素养更高的群体更容易进行金融投资，且这种效应存在区域差异，其在欠发达地区更加明显。但民众拥有的住房价值会调节这种促进作用，如果民众所拥有的住房价值更高，其参与金融投资的可能性会更小。

很少有学者应用金融化视角研究个人购买股票、银行理财产品和其他金融产品的行为，但住房投资是典型研究话题。如果说前两者在中国还不算普遍，那么出于投资的目的而买房为常见现象。这与中国民众对住房的偏爱紧密相关：相比于虚无缥缈、复杂多变的金融产品，房产“看得见、摸得着”，是更加安全的投资选择。吴缚龙等（Wu *et al.*，2020）在《美国地理学家联合会会刊》（*Annals of American Association of Geographers*）发表的一篇高引文章解释了中国的住房金融化现象。尽管主题是住房金融化，但这篇文章指出，在步入21世纪后中国土地、住房价格快速上涨的背景下，大量民众将住房视为最佳投资选项之一。一方面，民众会购入一套或多套住房用于出租，以获取稳定的租金收入。黄友琴等（Huang *et al.*，2021）研究中国民众将自己拥有的住房出租，自己再租住其他房产的现象。简单来说，一个家庭将自己拥有的位于发达城市中心地段的房屋以较高租金出租，而他们则在郊区乃至其他城市租房居住。租金之间的差异可以为其提供可观的收入。另一方面，民众会在主要城市购买房产用以出租或转手高价卖出。部分人甚至通过向银行等各类正式和非正式金融机构贷款、向亲朋好友借钱等方式购买房产开展投机行为。“炒房”这一名词就是用来形容有组织的一批人购入主要城市热点地段的新发楼盘随后再转手卖出的现象。由于这一批人往往购买多套房产，所以可以以优惠的价格购买。随后其通过各类宣发手段以真真假假的信息在短期内哄抬房价并迅速卖出（修丽娜等，2009）。

二、企业尺度

针对中国企业金融化的研究可以总结为三个方面：非金融企业金融化行为、影响非金融企业金融化的因素、非金融企业金融化产生的各类影响。

企业境外上市是典型的企业金融化行为。部分学者研究了企业上市地点的空间分布特征，如潘峰华和丹尼尔·布鲁克（Daniel Brooker）研究了中国企业境外上市选址的空间分布特征及其背后的影响机制，发现香港、纽约、新加坡和伦敦是中国大型企业境外上市的主要集聚地，德国、韩国、澳大利亚和加拿大近年来也吸引了越来越多的中国企业在当地上市（Pan and Brooker，2014）。影响企业境外上市选址的原因首先是政府政策。中国证监会通过政策和监管手段影响甚至决定企业境外上市选址。其次是部分企业由于空间邻近性效应选择在特定地点上市从而降低运营成本、获取溢出效应等。潘峰华和方成（Pan and Fang，2022）研究了中国企业在美国证券交易所上市的行为以探讨中国企业融入全球金融网络的过程。他们认为纽约和香港两个国际金融中心、开曼群岛和英属维尔京群岛两个离岸金融中心促成了中国企业到美国上市。在美国上市的企业主要是北京、上海和深圳的企业。这些节点城市是中国融入全球金融网络的重要渠道（表 8–7）。潘峰华等（Pan *et al.*，2020）以山东临沂当地领军企业在境外上市的行为研究了中国区域经济连入全球金融网络的过程。借助于离岸金融中心、境外证券交易所（主要在新加坡和香港）和国际金融中介（主要为高级生产者服务业），临沂的领军企业，包括视频、能源、生物等行业得到了在国际舞台上开展业务合作的机会。值得一提的是，临沂地方政府官员对推动当地企业境外上市起到了关键作用，主要表现为官员积极搭建金融中介与潜在企业之间的沟通桥梁。

表 8–7　中国企业境外上市空间分布重要节点城市　　单位：个

排名	金融和商业服务业	承销服务	法律服务	会计服务
1	纽约（9 163）	纽约（4 272）	纽约（748）	上海（236）
2	香港（3 637）	香港（1 577）	北京（670）	香港（155）
3	北京（2 383）	明尼阿波利斯（255）	开曼群岛（384）	北京（153）
4	上海（1 516）	圣路易斯（188）	香港（264）	纽约（99）
5	开曼群岛（902）	伦敦（181）	上海（190）	伦敦（19）
6	明尼阿波利斯（454）	柏林（180）	百慕大（162）	深圳（19）
7	百慕大（378）	博卡拉顿（161）	洛杉矶（78）	阿姆斯特丹（16）
8	伦敦（371）	旧金山（144）	英属维尔京群岛（75）	布雷亚（16）
9	洛杉矶（313）	多伦多（144）	芝加哥（55）	洛杉矶（15）
10	圣路易斯（272）	奥克兰（104）	华盛顿（40）	广州（8）

资料来源：潘峰华和方成（Pan and Fang，2022）。

过度依赖金融工具融资也是典型的企业金融化现象。一个典型例子即被曝巨额债务的中国恒大集团。根据恒大集团 2022 年度业绩公告，企业负债高达 2.44 万亿元。[①]恒大集团主要业务为房地产开发，在 2010 年代，恒大集团主要开发模式即是以企业信用、房地产开发预期收益、房屋预售款等为基础，通过各种金融工具大量借款以购买土地使用权，其间不断借新还旧，导致债务快速增长。当房价受政策、国际市场等各方面影响未能持续上升时，恒大集团

① https://baijiahao.baidu.com/s?id=1771683311590122892&wfr=spider&for=pc.

资金运转便出现极大问题。进一步地，企业前景受到质疑从而难以继续借款，进而无法偿还债务和利息，“高负债”运营模式面临崩溃（许丹丹、上官鸣，2022）。但即便如此，恒大集团近年给股东的分红却屡创新高，充分体现股东利益最大化原则。与之相对的则是全国各地恒大集团开发的楼盘停摆，无法保证顺利交房，产生了负面的社会影响（韩洪灵等，2022；王建勇、陈瑞琛，2022）。依赖金融工具融资在中国房地产企业中较为普遍，目前有很多房地产企业面临严峻的债务问题。但目前为止，较少有研究以企业金融化视角（乃至其他视角）探讨该问题。

影响企业金融化因素方面，部分学者强调了地方政府对企业上市行为的影响。鼓励企业上市是地方政府促进地方经济发展的重要手段之一。金爱华和卢艳（2014）分析了地方政府鼓励企业上市的具体行为，包括：①设立促进企业上市的政府机构或部门，如金融办公室、上市办公室等，由地方政府主要领导亲自协调企业上市事宜；②制定一系列优惠政策以降低企业上市的成本和风险，如税收优惠、用地优惠、上市奖励和上市过程费用减免补贴等；③为上市企业设置配套保障措施，如引入投资项目支持、优先申请扶植经费、优先发放贷款指标等。黎文靖等（2012）研究了地方政府如何干预当地企业上市过程，发现相比于买壳上市的企业，地方政府会给予直接上市企业更多的贷款资源和财政补贴并针对其实行更加优惠的税率。原因是直接上市的企业拥有更高的资产报酬率和投资水平，并创造更多的就业机会，更能促进地方经济发展。

除了政府直接干预之外，政策环境对企业金融化行为也有显著影响，或为促进，或为抑制。曹伟等（Cao *et al.*，2022）的研究发现，地方政府积极的产业政策会降低非金融企业运用金融工具的可能性，因为这些政策往往可以缓解企业运营的资金压力，企业也就不必通过高风险的金融方式获取融资。有学者研究了经济政策不确定性和企业金融化行为之间的关系，指出当不确定性在一定范围内时，其上升并不会直接促使企业开展金融资产投资，但经济政策不确定性提升会增加企业的运营风险，该风险会诱使企业投资金融资产。这些结果在市场化程度低的地区，企业是私有企业，面临较强融资约束时更明显（Zhao and Su，2022）。相类似地，有学者指出贸易政策不确定性提升会影响企业现金储备、企业价值和收益缺口等方面，促进企业金融化（Si *et al.*，2024）。

除政府政策外，市场因素和企业自身战略（投资策略和社会责任等）也会对企业金融化行为产生影响。例如，价格走高的房产市场会促进企业投资住房相关金融资产（Wang *et al.*，2023）；企业多元化经营策略会促进企业投资金融资产（Feng *et al.*，2022）；企业社会责任会促使企业投资金融资产，以此扩大资金来源并支持其履行社会责任（Zheng *et al.*，2024）；等等。

企业金融化会产生多种多样的影响，主要取决于学者的研究背景，其倾向于选择哪种方面进行研究。例如，学者们基于企业数据和计量模型发现企业金融化可能提升企业投资效率（Gong *et al.*，2023）、挤压固定资产投资空间（Jin *et al.*，2022）、挤压研发投资（Xu and Xuan，2021；Liu and He，2023）等。总体来说，学者们多关注企业金融化对企业长期发展的负面效应。

三、城市与区域尺度

中国在土地、住房和基础设施方面的金融化研究是学者们关注的重点话题，主要原因是其与西方对应金融化进程有一个显著不同的特征：政府在其中扮演主导角色。本小节接下来进行简要介绍。

1. 土地金融化

土地金融产品的属性在中国改革开放以后得到了充分的体现，甚至衍生出一支经典研究——“土地金融/财政”（land finance），即土地是地方政府财政收入的重要组成部分（Cao *et al.*，2008；Tao *et al.*，2010；Wu *et al.*，2015）。在中国，城镇土地所有权属于地方政府，其可以出让一定期限的土地使用权。一方面，政府主要通过低价出让土地给工业企业，鼓励其来当地建厂生产。这样不仅带动当地经济和就业发展，也可以为政府提供更多的税收。另一方面，市场对商业用地的需求越来越高，政府高价出让土地给不同类型的开发企业，用以修建住房、商业地产、办公地产等。商业用地出让金收入是21世纪初地方政府最主要的财政来源之一，而商业用地带来的经济收益也是带动当地经济发展的重要引擎。

如果说土地出让反映土地金融化存在争议，因为其并未应用复杂的金融技术，那么，土地作为抵押品则毫无争议地反映了土地金融化进程。吴缚龙（Wu，2022）解释了土地是如何作为抵押品帮助地方政府融资平台为城市建设项目融资的。首先，地方政府融资平台是地方政府成立的国有企业，专门为城市发展建设项目（大多为基础设施建设项目）融资并负责后续项目建设和基础设施运行。地方政府融资平台与城市发展建设投资公司（以下简称“城投公司”）其实是等同的。地方政府融资平台突出了城投公司的融资功能。中国银保监会（国家金融监督管理总局前身）在2010年代设置了地方政府融资平台名录，只有在名录内的城投公司才可以称为地方政府融资平台，不在名录内的城投公司不具备融资功能。为应对2008年全球金融危机，国务院在2008年10月底推出了4万亿经济刺激计划，要求地方政府于2010年底前在基础设施建设领域投资超2万亿元以应对金融危机的影响。为了完成目标，全国省、市、县地方政府成立了大量融资平台向银行借款以开展项目。由于数额巨大，地方政府将未出让的土地使用权作为抵押品注入融资平台，以便其成功申请银行贷款。抵押品价值是根据预估土地未来出让后能够获得的收益计算的（图8–2）。这种预估与前文提到的税收增额融资（Weber，2010）和基于未来50年收取的用户费用融资（Pryke and Allen，2019）有异曲同工之处，反映了金融化进程。

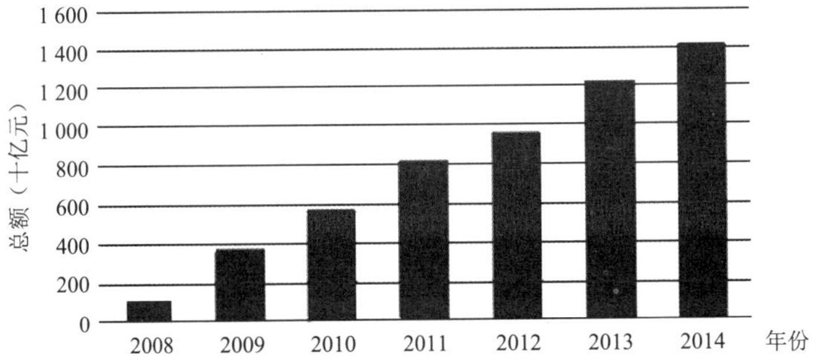

图8–2　2008—2014年中国84个城市土地抵押总额

资料来源：吴缚龙（Wu，2022）。

2. 住房金融化

中国的住房金融化与西方也有很大不同。中国的房产在很大程度上并未被跨国金融投资者占领，恰恰相反，中国民众是房产的主人。根据中国人民银行发布的数据，中国家庭住房拥有率在2023年达到96%。[①]这就为中国的住房金融化提供了不同的研究情景（Chen and Wu，2022；Miao，2022）。吴缚龙等（Wu *et al.*，2022）解释了这种不同，认为现有文献以西方发达资本主义国家为主要研究情景，住房金融化主要表现为庞大的按揭贷款规模和基于房产的金融衍生品占据金融市场很大份额。这种现象在中国并未发生。中国的住房市场同样反映金融化特征，但具体的表现形式是住房拥有者，即普通民众，在拥有一套住房用于居住后热衷于购买额外住房用于投资。他们认为住房是一种拥有稳定高收益的金融产品。这种看法不无道理。前文提到，土地出让是地方政府主要收入来源之一，其有动力维持土地较高的出让价格，也因此间接导致房价不会大幅下降。另外，在2008年全球金融危机之后，中国经济增长三驾马车之一的出口由于海外市场需求疲软而表现不佳，消费和投资成为主要的经济增长极。中国民众最大的消费支出即买房，而投资房地产建设会带动相关产业发展和就业，进而带动消费。从这个角度来看，政府有动力保证房价不会出现较大波动。

据此，部分学者研究了政府和市场在住房金融化中扮演的角色。林初昇等（Lin *et al.*，2019）认为政府主动将金融资源调入住房市场以应对全球金融危机带来的负面影响。但与此同时，金融资源在住房市场的过度积累以及部分主要城市过高的房价体现了资源错配并引发了过度的投机行为，破坏了金融和经济的稳定性。罗子昕等（Luo *et al.*，2024）研究了中国租赁住房金融化现象中政府与市场之间的关系，发现该过程基本受政府主导，由风险投资主导的“轻资产”（asset-light）运营模式转换到政府主导的“重资产”（asset-heavy）模式。政府主导租赁住房的金融化是为了实现其政策目标：满足部分群体的住房需求，主要是受教育程度较高的年轻一代创意阶层（creative class）。

当然，中国的住房市场并非完全被政府或民众所把控。由于快速上升的房价，在北京、上海、深圳等大城市打拼的年轻人往往无法承担购买乃至租赁住房。政府近年来也在鼓励民营企业开拓房屋出租市场以帮助解决住房难问题。

---

① 具体见 https://baijiahao.baidu.com/s?id=1792055311224095286&wfr=spider&for=pc。但“拥有”一词需要特别说明。前文提到，城镇土地归地方政府所有。一般来说，中国民众购买房产后可以获得永久的房屋所有权，但政府出让不同类型土地使用权时对应的年限也不同。居住用地一般是70年，当70年到期后可以自动续期，但目前并未明确披露相关费用计算方式和续期年限，且需要一事一议。

陈杰等（Chen *et al.*，2022）分析了近年来住房市场出现的专门经营“长期公寓租赁”（long-term apartment rental）的企业。这些企业买入废弃的商业地产并将其转换为专门用于出租的公寓。这些公寓的租期较长，主要针对在金融和互联网领域工作的年轻白领。租房者往往需要预交一定期限的租金，租金数额往往较大。在难以承担的情况下，这些企业会鼓励租客向金融机构借款。在拿到预交的租金后，这些企业可以进一步通过购买地产扩大业务规模，也可以进行其他金融投资（图 8–3）。

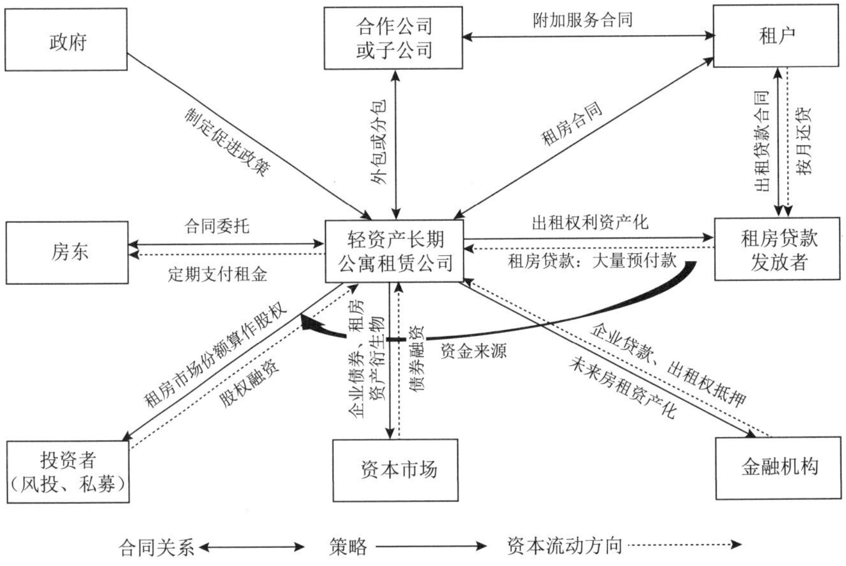

图 8–3　“轻资产”模式长期公寓租赁的金融化模式

资料来源：陈杰等（Chen *et al.*，2022）。

3. 基础设施/城市发展金融化

中国的基础设施，或更准确地说，基础设施建设项目、城市发展项目金融化进程基本受地方政府主导：地方政府设立项目，城投公司融资、建设项目并运行建成的基础设施。这再次与西方形成鲜明对比。西方推行的财政紧缩和市场化政策都是鼓励市场主导城市发展建设，而政府则在很大程度上退居幕后。说回中国，城投公司在该进程中扮演了非常重要的角色（He，2020；He *et al.*，2020；Zhang and Wu，2022），大量学者应用金融化视角对城投公司展开了研究。

潘峰华等（Pan *et al.*，2017）在《城市研究》（*Urban Studies*）上发表的有关城投公司的高引文章揭示了城投公司运用各类金融工具，如银行贷款、企业债券（也称城投债券）、信托产品、金融租赁、结构性票据等，从金融市场大量融资以开展城市发展项目的现象。冯怡等（Feng *et al.*，2022a，2022b，2023a，2023b）发表了一系列针对城投公司的研究，关注其融资模式、背后的政府意愿、中央政府和地方政府的关系等方面。姜炎鹏和保罗·威利（Jiang and Waley，2020，2022）分析了城投公司的融资行为对城市发展建设项目的深刻影响。吴缚龙（Wu，2023）将城投公司等地方政府应用金融工具的现象，描述为地方政府长久以来为城镇金融化进程“蒙上的一层阴影”（the long shadow of the state），用以突出城投公司在金融化进程中如何为实现政府的政策目标而努力，以及金融市场如何受到地方政府的深刻影响（图 8–4）。

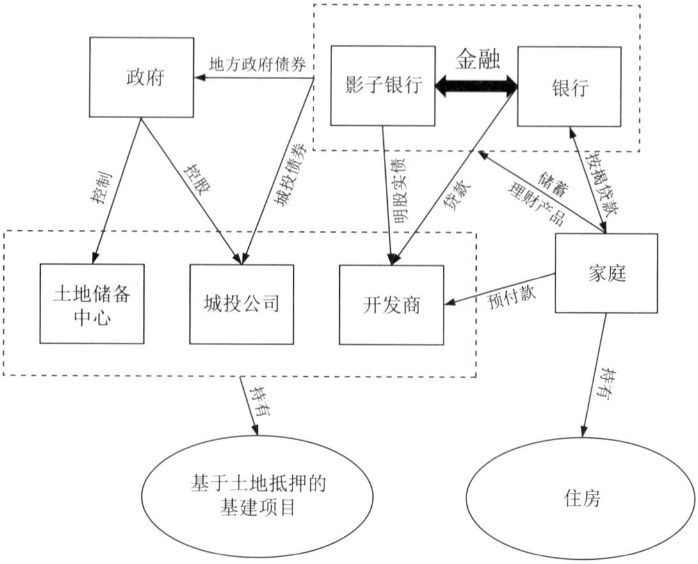

图 8–4　中国城镇发展金融化模式

资料来源：吴缚龙（Wu，2023）。

继城投公司之后，2015 年财政部大力推行地方政府债券作为地方政府为城市发展项目融资的新工具。省级政府可以为自己和代表辖区内的市县级政府发行地方政府债券，减轻对城投公司的依赖。李振发等（Li *et al.*，2022）研究了地方政府债券如何以预估建成基础设施的未来收益为项目融资，并揭示了中央、省级和地方政府在地方政府债券申请与发行过程中的相互关系。潘峰华等（Pan *et al.*，2021）分析了地方政府另外一种融资工具——地方政府产业引导基金——如何吸引社会投资以推进城市发展项目建设。

总结来说，相比于城投公司或地方政府应用金融工具的具体方式，学者们更关心其意愿和相互关系。因为主流的金融工具，如银行贷款、城投债券、地方政府债券等，运行原理相对简单。大部分学者会突出地方政府推动大量城市发展建设项目进而带动地方经济发展的意愿。这种意愿大多从地方官员的政治考虑来解释。在西方情景下，地方政府同样有推动经济发展的意愿，不同地方政府存在相互竞争的情况。学者们大多从城市企业家精神（urban entrepreneurialism）等方面解释，以大卫·哈维的观点为代表（Harvey，1989，2007）。但中国地方政府在经济发展领域相互竞争的现象是中国独特政治经济体制作用下的产物。首先，中国具有独特的政治体制，按照中央、省、市、县、乡镇五级政府体系架构。下级政府需要贯彻上级政府的政策并对其负责，上级政府领导对下级政府官员的任命拥有决定权。而上级领导考察下级官员的核心指标即该官员任期内其辖区的经济发展水平，辖区经济发展更好的官员往往更有可能得到升职，这种情况也称为"政绩锦标赛"（Li and Zhou，2005；周黎安，2007）。其次，中国在历经改革开放、建立社会主义市场经济体制、分税制改革以后，地方经济发展已经脱离了计划经济体制时期统分统配的状态，在很大程度上需要依靠地方政府自身筹措发展资金。尤其是分税制改革以后，地方政府面临更少的中央转移支付、更重的经济发展任务和更多的上缴税费（Oi，1992；Zhang，1999；Wong，2000；谢贞发、范子英，2015）。地方政府领导有非常强的动力来通过各种手段提高地区经济发展水平，从而为自己今后的晋升道路增添砝码。

因此，利用金融工具推进城市建设项目更多地是为了地方政府的政治目的。这反映了吴缚龙（Wu，2018，2020）基于中国情景提出的"政府企业家主义"（state entrepreneurialism），即中国政府会将市场当作实现政策目标的工具。政府可以如此行事很大程度上是凭借数量巨大且在各个经济领域都扮演重要角色的国有企业。在金融化进程中，城投公司和国有商业银行起到了极其关键的作用。因此，"政府企业家精神主导的金融化"（financialization under state entrepreneurialism）是解释中国城镇发展金融化的有力观点（Wu *et al.*，2022）。

这种金融化模式带来的影响就是地方政府债务迅速增长（Tsui，2011）。相比于经济增长指标，债务指标在地方官员的考核指标体系中显得并不重要。因此，即使城投公司和地方政府债券给地方政府带来了高额的债务，地方官员还是继续尽可能地借钱以推动经济发展。在2015年地方政府债券在全国范围内广泛应用之前，地方政府的债务大多来自城投公司。尽管城投公司为国有企业，其债务应该算作企业债务而非地方政府债务，但地方政府不仅以土地出让权作为抵押，还在很多时候为城投公司出具隐性担保，向投资人许诺会以财政收入或其他资金为城投公司偿还债务。因此，很多学者认为城投公司的债务也属于广义的地方政府债务，即“隐性地方政府债务”（Walker *et al.*，2021；Li *et al.*，2022；Liu *et al.*，2022）。在2015年全国各地方政府广泛应用地方政府债券后，地方政府的债务总量得到了较好的控制。国务院首先出台政策将城投公司债务和地方政府分割：地方政府统计截至2014年底其负有偿还责任的债务后，城投公司新增债务再与地方政府无任何联系，属企业债务。地方政府严禁提供任何形式的担保。另外，财政部出台政策，为地方政府债券设置了限额申请系统。每年年底，各地方政府需要向财政部提交下一年度地方政府债券发行额度申请。在审批限额的过程中，财政部的首要原则是将地方政府债务和地方财政能力相匹配。因此，在2015年之后的几年中，地方政府债务总额得到了较好的控制。但新冠疫情带来的冲击迫使财政部批准更大的限额，2022年地方政府债务总额超过地方政府财力，金融风险仍在不断积累（Li *et al.*，2024）。

四、政府尺度

前一小节提到，地方和中央政府在城市与区域尺度的金融化中扮演了重要角色。很多时候，政府都亲自参与到金融化进程之中，政府出让土地、发行债券和通过城投公司向金融市场融资等行为都显示了政府自身也处在金融化进程之中。但关键问题是，中国政府似乎都在用金融市场和金融工具实现自身的政策目的，包括地方官员晋升、促进经济发展、维护政治和社会稳定等。那么，中国政府是否也像大量西方发达资本主义国家的政府那样被金融逻辑主导了呢？大部分学者给出了否定的答案。吴缚龙（Wu，2023）认为，中国政府的治理模式的确反映出金融逻辑和使用金融方式的必要性，但并未被其主导。在2008年金融危机发生时，金融工具是应对危机、实现经济刺激计划的最好方式。而后来继续应用金融工具很大程度上是因为继续使用它们是缓解城投公司为实现刺激计划而造成的大量债务的最优选择。后来城投公司债务与地方政府债务分割、推广地方政府债券都表明政府一直以来都是“清醒”的，而且可以在其认为风险到达一定程度的时候给金融“降温”。李振发等（Li *et al.*，2022）有相似的观点，认为地方政府债券限额系统反映出中国政府推行该债券的主要目的之一是控制金融风险，将债务总额限于可控范围之内，而非继续放大杠杆、尽可能地融资。中国政府并未“迷失在金融逻辑之中”。冯怡等（Feng *et al.*，2023a，2023b）以上海的城投公司和土地储备中心在 2010 年代后期运行模式的改变为研究对象得出了相类似的结论。城投公司和土地储备中心的运行模式在推出地方政府债券、中央政府决心控制金融风险以后也发生了显著改变。总体来说，金融投资性在逐步下降，政府管控在逐渐加强，力求在发展的同时把控风险（图 8–5）。

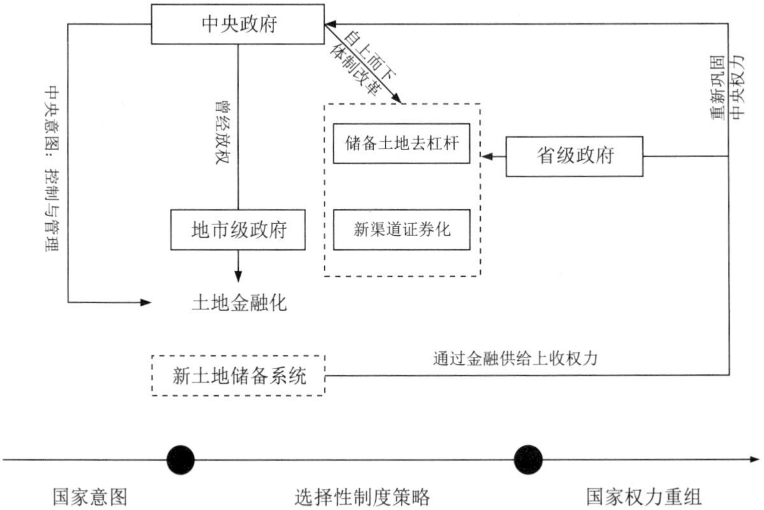

图 8–5　以土地储备中心为例解释中国“政府选择性金融化”模式

资料来源：冯怡等（Feng *et al.*，2023b）。

进一步地，这些行为不仅反映了政府将金融市场作为政策工具或政府“治国理政”的能力，也彰显了政府领导的去金融化进程。李振发等（Li *et al.*，2023）

认为地方政府债券的推行实际上反映了政府领导的去金融化进程。主要原因是，地方政府利用城投公司极力放大杠杆以尽可能融资的行为受到了很大的限制。地方政府债券的发行量和地方政府财政能力、债务水平紧密相关。即使地方政府想要发行更多的债券，与其他地方政府展开竞争，这种意愿也无法越过财政部匹配债务与财力的原则而对债券发行产生显著影响。除此之外，沈洁等（Shen *et al.*，2023）认为中国政府在住房领域同时推行金融化和去金融化。去金融化方面，政府将低收入群体和部分中等收入群体排除在金融化过程之外，即增大其购房和申请贷款的难度。另外，政府针对该群体设计“共享产权”（shared homeownership）制度，为其购房后用于投机设置障碍。

总结来说，无论是住房还是城镇建设，中国政府凭借自身充足的财力（得益于国有商业银行的鼎力支持）而无需依靠民营金融机构。因此，他们并不需要优先考虑金融市场的利益，而可以按照自身的意愿行事。据此，政府金融化在中国情景下需要特定的理解方式：中国政府的确非常依赖金融手段，但其并未被金融逻辑所主导。退一步讲，政府的确非常明白自己想要什么，但能否很好地实现其目的却有待观察。正如前文所提，尽管中央政府强调利用地方政府债券限额系统控制债务风险，但需要地方政府债券支持城镇建设投资以在新冠疫情后快速恢复经济发展却是不争的事实。实际上，在新冠疫情暴发之前，地方政府债券的发行量就已经在逐步逼近地方财政水平（Li *et al.*，2024）。这反映出我国目前经济增长手段较为有限，需要很大程度上依靠固定资产投资的实际情况。因此，财政部不得不打破国务院在 2015 年设下的地方政府债务与地方财力比值 100%的红线而批准更大的地方政府债券限额。地方政府债务的确是中国政府目前面临的一大难题。西方发达资本主义国家已经有很多地方政府濒临或宣告破产，如美国的底特律、英国的伯明翰等。这是对我国的一大警示：处理好地方政府债务的问题迫在眉睫。

五、国际化金融行为

前文提到的以中国投资有限责任公司为代表的中国主权财富基金、企业境外上市行为已经代表了很大一部分中国国际层面的金融行为。本小节介绍另一个在金融地理学中引起广泛关注的话题：人民币国际化（Renminbi internationalization)。简单来说，人民币国际化的目的是将我国的人民币塑造成全球广泛应用的计价、结算和储备货币。目前美元在国际市场处于垄断地位，人民币国际化是推动全球多极发展，展现我国大国担当的重要渠道。目前我国已经和世界上多个国家，尤其是包含国际金融中心城市的国家——包括加拿大、英国、新加坡、德国等——达成合作，以人民币作为结算货币进行金融和其他方面的交易。根据中国人民银行发布的消息，截至 2022 年底，人民币外汇交易总量达到全球市场总量的 7%，在各类货币中排名第五位。[①]

人民币国际化和全球金融网络研究密切相关。事实上，人民币国际化为完善全球金融网络理论框架提供了很好的机会。劳拉-玛丽·托普弗（Laura-Marie Töpfer）在《人文地理学对话》（*Dialogues in Human Geography*）上发表的文章认为，人民币国际化反映出全球金融网络需要更加强调政府的能动性。在尼尔·科等（Coe *et al.*，2014）最初的阐述中，政府的作用没有被过多提及。这其实符合全球金融网络以西方发达资本主义国家为主要情景的现实。在这些情景下，政府对金融市场的干预的确较少。但中国不同，中国对金融市场的管控一直非常严格，而且中国在国际舞台上活跃的大型金融机构多为国有企业，因此，全球金融网络中主体的行为会因为掺杂政治因素而更加复杂。人民币国际化为提出“政府引领的全球金融网络”（state-led GFN）提供了可能性。进一步地，中国的政府结构非常庞大，多级政府之间、同级政府不同部门之间、政府与国有企业之间都存在利益博弈，这些会显著影响政府在全球金融网络中的行为。黎碧瑶（Lai，2018）在对上述文章的评论中表明全球金融网络研究需要进一步探究政府与市场之间的关系。

也有诸多其他不同的视角可以用来研究人民币国际化。莎拉·霍尔（Hall，2018）基于文化经济学视角，以伦敦建立人民币离岸交易中心为案例，强调了监管制度在开拓/创造市场过程中的重要性。该中心得以建立的关键就是北京和伦敦在金融市场监管体制上做出了一系列改变与创新。她的另一篇文章（Hall，2017）认为人民币国际化为进一步深化金融中心研究提供了可能。现有针对金融中心的认识大多为其优势来源于较高的资本流动性、利于金融活动的制度体系、金融机构和中介集聚形成的规模效应等方面，但人民币国际化，尤其是人

① https://www.myzaker.com/article/653bb7518e9f094100322fa2.

民币离岸交易中心落地伦敦反映出政府行为可以影响金融中心的发展模式。在未来有关金融中心的研究中，政府，尤其是国际尺度的政府行为与关系应该得到更多关注。应此号召，拉蒙·帕切科·帕尔多（Ramon Pacheco Pardo）等研究了为何伦敦和法兰克福愿意成立人民币离岸交易中心（Pardo *et al.*，2019）。他们认为英国和德国都意在用中国庞大的金融资本进一步增强其金融中心城市的影响力，从而在激烈的竞争中占据优势地位。中国也正是以此为资本减轻了这些国家出于政治方面可能会产生的顾虑（表 8–8）。

表 8–8　截至 2017 年 6 月全球人民币离岸交易中心

地点	成立时间	清算银行	地点	成立时间	清算银行
中国香港	2003.12	中国银行	卡塔尔	2014.11	中国工商银行
中国澳门	2004.9	中国银行	马来西亚	2015.1	中国银行
中国台湾	2012.12	中国银行	泰国	2015.1	中国工商银行
新加坡	2013.2	中国工商银行	澳大利亚	2015.2	中国银行
德国	2014.6	中国银行	智利	2015.5	中国建设银行
英国	2014.6	中国建设银行	南非	2015.7	中国银行
韩国	2014.7	交通银行	阿根廷	2015.9	中国工商银行
法国	2014.9	中国银行	赞比亚	2015.9	中国工商银行
卢森堡	2014.9	中国工商银行	瑞士	2016.1	中国建设银行
加拿大	2014.11	中国工商银行	美国	2016.9	中国银行

资料来源：拉蒙·帕切科·帕尔多等（Pardo *et al.*，2019）。

人民币国际化面临诸多困难。学者们普遍认为人民币成为全球市场通用货币的前提是中国实现金融自由化，但基于我国的实际情况，这种前提无法实现。本杰明·科恩（Benjamin Cohen）认为由于中国中央政府不会将主导权交给（国际）金融机构，各国仍然会对人民币的流动性及其是否会受到政府干预持怀疑态度，因此，人民币国际化很难实现（Cohen，2012）。还有很多其他研究都指出中国的政治经济体制对金融市场的限制阻碍了人民币实现真正意义上的国际化乃至达到能与美元抗衡的地步（Eichengreen，2013；Germain and Schwartz，2017）。长谷川正德（Masanori Hasegawa）认为，在短期内，人民币更有可能成为亚洲范围内的关键结算货币。凭借文化的相似性和贸易的紧密联系等因素，中国并不需要彻底改革金融制度就能实现该目标。

第四节 金融排斥与普惠金融研究

中国的金融排斥研究，一方面与国际研究相似，关注个体特征和企业行为造成的金融排斥；另一方面，中国政府强调民众脱贫致富和社会稳定，降低金融排斥程度、提升普惠金融程度对实现这些目标至关重要，因此，政府会利用政策工具或自身资源尽力提升普惠金融程度。本节基于此背景介绍中国金融排斥和普惠金融的相关研究。

部分学者以个体特征和企业行为解释金融排斥现象（李涛等，2010；高沛星、王修华，2011；粟芳、方蕾，2016）。祖扎娜·冯加乔娃（Zuzana Fungáčová）和劳伦特·威尔（Laurent Weill）基于世界银行 2011 年个人层面的金融指数数据分析了中国的金融排斥，发现更高收入、受过更好教育、男性以及更久使用正规银行账户和银行信贷业务的群体更不易遭受金融排斥的影响（Fungáčová and Weill，2015）。董晓林和徐虹（2012）研究了中国县域金融排斥状况，发现人口规模小、社会消费品零售总额低、金融基础设施不完善的县域更易遭受金融排斥。任碧云等（Ren *et al.*，2018）认为数字金融的出现致使农村居民遭受了一定程度的金融排斥，主要原因是该群体对数字金融了解程度低且不习惯接受新型金融产品，数字金融基础设施在农村地区发展较为有限等。

金融排斥在中国也会引起非正式金融的问题。在中国，中小型企业向并未登记在国家金融监督管理总局的非正式金融机构，如民间私人借贷组织借款用于企业发展是非常普遍的事情。主要原因是在进行一系列的风险评估后，银行等正式金融机构认为贷款给这些企业风险过大，进而拒绝提供金融服务（Lin and Sun，2006；Beck *et al.*，2015）。蔡欣怡（Kellee Tsai）总结了中国和印度农村地区民众与企业广泛使用非正式金融的原因，主要包括：正式金融提供贷款的能力有限，政府贯彻普惠金融政策的能力有限，地方市场在政治和经济方面相互割裂，很多普惠金融政策设计存在缺陷等（Tsai，2004）。个人与家庭尺度也会依赖非正式金融（Zhou and Takeuchi，2010）。刘渝琳等（Liu *et al.*，2024）发现农村地区的老年群体更容易因为遭受金融排斥而向亲戚朋友借款。

2013 年，中共十八届三中全会正式提出“发展普惠金融”。[1]提高金融服务覆盖率成为各地方政府的重要任务之一，也引导了大量的学术研究。部分学者研究了普惠金融的影响因素，涵盖政府政策、市场环境、个体特征、科技发展等诸多方面。杨国勇（Yeung，2009）认为，中国政府为了提升银行业效率，在城镇地区强调市场竞争并将市场开放给外资商业银行开展业务，但是在农村地区，中国政府仍然按照行政区划保有大量的国有商业银行网点，以保证农村低收入群体可以使用基本的金融服务。政府主要基于维护政治与社会稳定的需求保留这些网点。朱可涵等（Zhu *et al.*，2021）认为，家庭的社会关系可以通过传递金融知识乃至为家庭提供担保的方式，显著促进家庭接触并使用金融服务的程度。相类似的，张号栋和尹志超（2016）认为，针对家庭可投资产品的金融知识可以显著降低家庭遭受金融排斥的可能。

也有学者针对普惠金融的程度进行了研究。李振发等（2020）研究了普惠金融各个维度之间的关系，探讨了开设银行网点是否真的能促进金融业务使用量。结果显示答案是肯定的，但在不同经济区域起作用的银行类型不一样。东部主要是全国性股份制商业银行和外资银行，东北主要是城市商业银行和大型国有商业银行，西部主要是农村商业银行和大型国有商业银行，中部则是全国性股份制商业银行和大型国有商业银行。李建军和卢盼盼（2016）分析了 2005—2013 年中国居民层面普惠金融的总体程度和区域差异，发现不同地区普惠金融程度在早期有较大差异，但随着时间发展，空间差异逐渐缩小，表明中国整体普惠金融水平逐渐提高。

虽说政府致力于提升普惠金融程度，中国的普惠金融也的确在世界处于领先水平，但这并不代表该过程中不存在问题。杨国勇等（Yeung *et al.*，2015）基于 2009 年中国各区县农村信用社的数据分析了中国农村银行业重组后金融排斥现象的特征，发现农村信用社尽管在空间上实现了最大限度的覆盖，但它们仍设置了一系列的贷款发放门槛，导致相对贫困的农民客户仍然无法获得贷款，即地理上实现了普惠金融，但在业务使用方面仍表现为金融排斥。这种现象也导致前文提到的农村地区的非正式金融现象泛滥。这篇文章的结论基于 2009 年的数据，而我国 2013 年才开始大力推进普惠金融，在十年的快速发展

---

① https://www.gov.cn/lianbo/bumen/202310/content_6908582.htm.

过后，这些结论很可能需要根据实际情况做出调整。但不可否认，即使我国普惠金融已经取得很大成就，非正式金融在农村和较为落后的城镇地区的确持续存在。如何进一步推进普惠金融是接下来政府面对的课题之一。

第五节 金融科技研究

中国金融科技的研究处于初步但充满朝气的阶段，可以大致总结为以下几个方面。首先，部分学者尝试基于中国金融科技的发展提出理论创新（Gruin and Knaack，2020；Liu，2023）。朱利安·格鲁因（Julian Gruin）认为，中国金融科技的发展，尤其是创新性的数字信用评级技术的发展，为中国政府提供了全新的“算法治理”（algorithmic governance）模式（Gruin，2019）。政府可以通过这种模式更好地掌控金融市场，是对“政府引领的金融化”（state-led financialization）一种新的解释。莎拉·霍尔（Hall，2023）研究了中国金融科技产业的发展在人民币国际化等中国国际化金融行为中扮演的角色。金融科技在结算方面的创新为人民币国际化提供了必要的数字基础设施，在该进程的推进中发挥了重要作用。她强调金融科技的研究必须注意到政府所扮演的角色，就如金融化进程一样，其不仅用政策工具推动进程发展，而且深度参与其中，利用金融科技达成复杂的政策目标。相类似地，弗拉基米尔·帕兹特卡等（Pažitka *et al.*，2023）发现中国政府在幕后主导了企业孵化器、加速器、科技园区等金融和商业服务业对金融科技企业成长的促进作用，彰显了政府行为在金融科技研究中的重要地位。保罗·兰利和安德鲁·莱申（Langley and Leyshon，2023）同样关注了中国政府监管对金融科技发展的影响，认为政府对于该产业的态度是既要利用其活力带动金融和经济增长，同时也要对其加以控制以维护政治经济稳定，近年来中国政府对互联网巨头下属的金融科技产业的管控愈加严格，为该产业的未来发展蒙上了一层阴影。

其次，部分学者研究了中国金融科技的空间分布及其影响因素。代丹丹和陈奕嘉（Dai and Chen，2022）以演化经济地理学视角研究了2003—2019年中国新兴的金融科技产业在城市层面的分布，结果发现，在金融、电子商务、数据管理和网络安全等方面科技领先的城市容易有更发达的金融科技产业，以北京、上海、深圳为典型代表。东部地市整体水平较高，中西部典型地市，如成都、武汉等，该产业也相对发达。同时，对金融科技的高需求也会促进该产业发展。陈奕嘉和罗伯特·哈森克（Robert Hassink）同样基于演化经济地理学视角研究了中国 P2P 在线借贷平台的发展（Chen and Hassink，2022）。他们发现该产业主要集中在北京、深圳、上海、杭州和广州。这些城市在该产业出现之前就已经拥有了较为发达的金融和互联网产业，为 P2P 产业发展打下了坚实的基础。与此同时，政府在发展过程中也扮演了关键角色，但政策方向并非一直支持该产业发展。在 2010 年代中期，监管政策相对宽松，产业发展较快，但后期政府强调控制金融风险，对产业发展把控较严（表 8–9）。

表 8–9　截至 2019 年 6 月中国 P2P 借贷平台空间分布

排名	城市	在线 P2P 借贷平台总部数量（个）	在全国占比（%）
1	北京	151	21.39
2	深圳	102	14.45
3	上海	76	10.76
4	杭州	37	5.24
5	广州	32	4.53
6	石家庄	19	2.69
7	武汉	18	2.55
8	合肥	17	2.41
9	成都	14	1.98
10	南京	14	1.98
	剩余 64 个城市	226	32.01
	总计	706	100.00

资料来源：陈奕嘉和罗伯特·哈森克（Chen and Hassink，2022）。

另一部分学者探讨了金融科技应用的发展带来的影响（如 Wu *et al.*，2024）。有研究表明金融科技可以通过降低信息不对称和融资限制提升企业创新能力，且这种作用对科技企业、中部地区企业和非国有企业更加明显（Dong and Yu，2023）。应用金融科技也可以提升区域层面总体创新效率。具体来说，金融科技促进了创新专利申请的成功率，但对研发效率促进作用不明显。城市内部金融科技的促进作用存在空间溢出效应，可以影响到周围城市（Yang and Wang，2022）。王蕊等（Wang *et al.*，2021）认为金融科技的发展会迫使银行进行高风险投资行为以保证自身收益，这种作用在银行规模大、效率低、影子银行业务量大、利息收入占总收入比重高的时候更加明显。金融科技还可以通过促进产业结构转型和提升生产效率缩小中国（南北）区域经济发展差异（Yang and Zhou，2024）。

金融科技对金融排斥和普惠金融也有影响，不同学者基于不同的数据得到不同的结论。前文提到有研究指出数字金融的出现恶化了农村地区金融排斥的状况（Ren *et al.*，2018）。但也有学者指出，金融科技凭借便利的支付手段和更加宽松的借款条件提升了城镇与农村地区的普惠金融程度（Hua and Huang，2021；Yang and Zhang，2022）。还有研究指出，金融科技对普惠金融的促进程度存在区域差异，促进作用在发达的东部沿海地区比在中西部内陆地区更加明显。其主要影响因素包括地区经济发展水平、金融监管力度、交通便利程度、人口年龄结构和受教育水平等（Zhao *et al.*，2022）。

小　结

在大致梳理了中国金融地理学研究进展之后，本小节可更好地解释本章开头所提到的中国金融地理学相比于国际金融地理学的优势与劣势。经过五个小节的梳理，不难看出，中国金融地理学研究最显著的一个特点就是，主流研究问题与范式基于二手数据，展示相关金融主体、活动、产品的时空间特征，分析对应的影响因素，提出政策建议。影响因素多从政府或市场出发，强调政府与企业的能动性和（某些情况下会涉及）相互关系。这个特点首先反映的是中国金融地理学的优势。中国金融领域相关数据披露并不如西方各国完善，能够获得相关数据已是十分不易，加之独特的政治经济体制，使得中国的情况往往区别于西方发达资本主义国家，简单的数据分析得出的结果也具有显著的“知识贡献”（knowledge contribution 或 empirical contribution）。其次，在大多数研究都应用该范式的情况下，研究对数据和方法的要求会越来越高，得出的结果也越来越精细和准确，能够最大程度上反映真实的现象与过程。研究中国金融地理的学者，主要是中国籍和华人学者，其收集数据、整理数据、构架计量模型、分析数据的能力十分扎实。最后，中国目前仍处于高速发展阶段，迫切需要学术研究服务于政策制定与施行，高质量的数据分析可以准确反映政策落地后的效果、不同地区政策执行和效果的差异性、需要政府调控的情况等，因此，研究往往能够提出实质性政策建议，推动经济稳定发展。

但这一特点也反映出中国金融地理学明显的劣势，即理论层面的创新性和引领性不足。正常情况下，一篇学术期刊文章在一万字左右，研究假设、数据描述、模型构建、结果分析这四个部分基本会占用70%的篇幅，剩余的有限空间内，学者们通常无法在理论层面做出超越现有文献的贡献，大多只能将现有观点直接用于解释中国现象。但这种情况并非绝对，也有部分代表性学者尝试基于中国现象提出理论层面的观点，与现有观点对话，促进学科观点层面的百家争鸣。典型例子有，前文提到的人民币国际化，促使学者思考政府在全球金融网络中所扮演的角色和“政府引领的全球金融网络”概念提出的可能性；中国政府利用金融工具实现政策目标的行为，促使部分学者提出“政府企业家精神主导的金融化”（financialization under state entrepreneurialism），以丰富对金融化现象的理解；等等。这些文章恰恰反映出大部分学者，尤其是中国籍本土学者未能很好地利用“中国特色”这一天然优势（有限的几个例子大多出于外国和华裔学者）。正是因为现有的理论观点绝大部分源自西方发达资本主义国家，基于这些国家的研究已经很难再提出创新性的理论观点。相比之下，中国的现象往往不适用于现有理论。如果大部分学者能够再“向前一步”，基于这种“不匹配”向现有观点发出挑战，让基于中国情景的理论观点成为学科叙事的重要组成部分，能够用来解释更多国家和地区的相关现象和研究问题，那么中国故事和中国学者在学科内的地位便会得到进一步显著提升。

参考文献

[1] Beck, T., L. Lu, R. Yang, 2015. Finance and Growth for Microenterprises: Evidence from Rural China. *World Development*, Vol. 67, pp. 38-56.

[2] Bhattacharya, A. K., 2011. The Feasibility of Establishing an International Financial Center in Shanghai. *Journal of Asia-Pacific Business*, Vol. 12, No. 2, pp. 123-140.

[3] Cao, G., C. Feng, R. Tao, 2008. Local “Land Finance” in China’s Urban Expansion: Challenges and Solutions. *China & World Economy*, Vol. 16, No. 2, pp. 19-30.

[4] Cao, W. *et al.*, 2022. Industrial Policy and Non-financial Corporations' Financialization: Evidence from China. *The European Journal of Finance*, Vol. 28, No. 4-5, pp. 397-415.

[5] Chen, D., J. Fan, 2011. Distribution Orientation and Driving Mechanism of Geographical Pattern Change of China's Banking Industry. *Chinese Geographical Science*, Vol. 21, No. 5, pp. 563-574.

[6] Chen, J., F. Wu, 2022. Housing and Land Financialization under the State Ownership of Land in China. *Land Use Policy*, Vol. 112, 104844.

[7] Chen, J., F. Wu, T. Lu, 2022. The Financialization of Rental Housing in China: A Case Study of the Asset-Light Financing Model of Long-Term Apartment Rental. *Land Use Policy*, Vol. 112, 105442.

[8] Chen, K., G. Chen, 2015. The Rise of International Financial Centers in Mainland China. *Cities*, Vol. 47, pp. 10-22.

[9] Chen, K. *et al.*, 2014. Agglomeration and Location Choice of Foreign Financial Institutions in China. *GeoJournal*, Vol. 79, No. 2, pp. 255-266.

[10] Chen, Y., R. Hassink, 2022. The Geography of the Emergence of Online Peer-To-Peer Lending Platforms in China: An Evolutionary Economic Geography Perspective. *International Journal of Urban Sciences*, Vol. 26, No. 2, pp. 351-371.

[11] Cohen, B. J., 2012. The Yuan Tomorrow? Evaluating China's Currency Internationalisation Strategy. *New Political Economy*, Vol. 17, No. 3, pp. 361-371.

[12] Dai, D., Y. Chen, 2022. The Geography of the FinTech Industry in China: An Analysis of China's City-Level Patenting. *Growth and Change*, Vol. 53, No. 4, pp. 1907-1932.

[13] Dong, X., M. Yu, 2023. Does FinTech Development Facilitate Firms' Innovation? Evidence from China. *International Review of Financial Analysis*, Vol. 89, 102805.

[14] Du, D. *et al.*, 2024. Evolution of China's Intercity Venture Capital Network: Preferential Attachment vs. Path Dependence. *Cities*, Vol. 148, 104874.

[15] Eaton, S., M. Zhang, 2010. A Principal-Agent Analysis of China's Sovereign Wealth System: Byzantine by Design. *Review of International Political Economy*, Vol. 17, No. 3, pp. 481-506.

[16] Eichengreen, B., 2013. Adb Distinguished Lecture Renminbi Internationalization: Tempest in a Teapot? *Asian Development Review*, Vol. 30, No. 1, pp. 48-164.

[17] Feng, Y., F. Wu, F. Zhang, 2022a. The Development of Local Government Financial Vehicles in China: A Case Study of Jiaxing Chengtou. *Land Use Policy*, Vol. 112, 104793.

[18] Feng, Y., F. Wu, F. Zhang, 2022b. Changing Roles of the State in the Financialization of Urban Development through Chengtou in China. *Regional Studies*, Vol. 56, No. 8, pp. 1259-1270.

[19] Feng, Y., F. Wu, F. Zhang, 2023a. Shanghai Municipal Investment Corporation: Extending Government Power through Financialization under State Entrepreneurialism. *Environment and Planning C: Politics and Space*, Vol. 41, No. 1, pp. 20-36.

[20] Feng, Y., F. Wu, F. Zhang, 2023b. Building State Centrality through State Selective Financialization: Reconfiguring the Land Reserve System in China. *Environment and Planning A: Economy and Space*, Vol. 56, No. 3, pp. 766-783.

[21] Feng, Y. *et al.*, 2022. Diversification and Financialization of Non-financial Corporations: Evidence from China. *Emerging Markets Review*, Vol. 50, 100834.

[22] Fungáčová, Z., L. Weill, 2015. Understanding Financial Inclusion in China. *China Economic Review*, Vol. 34, pp. 196-206.

[23] Germain, R., H. M. Schwartz, 2017. The Political Economy of Currency Internationalisation: The Case of the RMB. *Review of International Studies*, Vol. 43, No. 4, pp. 765-787.

[24] Gong, C. M., P. Gong, M. Jiang, 2023. Corporate Financialization and Investment Efficiency: Evidence from China. *Pacific-Basin Finance Journal*, Vol. 79, 102045.

[25] Gruin, J. 2019., Financializing Authoritarian Capitalism: Chinese FinTech and the Institutional Foundations of Algorithmic Governance. *Finance and Society*, Vol. 5, No. 2, pp. 84-104.

[26] Gruin, J., P. Knaack, 2020. Not Just Another Shadow Bank: Chinese Authoritarian Capitalism and the "developmental" Promise of Digital Financial Innovation. *New Political Economy*, Vol. 25, No. 3, pp. 370-387.

[27] Guo, D., K. Jiang, 2013. Venture Capital Investment and the Performance of Entrepreneurial Firms: Evidence from China. *Journal of Corporate Finance*, Vol. 22, pp. 375-395.

[28] Hall, S., 2017. Rethinking International Financial Centres through the Politics of Territory: Renminbi Internationalisation in London's Financial District. *Transactions of the Institute of British Geographers*, Vol. 42, No. 4, pp. 489-502.

[29] Hall, S., 2018. Regulating the Geographies of Market Making: Offshore Renminbi Markets in London's International Financial District. *Economic Geography*, Vol. 94, No. 3, pp. 259-278.

[30] Hall, S., 2023. Anticipating Sino-UK FinTech Networks and the Changing Geographies of Money as Infrastructure. *Environment and Planning A: Economy and Space*, Vol. 55, No. 4, pp. 931-948.

[31] Han, S. S., B. Qin, 2009. The Spatial Distribution of Producer Services in Shanghai. *Urban Studies*, Vol. 46, No. 4, pp. 877-896.

[32] Hasegawa, M., 2018. The Geography and Geopolitics of the Renminbi: A Regional Key Currency in Asia. *International Affairs*, Vol. 94, No. 3, pp. 535-552.

[33] He, C., G. Yeung, 2011 The Locational Distribution of Foreign Banks in China: A Disaggregated Analysis. *Regional Studies*, Vol. 45, No. 6, pp. 733-754.

[34] He, C., R. Fu, 2008. Foreign Banking in China: A Study of 279 Branch Units in 32 Cities. *Eurasian Geography and Economic*s, Vol. 49, No. 4, pp. 457-480.

[35] He, S., 2020. Urban Entrepreneurialism 2.0? Financialization, Cross-Scale Dynamics, and Post-Political Governance. *Dialogues in Human Geography*, Vol. 10, No. 3, pp. 322-325.

[36] He, S., M. Zhang, Z. Wei, 2020. The State Project of Crisis Management: China's Shantytown Redevelopment Schemes under State-Led Financialization. *Environment and Planning A: Economy and Space*, Vol. 52, No. 3, pp. 632-653.

[37] He, Y., M. Ahunov, 2022. Financial Literacy: The Case of China. *China & World Economy*, Vol. 30, No. 5, pp. 75-101.

[38] Hong, L. I., 2011. Depoliticization and Regulation of Sovereign Wealth Funds: A Chinese Perspective. *Asian Journal of International Law*, Vol. 1, No. 2, pp. 403-422.

[39] Hua, X., Y. Huang, 2021. Understanding China's FinTech Sector: Development, Impacts and Risks. *The European Journal of Finance*, Vol. 27, No. 4-5, pp. 321-333.

[40] Huang, Y., H. Qiu, Z. Wu, 2016. Local Bias in Investor Attention: Evidence from China's Internet Stock Message Boards. *Journal of Empirical Finance*, Vol. 38, Part. A, pp. 338-354.

[41] Huang, Y. Q., D. Yi, W. A.Clark, 2021. A Homeownership Paradox: Why Do Chinese Homeowners Rent the Housing They Live in? *Housing Studies*, Vol. 36, No. 8, pp. 1318-1340.

[42] Huang, Y. S. *et al.*, 2023. Institutional Distance, Geographic Distance, and Chinese Venture Capital Investment: Do Networks and Trust Matter? *Small Business Economics*, Vol. 61, pp. 1795-1844.

[43] Humphery-Jenner, M., J. A. Suchard, 2013. Foreign VCs and Venture Success: Evidence from China. *Journal of Corporate Finance*, Vol. 21, pp. 16-35.

[44] Jiang, Y., P. Waley, 2020. Who Builds Cities in China? How Urban Investment and Development Companies Have Transformed Shanghai. *International Journal of Urban and Regional Research*, Vol. 44, No. 4, pp. 636-651.

[45] Jiang, Y., P. Waley, 2022. Financialization of Urban Development in China: Fantasy, Fact or Somewhere in between? *Regional Studies*, Vol. 56, No. 8, pp. 1271-1281.

[46] Jin, X. M., Y. Mai, A. W. K. Cheung, 2022. Corporate Financialization and Fixed Investment Rate: Evidence from China. *Finance Research Letters*, Vol. 48, 102898.

[47] Karreman, B., B. van der Knaap, 2009. The Financial Centres of Shanghai and Hong Kong: Competition or Complementarity? *Environment and Planning A: Economy and Space*, Vol. 41, No. 3, pp. 563-580.

[48] Karreman, B., B. van der Knaap, 2012. The Geography of Equity Listing and Financial Centre Competition in Mainland China and Hong Kong. *Journal of Economic Geography*, Vol. 12, No. 4, pp. 899-922.

[49] Ke, S., M. He, C. Yuan, 2014. Synergy and Co-agglomeration of Producer Services and Manufacturing: A Panel Data Analysis of Chinese Cities. *Regional Studies*, Vol. 48, No. 11, pp. 1829-1841.

[50] Lai, K. P., 2012. Differentiated Markets: Shanghai, Beijing and Hong Kong in China's Financial Centre Network. *Urban Studie*s, Vol. 49, No. 6, pp. 1275-1296.

[51] Langley, P., A. Leyshon, 2023. FinTech Platform Regulation: Regulating with/against

Platforms in the UK and China. *Cambridge Journal of Regions, Economy and Society*, Vol. 16, No. 2, pp. 257-268.

[52] Li, H., L. A. Zhou, 2005. Political Turnover and Economic Performance: The Incentive Role of Personnel Control in China. *Journal of Public Economics*, Vol. 89, No. 9-10, pp. 1743-1762.

[53] Li, W., X. Wang, 2019. Towards a Mega-Regional Economy: A Financial Geography Perspective to Understanding Shanghai's Role in the Yangtze River Delta Integration. *Geoforum*, Vol. 101, pp. 1-9.

[54] Li, W., X. Wang, 2020. The Role of Beijing's Securities Services in Beijing-Tianjin-Hebei Financial Integration: A Financial Geography Perspective. *Cities*, Vol. 100, 102673.

[55] Li, Z., F. Wu, F. Zhang, 2022. A Multi-scalar View of Urban Financialization: Urban Development and Local Government Bonds in China. *Regional Studies*, Vol. 56, No. 8, pp. 1282-1294.

[56] Li, Z., F. Wu, F. Zhang, 2023. State De-financialisation through Incorporating Local Government Bonds in the Budgetary Process in China. *Journal of Economic Geography*, Vol. 23, No. 5, pp. 1169-1190.

[57] Li, Z., F. Wu, F. Zhang, 2024. The Political Economy of China's Local Debt. *The China Quarterly*, Vol. 257, pp. 100-118.

[58] Lin, G. C., F. F. Yang, F. Z. Hu, 2012. The New Geography of Information and Consulting Services in China: Comparing Beijing and Guangzhou. *Habitat International*, Vol. 36, No. 4, pp. 481-492.

[59] Lin, G. C. *et al.*, 2019. Financializing Chinese Cities: State-Capital Nexus and the Uneven Geography of Housing Speculation. *Area Development and Policy*, Vol. 4, No. 4, pp. 435-453.

[60] Lin. Y. F., X. Sun, 2006. Information, Informal Finance, and SME Financing. *Frontiers of Economics in China*, Vol. 1, No. 1, pp. 69-82.

[61] Liu, A. Y., J. C. Oi, Y. Zhang, 2022. China's Local Government Debt: The Grand Bargain. *The China Journal*, Vol. 87, No. 1, pp. 40-71.

[62] Liu, C. W., 2023. Conceptualising Private Fintech Platforms as Financial Statecraft and Recentralisation in China. *New Political Economy*, Vol. 28, No. 3, pp. 433-451.

[63] Liu, I. T., A. D. Dixon, 2021. Legitimating State Capital: The Global Financial Professions and the Transnationalization of Chinese Sovereign Wealth. *Development and Change*, Vol. 53, No. 8, pp. 1251-1273.

[64] Liu, I. T., A. D. Dixon, 2022. What Does the State Do in China's State-led Infrastructure Financialisation? *Journal of Economic Geography*, Vol. 22, No. 5, pp. 963-988.

[65] Liu, L., J. He, 2023. Does Financialization affect Firm' R&D Investment? Evidence from China. *Finance Research Letters*, Vol. 58, 104311.

[66] Liu, W., 2021. Confucian Geopolitics or Chinese Geopolitics? *Dialogues in Human*

Geography, Vol. 11, No. 2, pp. 265-269.

[67] Liu, W., M. Dunford, 2016. Inclusive Globalization: Unpacking China's Belt and Road Initiative. *Area Development and Policy*, Vol. 1, No. 3, pp. 323-340.

[68] Liu, W., Q. Yao, 2021. Theorizing Belt and Road Construction Mode from Institutional and Cultural Perspectives. *Journal of Geographical Sciences*, Vol. 31, No. 3, pp. 623-640.

[69] Liu, W., Y. Zhang, W. Xiong, 2020. Financing the Belt and Road Initiative. *Eurasian Geography and Economics*, Vol. 61, No. 2, pp. 137-145.

[70] Liu, Y. *et al.*, 2023. Impact of the Producer Services Agglomeration on $PM_{2.5}$: A Case Study of the Yellow River Basin, China. *Journal of Geographical Sciences*, Vol. 33, No. 11, pp. 2295-2320.

[71] Liu, Y., H. Li, X. Fang, 2024. Who Should the Elderly Borrow Money from under Formal Financial Exclusion? Evidence from China. *Economic Analysis and Policy*, Vol. 81, pp. 964-982.

[72] Liu, Z., Z. Chen, 2014. Venture Capital Networks and Investment Performance in China. *Australian Economic Papers*, Vol. 53, No. 1-2, pp. 97-111.

[73] Luo, Z. *et al.*, 2024. Differentiation of Rental Housing Financialisation and Its Socio-Spatial Impact in China: Interplay between the State and Financial Sectors. *Cities*, Vol. 146, 104778.

[74] Miao, J. T., 2022. The Temporal Variation of Housing Financialisation: A Case Study of China. *Transactions in Planning and Urban Research*, Vol. 1, No. 1-2, pp. 50-65.

[75] Niu, G., Y. Zhou, H. Gan, 2020. Financial Literacy and Retirement Preparation in China. *Pacific-Basin Finance Journal*, Vol. 59, 101262.

[76] Oi, J. C., 1992. Fiscal Reform and the Economic Foundations of Local State Corporatism in China. *World Politics*, Vol. 45, No. 1, pp. 99-126.

[77] Pan, F., D. Brooker, 2014. Going Global? Examining the Geography of Chinese Firms' Overseas Listings on International Stock Exchanges. *Geoforum*, Vol. 52, pp. 1-11.

[78] Pan, F., C. Fang, 2022. Mapping Global Financial Networks: A Spatial Analysis of Chinese Companies' Overseas Listings. *Transactions in Planning and Urban Research*, Vol. 1, No. 1-2, pp. 32-49.

[79] Pan, F., S. Hall, H. Zhang, 2020. The Spatial Dynamics of Financial Activities in Beijing: Agglomeration Economies and Urban Planning. *Urban Geography*, Vol. 41, No. 6, pp. 849-864.

[80] Pan, F., B. Yang, 2019. Financial Development and the Geographies of Startup Cities: Evidence from China. *Small Business Economics*, Vol. 52, pp. 743-758.

[81] Pan, F., F. Zhang, F. Wu, 2021. State-led Financialization in China: The Case of the Government-Guided Investment Fund. *The China Quarterly*, Vol. 247, pp. 749-772.

[82] Pan, F., S. X. Zhao, D. Wójcik, 2016. The Rise of Venture Capital Centres in China: A Spatial and Network Analysis. *Geoforum*, Vol. 75, pp. 148-158.

[83] Pan, F. *et al.*, 2017a. Mapping Urban Networks through Inter-firm Service Relationships:

The Case of China. *Urban Studies*, Vol. 54, No. 16, pp. 3639-3654.

[84] Pan, F. *et al.*, 2017b. Developing by Borrowing? Inter-Jurisdictional Competition, Land Finance and Local Debt Accumulation in China. *Urban Studies*, Vol. 54, No. 4, pp. 897-916.

[85] Pan, F. *et al.*, 2018. Exploring Financial Centre Networks through Inter-urban Collaboration in High-End Financial Transactions in China. *Regional Studies*, Vol. 54, No. 2, pp. 162-172.

[86] Pan, F. *et al.*, 2020. Linking Global Financial Networks with Regional Development: A Case Study of Linyi, China. *Regional Studies*, Vol. 54, No. 2, pp. 187-197.

[87] Pardo, R. P., J. Knoerich, Y. Li, 2019. The Role of London and Frankfurt in Supporting the Internationalisation of the Chinese Renminbi. *New Political Economy*, Vol. 24, No. 4, pp. 530-545.

[88] Pažitka, V., D. Wójcik, W. Wu, 2023. Cultivating China's FinTech Ecosystem: The Visible Hand of the State. *Regional Studies*, Vol. 58, No. 5, pp. 1111-1123.

[89] Petry, J., 2020. Financialization with Chinese Characteristics? Exchanges, Control and Capital Markets in Authoritarian Capitalism. *Economy and Society*, Vol. 49, No. 2, pp. 213-238.

[90] Petry, J., 2021a. Same Same, But Different: Varieties of Capital Markets, Chinese State Capitalism and the Global Financial Order. *Competition & Change*, Vol. 25, No. 5, pp. 605-630.

[91] Petry, J., 2021b. From National Marketplaces to Global Providers of Financial Infrastructures: Exchanges, Infrastructures and Structural Power in Global Finance. *New Political Economy*, Vol. 26, No. 4, pp. 574-597.

[92] Petry, J., K. Koddenbrock, A. Nölke, 2023. State Capitalism and Capital Markets: Comparing Securities Exchanges in Emerging Markets. *Environment and Planning A: Economy and Space*, Vol. 55, No. 1, pp. 143-164.

[93] Qian, Y., J. Liu, J. Y. L. Forrest, 2022. Impact of Financial Agglomeration on Regional Green Economic Growth: Evidence from China. *Journal of Environmental Planning and Management*, Vol. 65, No. 9, pp. 1611-1636.

[94] Qu, C., J. Shao, Z. Shi, 2020. Does Financial Agglomeration Promote the Increase of Energy Efficiency in China? *Energy Policy*, Vol. 146, 111810.

[95] Ren, B. *et al.*, 2018. The Financial Exclusion in the Development of Digital finance — A Study Based on Survey Data in the Jingjinji Rural Area. *The Singapore Economic Review*, Vol. 63, No. 1, pp. 65-82.

[96] Schenk, C. R., 2002. Banks and the Emergence of Hong Kong as an International Financial Center. *Journal of International Financial Markets, Institutions and Money*, Vol. 12, No. 4-5, pp. 321-340.

[97] Shen, J., X. Luo, Z. Sun, 2022. Housing (De-)financialisation under State Entrepreneurialism in China: The Revival of Affordable Housing and Shanghai's Shared-Ownership Housing Scheme. *Transactions in Planning and Urban Research*, Vol. 1, No. 3-4, pp. 269-288.

[98] Shi, Y., 2023. Is China Financialised? The Significance of Two Historic Transformations of Chinese Finance. *New Political Economy*, Vol. 29, No. 2, pp. 305-320.

[99] Si, D. K. *et al*., 2024. The Nexus between Trade Policy Uncertainty and Corporate Financialization: Evidence from China. *China Economic Review*, Vol. 84, 102113.

[100] Steinberg, D., 2014. Why has China Accumulated Such Large Foreign Reserves? In E. Helleiner, J. Kirshner, *The Great Wall of Money: Power and Politics in China's International Monetary Relations*. Ithaca, NY: Cornell University Press, pp. 71-98.

[101] Sun, X. *et al*., 2014. China's Sovereign Wealth Fund Investments in Overseas Energy: The Energy Security Perspective. *Energy Policy*, Vol. 65, pp. 654-661.

[102] Tao, R. *et al*., 2010. Land Leasing and Local Public Finance in China's Regional Development: Evidence from Prefecture-level Cities. *Urban Studies*, Vol. 47, No. 10, pp. 2217-2236.

[103] Thomas, S., J. Chen, 2011. China's Sovereign Wealth Funds: Origins, Development, and Future Roles. *Journal of Contemporary China*, Vol. 20, No. 70, pp. 467-478.

[104] Tsai, K. S., 2004. Imperfect Substitutes: The Local Political Economy of Informal Finance and Microfinance in Rural China and India. *World Development*, Vol. 32, No. 9, pp. 1487-1507.

[105] Tsui, K. Y., 2011. China's Infrastructure Investment Boom and Local Debt Crisis. *Eurasian Geography and Economics*, Vol. 52, No. 5, pp. 686-711.

[106] Walker, T. *et al*., 2021. Fact or Fiction: Implicit Government Guarantees in China's Corporate Bond Market. *Journal of International Money and Finance*, Vol. 116, 102414.

[107] Wang, D. T., 2005. Multinational Corporations'(MNCS) Strategic Location and the Development of Financial Service Hubs in China. *Asian Geographer*, Vol. 24, No. 1-2, pp. 17-44.

[108] Wang, H., K. Sun, S. Xu, 2023. Does Housing Boom Boost Corporate Financialization? —Evidence from China. *Emerging Markets Finance and Trade*, Vol. 59, No. 6, pp. 1655-1667.

[109] Wang, J., X. Zhang, A. G. Yeh, 2016. Spatial Proximity and Location Dynamics of Knowledge-Intensive Business Service in the Pearl River Delta, China. *Habitat International*, Vol. 53, pp. 390-402.

[110] Wang, R., J. Liu, H. Luo, 2021. FinTech Development and Bank Risk Taking in China. *The European Journal of Finance*, Vol. 27, No. 4-5, pp. 397-418.

[111] Wang, X., 2019. The Dynamics and Governmental Policies of Shanghai's International Financial Center Formation: A Financial Geography Perspective. *The Professional Geographer*, Vol. 71, No. 2, pp. 331-341.

[112] Wang, Y., 2015 The Rise of the "Shareholding State": Financialization of Economic Management in China. *Socio-Economic Review*, Vol. 13, No. 3, pp. 603-625.

[113] Wen, Y. *et al*., 2023. How Does Financial Agglomeration Affect Green Development?

Evidence from the Yangtze River Delta of China. *Growth and Change*, Vol. 54, No. 1, pp. 135-156.

[114] Wong, C. P., 2000. Central-Local Relations Revisited the 1994 Tax-Sharing Reform and Public Expenditure Management In China. *China Perspectives*, pp. 52-63.

[115] Wu, F., 2022. Land Financialisation and the Financing of Urban Development in China. *Land Use Policy*, Vol. 112, 104412.

[116] Wu, F., 2023. The Long Shadow of the State: Financializing the Chinese City. *Urban Geography*, Vol. 44, No. 1, pp. 37-58.

[117] Wu, F. *et al*., 2020. Assetization: The Chinese Path to Housing Financialization. *Annals of the American Association of Geographers*, Vol. 110, No. 5, pp. 1483-1499.

[118] Wu, F., F. Pan, J. Chen, 2022. Financialization under State Entrepreneurialism in China. *Regional Studies*, Vol. 56, No. 8, pp. 1237-1243.

[119] Wu, G., J. Luo, K. Tao, 2024. Research on the influence of FinTech Development on Credit Supply of Commercial Banks: The Case of China. *Applied Economics*, Vol. 56, No. 6, pp. 639-655.

[120] Wu, K. *et al*., 2022. The Pattern, Evolution, and Mechanism of Venture Capital Flows in the Guangdong-Hong Kong-Macao Greater Bay Area, China. *Journal of Geographical Sciences*, Vol. 32, No. 10, pp. 2085-2104.

[121] Wu, Q., Y. Li, S. Yan, 2015. The Incentives of China's Urban Land Finance. *Land Use Policy*, Vol. 42, pp. 432-442.

[122] Xie, R. *et al*., 2019. Land Finance, Producer Services Agglomeration, and Green Total Factor Productivity. *International Regional Science Review*, Vol. 42, No. 5-6, pp. 550-579.

[123] Xie, R. *et al*., 2021. Effects of Financial Agglomeration on Green Total Factor Productivity in Chinese Cities: Insights from an Empirical Spatial Durbin Model. *Energy Economics*, Vol. 101, 105449.

[124] Xu, X., C. Xuan, 2021. A Study on the Motivation of Financialization in Emerging Markets: The Case of Chinese Nonfinancial Corporations. *International Review of Economics & Finance*, Vol. 72, pp. 606-623.

[125] Xu, Y., 2023. Harnessing Venture Capital in China. *Socio-Economic Review*, Vol. 22, No. 1, pp. 349-371.

[126] Yan, B. *et al*., 2022. How Do Financial Spatial Structure and Economic Agglomeration Affect Carbon Emission Intensity? Theory Extension and Evidence from China. *Economic Modelling*, Vol. 108, 105745.

[127] Yang, F. F., A. G. Yeh, 2013. Spatial Development of Producer Services in the Chinese Urban System. *Environment and Planning A: Economy and Space*, Vol. 45, No. 1, pp. 159-179.

[128] Yang, F. F., A. G. Yeh, J. Wang, 2018. Regional Effects of Producer Services on Manufacturing Productivity in China. *Applied Geography*, Vol. 97, pp. 263-274.

[129] Yang, L., S. Wang, 2022. Do FinTech Applications Promote Regional Innovation Efficiency? Empirical Evidence from China. *Socio-Economic Planning Sciences*, Vol. 83, 101258.

[130] Yang, T., B. Zhou, 2024. Local FinTech Development, Industrial Structure, and North-South Economic Disparity in China. *International Review of Financial Analysis*, Vol. 93, 103119.

[131] Yang, T., X. Zhang, 2022. FinTech Adoption and Financial Inclusion: Evidence from Household Consumption in China. *Journal of Banking & Finance*, Vol. 145, 106668.

[132] Yeh, A. G., F. F. Yang, J. Wang, 2015. Producer Service Linkages and City Connectivity in the Mega-City Region of China: A Case Study of the Pearl River Delta. *Urban Studies*, Vol. 52, No. 13, pp. 2458-2482.

[133] Yeung, G., 2009. Hybrid Property, Path Dependence, Market Segmentation and Financial Exclusion: The Case of the Banking Industry in China. *Transactions of the Institute of British Geographers*, Vol. 34, No. 2, pp. 177-194.

[134] Yeung, G., C. He, H. Liu, 2012. Centralization and Marginalization: The Chinese Banking Industry in Reform. *Applied Geography*, Vol. 32, No. 2, pp. 854-867.

[135] Yeung, G., C. He, P. Zhang, 2017. Rural Banking in China: Geographically Accessible But Still Financially Excluded? *Regional Studies*, Vol. 51, No. 2, pp. 297-312.

[136] Yeung, H. W. C., 2009. Regional Development and the Competitive Dynamics of Global Production Networks: An East Asian Perspective. *Regional Studies*, Vol. 43, No. 3, pp. 325-351.

[137] Yi, H., F. F. Yang, A. G. Yeh, 2011. Intraurban Location of Producer Services in Guangzhou, China. *Environment and Planning A: Economy and Space*, Vol. 43, No. 1, pp. 28-47.

[138] Yuan, F. *et al.*, 2017. Co-location of Manufacturing and Producer Services in Nanjing, China. *Cities*, Vol. 63, pp. 81-91.

[139] Zhang, F., F. Wu, 2022. Financialised Urban Development: Chinese and (South-)East Asian Observations. *Land Use Policy*, Vol. 112, 105813.

[140] Zhang, J., 2011. The Spatial Dynamics of Globalizing Venture Capital in China. *Environment and Planning A: Economy and Space*, Vol. 43, No. 7, pp. 1562-1580.

[141] Zhang, L. Y., 1999. Chinese Central-Provincial Fiscal Relationships, Budgetary Decline and the Impact of the 1994 Fiscal Reform: An Evaluation. *The China Quarterly*, Vol. 157, pp. 115-141.

[142] Zhao, J., X. Zhang, J. Song, 2018. The Changing Geography of Domestic Financial City Network in China, 1995-2015. *Growth and Change*, Vol. 49, No. 3, pp. 490-511.

[143] Zhao, M. *et al.*, 2015. Mapping Producer Services Networks in Mainland Chinese Cities. *Urban Studies*, Vol. 52, No. 16, pp. 3018-3034.

[144] Zhao, S. X., 2003. Spatial Restructuring of Financial Centers In Mainland China and Hong

Kong: A Geography of Finance Perspective. *Urban Affairs Review*, Vol. 38, No. 4, pp. 535-571.

[145] Zhao, S. X., 2013. Information Exchange, Headquarters Economy and Financial Centers Development: Shanghai, Beijing and Hong Kong. *Journal of Contemporary China*, Vol. 22, No. 84, pp. 1006-1027.

[146] Zhao, S. X, L. Zhang, D. T. Wang, 2004. Determining Factors of the Development of a National Financial Center: The Case of China. *Geoforum*, Vol. 35, No. 5, pp. 577-592.

[147] Zhao, S. X., Z. Li, C. J. Smith, 2011. China's Emerging Financial Centers: Shanghai, Beijing and Hong Kong. In F. Gipouloux, *Gateways to Globalisation*. Edward Elgar Publishing.

[148] Zhao, Y. *et al.*, 2022. Overcoming Spatial Stratification of Fintech Inclusion: Inferences from across Chinese Provinces to Guide Policy Makers. *International Review of Financial Analysis*, Vol. 84, 102411.

[149] Zhao, Y., K. Su, 2022. Economic Policy Uncertainty and Corporate Financialization: Evidence from China. *International Review of Financial Analysis*, Vol. 82, 102182.

[150] Zhen, F. *et al.*, 2013. An Empirical Study on Chinese City Network Pattern Based on Producer Services. *Chinese Geographical Science*, Vol. 23, pp. 274-285.

[151] Zheng, D. *et al.*, 2024. Inhibiting or Promoting: The Impact of Corporate Social Responsibility on Corporate Financialization. *International Review of Economics & Finance*, Vol. 89, pp. 1404-1421.

[152] Zhou, L., H. Takeuchi, 2010. Informal Lenders and Rural Finance in China: A Report from the Field. *Modern China*, Vol. 36, No. 3, pp. 302-328.

[153] Zhu, K., Y. Zhou, J. Zhao, 2021. Guaxi and Financial Exclusion: Empirical Evidence from Households in China. *Pacific-Basin Finance Journal*, Vol. 67, 101566.

[154] Zou, J., X. Deng, 2019. Financial Literacy, Housing Value and Household Financial Market Participation: Evidence from Urban China. *China Economic Review*, Vol. 55, pp. 52-66.

[155] 艾洪德、武志："建设东北区域金融中心的城市选址：实证分析"，《金融论坛》，2008 年第 4 期，第 42—47 页。

[156] 程婧瑶、樊杰、陈东："基于重力模型的中国金融中心体系识别"，《经济地理》，2013 年第 3 期，第 8—14 页。

[157] 董晓林、徐虹："我国农村金融排斥影响因素的实证分析——基于县域金融机构网点分布的视角"，《金融研究》，2012 年第 9 期，第 115—126 页。

[158] 方芳、李长治："金融集聚效应：城市群边界 VS 省际行政边界"，《经济地理》，2020 年第 9 期，第 53—61 页。

[159] 冯邦彦、谭裕华："论我国金融中心的层级体系——基于金融地理学的视角"，《国际经贸探索》，2007 年第 4 期，第 61—65 页。

[160] 高沛星、王修华："我国农村金融排斥的区域差异与影响因素——基于省际数据的实证分析"，《农业技术经济》，2011 年第 4 期，第 93—102 页。

[161] 韩洪灵、王梦婷、赵宇晗等："庞氏分红行为的界定、判别与监管——恒大集团分红现象引发的思考"，《财会月刊》，2022 年第 1 期，第 24—33 页。
[162] 贺灿飞、傅蓉："外资银行在中国的区位选择"，《地理学报》，2009 年第 6 期，第 701—712 页。
[163] 贺灿飞、刘浩："银行业改革与国有商业银行网点空间布局——以中国工商银行和中国银行为例"，《地理研究》，2013 年第 1 期，第 111—122 页。
[164] 黄大禹、凌丹、邹梦婷："经济政策不确定性与商业银行绩效——结构特征、影响机制与治理"，《上海经济研究》，2022 年第 8 期，第 60—78 页。
[165] 黄福广、彭涛、邵艳："地理距离如何影响风险资本对新企业的投资"，《南开管理评论》，2014 年第 6 期，第 83—95 页。
[166] 金爱华、卢艳："府际竞争、政府行为与企业上市风潮——基于地方政府推动企业上市行为的思考"，《改革与战略》，2014 年第 6 期，第 38—40 页。
[167] 黎文靖、程敏英、黄琼宇："地方政府竞争、企业上市方式与政企间利益输送——来自中国家族企业上市公司的经验证据"，《财经研究》，2012 年第 9 期，第 27—36 页。
[168] 李建军、卢盼盼："中国居民金融服务包容性测度与空间差异"，《经济地理》，2016 年第 3 期，第 118—124 页。
[169] 李涛、王志芳、王海港等："中国城市居民的金融受排斥状况研究"，《经济研究》，2010 年第 7 期，第 15—30 页。
[170] 李小建："金融地理学理论视角及中国金融地理研究"，《经济地理》，2006 年第 5 期，第 721—725 页。
[171] 李振发、林文盛、叶雅玲等："中国金融包容区域差异：地理包容能否带动业务包容？"，《热带地理》，2020 年第 4 期，第 709—720 页。
[172] 林彰平、闫小培："广州市金融机构微观集聚案例"，《经济地理》，2007 年第 1 期，第 84—88 页。
[173] 刘辉、申玉铭、邓秀丽："北京金融服务业空间格局及模式研究"，《人文地理》，2013 年第 5 期，第 61—68+93 页。
[174] 刘卫东："'一带一路'战略的科学内涵与科学问题"，《地理科学进展》，2015 年第 5 期，第 538—544 页。
[175] 刘卫东、宋周莺、刘志高等："'一带一路'建设研究进展"，《地理学报》，2018 年第 4 期，第 620—636 页。
[176] 龙玉、赵海龙、张新德等："时空压缩下的风险投资——高铁通车与风险投资区域变化"，《经济研究》，2017 年第 4 期，第 195—208 页。
[177] 彭宝玉、蒋冰华、魏雪燕等："国外金融地理：地理学和经济学研究对比"，《人文地理》，2016 年第 2 期，第 18—23 页。
[178] 茹乐峰、苗长虹、王海江："我国中心城市金融集聚水平与空间格局研究"，《经济地理》，2014 年第 2 期，第 58—66 页。
[179] 司月芳、曾刚、樊鸿伟："上海陆家嘴金融集聚动因的实证研究"，《人文地理》，2008 年第 6 期，第 84—88 页。

[180] 宋清华：“金融体系变迁与中国金融改革取向”，《财贸经济》，2001 年第 12 期，第 26—30 页。
[181] 宋玉、沈吉、范敏虹：“上市公司的地理特征影响机构投资者的持股决策吗?——来自中国证券市场的经验证据”，《会计研究》，2012 年第 7 期，第 72—79+97 页。
[182] 粟芳、方蕾：“中国农村金融排斥的区域差异：供给不足还是需求不足?——银行、保险和互联网金融的比较分析”，《管理世界》，2016 年第 9 期，第 70—83 页。
[183] 孙剑、苗建军：“我国区域金融中心的划分与构建”，《现代经济探讨》，2006 年第 2 期，第 80—83 页。
[184] 田霖、金雪军：“金融地理学视角下的证券市场投资潜力分析”，《世界地理研究》，2004 年第 1 期，第 102—108 页。
[185] 王兵、朱宁：“不良贷款约束下的中国上市商业银行效率和全要素生产率研究——基于 SBM 方向性距离函数的实证分析”，《金融研究》，2011 年第 1 期，第 110—130 页。
[186] 王聪、邹朋飞：“中国商业银行效率结构与改革策略探讨”，《金融研究》，2004 年第 3 期，第 58—65 页。
[187] 王建勇、陈瑞琛：“对恒大危机的分析与反思”，《财会月刊》，2022 年第 6 期，第 96—102 页。
[188] 王菊仙、王玉涛、鲁桂华：“地理距离影响证券分析师预测行为吗？”，《中央财经大学学报》，2016 年第 1 期，第 61—72 页。
[189] 汪明峰、魏也华、邱娟：“中国风险投资活动的空间集聚与城市网络”，《财经研究》，2014 年第 4 期，第 117—131 页。
[190] 王修华、黄明：“金融资源空间分布规律：一个金融地理学的分析框架”，《经济地理》，2009 年第 11 期，第 1808—1811+1815 页。
[191] 王艳华、赵建吉、刘娅娜等：“中国金融产业集聚空间格局与影响因素——基于地理探测器模型的研究”，《经济地理》，2020 年第 4 期，第 125—133 页。
[192] 吴晓求、汪勇祥、应展宇：“市场主导与银行主导：金融体系变迁的金融契约理论考察”，《财贸经济》，2005 年第 6 期，第 3—9+96 页。
[193] 谢贞发、范子英：“中国式分税制、中央税收征管权集中与税收竞争”，《经济研究》，2015 年第 4 期，第 92—106 页。
[194] 修丽娜、刘湘南、黄凌翔：“房地产泡沫实证分析——以天津市为例”，《城市发展研究》，2009 年第 7 期，第 71—75 页。
[195] 许丹丹、上官鸣：“恒大集团财务危机成因探究”，《财会研究》，2022 年第 1 期，第 41—46 页。
[196] 衣长军、胡婷婷：“中国主权财富基金对外投资的新特点及发展对策”，《经济纵横》，2014 年第 1 期，第 77—80 页。
[197] 姚树洁、冯根福、姜春霞：“中国银行业效率的实证分析”，《经济研究》，2004 年第 8 期，第 4—15 页。
[198] 张号栋、尹志超：“金融知识和中国家庭的金融排斥——基于 CHFS 数据的实证研究”，《金融研究》，2016 年第 7 期，第 80—95 页。

[199] 赵金丽、盛彦文、张璐璐等："基于细分行业的中国城市群金融网络演化"，《地理学报》，2019 年第 4 期，第 723—736 页。

[200] 赵晓斌、王坦："跨国公司总部与中国金融中心发展——金融地理学的视角与应用"，《城市规划》，2006 年第 S1 期，第 23—28 页。

[201] 周黎安："中国地方官员的晋升锦标赛模式研究"，《经济研究》，2007 年第 7 期，第 36—50 页。

总　　结

金融地理学自奥古斯特·廖什所著的《经济空间秩序》伊始进入萌芽发展阶段。作为交叉学科的典型代表，经济计量、政治经济学、社会/制度/文化研究、科学技术研究、治理视角等，都被应用于解释金融现象的时空间特征、过程中主体间相互关系以及现象引起的诸多后果。很多现象都可以看作是金融地理研究，因此，研究者本身可能并不是地理学者。这些多元化现象对于金融地理学来说，既是机遇，也是挑战，但都不影响该学科朝气蓬勃、欣欣向荣的事实。

本书对金融地理学未来发展做出以下几点展望。第一，金融地理学研究需要打造更强的理论基础。金融地理学作为一门学科，最大的“短板”可能是鲜有自己的理论。对于交叉学科来说，这个问题普遍存在且难以解决。即使是经济地理也很难说有完全属于自己的理论，如经典的区位理论、产业集群理论等，更大程度上是（关注地理空间的）经济学理论，而非“经济地理学理论”。既然这个问题无法解决（或者根本不需要去解决），那么，从更加实际的角度出发，金融地理学研究可以进一步引入其他学科的理论观点和研究范式，从不同视角解释金融活动。受经济地理学文化、制度、关系转向的影响，金融地理学已经引进了很多理论视角。进一步地，其他潜在的理论视角包括演化经济（地理）、生态（ecology）、“组合思维”（assemblage thinking）等都可以应用于解释金融地理学问题。更重要的是，金融地理学者可以尝试基于本学科提出具有理论和方法论价值的概念，典型的例子即金融生态。尽管部分学者一直对研究范式的多元化或者“碎片化”持负面态度，但更多元的研究无疑可以进一步壮大学科发展。在金融地理学仍处于快速上升期的当下，多元化可能利大于弊。

第二，学者在借用其他学科理论视角研究金融地理学时需要展开更深入的探讨：该视角如何提升金融地理学现有研究？金融地理学能否反过来对该视角有所贡献？已经有部分文献做出了一定的表率。举例来说，中国政府利用金融工具，包括城投公司和地方政府债券等，推进城市建设以实现多重政策目标，推动经济发展并控制金融风险。从理论视角出发，部分学者发现“政府企业家精神”（Wu，2018，2020）、“国家资本主义”（state capitalism）（Alami and Dixon，2020）、“治国理政能力”（Pike，2023）等强调政府意愿和能力的概念都可以用来解释这种现象。应用这些视角的确推进了金融地理学的研究，但这种应用能否从某种角度对这些概念做出贡献？答案可能是肯定的。国有企业，包括城投公司和国有商业银行，在中国政府利用金融工具推动城镇建设的过程中扮演了关键角色。正是它们极力支持政府政策才保证了该过程顺利进行。政府与这些国有企业之间的关系决定了后者为什么会支持前者。上述概念几乎都没有系统地解释政府和国有企业之间的关系会如何影响国有企业的行为，很大程度上默认国有企业就是会支持政府。但冯怡等（Feng *et al.*，2023a）和李振发等（Li *et al.*，2023c）指出，政府其实采取了一定的措施，保证城投公司和国有商业银行能够获取足够利益，以激励其支持政府。金融地理学基于对这些激励措施的研究而提出的“政府企业家精神”等概念为更好地解释政府与国有企业间关系做出了贡献。如果在今后的发展中能有更多相类似的研究出现，金融地理学可能会有更强的理论基础以及产生更有价值的跨学科理论贡献。

第三，金融地理学可以尝试提出更多的“中间尺度理论”（mid-level theories or meso-level theories）或“一定范围的理论”（mid-range theories）。理论视角其实可以划分出不同的“尺度或范围”（level、range 或其他英文词汇）。诸如全球化、企业家精神、资本积累和循环（capital accumulation and switching）都可以算作是宏观尺度的理论。这些理论用于解释某一类宏观现象，很多不同的活动都可以反映该现象。这类理论由于过于宏观，很难去“反对它”或“否定它”，也就很难对其进行创新。在此背景下，代表性经济地理学者如杰米·派克（Peck，2017，2023，2024）强调了“中间尺度理论”，杨伟聪（Yeung，2023a，2023b，2024）强调了“一定范围的理论”。简单来说，“中间尺度理论”强调基于某个具体城市的现象总结理论观点并将这个观点应用到全世界任何一个其他城市。这种理论化方法称为“连接性理论化”（conjunctural theorization），强调不同空间尺度的连接。典型例子就是杰米·派克和海瑟·怀特塞德（Peck and Whiteside，2016）尝试基于美国底特律政府依赖金融逻辑与工具治理城市的行为提出"金融化的城镇治理模式"（financialized urban governance）。这种模式不仅可以研究底特律，还可以研究其他城市。"一定范围的理论"主要强调该理论可以解释部分现象，不一定囊括所有情况。如"城市企业家精神""政府企业家精神""政府主导的金融化"等都可以认为是"一定范围的理论"。有些城市符合这些理论所描述的情况，有些不符合。两种理论其实有很大程度的相互重叠，但出发点的确存在差异。两种理论化方法是在宏观理论难以创新、微观现象又过于具体而难以抽象理论化的情况下为学者开辟理论创新空间的主要渠道。金融地理学研究在此方面目前已有部分进展，如金融生态、"政府引领的金融化"、"全球金融网络"等。今后，从事金融地理学研究的学者可以尝试提出更多的该类理论，增强学科的理论基础。

最后，针对中国金融地理学发展，本书提出如下建议：部分国际金融地理学研究领域在中国仍是空白或很少涉及，如金融中心研究方面，中国金融中心城市以及国际在岸和离岸金融中心之间的联系；金融主体方面，各类证券业主体（投资银行、信托公司、金融租赁公司、理财公司等）的行为、养老基金的行为等；金融化方面，个人与家庭除投机房产之外的金融投资行为、企业金融投资行为等；金融生态研究；等等，这些领域都可以展开相应研究。需要注意的是，包括已有领域在内，新开展的研究可以在数据分析的基础上进一步加深理论探讨，基于中国情景尝试做出本章刚刚所提到的理论贡献。

参考文献

[1] Alami, I., A. D. Dixon, 2020. State Capitalism(s) Redux? Theories, Tensions, Controversies. *Competition & Change*, Vol. 24, No. 1, pp. 70-94.

[2] Peck, J., 2017. Transatlantic City, Part 1: Conjunctural Urbanism. *Urban Studies*, Vol. 54, No. 1, pp. 4-30.

[3] Peck, J., 2023. Practicing Conjunctural Methodologies: Engaging Chinese Capitalism. *Dialogues in Human Geography*. https://doi.org/10.1177/20438206231154346.

[4] Peck, J., 2024. A Place to Start? *Environment and Planning A: Economy and Space*, Vol. 56, No. 5, pp. 1569-1576.

[5] Yeung, H. W. C., 2023a. *Theory and Explanation in Geography*. John Wiley & Sons.

[6] Yeung, H. W. C., 2023b. Troubling Economic Geography: New Directions in the Post-

Pandemic World. *Transactions of the Institute of British Geographers*, Vol. 48, No. 4, pp. 672-680.

[7] Yeung, H. W. C., 2024. Why is Causal Explanation Critical in/to Economic Geography? *Environment and Planning A: Economy and Space*, Vol. 56, No. 5, pp. 1553-1561.